JOURNAL D'UNE PARISIENNE

Françoise Giroud

JOURNAL D'UNE PARISIENNE

Éditions du Seuil

La première édition de cet ouvrage a paru
dans la série « Journal de la fin du siècle », 1993,
dirigée par Michel Winock.

TEXTE INTÉGRAL

ISBN 2-02-026157-X
(ISBN 2-02-13448-9, 1re publication)

Je n'ai jamais tenu de Journal.

Quand le Seuil m'a demandé de me livrer à cet exercice, en 1993, j'ai cru que ce serait facile. C'est difficile. Les jours fuient, par où les saisir ? Sur la peau glissante de l'actualité se mêlent l'insignifiant et le majeur, parfois indiscernables sur l'instant, les hommes, les choses, les humeurs, les impressions fugitives, les émotions fugaces, la couleur du temps…

L'année a été féconde en événements qui lui ont donné sa physionomie particulière. Ce « Journal » ne prétend pas en livrer la synthèse, au contraire. C'est une série d'instantanés que je me suis astreinte à prendre chaque jour, sans tricher, et où j'espère seulement avoir rendu le reflet du mouvement de la vie tel que je l'ai perçu, moi, Parisienne privilégiée mais attentive au tumulte des choses sous leur écume.

Janvier

Vendredi 1er janvier. Un jour bête, le jour de l'An.

Comme d'habitude, les Français se sont empiffrés. Maintenant, ils dorment.

La rue, silencieuse, est glacée, sous le ciel haut, tout fardé de bleu.

Le marchand de journaux de l'esplanade des Invalides grommelle : « Je ne sens plus mes mains.... » Nous échangeons des vœux. « Allez, me dit-il, vous verrez qu'on la regrettera, cette année. La prochaine sera pire.... » Il exprime ce que chacun ressent et qui donne sa couleur au début de 93. Une couleur d'angoisse diffuse devant l'avenir.

Depuis ce matin, toutes les frontières sont levées en Europe occidentale. Ce devrait être un grand jour. C'est un grand jour, l'an I du Grand Marché, mais qui nous trouve frileux, enlisés dans un chômage dont le reflux n'est même plus prévisible. En même temps, le sang gicle dans tout ce qui fut la Yougoslavie. Une partie de l'Europe se compose mais l'autre se décompose, et nous apercevons le gouffre où nous allons être attirés. *Libération* titre : « Mitterrand dans la logique de guerre.... » Alors quoi ? Mourir pour Sarajevo ? Personne n'a répugné plus que lui à prendre parti contre les Serbes, à envisager une action militaire, mais la pression publique devient plus forte que sa répugnance. Ce que subissent les populations, la déportation, la purification ethnique, les viols, Sarajevo bombardée, assiégée, les enfants qui meurent de froid, tout cela est devenu progressivement désagréable aux braves gens et même odieux. Quelque chose comme un fort eczéma les démange. On espère encore vaguement dans les négociations entre belligérants qui s'ouvriront demain à Genève.

Sinon, une première action d'intimidation sera engagée par les Français et les Américains, sous couvert de l'ONU, pour nettoyer le ciel des avions serbes.

Autant dire : rien d'efficace probablement, mais un coup de semonce… Pourquoi s'y prend-on toujours trop tard pour intimider les dictateurs ?

Lu les épreuves du nouveau Sollers, *Le Secret*. Ni Joyce ni Céline, quoi qu'il en ait, ni Voltaire, quoi qu'il veuille, mais un grand désespoir éclaté, non sans virtuosité… Il pratique avec brio une nouvelle technique narrative, le zapping. Ce qui retient dans ce roman : des lignes sensibles et tendres qui révèlent un Sollers inconnu. Trois cents pages et pas une fesse.

Il y a eu, samedi, 17 800 000 personnes pour regarder à la télévision le show d'un amuseur, Patrick Sébastien. Bon amuseur d'ailleurs. 17 800 000. La voilà, l'âme nationale.

Cette place que la télévision a prise dans la vie collective comme dans la vie privée, comment en juger ? Elle envahit les conversations, les journaux, les ragots, les polémiques et jusqu'à la rubrique judiciaire où s'illustrent ses vedettes. Une immense tumeur nous grignote à tous le cerveau. Une machine à fabriquer du désespoir aussi, celui de l'impuissance où l'on se sent devant la tragédie permanente du monde. Autrefois, il y avait aussi des famines dans ce qui ne s'appelait pas encore le tiers monde, des criminels pervers, des trains qui déraillaient, des avions qui s'écrasaient, des catastrophes naturelles, de la misère à domicile et quelle misère, des tragédies de toutes sortes… Autrefois fut souvent atroce. Mais on ne vivait pas bombardé tous les soirs par un déluge d'images accablantes qui ne savent déverser que la réalité crue, sans perspective, sans lecture critique du monde. Autrefois, il n'y avait pas la télévision.

Son omniprésence n'est pas étrangère à l'état de déréliction où sont les Français en ce moment.

Samedi 2 janvier. Bernard Kouchner fait la une du *Fig-Mag* après celle de *L'Obs* et celle du *Point*. « On ne voit vraiment pas ce qui pourrait l'empêcher d'être présent à la présidentielle de 1995 », écrit le quotidien. On le lui dit tellement de tous les côtés qu'il va finir par y croire, à son destin national, bien qu'il soit très intelligent. Il sait qu'on ne fait pas une grande carrière politique sans parti, sans appuis, sans réseaux. Lui n'a que des copains. Il dit : « Dès que je passerai la tête, je serai mitraillé. » Les socialistes le haïssent. Un trublion. Il ne se laissera pas récupérer par la droite. La porte sera étroite…

Reste que sa popularité considérable est fondée sur de vraies valeurs, le courage, l'action, la compassion. Aujourd'hui, il la tient au creux de sa main comme une pierre précieuse qu'il ne faut pas laisser rouler dans la boue de la politique. Demain, il faudra qu'il invente s'il veut changer de braquet…

Chez le coiffeur, jérémiades et lamentations. Jamais on n'a si peu travaillé pour les réveillons. Les coiffeurs sont des baromètres ultrasensibles. C'est le premier poste de leur budget sur lequel les femmes se restreignent lorsque l'humeur est au noir. Maxim's a tout de même fait le plein avec des soupers à 2 500 francs.

Dimanche 3 janvier. Même les Verts sont pour la guerre. Un de leurs porte-parole, une belle jeune femme au sourire dur, Dominique Voynet, vient de déclarer à *L'Heure de vérité* : « On ne peut plus reculer. On doit envisager une action militaire. C'est une réalité tragique. » Que font les Verts de leur pacifisme ? « Pour moi, ce n'est pas la guerre. C'est une intervention de soutien à ceux qui sont agressés. » Le mot « guerre » lui écorche la bouche, mais elle ne recule pas. Même pour les Verts, l'idée d'user de la force pour défendre des valeurs élémentaires a donc cessé d'être obscène ? Ce serait un fameux changement dans la mentalité collective.

Malgré un froid à ne pas mettre un loup dehors, été en ce dimanche après-midi au théâtre des Champs-Elysées pour voir danser Patrick Dupond et quelques autres. Pas de ballets : seulement des pas de deux et des solos. Spectacle presque parfait, avec un magnifique garçon, Maximiliano Guerra, un Argentin qui saute comme un ange.

Dupond se meut telle une liane. Un régal. Sentiment délicieux d'avoir réussi à se désengluer, en mettant le nez dehors, de la masse affalée devant son petit écran.

En regardant Pietragalla tournoyer dans sa robe noir et rouge, je cherche la phrase de Mallarmé. Elle m'échappe. Je la trouve dans un livre en rentrant : « Une danseuse n'est pas une femme qui danse, car ce n'est point une femme et elle ne danse pas. »

France Info annonce la mort de Xavier de La Fournière à la prison de Fresnes. Embolie. C'était un homme fort distingué que cet agent de change accusé d'avoir détourné les fonds de ses clients au bénéfice des campagnes électorales de Giscard. Il n'a pas pu les rembourser. L'action judiciaire, maintenant, est éteinte. Ce ne sont pas les socialistes mêlés à des affaires de fausses factures qui auraient eu le bon goût de mourir subitement. Les anciens amis de Xavier de La Fournière ne l'abreuvent pas d'oraisons funèbres. Les chiens.

Avant d'être parquées dans des camps, les femmes bosniaques déportées sont violées systématiquement. Pourquoi, ce n'est pas clair. Pour qu'elles s'enfuient, épouvantées ? Pour les imprégner de sperme serbe ? Comme toujours quand il est question de viol, on ne peut pas écarter les fantasmes.

Selon une journaliste bosniaque réfugiée en France il y a trois semaines, Mme Sakic Hatibovic, une commission d'enquête a dénombré 60000 femmes violées, dont 10000 âgées de 7 à 17 ans. D'autres chiffres officieux, obtenus de sources diplomatique et catholique en Croatie, font état de 20000 à 50000 cas de femmes bosniaques violées. Selon *Le Monde,* qui rapporte ces informations, dans la région où se trouve le premier camp recensé, tous les cafés et bars auraient été transformés en bordels. Les miliciens serbes ne sont pas seuls à pratiquer ce patriotisme particulier. Selon une centaine de jeunes femmes et de jeunes filles détenues dans un lycée, d'anciens camarades de classe serbes ont apporté leur pierre, si l'on peut dire, à la « purification ethnique ».

Mardi 5 janvier. En recevant les vœux des corps constitués, François Mitterrand admoneste « les bellicistes ». Curieusement, il répète le scénario de la guerre du Golfe, j'y va-t-y j'y va-t-y pas. Est-ce la conviction qui lui manque ? Les moyens qui nous font défaut ? Les deux peut-être. Le fait est que l'Angleterre se défile, l'Allemagne renâcle, la Russie ne veut pas que l'on touche un cheveu d'un Serbe, l'Amérique entend s'en tenir à des opérations aériennes... La France ne peut pas partir seule, flamberge au vent... Sale histoire.

Les négociations de Genève sont interrompues et ajournées à dimanche.

Un motard de *L'Obs* m'apporte une tonne de courrier accumulé depuis trois semaines au journal. Ces enveloppes empilées (il y en a peut-être cent !) me démoralisent. J'ai envie de les jeter, fermées, dans ma corbeille. Qui le saura ? Mes correspondants ? Ils se diront : « Bof ! Les journalistes, ça ne répond jamais quand on leur écrit... » Mais justement, moi je réponds. JE RÉPONDS ! Il y a quarante-cinq ans que je subis le martyre du courrier des lecteurs et que la Vierge consciencieuse, native de septembre, qui est en moi, lit chaque lettre et y répond. Tout a commencé avec *Elle*, lettres de femmes, toujours longues, avec de grandes écritures bouclées, puis ils se sont déchaînés à *l'Express*, où François Mauriac disait : « Ce que *L'Express* a de mieux, ce sont ses lecteurs... », lettres d'hommes sérieuses, graves, frémissantes, maintenant c'est au *Nouvel Observateur* qu'ils me trouvent et parfois ils me dénichent au *Journal du Dimanche* mais ceux-là écrivent moins. Que faire ? Je regrette de n'avoir pas gardé, au fil des années, ces milliers de lettres reçues. Un sociologue s'en lècherait les babines. C'est la France au jour le jour. La France, pas Paris. Des gens qui habitent de petites villes dont je ne connais même pas le nom et qui ont eu besoin de communiquer, comme on dit aujourd'hui, leurs impressions, leurs émotions, leur opinion, leurs indignations, leurs tracas. Si je les laissais sans réponse, j'aurais l'impression de leur claquer une porte au nez. Allez, courage. Le plus ennuyeux, c'est de libeller les enveloppes. Il me faudrait une secrétaire. Mais avec un ordinateur, un copieur, un répondeur, un fax, je n'en aurais plus vraiment l'utilisation. C'est ainsi qu'on supprime des emplois et que je vais me coltiner des enveloppes toute la journée parce que mon ordinateur ne sait pas les traiter. C'est le progrès.

Franc : c'est l'affolement, encore feutré. Les ventes massives ont repris. L'Allemagne, comme la France, rachète à tour de bras mais pour que la situation se stabilise, même provisoirement, il faudrait que la Bundesbank, la Buba, dont le conseil se réunit jeudi à Francfort, amorce une baisse sensible de ses taux d'intérêt. Il n'y a aucune raison objective à une dévaluation du franc. Il ne peut y avoir qu'une raison mécanique. Elle est fabriquée par le trio Pasqua, Madelin, Séguin, soutenu par des groupes d'intérêts divers, qui préconise haut et fort cette dévaluation. Alertés par ce tapage, les opérateurs anticipent et vendent leurs francs. Si bien que c'est peut-être Bérégovoy qui va être contraint de dévaluer lui-même, lui si fier, à juste titre, de son « franc fort ». Ah misère ! Ces gens de la droite, irresponsables, qui jouent contre la monnaie de leur propre pays, comment faut-il les appeler ? De Gaulle aurait dit : douze balles dans la peau.

Mercredi 6 janvier. Déjeuner avec Yves Sabouret, un ami cher qui m'a été d'un grand secours professionnel lors de mes débuts au gouvernement. Il m'a enseigné l'alphabet de cet étrange métier avant d'entrer dans le privé.

Nous parlons des tribulations de la Cinq qui ont failli le laminer. Le tribunal de commerce qui a eu à connaître de l'affaire a conclu qu'il n'y avait eu aucune faute de gestion mais que Hachette n'aurait jamais dû « y aller », que la concession n'aurait pas dû lui être accordée par le CSA, que les fonds engagés ont été maladroitement utilisés. Hachette, qui était déjà fragilisé, a été à deux doigts d'y passer en entier… « Nous n'avons pas été au bord du gouffre, dit S. Nous avons eu un pied dans le gouffre. » Si les banques avaient voulu tuer Hachette… Mais il n'y a pas eu de tueur sauf un, Dauzier, le patron d'Havas, agissant pour le compte d'André Rousselet, le patron de Canal +. Le raid a échoué.

Lagardère a réussi en équilibriste son opération de sauvetage par la fusion hardie entre Matra et Hachette.

Heureuse de voir Sabouret l'œil clair et le poil brillant, rescapé sain et sauf de cette tornade. Nous échangeons nos informations. Paris bruit de rumeurs concernant la reprise du *Figaro* par Pierre Suard (Alcatel-Alsthom), probablement le seul en France qui ait aujourd'hui les moyens de se payer ce jouet. Son entreprise possède déjà *L'Express*, elle est entrée dans le capital du *Point*. Pierre Suard a pris goût, apparemment, à la communication, cette danseuse des temps modernes. Le groupe du *Figaro* est à – 600 millions de recettes pour l'année. Bagatelle. Bernard Arnault et Jean-Marc Vernes rôderaient aussi autour du *Figaro*... Les grands fauves sont à la chasse.

Assis à une table écartée, dans le restaurant où nous sommes, Mitterrand, entouré, déjeune d'un bon coup de fourchette. En l'apercevant, quelqu'un murmure : « Celui-là ne se fait pas chier... » Il prend des forces. Il va en avoir besoin.

Un journaliste italien vient m'interviewer à l'occasion de la sortie, en Italie, de *Jenny Marx*.

Questions d'usage. Impression, en lui répondant poliment, de mettre un vieux disque usé. Je rêve d'écrire une nouvelle où un homme connu, fatigué de raconter pour la deux centième fois son histoire, se mettrait à s'inventer une autre enfance, d'autres débuts, une autre biographie, et deviendrait ainsi progressivement prisonnier d'un autre personnage public.

Il me demande ce que j'ai lu de remarquable, ces derniers mois. Un titre me saute aussitôt à l'esprit : *Chambres séparées*, ce pur chef-d'œuvre de Pier Vittorio Tondelli, que personne en France ne semble connaître, sauf Angelo Rinaldi. Il est tout à coup très ému. Tondelli était son meilleur ami. Ils ont créé une revue ensemble... Et puis Tondelli est mort... Soudain, il a ôté son masque de journaliste professionnel un peu cynique, comme le sont les Italiens, et nous cessons d'échanger des propos convenus. Mais je n'ose pas embrayer sur ma nouvelle et lui raconter que j'ai débuté comme danseuse de corde dans un cirque allemand...

Jeudi 7 janvier. Noureev est mort. 56 ans, sida. Bientôt il ne restera plus un danseur indemne… Tempétueux, odieux, capricieux, génial, c'était une étoile, une vraie, dans toutes les dimensions de son art et de son caractère. La presse lui consacre des pages entières, la télévision aussi. Je me souviens de ce jour de 61, je crois, ou de 62, où il a dansé pour la première fois à Paris, recueilli par le marquis de Cuevas après s'être arraché aux griffes des policiers soviétiques sur l'aéroport du Bourget pour demander asile à la France. C'était au théâtre des Champs-Elysées. La salle, debout, hurlait dans un spasme de plaisir, sous l'étreinte d'un jeune homme aux pieds ailés. Depuis, il n'a cessé de marcher sur un chemin de roses. Mais quand il a pu retourner en Russie, après vingt-cinq ans, sa mère ne l'a pas reconnu.

Mitterrand, recevant les vœux de la presse, a laissé son auditoire pétrifié et subjugué par une méditation sur sa propre santé. « Je ne prétends pas être en forme. Vous savez, on en prend un coup dans ces cas-là… Je n'étais pas habitué à la maladie. Depuis l'âge de onze ans, je n'ai jamais passé quarante-huit heures au lit pour cause de maladie… Souffrir ? Non, pas vraiment. Mais je sais que, si ça tourne mal, il faudra que je serre les mâchoires un peu… La mort, à soixante-quinze ans, se fait plus pressante. Il faut bien qu'elle trouve un moyen de déboucher… Mais le plaisir d'être malade, c'est qu'on rencontre toujours les médecins de Molière. Ils font des calculs, on ne comprend pas toujours ce que cela veut dire… Pour le cancer, il y a des "marqueurs", il y a deux signes majeurs, celui qui dit s'il y a des métastases et celui qui dit si l'organe est atteint. A moi on m'a dit que le PSA – c'est en anglais – ne devait pas dépasser 5 et quand j'ai été opéré j'en avais 75 ; maintenant j'en ai 25. Mon organe n'est pas encore tranquille mais il n'y a pas de métastase ! Il n'y en a pas pour l'instant. Les autres organes ne sont pas atteints et je suis cela avec beaucoup d'intérêt, curieux de savoir quel sera le premier… Mais vous savez, messieurs, vous êtes tous, vous aussi, à la merci de cela ! » Et il s'est offert le luxe de faire rire l'auditoire en mimant la tête qu'il aurait si on lui administrait de la cortisone.

La classe, quoi ! Il a toujours eu avec la mort une très étrange relation de familiarité fascinée, de dialogue intime. Simplement, le dialogue a eu lieu cette fois, à voix haute. La mort le guette, comme chacun de nous, d'un peu plus près peut-être, d'un peu plus près, il le sait, il l'attend, il est souverain.

Les Expressionnistes allemands au Musée d'art moderne de la ville de Paris, horrible bâtiment ingrat, vieux sans être ancien. V. m'a accompagnée. J'aime bien regarder de la peinture avec elle. Elle a un œil. Je garde dans la rétine une série de Kirchner, éblouissants. C'est violent, c'est coloré, ça hurle, c'est allemand mais sans l'être trop... Magnifique aussi, Schmidt Rottluf. L'autre « grand » du groupe de Dresde, Pechstein, me touche moins et Nolde pas du tout. Dans une autre salle, un Kandinsky somptueux balaye tout... Fameuse époque, ce début de siècle où tout allait éclater, l'art et bientôt le monde lui-même... Voir un peu de peinture, dans l'après-midi, c'est prendre un bain de soleil.

Vendredi 8 janvier. Je guette les informations en provenance de la Bundesbank. Les journaux en parlent à peine. Le public ne s'intéresse pas à la politique monétaire, au jargon de laquelle il faut bien dire qu'il ne comprend rien. Mais le mot « dévaluation », il comprendra tout de suite ! Dans l'immédiat, un tout petit geste de la Buba est considéré comme de bon augure... Suffisant pour calmer provisoirement le jeu ? On va voir très vite.

De nouvelles informations parviennent au sujet des viols en Bosnie, réunies par une mission d'enquête de la Commission européenne à laquelle participait Simone Veil. Estimation minimale : 20000 musulmanes violées. « Certains viols, précise le rapport, sont commis de manière particulièrement sadique, afin d'infliger le maximum d'humiliation à la victime. Beaucoup de femmes et particulièrement des fillettes sont sans doute mortes durant ou après les viols. » Les autres, on les garderait prisonnières pour les empêcher d'avorter à temps.

Quelquefois, on craint d'être intoxiqué par ces récits, par ces chiffres. Les témoignages directs manquent. Mais toutes les enquêtes se recoupent sur un point : les Serbes utilisent le viol systématiquement comme arme de guerre. Il manquait à notre siècle cette infamie…

C. m'apporte le premier exemplaire de son livre. Je suis fière d'elle. De ce travail exceptionnel qu'elle fait et qu'elle a su raconter. Soulager la souffrance des tout-petits par la parole, à travers ce que lui a enseigné la pratique de l'analyse. Elle est belle, calme, tendre, capable. Si l'on m'avait dit : « Dessinez la fille que vous aimeriez avoir… », ce serait elle.

Jean-Louis Prat au téléphone. Il rentre des Etats-Unis, où le climat est transformé. Les gens ont retrouvé gaieté, et désirs. Il me dit : « C'est parce qu'ils ont changé de président. Ils espèrent. Si Clinton est bon, tant mieux. S'il est mauvais, ils le liquideront dans quatre ans et ils en trouveront un autre. Le personnel politique ne s'éternise pas, là-bas. Ici, on se sent cerné. Toujours les mêmes… En qui voulez-vous qu'on espère ? Vous savez quoi ? Si Pinay n'avait pas cent ans, nous serions foutus d'en faire le prochain président de la République ! Et Fabius, on en parlera encore en 2080 ! »

Hier soir, à la télévision, le secrétaire général de l'UDF, François Bayrou, qui n'est pas nul, expliquait qu'à l'issue des législatives François Mitterrand devrait partir. Absolument. Que « c'est inutile de l'insulter » mais que le peuple doit le lui faire savoir, par l'ampleur de son vote en faveur de l'opposition. Bayrou roule pour Giscard. On avait envie de lui dire, comme J.-L. P. : « Giscard ? Pourquoi pas Pinay ! »

Partir si les résultats électoraux sont très mauvais ? Ils ne peuvent pas être bons. Rester ? Même Jean Daniel, loin d'être un adversaire, écrit dans *L'Obs* : « En cas de raz de marée de la droite, je pense que le maintien de Mitterrand à l'Elysée serait constitutionnel, serait légal, mais ne serait pas légitime. » Et Jean Boissonnat, homme pondéré, dans

L'Expansion : « Le plus grand service que le chef de l'Etat pourrait rendre à la nation serait de partir au plus tôt. » Mais à quoi sert d'en débattre à longueur de colonne comme cela va être encore le cas pendant trois mois puisqu'il est l'homme le moins fait pour céder à des injonctions, seraient-elles amicales ? Il est évident qu'il ne « s'accroche » pas, comme on dit, pour des raisons vulgaires, qu'il ne détesterait pas faire une bonne sortie au lieu que cette fin de règne s'étire péniblement. Mais y a-t-il de bonnes sorties, là où il se trouve ?

Boissonnat observe qu'il est devenu bien difficile de tracer une ligne de partage aujourd'hui entre une majorité et une opposition. Deux classes moyennes se concurrencent avec un peu plus de fonctionnaires d'un côté, un peu plus de cadres supérieurs d'entreprise de l'autre. Il n'y a plus de réel affrontement gauche/droite, de solutions radicalement nouvelles, différentes, proposées aux problèmes qui nous accablent. Mais il y a, pour s'attaquer à ces problèmes, la durée indispensable, celle dont disposera le prochain président. Donc, le plus tôt sera le mieux.

Sans doute est-ce bien vu. Mais on n'imagine pas Mitterrand, sauf accident de santé, laissant délibérément le pouvoir à ses adversaires. Et on imagine encore moins Michel Charasse, Pierre Bergé ou tel autre membre de sa cour lui disant : « Président, il est temps de vous retirer… » Un président n'a pas d'amis.

Samedi 9 janvier. Le vice-Premier ministre de Bosnie, M. Turajlic, est assassiné à Sarajevo. Un jeune soldat serbe a tiré dans le blindé placé sous la protection de l'ONU qui ramenait le ministre de l'aéroport. Belle protection ! Le général français commandant les casques bleus est humilié, il a de quoi… Commentaire incongru de Roland Dumas à la radio : « Cette mort va être un encouragement à la paix ! » En attendant, la situation est indécise. Serbes, Croates et Bosniaques doivent se retrouver face à face demain, à Genève, pour dire s'ils acceptent le « plan de paix » des négociateurs de l'ONU. Un cessez-le-feu accompagné d'un désarmement graduel, un découpage de la Bosnie…

Un plan qui consacre l'essentiel des conquêtes territoriales serbes. Les Croates l'ont accepté. Les Bosniaques se débattent. Les Serbes font les difficiles. Ils sont en position de force pour imposer leur guerre. La menace d'intervention militaire occidentale, qui paraissait sérieuse il y a quelques jours, se noie dans les méandres des discussions entre Occidentaux. Les Bosniaques continuent de l'espérer désespérément... Sur l'initiative de Bernard-Henri Lévy, obstinément actif dans cette affaire et mué en agent diplomatique, le président bosniaque Izetbegovic a fait aujourd'hui un saut à Paris pour plaider sa cause auprès de François Mitterrand et de quelques Français présumés influents. Quand il apparaît, au cours d'une conférence de presse improvisée à son hôtel, impossible de ne pas penser à Edouard Benes, en 1938, lors de Munich. Il y fait référence d'ailleurs, bien que le parallèle soit spécieux. Milosevic n'est pas Hitler, même si ses méthodes sont sauvages et s'il est capable d'allumer le feu dans les Balkans. Si l'histoire se répète, c'est en bégayant. Mais quand Izetbegovic évoque « la petite nation », la sienne, qui va être trahie comme le fut il y a cinquante-cinq ans la Tchécoslovaquie par la France et l'Angleterre couchées devant Hitler, c'est Benes. L'homme est ému mais calme, modéré. C'est un juriste, net dans son propos. Il demande des armes, rien que des armes, des armes défensives, la levée de l'embargo qui prive les Bosniaques des moyens de se défendre eux-mêmes. Au nom de quelle neutralité à la Ponce Pilate peut-on la leur refuser ? Au nom d'une idée banale et sans doute juste : si l'embargo est levé, il le sera pour tout le monde. On n'arrête pas la guerre avec des armes, on la nourrit... Mais alors, avec quoi, si on ne se décide pas à taper sur les agresseurs ? Au journal de 20 heures, le président bosniaque est pathétique quand il demande des armes pour son peuple. C'est que tout à coup, dans une situation si complexe, si enchevêtrée, intervient quelque chose de simple, de clair, que chacun comprend.

Un peu plus tard, un petit dîner nous réunit à une vingtaine autour d'Izetbegovic, gens de tous bords rassemblés par BHL, qui la tient, sa guerre d'Espagne. Le président bosniaque est exténué, après une rude journée, mais manifestement heureux d'avoir trouvé pendant ces quelques heures passées à Paris chaleur et sympathie. Simone Veil et Elisabeth Guigou lui tiennent la main. Mitterrand lui aurait donné une lueur d'espoir concernant l'embargo. On voudrait lui apporter un appui concret, efficace, mais que faire qui soit la bonne réponse à la conjoncture ? Nous nous donnons l'illusion d'agir en faisant pression sur Mitterrand, mais il est clair qu'il n'a pas les cartes en main.

Je rentre avec le sentiment d'avoir vécu un remake des jours fiévreux de 36 où nous allions réclamer, dans la rue, « des avions pour l'Espagne... ». Vaine agitation pour consciences malheureuses ? Parfois, on se demande si les Occidentaux ne sont pas tous d'accord sur un seul point : laisser Milosevic faire le travail, redessiner les frontières, après avoir « nettoyé » le terrain. Les Etats sont des monstres froids.

Dimanche 10 janvier. Un petit monsieur est venu m'installer hier un Visiopass, cet appendice du câble. Il m'en montre le fonctionnement mais aujourd'hui, quand je veux m'en servir, je cafouille. Entre trois télécommandes et deux cartes magnétiques, les mystères de l'électronique me dépassent. Exaspérant. Enfin, au bout d'une heure, je maîtrise l'animal. Me voilà donc à la tête de vingt-sept chaînes, à moins que ce ne soit trente et une. Zap, zap, zap, c'est grisant. Dommage que je n'aime pas la télévision...

Bonne prestation de Balladur à *L'Heure de vérité.* Dans toute la bande de droite, il est sans aucun doute, avec Giscard, le plus intelligent, sous ses airs de chanoine. Il lui manque ce quelque chose d'indéfinissable que l'on nomme le charisme.

Lundi 11 janvier. Voilà Roland Dumas qui déclare, maintenant, que la France doit aller, seule s'il le faut, libérer par la force les camps en Bosnie ! Avec quels soldats ? Ils sont en Somalie, au Cambodge, je ne sais où... Alors ceux du contingent ? Les pauvres petits jeunes gens de l'ONU ? Avec quelle logistique ? Tout le monde dit tout et n'importe quoi. *Le Monde* parle de « diplomatie convulsive ». Il y a des semaines que la France traîne les pieds derrière les Etats-

Unis pour mettre en œuvre une intervention aérienne, la voilà qui se déclare décidée à aller, seule, tirer les Serbes par la barbe ! Surprenante gesticulation…

Déjeuner avec Raymond Barre dans le cadre de la Fondation Saint-Simon, qui invite régulièrement un personnage plus ou moins prestigieux à venir plancher devant ses membres, une quarantaine de hauts fonctionnaires, journalistes et autres bons esprits. Tout le monde s'entasse autour d'une grande table, chacun devant une affligeante assiette de bouchées incertaines. En fait de déjeuner, c'est spartiate, mais on n'est pas là pour faire ripaille.

La règle de la Fondation veut que les propos tenus par l'invité du jour soient *off the record*. Discrétion garantie. Voudrais-je trahir la règle, il n'y aurait rien à consigner après cette rencontre. Si brillant d'habitude, Barre est prudent comme un Sioux et se cantonne dans un cours sur l'état de la société et de l'économie. Manifestement, il ne veut pas être entraîné sur le terrain de la politique politicienne intérieure et se garde d'y mettre le bout du pied. Nous resterons, dans tous les sens du mot, sur notre faim. Il y a tout de même un échange assez drôle avec Georges Kiejman, qui se lamente sur l'irresponsabilité des médias. C'est sa marotte. Demande à Barre ce qu'il ferait pour y remédier. « Rien ! s'écrie Barre, surtout ne rien faire ! » Et il développe avec humour son point de vue.

L'irresponsabilité des journalistes est l'une des tartes à la crème du moment. L'étonnant est que personne n'en pose le diagnostic. Les journalistes sont ce que les font les chefs de rédaction. La responsabilité est à la tête, là où l'on forme, où l'on guide, où l'on surveille, où l'on engueule ; où l'on vérifie, où l'on exige la rigueur… Où sont les vrais chefs de rédaction, aujourd'hui ? J'échange ces propos désabusés avec Anne Sinclair. Elle me raconte que, du temps où elle était débutante à Europe 1, après chaque flash d'information Jean Gorini convoquait le journaliste en charge et épluchait mot à mot le contenu de son flash. Peut-être ces bonnes manières sont-elles encore de règle ici et là, sûrement même. En règle générale, la radio est bonne… Certains journaux se tiennent. Pas tous, il faut bien le reconnaître, même si le procès fait à la presse par les politiques est toujours suspect. Ils la trouvent honnête quand elle les sert.

Quelqu'un me glisse un mot. Fabius a fait ses pointages. L'opposition devrait emporter 490 sièges, avec une majorité absolue pour le RPR… Nous sommes dans ce type de situation électorale où un parti peut présenter des chiens coiffés, il est sûr de rafler la mise parce que le courant est avec lui. Le printemps sera chaud.

Parcouru, pour ma chronique du *JDD*, la biographie de Marlène Dietrich par sa fille. Etonnant… Anecdotes et paillettes, bien sûr, mais surtout le portrait d'un personnage effarant, soldat prussien inflexible, réglant ses propres éclairages, inventant ses costumes, édifiant elle-même son propre mythe, vivant dans une sorte de gaine montant jusqu'au cou qui maintenait durement ses seins défaillants et lui modelait un corps de rêve… Un monstre tyrannique, cruel, complètement narcissique, et avec ça d'une séduction à peu près irrésistible, entouré d'une camarilla d'homosexuels des deux sexes à sa dévotion. « Mon puma gris », disait Erich Maria Remarque, agréé auprès d'elle parce qu'il était impuissant et que la déesse n'aimait pas l'amour des hommes. Et puis les dernières années, terribles, dans l'alcoolisme, l'infirmité, la solitude et les relents d'urine. Marlène…

Ecrire un tel livre sur sa mère, il y faut cinquante années de haine quotidienne avec de grandes zébrures d'amour ébloui… Curieusement, on pense à Simone de Beauvoir. C'est la même rage de minutieuse vérité.

Mardi 12 janvier. Le bon sens paraît reprendre ses droits. Roland Dumas fait machine arrière : la France n'ira pas libérer par la force les camps de détention. D'ailleurs, ajoute Kouchner, chargé de mettre en œuvre un plan d'action, il n'est pas question d'y aller seuls.

Et Joxe grommelle : « On ne peut pas employer des militaires français n'importe comment. » Impression navrante, de cafouillage, d'indécision, d'inconséquence…

J'ai vu cela de près autrefois, sous Giscard, des ministres disant n'importe quoi, chacun de son côté, sans concertation, menant des actions contradictoires… Mais il n'y avait pas, au bout, la perspective d'une guerre…

Lu le petit livre du professeur Israël, le cancérologue, sur l'euthanasie. Il en repousse de toute sa force le principe. A la rigueur, il admet qu'on cesse d'administrer des soins à un malade indubitablement au bout de sa course. Qu'on le laisse s'éteindre en lui épargnant seulement, autant que possible, la douleur. Mais le geste libérateur, non, non et non. Jamais de la part d'un médecin.

Souvent, on me demande d'intervenir à la télévision, à la radio, dans la presse, à ce sujet, parce que j'ai écrit, dans *Leçons particulières*, la vérité à propos de la mort d'A. Je m'y refuse.

M'exhiber sur un tel sujet serait odieux. Outre que la plaie est encore trop vive… La voilà rouverte par ce livre. Une fois de plus, je reconstitue dans ma tête, heure par heure, les derniers jours d'A., sa souffrance, son allure dans la souffrance, cette tumeur qui obstruait sa gorge et l'asphyxiait, sa prière : « Je ne veux pas mourir étouffé, aide-moi… » Ai-je fait ce que je devais ? Fallait-il attendre quelques jours de plus, qu'il réitère sa prière ? Mais une trachéotomie l'avait privé de sa voix. Cependant, il me regardait et dans son regard il y avait toute la confiance qu'il me portait. J'avais promis, donc je tiendrais, il le savait. Ah ! pourquoi ai-je lu ce livre… Non qu'il me trouble. J'ai fait ce qu'A. aurait fait pour moi, je le sais, nous étions si proches… Mais ces souvenirs me ravagent. Si je dois endurer un cancer, de grâce qu'on ne me confie pas au professeur Israël mais à un modeste médecin accessible à la compassion quand je lui demanderai la mort.

Un député RPR, Alain Carignon, maire de Grenoble, vient me voir. Mission d'information au sujet de la Culture qui, avec l'alternance, va changer de mains et se retrouvera peut-être dans les siennes. Je lui dis ce que je crois utile. L'expérience m'a enseigné que tout ce que l'on peut dire avant la formation d'un gouvernement ne sert jamais à rien, que l'on ne « prépare » pas un ministère, mais l'homme est jeune, sympathique, intelligent, et il représente l'aile fréquentable de la droite. Il me cite les noms des personnes qu'il va consulter. Il y a le meilleur et le pire, mais enfin c'est son affaire, pas la mienne.

Je lui dis la vérité : le RPR n'est pas ma tasse de thé mais, contrairement aux socialistes, je redoute l'échec rapide d'un gouvernement de droite.

Ce n'est pas à gauche que le balancier repartirait mais dans les pires eaux populistes. Alors je préférerais que lui et ses amis ne fassent pas trop de bêtises…

Nous bavardons. Je lui demande comment les choses se présentent à ses yeux. Il prévoit 400 sièges pour son camp, c'est-à-dire une bonne poignée d'excités tendance Pasqua/Séguin. Simone Veil cherche en vain une circonscription. Le RPR ne lui en donne pas, l'UDF non plus. Elle risque de rester au bord du chemin. Ils finiront tout de même par lui donner un ministère. Il n'y a pas tant de femmes à droite qu'ils puissent se passer d'elle. Il lui manquera l'onction du suffrage universel, le vrai, le dur, le méchant, celui qu'il faut affronter sur le terrain, mais, stratégiquement, elle est bien placée pour être utile…

Les attaques sur le franc ont – provisoirement ? – cessé.

Progrès dans les négociations à Genève mais on est encore loin du compte. Je me demande qui peut comprendre quelque chose aux informations qui sont données à ce sujet. Qui négocie quoi avec qui… La tension est retombée, bien que les choses soient loin d'être terminées.

A la surface de l'actualité, c'est Saddam Hussein qui a ressurgi. On l'avait oublié, celui-là. Il s'est livré à une curieuse provocation en faisant une série d'incursions sur le territoire du Koweit pour s'emparer de quelques armes. A-t-il cru que Bush avait les mains coupées parce qu'il quitte ses fonctions dans quelques jours ? Réponse : un bombardement de trois heures par les avions américains et anglais escortés par la chasse française, qui est en même temps un avertissement à Milosevic. Les pays arabes font remarquer à juste titre que les Occidentaux sont plus pressés de punir l'Irak, quand il viole les résolutions de l'ONU, qu'Israël, quand il en fait autant. De fait, les 400 Palestiniens déportés au Liban sont toujours en train de grelotter au sein de leur no man's land dans l'indifférence quasi générale.

Le chaudron du Moyen-Orient n'a pas fini de bouillir.

Jeudi 14 janvier. Tempête en Grande-Bretagne : il est avéré que Lady Di et son royal mari fournissaient eux-mêmes des journalistes de leur choix en informations sur leur vie privée. Le scandale, qui fait la une du *Monde*, éclate alors que des moyens de coercition étaient recherchés pour mettre un terme aux excès de la presse à scandale. Mais c'est la presse qui s'en tire avec la tête haute, et le couple infernal avec le nez dans le caca. Les Anglais se sentent tout barbouillés, et nous, les cousins de province, offensés... Même en France, la monarchie anglaise occupait une fonction symbolique que jamais la petite bande de Monaco n'a su tenir. Courage et dignité, privilèges mais devoirs des princes. Voilà que cette ravissante bécasse et son benêt de mari cassent la baraque en se conduisant comme un couple d'acteurs divorçant à Hollywood. Décidément, le crépuscule du devoir, comme dit Lipovetsky, a sonné. On ne cherche plus son salut, on ne cherche plus désormais que son bonheur sans se sentir d'obligations envers la collectivité. Il analyse très bien une évolution où même « la morale en dedans de soi » selon Kant s'est désagrégée.

A la place de la reine d'Angleterre, on se ferait du souci. D'ailleurs, elle s'en fait.

Déjeuner hier avec Jean-François Revel. Il me traite royalement, chez Robuchon. Nous nous léchons les babines. C'est un vieux complice que j'adore. Il est tout plein des effets pervers de la Constitution. Il a un esprit systématique mais dont le fonctionnement est superbe. Une machine de haute précision. Et puis il sait tout de tout. Je l'écoute... Plus on observe ce qu'a été le communisme, me dit-il, plus on a peur. Si tant d'hommes et de femmes ont voulu cela, ils sont capables de vouloir demain n'importe quoi d'égal ou de pire.

Petite cérémonie pour la trentième promotion des diplômés de l'EFAP, l'école où l'on enseigne les techniques de la communication. Je dois faire le laïus d'usage. Comme toujours, quand il faut parler en public, je meurs de trac et me raccroche à mes notes. C'est indigne.

En voyant tous ces jeunes gens, ardents et gais, je tremble pour eux. Où vont-ils trouver du travail, comment vont-ils se débrouiller dans un secteur si difficile... D'ailleurs, quel secteur n'est pas difficile ?... Ça n'a jamais été facile d'avoir 20 ans, mais au moins, après la guerre, il ne fallait pas se battre contre le chômage... Et tout permet de craindre qu'au lieu de reculer, dans les mois qui viennent, il progresse et s'étale, comme une marée noire, dans des catégories sociales qui se croyaient à l'abri...

Vendredi 15 janvier. Déjeuner hier avec quelques jurés du prix Mumm, qui distingue chaque année une poignée de journalistes. Nous procédons consciencieusement à une première sélection parmi un flot de candidatures. La tradition veut que ce déjeuner ait lieu chez moi et qu'un foie gras y soit servi, fait de mes mains. Ma vanité de cuisinière est bouffonne. Je préfère entendre l'éloge de mon foie gras que de tel article. Est-ce bête ! Le plaisir de montrer que je sais faire ça, *aussi* ? Quand je m'en parle, j'en rougis.

Georges Cravenne a réglé avec diplomatie le conflit qui empoisonnait la compétition des Césars. Les producteurs et réalisateurs de films tournés en anglais voulaient y participer, au même titre que les autres, et faisaient non sans indécence un beau tapage. Ils pourront concourir dans les différentes catégories de récompenses, mais pas pour le César du meilleur film français. C'est bien le moins... Qu'est-ce qui fait la nationalité d'un film, sinon sa langue ? On ne comprend même pas que cela souffre discussion.

Fallait-il tuer Louis XVI ? Je ne saurais dire que la question me ravage. Elle s'étale à la une de *L'Obs* et de *L'Express*. *L'Evénement* titre, lui, sur le Titien. Chacun à sa manière est hors du temps, heureux d'y échapper l'espace d'une couverture.

N. s'interroge sur son avenir. A 14 ans, il doit choisir, pour ses études, une filière. Et, une fois dans le tuyau, impossible de s'en échapper. Il n'y a pas de passerelle. Théoriquement, la dictature des maths est abolie. Pratiquement, elle n'a jamais été pire. Ou l'on choisit l'option maths, ou l'on se ferme quasiment toutes les écoles de quelque réputation…

Je suis tranquille pour N. Il réussira. Mais cela signifie qu'il achèvera ses études secondaires sans avoir fait de philo, dépourvu de culture générale, poussé comme une endive pour faire des maths qui n'auront pour lui que valeur de passeport. Et encore sommes-nous délivrés des mathématiques modernes, qui ont fait le cauchemar de quelques générations d'enfants et de parents. Fichu système.

Je n'ai aucune idée sur ce que devrait être l'enseignement. Je vois seulement que les enfants sont malheureux. Maigre consolation, il paraît que le secondaire français est le meilleur au monde et qu'on vient, de l'étranger, le copier…

Alain Genestar m'apporte la maquette du supplément qu'il voudrait ajouter au *Journal du Dimanche* et me donne quelques chiffres. La vente des quotidiens a baissé à Paris, pour tous les titres, de 10 % environ en décembre, par rapport à décembre 91, quelquefois davantage. Les événements n'ont pas manqué cependant. Mais tout se passe comme si les gens n'avaient plus qu'une envie : se boucher les yeux et les oreilles.

Samedi 16 janvier. Le Point accroche lui aussi le grelot Louis XVI à sa une, et *Le Figaro* en fait de copieuses tartines quotidiennes.

Il y a, dans cette délectation généralisée à revisiter l'histoire, quelque chose d'étonnant… Tout se passe comme si, las de gloser sur la cohabitation, ce thème récurrent, on préférait polémiquer sur la décapitation. Il faut dire que le sujet est plus piquant…

Au moins personne ne demande que l'on coupe la tête de notre présent monarque, François Mitterrand, sinon symboliquement. Les Français, toujours monarchistes, d'une certaine manière, républicains monarchistes – qu'est-ce donc que la

Constitution, sinon une monarchie élective ? –, se contenteront de voir partir le roi-président avec la tête sur les épaules. Il n'est même pas certain qu'ils soient pressés.

Je cherche la remarque de Paul Valéry disant en substance : sans le précédent de Charles Ier, décapité par les Anglais, Louis XVI aurait été épargné, l'histoire procède par imitation. Introuvable. Il devrait bien y avoir une édition de Valéry avec un index par thème…

Quelques lignes en bas de page, ici et là, annoncent que les dockers de Marseille ont fini par accepter la mensualisation, après quinze mois de grève. Les dockers. L'élément le plus dur et sans doute le plus conservateur de la CGT. Nouvelle importante et significative de l'état des forces sociales dans le pays.

Elle passe quasiment inaperçue.

Les Italiens ont arrêté celui qui serait le chef des chefs de la Mafia, le parrain des parrains, Salvatore Riina. Il vivait tranquillement depuis vingt-trois ans à Palerme, avec de faux papiers. Que de complicités cela suppose… Quand on l'a arrêté, au volant de sa voiture, il n'a eu qu'un mot : « Compliment. » On a l'impression que quelque chose bouge dans le pays, que pour la première fois ils se remuent vraiment contre la Mafia et exploitent les confessions des « repentis ». La pression publique est forte, mais est-ce qu'on extirpe jamais une tumeur pareille du sein d'une société… Ce ne sont pas les mafieux qui créent la pourriture, c'est la pourriture qui sécrète les mafieux. Moravia disait que la Camorra, la Mafia sont des produits non de la culture industrielle mais de la putréfaction de la culture paysanne qui a été celle de l'Italie.

Tournoi des Cinq Nations à Twickenham : la brutalité du rugby me rebute même s'il y a de belles actions, mais je rêvais de voir enfin de mes yeux les Anglais battus par les Français, sur leur terrain. Une fois, rien qu'une fois. On a pu croire que c'était dans la poche… 16 à 15, *God damn the British.* Selon un récent règlement, un joueur blessé qui saigne doit être immédiatement évacué du terrain. Peur du sida.

Dimanche 17 janvier. Un enseignant, professeur d'économie à la faculté de Lyon, Bernard Notin, qui soutenait publiquement les thèses négationnistes, a réintégré son poste après une suspension de quelques mois. Interrogé par la Une, il déclare qu'il sera prudent à l'avenir, afin que « d'ignobles petits juges » ne puissent pas le persécuter, la loi ayant été durcie.

Les négationnistes me sont un mystère. Haïssant les Juifs, les tenant pour des bêtes nuisibles, ils devraient se féliciter que Hitler les ait exterminés à la chambre à gaz et, même, ils devraient recommander le procédé. Pourquoi nient-ils contre toute évidence l'existence de l'Holocauste ? Qu'est-ce qui les dérange ?

Qu'est-ce qui, au fond d'eux-mêmes, les empêche d'assumer cet aspect de l'hitlérisme, alors qu'il s'agit de leur idéologie même ? Drieu la Rochelle n'avait pas honte, lui, de réclamer la déportation des Juifs à Madagascar en 1942.

R. B. me dit : « Vous n'y comprenez rien. Il s'agit de prouver l'ignominie des Juifs, qui ont inventé de toutes pièces, selon les révisionnistes, leur martyre. C'est le fin du fin de l'antisémitisme. » Il se peut. Je persiste à penser qu'il y a, dans la négation délirante de l'Holocauste, quelque chose de plus compliqué, qui me reste obscur. Peut-être la volonté de banaliser l'entreprise hitlérienne de domination continentale par « la race supérieure », de la réduire à une guerre comme les autres. C'est la thèse du sociologue Paul Yonnet.

Vu cent dessins et aquarelles d'Egon Schiele, dont la presque totalité n'avait jamais été montrée en France. Les visiteurs se bousculent et font assaut d'hyperboles dans le livre d'or de l'exposition. Festin de violence qui laisse fasciné, envoûté par l'émotion qui se dégage de cette œuvre. Une descente aux enfers. Ces corps décapités, ces nus rouges, ces spasmes, cet érotisme âpre, douloureux, cru... Le trait est fabuleux.

Schiele, Autrichien de Vienne, était un protégé de Klimt. Quand il est mort de la grippe espagnole, à 28 ans, il avait déjà une réputation. Sous le prétexte que ses dessins étaient

« de nature pornographique et susceptibles de corrompre la jeunesse », il s'était retrouvé pour vingt-quatre jours en prison. C'était le temps où, déambulant dans une exposition où se trouvaient des toiles de Kokoschka, l'archiduc François-Ferdinand se plantait au milieu de la salle en criant : « Cochonneries ! Cochonneries ! »

La fameuse exposition de la Sécession, en 1918, consacra Schiele après sa mort, mais il est tombé dans l'oubli pendant un demi-siècle. Et puis son œuvre a éclaté. On sort de cette exposition secoué.

Bérégovoy à *L'Heure de vérité*, prié de dresser le bilan de douze ans (moins deux) de socialisme. Il fait bravement ce qu'il peut et c'est un honnête homme. Mais, sous le poids de trois millions de chômeurs, qui ne s'écroulerait ? Et puis il est épuisant, avec ses longues phrases en spirale dont on guette la fin comme sœur Anne… Tout de même, on n'a pas envie de l'éreinter. Je tiens ma plume en laisse avant d'écrire à son sujet pour *L'Obs*…

Lundi 18 janvier. De nouveau, à la télévision, ces ciels noirs mouchetés d'éclairs… Suite du bras de fer entre Saddam et Bush, les Américains ont attaqué hier soir, avec des Tomahawk, ces missiles de haute précision tirés par des navires, des petits bijoux qui coûtent 5 millions pièce. Objectif : une usine irakienne de composants nucléaires proche de Bagdad… Ce matin, deux raids aériens, l'un au sud du 32e parallèle, l'autre au nord du 38e, pour détruire des bases de missiles implantées dans les zones dites d'exclusion aérienne.

Il paraît évident que, en dépit des contrôles, Saddam a reconstitué un potentiel d'armes de destruction en contravention avec les dispositions imposées par les Nations unies à la fin de la guerre du Golfe… La question est : possède-t-il oui ou non des armes nucléaires ? Réponse : pas encore mais c'est une question de temps. De peu de temps ? Les experts varient. Seule certitude : quand il en aura, il s'en servira… Il va, maintenant, hurlant qu'il s'agit de l'épisode « final » de la guerre et que « le dénouement sera une grande victoire ». Les classiques rodomontades à usage interne… Malheureux

Irakiens, terrorisés par un dictateur, étranglés par l'embargo, dans ce pays si riche, si fertile, le seul qui possède à la fois du pétrole et de l'eau… Les observateurs s'accordent à dire que l'Irakien cherche à tester Clinton, qui prend ses fonctions après-demain et qu'il juge moins déterminé que Bush. Mais il a montré qu'à ce jeu il n'est pas bon. Sinon, la guerre du Golfe n'aurait pas eu lieu. En attendant, un engrenage est de nouveau enclenché.

Comme la politique est faible à côté de la guerre… On bombarde, on tue, on rase, on détruit les forces militaires, on « gagne », et ensuite on est timoré, on laisse Saddam en place, on ne sait ni l'éliminer ni négocier avec lui, bref on est piégé…

Les livres politiques tombent en rafale. Alain Duhamel, René Rémond, Alain Etchegoyen… J'y prends intérêt, mais ils ne m'arrangent pas. Le *JDD* a un public hétéroclite, auquel je ne peux pas infliger chaque semaine une lecture austère. Je cherche en vain dans une pile de trente livres un ouvrage dont je pourrais parler la semaine prochaine Il y a du Louis XVI en pagaïe… Rien ne m'allèche. Parfois, c'est un supplice chinois, cette chronique hebdomadaire… Un Hervé Guibert posthume fera peut-être l'affaire. Avec sa plume aiguë, il n'est jamais indifférent.

Mardi 19 janvier. Irak : dans le ciel, ça se calme. A terre, tout le monde gueule, avec des nuances, les pays arabes, les Russes qui s'offensent de n'avoir pas été consultés avant les opérations – il y a chez eux un solide lobby pro-irakien, héritage du communisme –, quelques Français isolés, toujours les mêmes. Mais la situation ne soulève aucune passion, ni même un intérêt véritable, dans l'opinion.

439 : c'est le nombre de sièges qu'un sondage Sofres accorde à l'opposition, après la consultation de mars. Ces sondages devraient laisser indifférent, tant l'issue est acquise… Mais le point est de savoir s'il y aura victoire de l'opposition ou raz de marée, hypothèse dans laquelle la situation de Mitterrand deviendrait délicatissime…

Le plus acharné à réclamer son départ est Giscard, subitement (« Mitterrand dehors ! »). Il veut être Premier ministre du prochain gouvernement. *Le Monde* consacre un long article à sa stratégie, sa tactique et ses préparatifs. Son analyse : si ce n'est pas lui qui est à Matignon, soutenant un bras de fer avec Mitterrand pour le contraindre à partir, Chirac s'assurera définitivement le leadership de la droite et sera battu ensuite par Michel Rocard à la présidentielle de 95.

Avouons que ce serait drôle. En somme, c'est pour épargner à Chirac cette cruelle défaite que Giscard est prêt à tous les dévouements ! Même à gouverner ! Chapeau pour la dialectique. Ces deux zigotos-là n'en finiront jamais de se trahir l'un l'autre...

Mitterrand à l'un de ses ministres, mercredi dernier : « Si j'avais dix ans de moins, vous verriez que cette campagne électorale n'est pas perdue... » Il doit enrager, le cher vieux renard...

J.-J. arrive d'Amérique et m'interroge sur l'état d'esprit des Français. Mauvais, lui dis-je, très mauvais. Pire. Les gens sont, au sens propre du terme, désespérés. Sans espoir. Ils ont peur pour leur emploi quand ils en ont un. Peur pour leurs enfants, peur. Et on peut vivre privé de tout, mais pas d'espoir, pas de l'espoir que les enfants vivront mieux, que demain sera meilleur. Les choses se sont brusquement aggravées quand le chômage a commencé à frapper les cadres, moyens ou supérieurs. Le chômage, on pensait que c'était la plaie des ouvriers. Maintenant, on voit que, diplôme ou pas, qualification ou pas, tout le monde est dans le même bateau, sauf les fonctionnaires. Alors, on ne dépense plus, on se restreint, et, quand on a un job, on croise les doigts. Je n'ai jamais vu la France dans cet état moral... Alors le cirque électoral, vous pensez si on s'en fout ! Il me trouve noire. J'ai l'impression d'être au-dessous de la vérité.

Réunion des représentants, chez Olivier Orban, pour leur parler du livre que j'ai écrit avec BHL et qui doit sortir au printemps. Un dialogue sur « les hommes et les femmes ». Impression d'irréalité complète. Dans le climat que je viens de décrire, nous nous retrouvons en train de parler d'amour, de désir, de séduction, de jalousie... Mais quoi ! La vraie vie est là...

Mercredi 20 janvier. Voilà que Saddam en appelle au pape pour servir de médiateur... Il a décrété, unilatéralement, le cessez-le-feu dans un geste de « bonne volonté » envers le nouveau président des Etats-Unis. A quoi les Etats-Unis répondent en déployant des Patriot au Koweit et en envoyant des hommes. La politique américaine n'est pas exactement populaire, dans le monde, mais y en a-t-il seulement une, à part des réactions de force aux piqûres de guêpe de l'Irak ? Le pays dangereux de la région, c'est l'Iran, qui est en train de s'équiper jusqu'aux dents et qui sera bientôt capable de produire 400 exemplaires par an de Scud améliorés.

Je n'arrive ni à m'intéresser ni à me désintéresser du feuilleton irakien.

C'est la fête à Clinton ! L'intronisation, la prestation de serment, la grande parade populaire. Elle est toujours émouvante, elle l'est plus encore quand il s'agit d'un président innocent, non encore couturé de cicatrices, qui arrive au pouvoir comme un jeune marié au soir de ses noces.

Qui est-il, cet inconnu qui joue du saxophone ? Jusqu'à présent, il est apparu habile et déterminé. Il fait confiance aux femmes. A la sienne d'abord, qui, manifestement, n'est pas n'importe qui. Son discours était simple et bon, dans la meilleure tradition Kennedy. Courage et esprit de sacrifice pour « réinventer l'Amérique ». Maintenant, il s'agit de gouverner...

Seul ce pays est capable de produire un président non usé par des années de traînaillerie sur les bancs politiques et les écrans de télévision, à qui l'espérance d'un renouveau puisse s'accrocher.

Une part de cette espérance sera déçue, forcément. Clinton ne va pas, d'un coup de baguette magique, réduire le déficit du budget, transformer le système de santé, le système éducatif et je ne sais encore quoi. Mais le pays a des ressources formidables quand il s'agit de donner un coup de reins. Et, qu'on le veuille ou non, rien de ce qui est américain n'est sans conséquence pour nous.

Bon. Espérons, nous aussi, en ce bel inconnu rieur, nous en avons besoin. Il a achevé sa prestation de serment par un « So, help me, God ». Well. So help him, God.

Les images en provenance de Sarajevo serrent le cœur. Le froid, l'absence d'eau, d'horribles blessures consécutives aux bombardements d'artillerie, des gens hagards... Un martyre.

Sous la pression de Milosevic, les Serbes de Bosnie, ceux qui ont formé une autorépublique proclamée, ont accepté, en traînant les pieds, la première condition du plan de paix, mais c'est encore très confus. Le sûr est que la menace d'intervention occidentale a été utile vis-à-vis des Serbes, et que nous tous qui avons hurlé pour qu'elle se précise, nous avons bien fait.

En attendant, Croates et musulmans de Bosnie se battent entre eux comme des loups, ce qui achève de rendre les choses compliquées pour un esprit simple. De cette constellation de communautés enchevêtrées, où les haines sont si tenaces et les prétentions territoriales exacerbées, on a peine à croire que puissent sortir des nations autonomes, aux frontières respectées.

Brûlée à la main droite. Rien de grave, mais je suis handicapée pour accomplir les gestes les plus simples. Irritant, douloureux et salutaire. Ce sont de bonnes leçons de modestie, celles qui nous montrent ce qui reste de nous lorsque le corps nous trahit.

Jeudi 21 janvier. Audrey Hepburn est morte à 63 ans, d'un cancer. Elle était exquise. Si frêle, si menue... Une fée.

Réunion chez José Bidegain, président de l'AICF, d'un groupe informel à propos de la Bosnie/Serbie. André Glucksmann, Daniel Rondeau, Gilles Martinet, Michel Burnier, etc. Selon un rapport du Département d'Etat américain, « la politique de prétendu nettoyage ethnique a été pratiquée à une échelle qui n'a pas eu d'équivalent en Europe depuis la période nazie ». Faudrait-il, si une paix fragile revient dans la région, passer l'éponge ? Voir Milosevic déjeuner à l'Elysée, peut-être ? Des enquêtes ont eu lieu. On a des précisions, des faits, des noms. Il serait inimaginable que les ordonnateurs de ces barbaries ne comparaissent pas devant un tribunal international. A la télévision apparaissent des soldats serbes faits prisonniers, qui marmonnent, l'un après l'autre : « On avait des ordres... », « C'est les officiers qui nous donnaient l'ordre de violer... », « Les officiers m'ont promis une pension pour après la guerre... », « On a tué, on a violé, on avait des ordres... ». Pitoyables et abjects. Ce sont leurs chefs qu'il faut saisir, au plus haut niveau, et punir.

Lancement d'un numéro de *L'Obs* où sont recensées « les chances de 1993 ». Trois cents personnes entassées dans une sorte de garage de luxe, où le bruit est infernal. Envie de fuir, mais j'ai promis de dire trois mots, parmi d'autres. L'intérêt se focalise sur une étude provocante de la Cofremca, qui dément ce que j'écrivais ici l'autre jour. La Cofremca est un observatoire sérieux dont les travaux ont une forte réputation. Rien d'un institut de sondage qui photographie l'éphémère. Elle saisit les tendances lourdes de la société. Que dit-elle ? Que les Français ne sont nullement déprimés, que leur vitalité n'a jamais été aussi grande, qu'ils veulent faire, entreprendre, inventer. Qu'ils sont « en travail », comme on dit d'une femme qui accouche, en train de digérer les grandes crises économique, morale, politique, familiale. Selon Gérard Demuth, qui présente cette étude, même le chômage, les Français le vivent de mieux en mieux. Ils se sont adaptés, ils ont organisé, reprogrammé leur vie en fonction de cette éventualité. Ils mettent en place des réseaux de solidarité, dépensent mieux, repèrent tous les avantages que l'on peut tirer de la société moderne. Le racisme ne progresse plus. Il y a un décalage entre le langage employé dans la vie sociale, colporté par les médias, et les réalités, comme si nous n'osions pas dire que nous sommes heureux. Quant les responsables de haut niveau appellent à un électrochoc qui réveille le pays, Demuth répond : « Foutaises ! Les Français sont plus éveillés que jamais ! Une incroyable volonté de changement s'accumule depuis des années, qui ne demande qu'à être dirigée, ou plutôt accompagnée. » Les petites gens veulent prendre leurs affaires en main, être consultés. Le prestige des « élites » est en chute libre. Il concède que l'imaginaire collectif est fatigué, qu'après l'imaginaire religieux, puis l'imaginaire communiste et enfin l'imaginaire de la société de consommation, qui a cessé de fonctionner lui aussi, il faut en reconstruire un autre. C'est selon lui le défi des années à venir.

Balivernes ? J'ai vu, dans le passé, tant d'études issues des plus grands instituts auxquelles les faits ont apporté un démenti que j'ai appris à ne croire ni aux pronostics ni aux prophéties. Mais ici, il s'agit plutôt d'une image de la société française telle qu'elle serait en profondeur, dans son évolution, sous une écume superficielle de morosité. On a furieusement envie d'y croire.

Vendredi 22 janvier. Déjeuner hier avec Jean Drucker, le patron de M6, toujours beau comme un jeune premier après une nuit chaude. Il a conduit cette chaîne à la réussite. Elle a fait des bénéfices en 92, ce qui est proprement miraculeux, et elle avance en montant. Il dit, assez drôlement : « Personne ne la regarde, sauf le public. » C'est-à-dire, pour moitié, un public de jeunes. Le personnage mythique de la télévision française, la ménagère de moins de 50 ans, cible des publicitaires, n'entre pas dans son équation. L'establishment, qui ne s'intéresse qu'à l'information, quasiment absente de M6, non plus. La réussite de Jean Drucker est un bon exemple d'intelligence adaptée à son objet. Il a tout compris de ce métier singulier.

Nous avons vu tous les deux l'émission de Fabius, mercredi soir, et en avons retiré le même sentiment : il n'était pas mauvais du tout, et même bon. En face de deux interlocuteurs – une femme cadre sans emploi, un enseignant en retraite –, il a essayé tous les registres, compréhensif, entraînant, pugnace, modeste. Résultat : il parlait à un mur. On a l'impression que, pour l'heure, il n'y a plus une seule parole d'un seul responsable socialiste qui puisse franchir ce mur de méfiance désabusée… Et il y avait du pathétique là-dedans. Vivement que ça change, puisque ça doit changer…

Sombre et belle sous sa crinière noire, Albina, que je n'ai pas vue depuis longtemps. Elle ne cesse de courir le monde. Elle est ma petite sœur, ma petite fille, ma tendre enfant blessée qui peut m'appeler à deux heures du matin quand l'angoisse la poigne. Elle ne le fait pas, mais elle sait qu'elle peut le faire. Elle a perdu son fils unique dans un accident d'hélicoptère pendant le Paris-Dakar, et n'en guérira jamais. Nous partageons cette expérience-là aussi.

Albina a été l'héritière d'une immense fortune. Depuis la mort de son fils, elle a tout vendu, bijoux, tableaux, meubles rares, immeubles, pour financer des opérations humanitaires en faveur des enfants, singulièrement des enfants atteints du sida. Et elle va, de Thaïlande aux Etats-Unis, d'Afrique en Asie, conduire l'action de la Fondation qui porte le nom de son garçon. La seule chose en elle qui me soit étrangère, c'est qu'elle n'appartient à aucun pays. Elle est née française d'un père français, mais elle n'est chez elle nulle part. Elle se pose partout. Elle parle indifféremment le français, l'anglais, l'espagnol. Elle n'a même pas cette patrie suprême qu'est la langue. Elle n'est jamais « à la maison ».

Parfois, je pense que c'est le malheur suprême.

5000 personnes se sont retrouvées place de la Concorde pour célébrer la mémoire de Louis XVI. Ce n'est pas lourd, après le tapage qui a été fait. Le peuple de Paris ne s'est pas dérangé. J'y suis allée pour voir. Foule propre sur elle ressemblant à celle qui se presse à la vente du *Figaro* ou du Pen Club, jupes plissées, chignons, quelques hobereaux en loden, des gens « qui ne descendent dans la rue que tous les cent ans », écrit drôlement le journaliste du *Figaro*, et qui étaient venus se donner une grosse émotion. Beaucoup de fleurs blanches, délimitant le périmètre carré où se dressa, il y a deux cents ans, la guillotine, larmes roulant sur les joues, requiem de Cherubini résonnant sur fond d'avertisseurs exaspérés, ceux des automobilistes bloqués rue Royale... C'était à la fois dérisoire et fervent. Nous voilà tranquilles pour cent ans.

Un lecteur de *Leçons particulières*, médecin, m'écrit pour me reprocher gentiment d'être aveugle à la lumière. « Dieu vous aime », me dit-il dans une belle lettre d'homme de foi. Hélas ! Voilà bien ce que je ne croirai jamais. Mais j'admire que l'on puisse y croire.

Samedi 23 janvier. Zoe Baird, désignée par Clinton comme ministre de la Justice, renonce à son poste. Le Sénat n'aurait pas entériné sa nomination. Elle a préféré se soustraire à un vote négatif humiliant. Motif : une tache sur son passé. Elle a employé naguère un couple de serviteurs, immigrés clandestins, en négligeant de payer les cotisations sociales obligatoires. Vertu, vertu... Cette méthode américaine, passer au crible la conduite d'un candidat au service de l'Etat, est implacable. Mais elle est bonne. César et les siens ne doivent pas être soupçonnés.

Réunion mensuelle à la Sept, pour choisir sur scénario les films que la société cofinancera. Films destinés à l'exploitation en salle qui passeront ensuite sur Arte. Ou on étouffe dans une pièce sans fenêtres surchauffée, ou on gèle et on ne s'entend plus quand la ventilation est branchée. Ce sont les charmes de la vie moderne. Le niveau des scénarios proposés est très médiocre. J'en avais déjà fait l'expérience en présidant pendant deux ans la Commission d'avance sur recettes. Mais qu'est-ce qu'un bon scénario ? Rien de plus difficile à lire. Rien qui ressemble moins à un bon livre. Il y a tout, dans un scénario, sauf l'essentiel, le regard, l'œil, la sensibilité, l'univers du réalisateur.

Alors, pour peu qu'on y mette quelque scrupule – et notre petite équipe en est bourrée –, on se ravage à sélectionner deux ou trois sujets à chaque session, sur une cinquantaine. Est-ce le bon choix ? N'a-t-on pas privé de sa chance celui qui, précisément, aurait eu ce « quelque chose » qui n'est pas apparu dans un texte imprimé ? Les discussions ne sont même pas vives. Nous tombons vite d'accord, fût-ce avec des nuances... Mais on peut aussi se tromper à plusieurs... Compte tenu de l'enjeu, pour ceux qui postulent à un financement, on se désole à les rejeter, on voudrait repêcher celui-ci, celui-là. Mais il s'agit de l'argent public, et il est ici en quantité limitée. Les états d'âme sont interdits.

Je ne sais pas pourquoi j'appartiens à ce groupe de « décideurs ». C'est un travail bénévole, pas très absorbant, mais il faut tout de même lire une dizaine de manuscrits par mois, et on ne peut pas se défaire d'un sentiment d'à-peu-près qui taraude.

Après un an de cessez-le-feu, les Croates ont attaqué les Serbes pour récupérer un pont. Les combats sont violents, la ligne de front étendue. Ils essayent d'améliorer leurs positions avant la conférence de Genève, qui reprend aujourd'hui pour discuter du découpage de la Bosnie en dix régions. Les Etats-Unis ont menacé de livrer des armes aux musulmans de Bosnie. Grâce à quoi on considère généralement que les Serbes vont être contraints aux concessions. Excellent et bref article de François Fejtö dans *Libération*, intitulé, simplement, « Sept raisons de désespérer ».

Il y a quelque chose de changé aux Etats-Unis. Abrogées les mesures prises par Reagan pour restreindre la liberté de l'avortement. Clinton a choisi pour ce faire la date symbolique du 22 janvier, vingtième anniversaire du célèbre arrêt de la Cour suprême légalisant l'avortement aux Etats-Unis.

Les dispositions prises par Reagan interdisaient aux cliniques bénéficiant de fonds fédéraux de fournir la moindre information pratique sur l'avortement, ni même de prononcer le mot. Il interdisait également au gouvernement de participer au financement des programmes des Nations unies pour la limitation des naissances dans le tiers monde.

Clinton a, d'autre part, demandé que soit réexaminée l'interdiction de l'importation de la pilule RU 486, inventée par Etienne Baulieu et fabriquée en France.

Tout ceci ne passera pas sans cris, ni hurlements, ni manifestations parfois ignobles. Mais le tournant est pris.

Le professeur Luc Montagnier, dans un article du *Monde* : « Il faut détruire le sida, sinon le sida nous détruira. » A *7 sur 7*, il dit : « Il y a trois façons de se protéger : la fidélité, l'abstinence et le préservatif », que les jeunes gens sont nombreux à utiliser, selon lui. Il est favorable aux distributeurs placés dans les lycées, qui font hurler les bien-pensants.

Serait-ce qu'ils n'ont pas d'enfants ? Les évêques sans doute, mais les autres ? Le vaccin n'est pas pour demain.

Dimanche 24 janvier. Dimanche gris, doux, maussade. Je sors pour acheter le journal. Trois vers d'Apollinaire me trottent dans la tête :

Triste et mélodieux délire,
J'erre à travers mon beau Paris
Sans avoir le cœur d'y mourir.

Autrefois, je savais des centaines de vers. Maintenant, ma mémoire me trahit, j'ai une tête à trous, c'est le vrai désagrément de l'âge. Tout ce que j'ai appris après 20 ans me fuit en lambeaux effilochés.

Hier soir, *Un bal masqué,* de Verdi à l'Opéra-Bastille. Décidément, je n'aime pas cette salle inhospitalière, avec sa bouche cernée de noir et ses marches glissantes, là où il y aurait eu autrefois un beau rouge profond et des matériaux chaleureux. Je ne connais pas une salle de spectacle « moderne » qui soit accueillante. Celle-là est presque aussi laide que le caravansérail du Festival à Cannes, c'est dire !

Spectacle agréable, bien dirigé par le petit chef coréen Chung, bien chanté dans l'ensemble, décors et costumes poussiéreux. Plaisir de Verdi. De la musique facile que l'on écoute avec bonne conscience parce que c'est, tout de même, de la très bonne musique, d'une grande force dramatique sur un livret à la limite du ridicule, mais peu importe. Salle pleine à craquer, enthousiaste… Je me demande ce que le prochain gouvernement va faire de cet établissement prétendument populaire qui coûte la peau du dos et qui va lui coller aux doigts comme un caramel mou. C'eût été tellement plus intelligent et fécond de faire les travaux nécessaires pour aménager le bel et vieil Opéra…

On peut désormais dîner sur place à l'entr'acte, comme en Allemagne. C'est le seul aspect positif de cette construction ingrate.

Lu dans *Le Débat* un parallèle brillant entre le Moïse de Freud et le Moïse de Schönberg, par un historien professeur d'histoire juive à Columbia, Yosef Hayim Yerulshami. Plaidoyer hors mode en faveur de la prééminence du langage où l'auteur rappelle quand même ce mot de Wittgenstein : « Il faut parfois retirer de la langue une expression et la donner à nettoyer pour pouvoir ensuite la remettre en circulation. »

Article virulent de Marc Lambron dans *La Règle du jeu* sur Elisabeth Badinter, à propos de son livre *XY*. Je le croyais plus intelligent, Lambron, et même très intelligent. Mais, sur de tels sujets, il arrive que les hommes les plus subtils dérapent. Dommage.

Bonne étude dans *Le Point* sur les prochaines élections, d'où il ressort que la droite ne fera pas mieux, en nombre de voix (42 %) qu'en 1981... Mais il n'y a rien de « costaud » en face. Des communistes au Front national en passant par les écologistes et le PS, les voix s'éparpilleront. De sorte que, compte tenu du mode de scrutin, avec 42 % des voix la droite classique va enlever le maximum de sièges.

Curieux d'observer comme ce mot, « droite », a changé de connotation. Il y a quelques années, ni Chirac, ni Giscard n'auraient supporté d'être dits « de droite ». Depuis que l'existence d'une extrême droite les a recentrés, qu'ils le veuillent ou non, la droite c'est eux. En même temps, le mot s'est « dédiabolisé » et ne désigne plus, en somme, que ce qui n'est pas « de gauche ». Ce clivage est-il vraiment celui qui sépare la société française en deux ? Oui, répond René Rémond, dans son dernier livre. Oui, si l'on veut bien considérer que l'opposition entre droite et gauche ne porte pas seulement sur des questions typiquement politiques, où les divergences se sont réduites, mais sur des problèmes de société. Qu'elle traduit des choix entre des systèmes de valeurs. Et que les dissentiments, là, sont profonds. Son analyse est très fine, comme d'habitude.

Lundi 25 janvier. La compagnie israélienne de téléphone vient de lancer un nouveau service : on peut désormais lui envoyer par fax les missives destinées au mur des Lamentations. Elle se charge de les confier au fameux mur. Elle recevrait deux mille fax par jour, en particulier des Etats-Unis. Une compagnie, chrétienne celle-là, de téléphone propose le même service – le fax – pour se confesser. Je n'ai pas bien compris à qui, ni si on reçoit l'absolution par retour de fax.

Je vais chercher du papier chez mon petit papetier-marchand de journaux-libraire. Il fait mon admiration. En un rien de temps, il a transformé un débit de journaux en une boutique bourrée de livres, et pas seulement de nouveautés, superbement achalandée. Il faut se bousculer pour entrer. On peut tout lui demander. En vingt-quatre heures, on est servi. Il m'a déniché des titres réputés introuvables. Quelqu'un qui fait bien son métier, c'est toujours épatant.

Sur les piles de bouquins offerts à la convoitise des clients, il a collé, cette semaine, des étiquettes : *Bon*, *Passionnant*, *Intéressant*... avec un petit commentaire situant l'ouvrage. Sur la pile des Peyrefitte et des Alain Duhamel, rien. Je n'ose pas lui demander si c'est un jugement par défaut ou si, simplement, il se garde de la politique. Il est très malin, mon petit libraire...

Dans *La Règle du jeu*, encore, lu un entretien de Guy Scarpetta avec Milan Kundera sur Rabelais. Son admiration pour Rabelais est sans borne. Il raconte qu'il l'a découvert à 18 ans dans une admirable traduction tchèque, et qu'il a été envoûté. Que Rabelais est, pour lui, à l'origine du genre romanesque, « un moment miraculeux et irrévocable où un genre ne s'est pas encore constitué en tant que tel... ».

Honte sur moi. Je n'ai jamais réussi à lire Rabelais. Ni Rabelais, ni Cervantes. Pas de quoi se vanter, mais il y a ainsi de grandes œuvres dont on a tant entendu parler qu'elles sont en quelque sorte usées, déflorées avant que l'on y soit entré. Il faut les lire à 15 ans. Je suis passée à côté.

Agitation dans le Landernau parisien au sujet du rachat par Sanofi d'Yves Saint Laurent. Sanofi, c'est une filiale d'Elf Aquitaine, donc une entreprise d'Etat. Saint Laurent, c'est Pierre Bergé, donc « un ami du président ». De là à trouver les conditions de ce rachat excessivement favorables au vendeur… Les chiffres valsent. Je n'y connais rien et suis incapable d'en juger. Mais on a envie de dire : « Il ne manquait plus que ça… » Le président de Sanofi se défend comme un beau diable et affirme qu'il a fait une bonne affaire pour ses actionnaires… Mais la tête du président d'Elf Aquitaine ne tient qu'à un fil qui sera vraisemblablement coupé par le prochain gouvernement. Une histoire possiblement empoisonnée.

Pasqua se surpasse. Reprochant à Fabius d'être « né avec une cuiller d'argent dans la bouche » – ce qui évoque fâcheusement la fameuse vaisselle d'or de Léon Blum –, il a vilipendé, en public, « le système mafieux des socialistes ». Réponse de Fabius : « Quand M. Pasqua parle de système mafieux, on a affaire à un spécialiste. » C'est ce qu'on appelle un débat d'idées.

Mais il se peut bien qu'il soit utile, ce Pasqua à la grande gueule. Il doit rameuter du côté des électeurs du Front national.

Mardi 26 janvier. L'AICF me demande un petit article sur le Soudan, pour son bulletin. C'est ma – faible – contribution à la marche de l'association, avec les réunions du Conseil. Je suis attachée à cette AICF que nous avons fondée, il y a maintenant douze ans, avec une inconscience totale des difficultés de « l'humanitaire », mais une telle passion… Nous étions une poignée d'amateurs, l'AICF est devenue une belle organisation, professionnelle, efficace.

Les gens qui dénigrent l'action humanitaire ricanent : substitut fallacieux à la politique, ruse pour nier le malaise humain existentiel, évacuer la négativité, socialiser le malheur, snobisme philanthropique digne de Mme de Bargeton née Nègrepelisse, celle de Balzac, qui avait « des larmes pour tous les malheurs et des fanfares pour toutes les victoires ». Et eux, que font-ils, assis sur leur derrière ? Rien. Des bulles. Esprit simple, je préférerai toujours sauver des gens que les laisser crever. Les hommes et les femmes qui se défoncent, aux quatre coins du monde, sur le terrain sont aujourd'hui, qu'on le veuille ou non, la crème de leur génération.

C'est une histoire affreuse, celle du Soudan, qui se déroule dans l'indifférence générale alors qu'elle relève directement du génocide. Le mot est galvaudé. Ici, il est adéquat. Ceux de « purification ethnique » le seraient aussi. Sous l'impulsion d'un redoutable idéologue proche de l'Iran, Hassan al-Tourabi, le gouvernement du Soudan vise la mise en place d'une « ceinture islamique », du Caire à Rabat. Mais les chrétiens du Soudan, et les adeptes des religions traditionnelles, qui vivent au sud, refusent l'application de la « charia » et sont entrés en rébellion. Guérillas. Le conflit dure depuis des années, pendant lesquelles 600 000 « rebelles » ont trouvé la mort. Les populations épouvantées fuient sous le feu des armes, se réfugient où elles peuvent, démunies de tout. La famine achève ce que les bombes ont commencé. C'est à ces populations que l'AICF tente de porter secours, ce qui ne va pas sans d'immenses difficultés, au point que la plupart des ONG ont renoncé à opérer là-bas. Nos programmes médicaux et de réalimentation concernent 200 000 personnes, dont un nombre considérable d'enfants. Il faut s'accrocher. Pendant ce temps, le gouvernement soudanais se paye des pages de publicité dans la presse américaine pour solliciter les investisseurs étrangers de venir exploiter son gaz naturel. Le plus fort est qu'ils vont peut-être y aller !

Une offensive des forces gouvernementales est attendue contre la guérilla. On apprend qu'elle sera appuyée par des avions venus d'Iran. Il s'agit des avions irakiens qui se trouvaient « en pension » depuis la guerre du Golfe. Il serait relativement facile d'arrêter ces massacres en mettant un embargo sur le pétrole dont le Soudan a impérativement besoin… Mais essayez donc d'intéresser quelqu'un à l'extermination des chrétiens du Soudan… La communauté internationale s'en tient à des blâmes offensés dont le gouvernement du Soudan se moque comme de son premier fusil.

Peut-être avez-vous sauté ce qui précède. Normal. Il y a un seuil, variable selon les jours et les individus, à partir duquel on est saturé de malheur, de tous les malheurs du monde.

Le Monde publie l'analyse de deux spécialistes en psychiatrie criminelle à propos du meurtre d'Hélène Althusser.

Leur hypothèse : Louis Althusser n'a pas étranglé sa femme, comme on l'a dit très souvent, parce qu'il était sous l'emprise d'une dépression psychotique… Il avait peur d'être abandonné. « Tout nous incite à penser qu'il s'agit d'un drame passionnel : conflit d'amour et de haine entre deux personnes […] Althusser, pour échapper à l'angoisse de séparation et à l'anéantissement existentiel, aurait ainsi préféré tuer de ses mains l'objet de son attachement, le possédant alors indéfiniment dans la mort. »

Histoire d'une passion, non d'un dément, en somme. Interprétation à laquelle on est tenté de souscrire bien que, au moment du drame, Althusser donnait plutôt l'impression de vouloir se soustraire à l'emprise d'Hélène. Mais il n'y a peut-être pas là de contradiction.

Allons bon ! Voilà que les jeux vidéo rendent épileptique, maintenant ! Par « modifications brutales ou répétées de la luminosité ». Une enquête a été ouverte en Grande-Bretagne et au Japon après que des crises eurent frappé de jeunes joueurs surexcités… Une dizaine de cas auraient été signalés en France, où 6 millions et demi de consoles ont été vendues. Les parents paniquent, les enfants jubilent à l'idée de connaître l'épilepsie, les médecins spécialistes rassurent : les risques seraient insignifiants. Nintendo et Sega n'ont plus un poil de sec.

Mercredi 27 janvier. Réveillée à l'aube par Europe 1, qui veut une réaction sur l'intervention de J.-J. S.-S., hier soir, au journal de TF1. Je ne l'ai pas vu, je dors, je fulmine. Qu'est-ce qu'il a encore inventé, celui-là ?

Renseignements pris, il a fait état d'une petite scène qu'il raconte dans son nouveau livre, *Les Fossoyeurs*, où Chirac, s'invitant à dîner chez lui en 1981, lui aurait dit : « Vous êtes d'accord avec moi : nous ne pouvons pas laisser Giscard être réélu. Il a trop mal géré son septennat… Peut-être serez-vous étonné que je laisse ou fasse élire Mitterrand. Mais c'est le seul moyen de se débarrasser de Giscard. »

Petit tumulte dans le monde médiatico-politique. Chirac l'a dit, naturellement. Nul n'en doute. Mais il dément, naturellement. N'importe. J.-J. S.-S. a fait tilt. Ça, il sait faire !

Cette fois, c'est la confusion totale dans ce pays qui s'appelait la Yougoslavie et qui n'a plus de nom. Croates contre Serbes d'un côté, Croates contre musulmans bosniaques de l'autre, se battant sauvagement, et de malheureux soldats français au casque bleu désarmés, pris sous le feu.

Deux sont morts, vingt-cinq seraient coincés sous les bombardements. Les Croates se moquent des injonctions de l'ONU exigeant la fin des hostilités. Du coup, l'état d'esprit a changé. Intervenir ? Mais intervenir contre qui ? Qui est l'agresseur de qui ? Il faut d'abord que les Casques bleus, devenus de la chair à canon, soient évacués. Le HCR a demandé à l'AICF de suspendre ses missions d'aide sur place. Trop dangereux.

Déjeuner pour l'attribution du prix Mumm. Un mécène, Alain de Gunzburg, épris de presse écrite, l'a institué pour honorer chaque année quatre journalistes particulièrement brillants dans leur spécialité. Le montant de chaque récompense n'est pas négligeable, 50 000 francs, et, si le prix Mumm n'a pas encore de notoriété, il est convoité dans le milieu de la presse.

Donc, le jury – composé de sept directeurs de journaux, Jean Daniel, Claude Imbert, Roger Thérond, Philippe Tesson, Alain Genestar, André Fontaine, Franz-Olivier Giesbert, et de cinq journalistes, Jean d'Ormesson, Bernard Pivot, Patrick Poivre d'Arvor, Ivan Levaï et moi – s'est réuni tout à l'heure.

Ces réunions sont toujours gaies. Nous sommes plutôt heureux de nous rencontrer, nous avons mille choses à nous dire, mille rumeurs à confronter. L'ambiance est celle d'une salle de récréation. Mais il faut être sérieux : nous sommes là pour travailler. Après une discussion générale assez vive, où chacun défend âprement ses candidats, le choix se fait, à la fin, très vite. En trois tours de scrutin, les choses sont réglées…

C'est agréable de faire des heureux. Moi qui ai horreur des jurys – au nom de quoi serais-je appelée à juger ? cela me donne toujours des sueurs froides –, j'aime bien celui-là.

Jean d'O., dont les yeux bleus n'ont pas fini de m'enchanter depuis quarante ans que je les connais, me dit qu'il est excédé par le nombre de colloques et autres conférences auxquels il doit participer.

« Il faut refuser. – Vous refusez, vous ? – Je refuse tout. Comme ça, je ne vexe personne. – Moi, je refuse toutes les préfaces. – Et comment ! Les préfaces, les colloques... On ne peut pas se laisser tondre le temps sur le dos. Ou alors, il faut cesser d'écrire... »

Mais il a tant de facilité, il parle sans note, il improvise, qu'il va continuer, tout en bougonnant, à courir de Bruxelles à Bordeaux, de Bordeaux à Strasbourg, de Strasbourg à Madrid. Quelle santé !

Jeudi 28 janvier. Après les jeux vidéo, les téléphones sans fil... Les ondes qu'ils émettent seraient responsables de tumeurs au cerveau. Les actions de la compagnie qui les fabrique sont tombées en flèche à Wall Street. Enquête ouverte.

Ces téléphones, qui ne cessent de se répandre, m'ont toujours paru le comble du ridicule quand ils sont employés par des gens qu'aucune urgence ne sollicite, c'est-à-dire le plus grand nombre. Mais les utilisateurs en tirent un sentiment d'importance, qui explique leur vogue.

Vu en projection privée le dernier film de Costa-Gavras, *La Petite Apocalypse*, histoire tragi-comique d'un écrivain polonais réfugié en France parce qu'il est resté communiste, et qui tombe dans les mains d'un expert en communication.

Drôle et désespéré. Le personnage ne croit plus à rien et ne croit même plus nécessaire de croire à quoi que ce soit. Peut-il en être autrement aujourd'hui quand on est polonais ou tchèque ?

Défilé de la collection Saint Laurent. Que de beauté... Des étuis sublimes sur des filles sublimes, l'acmé du luxe. On a envie de tout, on n'aura rien, n'importe... Il est doux de vérifier que le désir peut encore s'éveiller.

Déjeuner chez Marcel Bleustein. 86 ans. Il se tient très droit, jeune d'allure.

Je l'aime tendrement, ce vieux brigand, mais il est devenu complètement sourd. Sourd profond. De sorte que la conversation avec lui est un monologue. Le sien...

Nous sommes seuls, tous les deux, dans ce bel appartement luxueux de Passy dont il s'est fait une tanière, comme un lion blessé.

Je hurle quelques mots, le strict nécessaire pour enclencher son propre discours. Il parle volontiers, perdu dans le passé, bourré d'anecdotes que j'ai bien entendues cent fois. Il s'attendrit en évoquant nos souvenirs communs sur lesquels il n'est plus très au clair. Tout à coup, il dit : « Je suis un homme seul... Tous les gens de mon âge sont morts... A qui voulez-vous que je parle ? » Personne ne fut davantage entouré, sollicité, courtisé que cet homme seul. D'ailleurs, ce n'est pas l'âge, c'est la surdité qui l'isole, une surdité dont, de surcroît, il a honte, comme souvent les sourds. Sinon, il serait encore recherché, aigu comme il est et recelant une telle force... Je cherche une phrase courte : « Et vos petits-enfants ? – Quand ils viennent ici, je crois les voir regarder les tableaux en se demandant qui aura quoi... Je n'aime pas ça. Bien sûr, je leur laisserai tout, mais d'ici là je veux donner, donner, donner. »

Impuissante à lui répondre, je me sens comme une infirme du cœur, incapable de lui faire entendre les quelques paroles douces que j'ai dans la gorge. J'essaye de lui envoyer des ondes affectueuses, mais les reçoit-il ?

En nous quittant : « J'ai été heureux de vous voir. Ah ! que ça file vite, la vie ! Il faudra revenir... »

Je rentre exténuée.

Le soir, au journal de la Une, long sujet, sans aucune raison d'être apparente, sur les téléphones portatifs portés aux nues. Plus question de tumeurs. Coïncidence ? Etrange coïncidence, alors.

Vendredi 29 janvier. Le nombre de demandeurs d'emploi frôle la barre des trois millions. Nul doute qu'il la dépassera.

Et personne qui puisse, sur ce chapitre, prononcer une parole raisonnable d'espoir. Ni ici, ni ailleurs.

Lu *Léviathan*, bon roman d'un Américain, Paul Auster. Fâcheux qu'il ait pris le titre d'une œuvre de Julien Green, qui l'avait pris lui-même, il est vrai, à Hobbes.

Roman très écrit, fort, sorte de polar philosophique qui se déroule comme une spirale, portrait psychologique subtil d'un terroriste esthète, qui veut réveiller l'Amérique de sa torpeur reaganienne en dynamitant, partout où il en trouve, des statues de la Liberté. *L'EDJ*, qui le salue, traite Paul Auster de « nouvelle coqueluche des lecteurs branchés ». En tout cas ce que j'ai lu de meilleur depuis longtemps dans l'ordre romanesque.

Huit monochromes d'Yves Klein réunis rue de Lille, à l'Espace Renn. Le peintre – si on peut l'appeler ainsi – reste comme auréolé par sa mort subite à 34 ans, alors qu'il commençait à peine à vendre sa production, qui atteint onze cents pièces repertoriées. Les Klein sont aujourd'hui hors de prix. Inaccessibles. Sur l'homme, on peut lire des choses intéressantes dans les *Mémoires accumulés* d'Arman, dont il fut le complice de jeunesse. Après quelque incident, qui les a fâchés, Arman l'appelle : « Tu es une ordure ! – Tu ne comprends rien, mon coco, réplique Yves Klein avec un extraordinaire aplomb. Il faut que j'arrive et ensuite je vous tirerai tous après moi ! »

Un personnage magnétique, dit Arman, qui courait derrière un art dématérialisé devenu phénomène purement spirituel. Et c'est bien la pureté mystique qui saisit devant ces huit monochromes. On est envahi, submergé, envoûté par le bleu indicible de ces toiles silencieuses. Si l'âme a une couleur, elle est bleu Klein.

On craint une catastrophe en Croatie, où les Croates et les Serbes se disputent un barrage miné qui menace de s'écrouler. La France a dépêché des forces aériennes qui sont censées devoir conduire des attaques au sol pour protéger les Casques bleus français pris entre deux feux.

Tragique absurdité d'une situation où il faut faire la guerre pour sauver les soldats de la paix.

A l'instigation de François Mitterrand, une Académie universelle des cultures vient de naître, présidée par Elie Wiesel, réunissant des intellectuels de toutes nationalités... Inauguration en grande pompe.

Je n'ose pas écrire ici les sentiments que m'inspire ce genre d'aréopages, leur inutilité grandiose, leur vanité... Il y a des gens remarquables parmi les premiers désignés, ce n'est pas la question. Mais ils pourraient aussi bien jouer au croquet. Ces messieurs vont-ils se faire tailler costume et bicorne chez Saint Laurent ? C'est tout ce qui leur manque, un uniforme.

A leur crédit, tout de même, ils ont coopté Salman Rushdie. Ça ne mange pas de pain, comme on dit, mais le symbole n'est pas négligeable. Jean d'O. me dit qu'il a refusé ces honneurs académiques-là, tout en étant flatté d'avoir été sollicité.

Explosion au Zaïre, où Mobutu a payé ses soldats avec une monnaie qui n'a pas cours. Ils ont tout cassé et, en passant, ont abattu d'une rafale d'arme automatique l'ambassadeur de France, qui les regardait de sa fenêtre.

Kinshasa est livrée au pillage des soldats. Comment ne pas s'en mêler tout en s'en mêlant pour protéger les ressortissants français, un millier environ, c'est tout le problème.

Samedi 30 janvier. Déjeuner avec Maria Antonietta Macciocchi, de passage à Paris. Un personnage. Toujours vive et diablement intelligente, toujours prompte à se lamenter mais remontant, à la fin, sur son cheval pour ferrailler.

Je la taquine en lui disant qu'elle est tombée amoureuse du pape, maintenant, après Mao. Elle hurle avec son bel accent italien. La vérité est que le pape a été très bien. Il l'a reçue seule, pendant plus d'une heure, ce qui est, paraît-il, sans précédent s'agissant d'une femme, et, s'agissant des femmes précisément, il lui a tenu des propos audacieux. Pas misogyne du tout, le pape, si l'on en croit la Macciocchi, l'esprit grand ouvert, au contraire. Allons, tant mieux. Cette féministe farouche a été subjuguée.

Nous parlons longuement d'Althusser, qu'elle a beaucoup

connu, et avec qui elle a échangé une abondante correspondance. Elle a publié autrefois ses propres lettres, mais Hélène lui avait interdit de publier celles de Louis. Elle voudrait maintenant reprendre le tout en un recueil et me demande si j'écrirais éventuellement l'introduction... Mais y a-t-il encore, dans le public même cultivé, de l'intérêt pour Althusser ? J'en doute. Seuls ceux qui l'ont connu se souviennent de lui, parce qu'il est inoubliable avec son œil bleu tendre sous son front immense, et ce je ne sais quoi de pervers... Je me rappelle ce jour où, venant déjeuner chez moi, il m'a tendu un paquet cadeau que j'ai pris pour deux kilos de chocolat. C'était les œuvres choisies de Lénine en trois volumes.

Nous échangeons quelques propos sur l'âge, dont il faut supporter les désagréments. « Menus désagréments, dis-je, à côté de ses agréments. Il suffit de nommer liberté une certaine solitude. Pour le reste, nous écrivons, vous et moi, et il n'y a pas de limite d'âge pour écrire... Vous rendez-vous compte à quel point nous sommes privilégiées ? »

Maria m'a apporté les coupures des journaux italiens qui parlent de *Jenny Marx*. Ils me traitent royalement, une pleine page dans le *Corriere della sera*, ce qui confirme bien sûr la haute idée que j'ai de la presse italienne ! Sérieusement, ils ont de bons journaux là-bas, meilleurs que les nôtres et avec des lecteurs beaucoup plus nombreux.

20 heures : les négociations de Genève sont rompues. La Serbie et les musulmans ont refusé le plan de paix. Résultat immédiat : de violents bombardements sur Sarajevo, où les habitants sont désespérés par l'échec de Genève.

Dimanche 31 janvier. Pour son colloque sur la culture, le RPR a réuni du beau monde. Ceux qui ont spontanément le cœur à droite, comme François Nourissier ou Yves Berger. Ou encore Philippe Sollers, qui se déclare cependant « de gauche » devant les caméras. Mais aussi tous ceux, réalisateurs, directeurs de théâtre, présidents de fédérations et de syndicats préoccupés de cinéma, de télévision, de livres, qui n'ont aucune raison de bouder le pouvoir futur, au contraire, et qui sont prêts, pour l'heure, à dialoguer. Un monde difficile, susceptible, vaniteux, versatile, avec des intérêts catégoriels puissants à défendre.

« Il faut prendre des mesures, accepter de se faire traiter de réactionnaires et de fascistes ! » s'est écrié Yves Berger. Diable ! Mais à propos de quoi ? L'assemblée a été un peu surprise, tout de même, d'entendre Alain Juppé, secrétaire général du RPR, déclarer : « La grande règle, c'est de plaire. » Et vive les reality shows de la Une, en somme. Comment ce normalien cultivé peut-il lâcher un tel propos devant un tel parterre ?

« Le RPR marque sa volonté de réinvestir le terrain culturel », déclara plus sérieusement Hubert Astier, délégué à la culture, ancien conseiller de Michel Guy. Autant dire que le parti en a compris l'importance purement politique. Quel sera le ministre de cette reconquête ? Jacques Toubon et Alain Carignon sont en piste. Ne pas faire du Lang sans faire de l'anti-Lang, l'oublier, le gommer, inventer... L'heureux élu aura un fameux chantier devant lui. On l'observera sans préjugé.

Puissants défilés contre le racisme dans toute l'Allemagne pour célébrer le soixantième anniversaire de l'arrivée au pouvoir de Hitler... Bougies à la main, des chaînes humaines lumineuses ont sillonné les grandes villes. Hier soir, Arte a diffusé, simultanément en France et en Allemagne, le film de montage élaboré par un Allemand, Erwin Leiser, à l'usage des Allemands en 1960, *Mein Kampf*. Impressionnant parce qu'il montre que rien n'était inéluctable, que le jeu suicidaire de la droite traditionnelle, la veulerie des militaires, la crédulité des chômeurs, l'adhésion des foules, l'impuissance des socialistes, le désarroi des communistes, l'aveuglement du grand capital, la lâcheté des gouvernements anglais et français capitulant à Munich se sont conjugués pour permettre l'ascension du petit caporal... qui a fait 50 millions de morts. 50 millions... Images d'archives inconnues, saisissantes, « et pourtant j'ai sciemment omis d'introduire les extraits de films les plus terribles que j'avais à ma disposition, écrit Erwin Leiser. Une partie seulement du public est capable d'assimiler correctement des images très dures ». A la fin, un monceau de lunettes qui ont vu l'indescriptible, des champs de chaussures qui ont vu le dernier sentier, des chevelures de femmes, matière première pour l'industrie de l'armement, suggéraient cependant l'épouvante : 9 millions de personnes ont péri dans les camps de concentration, dont 5 978 000 Juifs.

Une formidable leçon d'histoire qui devrait être diffusée à intervalles réguliers. Pour qu'il soit interdit d'oublier comment Hitler est arrivé au pouvoir…

Le Pen à *L'Heure de vérité* : « Avant de faire cesser les viols en Bosnie, il faut faire cesser les viols dans la région parisienne. »

Il faut oser le dire…

Février

Lundi 1er février. Le vent des sondages porte les écologistes. Ils pourraient totaliser plus de voix que le PS… Autour de 19 %.

Si la tendance se confirme le 27 mars, cela nous promet de riches heures entre les deux tours, quand se négocieront les désistements. Tomberont-ils à droite ? Tomberont-ils à gauche ? Clairs ou foncés, les Verts ne se trouveront pas en position d'arbitres à l'Assemblée, compte tenu du mode de scrutin, mais ils peuvent être en mesure d'attendre des gages. Un ministère ou deux. Qu'on les leur offre, et ils ne résisteront pas. Les leur offrira-t-on, ce n'est pas encore officiellement à l'ordre du jour.

Numéro intéressant, à *7 sur 7*, d'Edouard Balladur, toujours considéré comme le futur Premier ministre, bien que personne n'en sache rien. Personnalité éminente de la droite, en tout cas. Or, en pleine campagne électorale, que dit-il aux Français ? « En deux ans, nous ne pourrons rien faire… Surtout ne pas croire que nous réduirons le chômage, ou le déficit du budget. Nous pourrons peut-être agir sur le logement social, réformer la justice, l'apprentissage, rien de plus. Surtout, soyez sans illusion. Nous allons changer la France mais pas dans les deux ans… Il en faudra au moins cinq. Il n'y aura pas 300 000 chômeurs de moins en 1993, au contraire, ni en 1994… »

Il dit le vrai, bien sûr, mais pourquoi le dit-il, au lieu d'insuffler un peu d'espoir à ses électeurs potentiels ? Parce qu'il est sûr de la victoire électorale et que tout le problème de la droite au pouvoir va être de ne pas décevoir avant 1995.

Donc, surtout ne rien promettre sinon de la sueur et des larmes, dont on fera porter la responsabilité aussi longtemps que possible à l'héritage socialiste…

Pas facile à jouer. Si la piétaille RPR est déjà grisée à l'idée de se partager les places, Balladur est manifestement loin de l'enivrement. En tout cas, il ne faudra pas compter sur lui pour donner à rêver…

Selon le *Herald Tribune*, la France aurait consulté les Etats-Unis sur un plan de dégagement par la force des collines de Sarajevo. Il s'agirait de « jeter immédiatement un anneau militaire protecteur autour de la ville assiégée » ; ce qui supposerait un déploiement de 20 000 hommes et une importante protection aérienne. Les Russes auraient approuvé. Le point de vue des Américains n'est pas encore connu. Une telle action exigerait que mandat soit donné aux Occidentaux par le Conseil de sécurité. En attendant, l'hôpital de Sarajevo a été bombardé hier pendant deux heures. Quelle idée un habitant de Sarajevo peut-il désormais se faire de l'Europe et, plus généralement, du monde ?

L'orchestre philharmonique de Berlin vient la semaine prochaine donner cinq concerts Brahms, dirigés par Claudio Abbado avec Maurizio Pollini au piano. Le rêve, quoi ! L'ennui est que les places coûtent la peau du dos. Je tourne autour de mon désir. Au diable la sagesse. Je ne suis que trop sage. Seules les folies entretiennent le goût de vivre…

Mardi 2 février. Le Parisien titre sa une sur le franc : « Qui attaque le franc ? » et consacre sa double page d'ouverture à la question. En réalité, l'attaque, déclenchée à la suite de la dévaluation de la livre irlandaise, a été brève et vite contenue. Mais il est significatif qu'un journal populaire, fort bien fait d'ailleurs, éprouve le besoin d'entrer dans le sujet pour initier ses lecteurs aux mécanismes financiers, si ingrats. C'est l'économiste Alain Cotta qui s'en charge. Il annonce une reprise inéluctable de l'inflation et prédit des troubles sociaux en septembre, si la politique monétaire actuelle était poursuivie. Mais il ne faut jamais ajouter foi aux prédictions des économistes. L'économie n'est pas une science, c'est une observation des résultats à partir de laquelle chacun élabore sa théorie. Théories généralement contradictoires.

François Reichenbach est mort à 71 ans. Il avait un œil au service d'une passion, le documentaire, dont il laisse des échantillons magnifiques. Il disait souvent : « N'oubliez jamais de réveiller en vous le petit dieu qui sommeille. » L'*enthousiasmos* des Grecs. Il rapportait du Mexique, dont il était fou, des objets magiques et autres masques dont il faisait collection. Parfois, il avait la bonté de vous en donner un. Arrachés à leur terre natale, ces objets se décoloraient et devenaient des nids à poussière, mais on craignait de s'en débarrasser. S'ils étaient ensorcelés ? La familiarité des Mexicains avec la mort fascinait Reichenbach. Entendu, dans l'un de ses derniers films, cette belle réplique : « La mort guérit de la vie. »

Un ami antiquaire éructe : « La France a inventé une nouvelle source de paperasserie, me dit-il. Quel pays ! J'ai envie d'émigrer au Brésil ! » Source de son ire : désormais, les objets d'art, antiquités, peintures, manuscrits dépassant un certain âge, un certain prix, ou d'intérêt historique, devront être dotés d'un certificat qui leur tiendra lieu de passeport pour circuler. La mesure, qui tend à protéger le patrimoine, ne paraît pas absurde. Aujourd'hui, depuis le Marché unique, une œuvre d'art quelle qu'elle soit peut être vendue librement à un pays de la Communauté, et revendue, de là, aux Etats-Unis par exemple. Il faut empêcher cela.

Jusqu'à présent, il fallait une autorisation de sortie pour toutes les destinations. Quand j'étais à la Culture, j'ai reçu un jour, sur la recommandation d'un ami, M. X., propriétaire d'une superbe toile du dix-huitième siècle que je ne désignerai pas davantage, pour qu'on ne puisse pas l'identifier.

Il souffrait de gros ennuis d'argent, il désirait vendre sa toile, il avait un acheteur, un musée allemand dont il me montra la lettre, qui lui offrait l'équivalent de 10 millions de francs. Mais il n'avait pas d'autorisation d'exportation… « Donnez-la-moi, me dit-il, et je ne serai pas ingrat… » Et, ouvrant une petite sacoche, il en sortit quelques liasses. Interloquée, je mis quelques secondes à comprendre. Il venait, tout crûment, me proposer de m'acheter, d'acheter le ministre en situation de lever l'interdit sur le départ d'une œuvre d'art.

Je l'ai mis dehors. Il a dû me prendre pour une sotte et, de surcroît, pour un cœur sec. Renseignements pris, la toile était belle, certes, mais d'un intérêt relatif car elle avait déjà sa sœur dans les collections du Louvre. Néanmoins, le procédé m'a interdit d'accorder l'autorisation convoitée.

Les règles ne seront pas plus sévères demain. Simplement, elles prendront en compte l'ouverture des frontières en Europe et interdiront qu'elles se transforment en passoire. Qui peut, honnêtement, désapprouver ?

Blanche, ma fidèle servante, est grippée. J'ai dû user d'autorité pour qu'elle garde la chambre... C'est une femme d'autrefois, dure au mal, dure à la peine, bonne avec moi, attentive, me dorlotant. Un jour qu'un livreur, voyant la cuisine, lui disait : « Dites donc, elle est bien installée, votre patronne. Je suis sûr que ce n'est pas comme ça chez vous... », elle a répondu : « Ma patronne, elle sait faire tout ce que je fais et je ne sais pas faire ce qu'elle fait. Alors... »

C'était un bon raccourci d'une situation de fait. Mais si je sais, en effet, faire ce qu'elle fait, n'empêche qu'il y faut des forces, que je n'ai plus, et du temps, que je n'ai pas. Alors la poussière me nargue et je me coince les doigts dans la table à repasser. Et puis fait-on le marché, la cuisine pour soi ? On grignote un bout de gruyère sur un coin de table. Me voilà tout empêtrée de moi-même parce que Blanche est malade. Le chat n'est pas content non plus.

Mercredi 3 février. Un juge d'instruction a exhumé un cadavre, celui de Roger-Patrice Pelat, l'homme d'affaires du délit d'initiés dans le scandale Pechiney, pour compromettre Pierre Bérégovoy. Pelat lui a prêté un million sans intérêt pour l'aider à acheter un appartement. En soi, un tel emprunt n'est nullement répréhensible. Et rien n'autorise à prétendre ni même à insinuer qu'en échange de ce geste amical Pelat a bénéficié de telle ou telle faveur de la part du Premier ministre. Rien ne l'autorise, mais allez donc empêcher les gens de parler. Et de lire *Le Canard enchaîné*, qui se délecte de quelques gracieusetés qu'aurait faites Pierre Bérégovoy, alors ministre des Finances, à l'entreprenant Pelat.

Rien de mieux fait pour conforter les Français dans la certitude que « c'est tous les mêmes... Combines et compagnie ». A noter que ceux qui le disent sont souvent ceux qui trichent eux-mêmes sur leurs impôts, et qui font travailler un peintre ou un plombier au noir. Mais ils ne prétendent pas à des charges publiques.

Les négociations de Genève se sont transportées à New York. Cela fait une belle jambe aux gens qui meurent sous les bombes ou les balles des snipers. De surcroît, Giscard démontre de façon lumineuse, dans un article du *Monde*, que la négociation est impossible. Aucune des communautés qui peuplent la Bosnie-Herzégovine n'est prête, aujourd'hui, si elle se trouve en position dominante, à respecter l'existence et les droits des minorités voisines. Dès que l'une d'elles retrouve des éléments de supériorité militaire – comme on vient de le vérifier en Croatie –, elle les utilise immédiatement pour reconquérir une partie du territoire qu'on lui a arraché.

Solution : reconnaître que la communauté internationale est incapable d'assurer le règlement pacifique du conflit et qu'elle doit laisser les populations concernées régler entre elles, par la force, les problèmes nés de leur haine et de leur violence d'exclusion, jusqu'à ce qu'il en résulte un nouvel équilibre. Bref, s'en laver les mains.

Se refusant à cette solution « réaliste », Giscard en préconise une autre : placer sous mandat des Nations unies le territoire de Bosnie-Herzégovine. Je ne sais si cette suggestion est réalisable, mais au moins quelqu'un a mis, froidement, les choses au clair.

En un an, la télévision française a perdu, toutes chaînes confondues, 5 % de son audience... Les déclarations se multiplient pour assurer qu'il ne faut pas s'alarmer. Certes ! Au contraire !

Déjeuner avec une charmante jeune femme italienne, secrétaire générale de Gallimard, Teresa Cremisi. Vive, gaie, parlant bien de son métier d'éditeur... Elle me raconte quelque chose d'étrange. Depuis que les écrivains, quelques-uns en tout cas, se servent d'un ordinateur, leurs manuscrits sont sensiblement plus longs. Explication : ils n'hésitent plus à revenir en arrière pour faire des rajouts, injecter deux paragraphes ici, un développement là, remanier un chapitre, insérer un dialogue...

Comment donc les écrivains d'autrefois faisaient-ils leurs corrections ? Tolstoï collait des rubans de papier sur son manuscrit. Et sa femme recopiait indéfiniment le tout. Mais ceux qui n'avaient pas d'épouse esclave ? On rêve en pensant à ce que Balzac eût fait de *La Comédie humaine* avec un ordinateur. Dix volumes de plus.

Jeudi 4 février. Dans la masse de courrier que je reçois à *L'Obs*, quelques lettres indignées à propos de telle ou telle émission de télévision.

Quelque chose me frappe depuis quelque temps : une sorte d'acrimonie envers les vedettes en tous genres, les « importants », les gens en place, ceux qui font les beaux soirs de *7 sur 7* ou de *Bouillon de culture*. Ce n'est pas une lutte de classes, c'est une lutte entre ceux qui sont « in » et ceux qui se sentent « out ». Et qui l'acceptent de moins en moins. Ils en ont assez qu'on leur parle. Ils veulent parler et se faire entendre, eux. Un mouvement qui va avec le discrédit général qui accompagne ce que l'on appelait les élites. Les Français admirent encore l'abbé Pierre et Cousteau. Sorti de là...

Non-lieu pour Christine Villemin, qui fut accusée d'avoir tué son enfant, Grégory. Un fait divers qui, en son temps, a passionné la France entière. L'affaire a usé trois juges d'instruction sans être élucidée... Elle laisse une impression d'horreur et une expression : « forcément sublime ». Employée par Marguerite Duras pour décrire la mère, infanticide selon elle. Une perle !

Enorme barouf autour du livre d'un sociologue, Paul Yonnet, *Voyage autour du malaise français*. *L'Obs* lui a consacré une double page avant parution, pour le clouer au pilori du fascisme lepéniste, *Libération* six colonnes, *Le Monde* cinq colonnes, *Le Figaro* sept colonnes, *L'EDJ* le traite sur sept pages, pas moins, en alternant l'étude critique et la descente en flammes.

Tout intellectuel ou assimilé se devra bientôt d'avoir lu Yonnet et de prendre position sur ses thèses. L'ouvrage à vrai dire, rédigé dans une langue infestée d'un jargon sociolo qui en découragera plus d'un, ne me paraît mériter ni cet excès d'honneur ni cette indignité. Mais il touche à un point ultrasensible de la société française : le racisme. Ou plutôt l'antiracisme, car du racisme il n'est guère question. C'est l'antiracisme et les antiracistes qu'Yonnet met en cause, et singulièrement les partisans d'une France multiethnique, multiculturelle, multinationale, pour les accuser de comploter la désagrégation du cher vieux pays où il fait si bon jouer de l'accordéon et manger du boudin, ce symbole de la cuisine populaire française, selon Yonnet. Sa cible principale : SOS-Racisme. L'Eglise reçoit, elle aussi, son paquet. Tout ce qui, selon lui, contribue à « l'intégrationnisme différentialiste », par opposition à l'assimilation dans la tradition républicaine. Il faut reconnaître que cela ressemble étrangement à du lepénisme chic, parce qu'il est vendu sous la couverture de Gallimard. Mais ce n'est pas que cela.

La France que nous aimons existera-t-elle encore dans cinquante ans ? La question domine aujourd'hui les débats politiques, culturels ou sociaux. C'est le mérite de Paul Yonnet de la poser sans se contenter d'y répondre par les incantations antiracistes habituelles, selon lesquelles il n'y aurait pas de problème d'immigration... Que ses analyses soient propres à enchanter l'extrême droite, c'est évident. Mais il met le doigt là où ça fait mal.

Vendredi 5 février. J'ai dit deux mots ici de M. Notin, cet enseignant négationniste. Pour la bonne règle, il faut enregistrer qu'il vient de publier un communiqué indiquant qu'il ne remet « pas du tout en cause l'existence du génocide juif et des chambres à gaz » et qu'il a voulu seulement « critiquer la mise en scène permanente et indécente de l'horreur... ».

Il demande pardon « de la souffrance » qu'il a pu causer. Depuis sa réintégration, il était empêché par des manifestations de faire son cours.

François Mitterrand a institué par décret une « Journée commémorative des persécutions racistes et antisémites commises sous Vichy, de 1940 à 1944 ». Elle est fixée au 16 juillet, date anniversaire de la grande rafle du Vél' d'Hiv'. La décision est généralement bien reçue, comme le geste symbolique qui était attendu, après l'affaire de la gerbe sur la tombe de Pétain, la condamnation explicite et solennelle des crimes de Vichy…

Jean Moulin était-il un agent des services secrets soviétiques ? C'est ce qui a été froidement affirmé, dans une émission réputée sérieuse, *La Marche du siècle*, avec une surprenante légèreté. Les archives soviétiques commencent à livrer leurs secrets. En y fouillant, un journaliste spécialiste du KGB, Thierry Wolton, a pêché, parmi d'autres, les noms de trois Français qui auraient été des agents de renseignement au service des Soviets… Parmi eux, Jean Moulin. Jean Moulin ! La preuve ? Son nom apparaît une fois dans un rapport d'interrogatoire. C'est tout ? C'est tout. C'est assez pour que Wolton soit formel. Daniel Cordier, qui fut le secrétaire particulier de Jean Moulin, manque de s'étrangler. Il essaye d'expliquer pourquoi ce témoignage est suspect… Il dispose de trente secondes. Il faut rendre l'antenne, n'est-ce pas. « Vous reviendrez une autre fois, monsieur Cordier », lance Cavada, magnanime.

Les archives soviétiques livreront peut-être un jour des preuves plus convaincantes. En attendant, on ne sait quelle urgence a poussé l'excellent Cavada à vouloir que, avec la complicité de la télévision française, un crachat soit jeté à la face martyrisée de Jean Moulin.

Bernard Tapie a lancé une OPA sur le MRG, Mouvement des radicaux de gauche, et s'en voit déjà président, ce qui arrivera probablement. Il est plus malin, plus riche, plus talentueux que tous ces malheureux MRG additionnés. Ils ne sont pas antipathiques. Ils ne sont rien, la fraction scissionniste du vieux parti radical, qui ne s'en est d'ailleurs pas remis, lui non plus.

Tout de même, quand on a entendu Tapie évoquer la mémoire de Pierre Mendès France et le citer, on a eu un choc. Tapie successeur de Mendès… Comme dit mon boucher, qui adore la politique : « C'est pas le même genre, hein, madame ? » Non. Ce n'est pas le même genre.

Samedi 6 février. La Buba, la Banque centrale allemande, a baissé ses deux taux d'intérêt directeurs, et tout le monde se réjouit de l'effet psychologique de cette décision.

Les taux d'intérêt allemands, c'est comme l'anticyclone des Açores, personne ne l'a vu, tout le monde en a entendu parler, et chacun sait que le temps en dépend. Mais dire ce que c'est au juste…

Interrogée par un poète de mes amis, je me sens obligée de lui fournir une explication pour ne pas perdre la face. « C'est la rémunération de l'argent, lui dis-je. Dès lors que cette rémunération baissera en Allemagne, tous les pays pourront graduellement baisser leurs propres taux sans crainte de voir leur propre monnaie se déprécier vis-à-vis du mark. Et la monnaie allemande deviendra un peu moins attirante pour les investisseurs, qui seront tentés de se reporter sur d'autres monnaies. » Ouf ! Mon poète rit. C'est comme si je lui récitais du chinois…

Appel désespéré de A. T. Elle ne sait plus où loger. C'est une femme extraordinaire, restée veuve avec six enfants qu'elle a élevés seule, farouchement politisée, avec des opinions disons de centre gauche, qui a été conseiller municipal de sa commune, s'occupant des affaires sociales. Forte en gueule, pasionaria intransigeante sur les principes et sur ses convictions, elle n'a cessé de déranger tout le monde, depuis des années. Dès qu'elle a perdu son mandat électif, les pontes de la région l'ont poussée vers la porte, la contraignant pratiquement à prendre sa retraite de fonctionnaire territoriale. Misérable retraite. A 52 ans, elle a dû vendre sa maison, ses meubles, elle ne sait où loger, « je squatte », me dit-elle, et elle cherche du travail dans la région parisienne. « Je suis estimée, dit-elle encore, oh ça, je ne sais pas si je suis estimable, mais je suis estimée. » Ça ne lui procure ni un emploi ni une chambre où se poser. Ses enfants sont grands maintenant, mais pas encore vraiment débrouillés, incapables de l'aider en tout cas. Heureusement, ils sont fidèles, admirent leur mère et ne lui en veulent pas d'avoir été raide, allergique à toute magouille politique. Elle dit : « Je m'arrangerai d'une chambre de bonne… » Mais où lui trouver cela à Paris ?

Impression étouffante, aujourd'hui, que la vie du pays se réduit à une chronique judiciaire dont les péripéties se disputent les titres des journaux. C'est d'abord ce procès en Haute Cour des ministres incriminés dans l'affaire du sang, dont on apprend qu'il n'aura pas lieu. Prescription. Il paraît que, juridiquement, la décision est irréprochable. Politiquement, elle est catastrophique. Pour que l'affaire reprenne, il faudrait un nouveau chef d'accusation : l'homicide par imprudence. Celui-là même qui avait été récusé par les socialistes. L'horrible feuilleton va-t-il rebondir ? C'est probable… En attendant, la fureur monte. Des transfusés contaminés, il y en a eu dans tous les pays, avec leur lot de souffrances et de morts. Etrangement, la France est le seul pays où cette tragédie a fait l'objet d'une exploitation politique. On saura demain comment Fabius réagit à ce dernier avatar. Son malheur est qu'« il ne fait pas pitié », selon le mot d'un de ses proches.

C'est ensuite le non-lieu rendu en faveur de François Léotard, assorti de considérations telles qu'il ressemble à une condamnation. A sa place, on ne serait pas heureux.

C'est encore la découverte, par un juge fouineur, du prêt malencontreux consenti à Pierre Bérégovoy, le seul qui a vraiment une tête d'honnête homme.

C'est, enfin, l'inculpation de Patrick Poivre d'Arvor pour recel de biens sociaux, par un juge d'instruction de Lyon. En d'autres termes, il a bénéficié de largesses considérables de la part de Pierre Botton, qui puisait dans la caisse de ses sociétés.

Inutile d'être grand clerc pour deviner ce qui s'est passé. Comme toutes les vedettes de la télévision, et il est probablement la plus célèbre, PPDA vit dans un monde de salaires exorbitants, d'argent facile, d'hôtels quatre étoiles, d'avions privés. Il ne s'est probablement jamais interrogé sur l'origine des fonds avec lesquels Pierre Botton le couvrait de bienfaits, et sur les raisons de cette générosité. C'était un ami riche, voilà tout ; et tout n'est-il pas dû à un PPDA ? Rien de cela n'est bien méchant, mais la notoriété de l'inculpé et la personnalité de son mécène en font une affaire nationale. S'y ajoute une faute de goût : la publication d'un livre sur sa fille, anorexique, le récit de ce réel malheur privé paraissant avoir pour objet d'attendrir sur ses malheurs publics.

La presse en est pleine, souvent cruelle. Allons, il y a de plus grandes fripouilles que le malheureux PPDA, qui s'est pris les pieds dans sa propre image. Et il n'y a pas de commune mesure entre ses inconséquences et les autres bombes avec lesquelles jouent, ces temps-ci, les juges d'instruction. Mais tout cela crée un climat oppressant. On dirait que le pays n'est plus peuplé que de coquins, de juges d'instruction et de tribunaux… et jamais la justice n'a paru moins sereine.

Dimanche 7 février. Quand on me demande : « Qu'est-ce que vous faites en ce moment ? » j'ai envie de répondre : « Je fais illusion. »

Pour assurer ma chronique de *L'Obs*, il me faut regarder la télévision six à sept heures par semaine. Pour assurer ma chronique dans le *JDD*, je dois parler de quarante livres entre septembre et juillet, donc en lire pratiquement le double, sinon davantage. Quelquefois, cela me pèse. Mais ces deux articles hebdomadaires structurent mon temps, au lieu que je puisse me dire, le matin : « A quoi bon me lever ? » Question que je serais fortement tentée, certains jours, de me poser. Mes humeurs en sont, que cela me plaise ou non, disciplinées. Salubre discipline.

Envie d'écrire une nouvelle : l'histoire d'une femme qui, lorsqu'elle se fait photographier, reçoit en retour l'image de quelqu'un d'autre. Elle va de photomaton en photographe : le phénomène se reproduit toujours. Et alors ? Alors, je ne sais pas… C'est l'écriture qui me l'apprendra. Si je m'y mets.

X. m'apprend que son jeune frère, souffrant, est tout à coup très mal. Sida… Où a-t-il attrapé cette saloperie, on ne sait. Il a un peu tâté de la drogue autrefois… Une seringue souillée, sans doute… C'est un beau petit, gentil, que j'aime bien. Cette nouvelle me désole.

Un couvercle gris pèse sur le ciel de Paris et sur mon cœur. Plus que six semaines avant le premier tour des élections, mais on ne saurait dire que le pays a la fièvre. A Paris, en tout cas. Il est vrai que la capitale ne fait l'objet d'aucun enjeu. Elle est acquise d'avance au RPR.

Vu aujourd'hui VGE à la télévision… Mauvaise mine, moins brillant qu'à l'accoutumée, et même terne, ce qui ne lui ressemble pas. Sans rapport cependant avec la marionnette qui le représente tous les soirs aux *Guignols de l'Info* en gâteux sourdingue. Cela passe les droits de la caricature, qui est un trait exagéré. Quels ravages font ces marionnettes dans l'esprit public ? Impossible à évaluer… Elles contribuent certainement à désacraliser leurs victimes jusqu'à l'os. Il en reste… des guignols…

Pronostic très sombre de VGE sur la Russie, qui sera selon lui le théâtre prochain d'une explosion sociale, à force de misère et de délabrement. Mais les Russes ont tant enduré, ils savent si bien endurer…

L'historien russe Youri Afanassief disait hier, à *Histoires parallèles*, que c'est le fascisme qui menace la Russie et que, d'une certaine manière, la boucle était bouclée. La lutte contre le fascisme, c'est-à-dire la guerre dont l'acmé fut Stalingrad, a exténué le pays. Pour maintenir son niveau d'armement, Staline et ses successeurs l'ont pressuré jusqu'à la moelle, ce qui a entraîné son éclatement. Et, sur cet éclatement, pousse le fascisme. Il y a des semaines où l'on aimerait entendre une bonne nouvelle, une seule…

Arthur Ashe, magnifique champion noir et homme de cœur, a perdu son dernier match. Contre le sida, contracté à la suite d'une transfusion. Encore un.

Laurent Fabius s'est déclaré prêt à accepter un nouveau motif d'inculpation. Et même, il le réclame, bien qu'il soit innocent, pour que son procès ait lieu et qu'« aucune ombre ne demeure »... La suite, donc, à la prochaine législature.

Encore PPDA, mais il n'est question que de lui. Sous une énorme photo, le *JDD* informe ses lecteurs que l'animateur passe le week-end à Megève, invité par son ami le roi du cigare. Espérons que celui-ci ne fait pas régler ses invitations par l'une de ses sociétés ! Bientôt, PPDA le disputera, en occupation d'espace imprimé, à Stéphanie de Monaco.

Lundi 8 février. Un géant disparaît, à 84 ans. Joseph Mankiewicz. L'un de ces réalisateurs américains dont les films ont peuplé la mémoire d'une génération. *All about Eve*, *La Comtesse aux pieds nus*... Même ses échecs – *Cléopâtre* – furent grandioses. L'homme le plus intelligent de tout le cinéma contemporain, selon Godard. Un prodigieux horloger. Persécuté par la commission McCarthy, en conflit permanent avec la censure, il s'est retiré, en 1972, en disant : « Parfois, je me demande si je suis un vétéran honorable. Ai-je été l'un des plus prestigieux piliers du cinéma, comme certains l'ont dit, ou l'une de ses plus misérables putes ? » Salut, monsieur Mankiewicz, et merci pour les bonheurs que vous nous avez donnés du temps où le cinéma était une fête...

Ce soir, premier concert Brahms. Feuilleté le gros livre de Claude Rostand pour me remémorer le bonhomme avant le concert. C'est un Allemand du Nord, comme toute son œuvre en témoigne. On l'imagine toujours avec sa barbe mal peignée, mais il a été jeune, blond et beau, avec des yeux de pervenche. Un autodidacte follement doué que son père emmène jouer du violon ou de la contrebasse dans les tavernes...

Le dimanche, il trotte, le nez au vent, les yeux au ciel, chantonnant dans les collines. Un jour, il part sur les routes, avec un copain. Quand il va voir Schumann, avec un lot de sonates dans sa besace, celui-ci est ébloui. Il l'appellera « un jeune aigle descendu des Alpes d'une façon souveraine »... Robert et Clara Schumann vont aimer le jeune homme comme un fils. Il a été très pauvre. Du temps qu'il écrivait son *Requiem allemand*, à 33, 34 ans, il lui fallait acheter son papier feuille à feuille.

Timide avec les femmes, lorsqu'elles surprennent son cœur le scénario est toujours le même… Premier acte : il s'enflamme, deuxième acte : il se déclare, troisième acte : il sauve de justesse son indépendance et se réfugie auprès des petites femmes de Vienne. Il restera célibataire… L'amour de sa vie, c'est sa mère, sa vieille mère, si humble, si humiliée, à laquelle il restera passionnément attaché. Quand un télégramme lui apprend sa mort, il s'enferme et, pour bercer sa douleur, se joue les *Variations Goldberg* de son bien-aimé Bach. Le cinquième morceau du *Requiem allemand*, chanté dans la langue du peuple, loin de toute liturgie romaine, sera composé à la mémoire de cette mère adorée. « Comme un enfant que console sa mère, vous serez consolés. » C'est avec lui que Brahms entrera par la grande porte dans l'histoire de la musique, à 35 ans.

Il était bon, généreux, aimable, tendre, distribuait des bonbons aux enfants. Ses dernières œuvres, après les symphonies de la maturité, sont des pièces de piano mystérieuses et graves, qu'il appelait « berceuses de douleurs. » Il est très sympathique, Brahms…

Je pique ici et là quelques détails sur les pièces qui sont au programme. Me voilà ferrée.

On nous annonce de surcroît un virtuose de 19 ans, Russe émigré en Israël, Maxim Vengerov, qui jouera sur un Stradivarius le concerto pour violon.

Un jeune génie, dit la rumeur. Qu'elle est douce, l'attente du plaisir…

Mardi 9 février. Anniversaire de la mort de mon père. Un événement si ancien qu'il me paraît appartenir à ma préhistoire. Et pourtant, je retrouve intact le souvenir d'une méchante douleur devant le visage de ma mère, baigné de larmes, et jusqu'à la couleur de sa robe.

Long entretien de François Mitterrand avec trois journalistes du *Monde*. Rien de remarquable. Il indique qu'il n'appellera pas un Premier ministre qui serait défavorable à la construction de l'Europe. Voilà Philippe Séguin, qui se déclarait ce matin candidat, édifié. Il ne passe plus par les portes, celui-là. Mais qui n'est pas candidat ? Autant dire qu'ils se bousculent. A la question : « Considérez-vous que les affaires ont eu un fort impact sur l'image des socialistes ? » Mitterrand répond : « Un impact considérable. Parfois, je me demande si ce n'est pas le facteur qui a le plus accentué la distance prise avec les socialistes par une partie de leur électorat. » C'est l'évidence même. Quelque chose d'essentiel s'est cassé, d'irréparable, au moins à court terme.

Hier soir, Pleyel bourré. Quelques têtes familières, parfois inattendues en ce lieu. Sur le plateau, 140 musiciens, dont une dizaine de femmes. Le silence. Et puis l'attaque, triomphante, héroïque du *Concerto n° 1*... Tout de suite, c'est magistral. Comme tous les très grands orchestres – mais y en a-t-il un autre qui l'atteigne ? –, la Philharmonique de Berlin donne à entendre chaque groupe d'instrumentistes comme si chacun était seul. Et, dans cette œuvre si connue, on découvre des entrées que l'on n'avait jamais perçues. Pollini est à son meilleur, rigueur, élégance, puissance, Claudio Abbado a le charme italien, avec une colonne vertébrale en plus. Rappels interminables, trois bis. Seule la musique dilate ainsi la poitrine. Ce soir, re-Brahms. J'en ai une joie si vive que je la sens presque coupable.

Mercredi 10 février. La Bosnie et son cortège de drames appartiennent désormais à la routine, comme le bulletin de la météorologie. Mais on meurt là bas, que diable ! Il y a eu cent morts à Sarajevo en quatre jours... Le « nettoyage ethnique » se poursuit de plus belle. Et pendant ce temps se discutent interminablement à l'ONU les modalités d'un plan de paix que tous les intéressés refusent alternativement et qui laisse les Américains sceptiques. Où en est-on aujourd'hui ? Le chef de la délégation des musulmans bosniaques continue à s'opposer au plan de paix... Les Serbes de Belgrade, en revanche, y adhèrent. Les Américains font remarquer que l'on ne peut pas imposer la paix... Aucune lumière dans ce tunnel.

Pour le deuxième concert Brahms, un public un peu différent. Des visons comme si on les donnait avec les billets… Je me demande si tous ces visons-là portent un intérêt puissant à la musique… Mais enfin, pour écouter pendant deux heures « le plus cher et le plus désagréable de tous les bruits », selon Goethe, il faut tout de même avoir plus que le désir de se montrer là où se passe, cette semaine, l'événement parisien.

C'est amusant, une salle de concert. Il y a toujours les connaisseurs professionnels, un peu pincés, qui croiraient déchoir en montrant de l'enthousiasme, qui applaudissent du bout des doigts et filent, à peine la dernière note jouée. Il y a les ploucs, qui applaudissent entre les mouvements. Il y a ceux qui ont entendu Karajan et qui ne vous en laissent rien ignorer. Drôle de population.

Là, elle a fondu tout entière, emportée par l'archet magique de Maxim Vengerov. Un fort garçon au visage enfantin qui fait chanter son Stradivarius à vous arracher des larmes. A 19 ans, c'est un maître, avec une curieuse façon de renverser la tête et de regarder le ciel quand il atteint les notes très hautes.

Un souvenir m'assaille, celui de Yehudi Menuhin jouant, à 11 ans, la *Symphonie espagnole* de Lalo, lors de sa première apparition à Paris. La stupeur qu'il créa… Moi aussi, j'avais 11 ans. Et j'apprenais le violon depuis trois ou quatre ans. C'est pourquoi mon professeur m'avait amenée au concert. On disait que j'étais douée. Je le croyais. Et puis j'ai entendu ce petit garçon éblouissant, j'ai compris d'un coup ce qui me séparait de lui et j'ai pleuré… Ce jour-là, j'ai renoncé pour toujours, malgré les objurgations de mon professeur, à étudier le violon. Il fallait être Menuhin ou rien.

Maxim Vengerov s'impose avec la même évidence.

Les journaux sont pleins de la visite du président de la République au Vietnam. Quand Alain Decaux, alors ministre de la Francophonie, s'y était rendu, il avait été saisi d'entendre les Vietnamiens appeler Mitterrand *Tonton*. Se pouvait-il qu'il y eût autant de lecteurs du *Canard enchaîné* au Vietnam ? Renseignements pris, c'est ainsi que l'on dit *président* en vietnamien. *Tông thông*. Selon l'envoyé spécial du *Monde*, J.-C. Pomonti, la France affiche encore quelques beaux restes au Vietnam malgré deux guerres ruineuses. Les retrouvailles franco-vietnamiennes devraient pouvoir déboucher sur une nouvelle coopération, « ambitieuse et globale », selon les termes du président.

Déjeuner avec M. D. Elle m'apprend que Michel Rocard est en difficulté dans sa circonscription, dont le découpage a été savamment tracé en son temps, par un Charles Pasqua ministre de l'Intérieur, pour la « droitiser ». Rocard a songé d'abord à faire profil bas mais, pour finir, il se bat, commune après commune, marché après marché, il serre les mains, il embrasse les enfants, bref il rame.

Rocard battu ? Ce serait le bouquet.

Jeudi 11 février. Enfin, prêt après moult discussions, le projet de l'opposition est à la disposition des électeurs curieux. *Libération*, *Le Monde* et, ce matin, *Le Figaro* le publient intégralement. Ceux qui, n'ayant pas le courage de le lire tout entier, s'en tiendront au préambule apprendront qu'« il existe une autre politique » que celle qui a enfoncé la France dans la crise… A savoir : « Faire redémarrer l'économie et favoriser la création d'emplois. Réformer l'enseignement. Reconstruire l'Etat et partager les responsabilités. Assurer la cohésion sociale. Poursuivre la construction européenne et donner une nouvelle ambition à la France. »

On voit mal qui pourrait contester de si bonnes intentions, dont la rédaction de surcroît est prudente et ne contient ni chiffrage ni calendrier.

Il ne restera plus qu'à les faire passer dans les faits… Et ça, ce sera une autre histoire.

Remise des prix Mumm, à midi, devant un parterre choisi… Accrochage assez vif avec G., qui accuse le gouvernement de persécuter PPDA et, dans le même mouvement, crache son mépris pour Bérégovoy. En voilà un qui n'aura pas perdu de temps pour monter dans le prochain train. On commence à les ramasser à la pelle.

Les lauréats – Josette Alia, Patrick Forestier, Daniel Schneidermann, Renaud Matignon – sont émus. Les prix, on s'en moque jusqu'à ce qu'on les reçoive.

J'ai calculé qu'en une journée de télévision France 2 a diffusé sept feuilletons, dont un français, et six jeux. Quelque chose à ajouter ?

Carole Merle est championne du monde de slalom géant. Victoire d'une formidable persévérance dans l'effort. La charmante commente son exploit. Elle était « super décontractée », elle avait un « super matériel », un « super technicien », son fournisseur de skis a fait un « super travail »... Et que pense-t-elle de sa médaille d'or ? C'est super, voyons !

Beau texte vibrant de Salman Rushdie dans *Libération*. Il narre dans le détail ce qu'a été sa vie depuis que, le 14 février 1989, il a appris qu'il était « un homme mort ». Sa fuite incessante devant les assassins qui le poursuivent, la vigilance opiniâtre de ses gardiens.

« Ma prison, écrit-il, va où je vais. Elle n'a pas de murs ; pas de toit, pas de menottes, mais je n'ai pas trouvé la sortie en quatre ans. »

Toujours sous la menace de la fatwa lancée par Khomeiny, l'homme qui parle là n'a pas peur, il ne se résigne pas non plus à la vie qui lui est faite : « Je savais depuis le début que l'accoutumance signifie la reddition. » Conscient d'être un symbole, celui de la liberté d'expression, déterminé à obtenir de la communauté internationale qu'elle fasse cesser le scandale dont il est l'objet, Salman Rushdie est, dans sa prison, un homme debout...

Gilles Hertzog, effondré, écœuré, indigné, m'apporte les dernières informations.

Plus question de bombarder les artilleurs serbes qui martyrisent la population civile à Sarajevo, plus question de lever l'embargo sur les armes à destination des Bosniaques : les Américains se sont ralliés au « plan de paix » et vont donc peser de tout leur poids diplomatique pour le faire avaler par tous les belligérants. Les Bosniaques sont accablés. Après tant de belles paroles... Le plan de paix conforte toutes les conquêtes territoriales serbes.

Pourquoi les Américains ont-ils subitement tourné casaque ?

Pourquoi 250 millions d'Européens plus les Etats-Unis se couchent-ils devant l'armée serbe ? Selon la rumeur, les Russes auraient fait savoir qu'ils ne peuvent plus tenir les éléments excités de l'armée bouillants d'aller en découdre auprès des Serbes. Mais comment croire que les victimes du découpage prévu se résigneront à poser les armes, même si une force militaire occidentale est déployée ?

En attendant, les combats continuent, meurtriers, le bombardement de Sarajevo continue, infâme, les Occidentaux n'ont même pas obtenu qu'il soit suspendu pendant le temps des négociations. On a honte.

Vendredi 12 février. Hier soir, le *Requiem* de Brahms chanté par une formation suédoise, le chœur Eric Ericson, qui passe pour le meilleur du monde, et deux solistes exceptionnels. Eliane Victor me dit : « Je crois que maintenant je ne pourrai plus aller au concert pendant un mois. Tout me paraîtra médiocre... »

Nous nous sommes enrouées à force de crier bravo...

PPDA est placé sous contrôle judiciaire, avec caution de 150 000 francs. Je ne sais pas ce que ça veut dire, mais ça sonne mal.

La dernière de Benetton : le chef de la maison pose nu – à 60 ans – sur ses affiches. Il s'agit d'une campagne publicitaire camouflée en opération humanitaire puisque les gens sont appelés à apporter leurs vieux vêtements dans les magasins Benetton, qui se chargeront de les distribuer aux nécessiteux par le biais d'organisations caritatives.

Dans ma jeunesse, on appelait les nécessiteux des « pauvres », mais on y mettait plus de tact. Il y a quelque chose de proprement répugnant dans cette campagne, mais c'est à croire que le public est anesthésié par le culot de Benetton.

Ce qu'écrit Baudrillard au sujet de la publicité : « Le rapport collectif à la publicité était autrefois un rapport de suggestion, de mystification, mais aussi un rapport profond de méfiance. Aujourd'hui, cette barrière-là est tombée. On est intégré là-dedans comme dans un circuit fermé. On ne peut plus se poser en position extérieure : nous nous sommes intégrés dans son circuit. On ne peut plus être ni pour ni contre, ça n'a plus beaucoup de sens. On pourrait dire que l'on naît et meurt publicitairement. »

Bill Clinton a enfin trouvé un ministre de la Justice. Deux femmes ayant été successivement écartées parce qu'elles avaient eu la faiblesse d'utiliser des immigrés clandestins pour prendre soin de leurs enfants, la troisième a été agréée sans difficulté : célibataire et sans enfant, Mme Janet Reno n'a pas été soumise à la tentation. Mais, s'il est bon d'être rigoureux, s'est-on jamais inquiété de savoir si les hommes ministres ou prétendant à l'être ont employé du personnel de maison clandestin ? Allons, les féministes ont encore du pain sur la planche.

Autre débat délicat : la présence d'homosexuels dans l'armée. Il ne divise pas seulement les Etats-Unis mais également Israël, où Mme Yaël Dayan, député travailliste, vient de provoquer un beau scandale en déclarant, à la Knesset, que le roi David avait eu des « relations d'amour » avec son ami Jonathan, fils du roi Saül. « Blasphème ! » se sont écriés les députés religieux tandis que Mme Dayan aggravait son cas en soulignant que d'autres grandes figures de l'histoire juive furent des homosexuels, tels le poète et philosophe Ibn Gabirol et le talmudiste Shmouel Hanagid.

Pourquoi s'attarder là-dessus ? Parce que c'est à travers des problèmes de cette nature que passe aujourd'hui le clivage à l'intérieur des sociétés, et non sur la façon dont il faut gérer l'économie.

Samedi 13 février. On apprend ce soir que les Serbes poussent la délicatesse jusqu'à empêcher l'acheminement de l'aide humanitaire aux enclaves musulmanes assiégées. En échange de quoi, le gouvernement bosniaque boycotte l'ensemble de l'aide internationale. Le HCR proteste… Pour ce qui est de protester, les Occidentaux sont imbattables.

Vu hier soir chez Bernard Pivot un personnage, Stephen Hawking, l'astrophysicien anglais… Atteint depuis l'âge de 21 ans par une sclérose dégénérative, si j'ai bien compris, entièrement paralysé, ratatiné sur un fauteuil, il ne peut plus parler, il ne peut plus bouger, à peine imprimer du doigt une poussée sur un boîtier qui lui permet d'actionner un ordinateur vocal. Il compose des phrases sur cet ordinateur, et celui-ci parle à sa place.

Extraordinaire spectacle, extraordinaire triomphe de l'esprit sur le corps, car Hawking continue à travailler dans son bureau de Cambridge. « Qu'est-ce qu'il a trouvé ? » demande-t-on à un spécialiste. « Il a trouvé que les trous noirs n'étaient pas complètement noirs. »

Interrogé sur ses travaux, il répond, par le truchement de l'ordinateur : « Nous sommes en train de découvrir la beauté de l'œuvre de Dieu. » Quelle idée se fait-il de Dieu ? « Ce n'est pas un vieil homme que l'on rencontre après la mort. » Il n'y a pas, à ses yeux, de conflit entre la science et la religion. Son mot préféré : « rationnel ». Celui qu'il déteste : « impossible ». La preuve ? Il a trouvé le moyen d'avoir trois enfants.

Pivot n'était pas peu fier, à juste titre, de produire Stephen Hawking.

Dimanche 14 février. Hier soir, ultime concert Brahms. Assise au troisième rang, dans l'axe exact de Pollini, je le vois de plus près que je ne l'ai jamais vu, et le spectacle me captive au point que j'en oublie de l'écouter.

L'intensité de son effort est telle que son visage sensible devient très vite tout rose, il se soulève de son siège pour plaquer ses accords, ses joues ruissellent, tout son corps est engagé dans une sorte de lutte farouche contre le clavier qu'il lui faut mater.

Follement applaudi, il salue brièvement. Abbado aussi. Les deux vieux complices ne font pas de cirque, pas d'effets, pas de comédie. Ils font de la musique… Et cette sobriété les rend encore plus aimables.

Déjeuner de famille, très gai comme d'habitude. M. est surexcité par la déconfiture de Bettino Craxi, le leader du PS italien, qui traîne six inculpations pour corruption et qui vient de démissionner, balayé par la vague de scandales. M. est persuadé que la grande lessive italienne qui se pratique en ce moment au détriment des dirigeants de tous les partis aura des prolongements en France. Il cite deux noms, que je ne puis transcrire ici, de Français, non politiques, en cheville avec Craxi, et m'explique que tout cela remonte à la loge maçonnique P2. En tout cas, il semble que le formidable abcès italien soit crevé, cette fois. « Nous ne savons pas encore tout, écrit le directeur de *La Repubblica*, mais la pieuvre partitocratique est décapitée. » C'est tout le système de pots-de-vin, il faudrait dire de tonneaux-de-vin, sur lequel la République italienne est appuyée depuis un demi-siècle, qui est mis à nu. Nos petites « affaires » sont broutilles à côté…

Caroline a été appelée comme expert dans le procès des Africaines qui ont fait pratiquer l'excision sur leurs filles. Sa position : l'excision est horrible mais l'intention de ces femmes est bonne. Elles croient que des filles non excisées ne grandissent pas. Verdict : cinq ans avec sursis. C. me dit qu'en Afrique, là où des femmes ont pris les choses en main, elles ont largement réussi à faire comprendre à leurs sœurs qu'il fallait renoncer à l'excision.

Le ciel a enfin enlevé son chapeau… Un soleil affectueux éclaire le Luxembourg truffé de promeneurs… Une timide odeur de printemps flotte sur Paris.

Lundi 15 février. Long bavardage avec Pierre C., que j'aime tendrement. Je le houspille parce qu'il n'a pas de carte d'électeur. A 45 ans, il n'a jamais voté, ce sacré anarchiste. Et il s'obstine. Il me raconte que, dans quelques grands pays, on se prépare à célébrer avec éclat, en 1995, le soixante-dixième anniversaire de Pierre Boulez. Rien que de normal. Mais Boulez s'oppose à toute célébration nationale. Il n'a jamais pardonné à la France le sort qui lui a été fait par André Malraux, alors ministre des Affaires culturelles, lorsqu'il a signé le fameux appel des 121 contre la guerre d'Algérie. Malraux lui a signifié l'interdiction d'exercer son métier de chef d'orchestre. C'est un opéra allemand, celui de Baden Baden, qui l'a recueilli. Boulez en a gardé une blessure jamais fermée. Et comme il est irréductible… Moi, il me plaît. L'homme, veux-je dire, pas seulement le musicien. Y compris sa tête de cochon.

Pierre C. me parle aussi de son ami Gilles Deleuze, le philosophe, et m'apporte l'un de ses livres pour me persuader que je me trompe quand je lui dis que Deleuze a écrit des choses affreuses sur les femmes. « Impossible, me dit-il, il adore les femmes, la sienne pour commencer. » Voilà ce qu'écrivait, il y a quelques années, l'homme qui adore les femmes : « Jamais de la femme on ne fera une amie. Car l'amitié, c'est la réalisation du monde extérieur possible que vous offre un Autrui mâle et lui seul. Et il est utopique, voire affligeant, de voir la femme exprimer ce monde extérieur. » Bref, la femme est pour lui conscience inutile, objet de luxe… Ah ! ces philosophes ! A part Diderot…

Mais bien sûr, Deleuze, qui est un grand esprit, ne se réduit pas à ces lignes anciennes, et d'ailleurs tout cela est sans importance aujourd'hui. Depuis un an bientôt, il est malade, il souffre d'insuffisance respiratoire et doit vivre branché sur des ballons d'oxygène. Malgré ces handicaps, il réussit à travailler, veillé par sa femme…

Pierre C. en parle avec tant d'émotion que je me sens indigne de l'avoir taquiné.

Les Emirats arabes nous achètent 436 chars Leclerc. Cette commande correspond à 5 millions d'heures de travail pour l'industrie. Comment ne pas s'en réjouir ? Mais comment s'en réjouir ?

Y. M., qui fut très liée autrefois à Pierre Cot, me téléphone, hors d'elle. Comment ai-je pu écrire, dans *L'Obs*, que Cot avait été une taupe soviétique ? J'ai seulement rapporté ce qu'en a dit Wolton. Mais les amis et les enfants de Pierre Cot sont bouleversés par ces prétendues révélations qui leur sont odieuses. Je regrette d'avoir pu laisser croire que j'y ajoutais foi. On ne surveille jamais assez sa plume. Mais rien ne sert de s'indigner en criant : « Mensonge ! » Il faut que des historiens sérieux prennent cette affaire en main.

Mardi 16 février. Salman Rushdie : l'Iran reste intraitable… « Il doit être exécuté et il le sera, a déclaré dimanche le guide de la République islamique iranienne, l'ayatollah Ali Khameiny, et peu importe le mécontentement de la Grande-Bretagne et des pays européens. »

Ceux des dirigeants iraniens qui sont partisans d'une normalisation des relations avec l'Occident sont donc impuissants à imposer leurs vues… Arc-bouté sur sa logique meurtrière, l'Iran a choisi de garder son plus sinistre visage. BHL et sa revue *La Règle du jeu* ont invité Rushdie à venir en France. Le moins qu'on puisse dire est que les Affaires étrangères et l'Intérieur ne manifestent pas d'enthousiasme à cette perspective. On préfère se solidariser de loin.

Tumulte autour du rachat d'Adidas à Bernard Tapie. Des entreprises nationales ont participé au montage financier de ce rachat. Où est le délit ? Faveurs de l'Etat à un ministre ? Pas forcément… Simplement, si ce n'est pas le cas, pourquoi n'avoir pas attendu deux mois de plus, de façon à écarter tout soupçon ? L'opposition en fait tout un foin. C'est de bonne guerre.

Vue de Paris, la physionomie des socialistes se dégrade de jour en jour. En province, peut-être ont-ils encore des soutiens, des places fortes… Je me reproche souvent d'être trop parisienne, et parisienne des beaux quartiers. Que sait-on de la France, là où je vis ? Autrefois, je connaissais bien le pays, dans ses profondeurs, mais il a tellement changé en vingt ans… « Douce France, cher pays de mon enfance », comme chante Trénet, je ne te connais plus. Je connais New York et Moscou, Berlin et Pékin, Rio et Bombay, Tokyo et Stockholm, Londres et Rome, et je ne suis pas sûre de savoir encore comment bat le cœur à Montpellier ou à Nancy. Un long voyage au cœur de la province, voilà ce qu'il me faudrait pour me ressourcer. Mais, pour l'heure, le travail me cloue à Paris.

Lu le… comment dire ? le hurlement de Bianca Lamblin contre Sartre et Simone de Beauvoir. L'étonnant est qu'elle l'ait refoulé jusqu'à 70 ans. Elle a vécu, de 18 à 20 ans, avec le couple fameux l'une de ces aventures triangulaires dont ils étaient friands, amante de l'une, amante de l'autre, petite étudiante en philosophie fascinée par l'un et par l'autre. Evacuée quand on l'a trouvée encombrante, « j'ai porté toute ma vie le poids de cet abandon », écrit-elle. Ils l'ont laissée tomber au pire moment, alors que la guerre était là et qu'elle était en danger. Juive. Sans jamais se soucier d'elle. Plus tard, elle a renoué une relation d'amitié régulière avec Beauvoir, qui n'a cessé de la subjuguer. Et puis elle a lu les lettres de Beauvoir à Sartre… publiées en 1990. Et une houle de furieuse douleur l'a submergée. Quoi ! c'est ainsi qu'ils la voyaient ? Qu'ils parlaient d'elle ? Qu'ils l'ont manipulée ? Découvrant en Beauvoir « un être vulgaire, méchant », qu'elle ne connaissait pas, elle lâche, après un demi-siècle, son propre venin. Oh, bien anodin… Ce qu'elle raconte n'ajoute certes rien à la gloire du couple, mais n'apprendra non plus rien à personne, ni sur leurs mœurs, ni sur l'égoïsme qui fut leur règle de vie. Ils ont fait beaucoup de mal. Qui n'en a fait ?

Mais ils s'appellent Sartre et Beauvoir. Alors une mauvaise curiosité pousse à en savoir davantage. Beauvoir croyait à la vertu de la vérité. La voilà servie.

Les Sages ont remis leur projet de réforme constitutionnelle. Rien de bouleversant. Le principe du septennat renouvelable reste intact. C'est la seule chose qui intéressait les Français.

Mercredi 17 février. Le malheureux Bérégovoy est pris dans une tourmente dont il ne se sort pas. C'est en quelque sorte la cerise sur le gâteau empoisonné des turpitudes socialistes. Qu'il soit honnête homme, nul n'en doute.

Mais c'est un honnête homme qui a reçu ce qu'il faut bien appeler un cadeau, d'un malhonnête homme, Pelat, sous la forme d'un prêt d'un million sans intérêt destiné à compléter la somme nécessaire à l'achat d'un appartement… Preuve, soit dit en passant, qu'il ne s'était pas enrichi dans l'exercice de ses fonctions.

Quand un juge s'est mis à fouiner dans la succession de Pelat, Bérégovoy a remboursé aux héritiers de l'homme d'affaires 500 000 francs.

Quant à l'autre moitié du prêt, on ne sait par quelle fâcheuse idée un fils Pelat a raconté qu'elle avait été acquittée sous la forme de livres rares, d'objets et de meubles précieux. Or, de tout cela, nulle trace, outre que Bérégovoy n'a pas, il faut bien le dire, le profil d'un homme qui possède livres rares et meubles précieux. Sinon, il eût été plus simple, semble-t-il, de les vendre pour payer sa dette. Le voilà prisonnier de cette fable, dans le collimateur d'un juge d'instruction décidé à prouver qu'il y eut bel et bien cadeau et, surtout, à découvrir si ce cadeau eut, comme il le suspecte, une contre-partie...

Là-dessus, le ministre de la Justice intervient pour arrêter le zèle du juge d'instruction, ce qui fait mauvais effet. Le juge se rebiffe. Soupçonné d'avoir monnayé son influence – car c'est bien de cela qu'il s'agit –, on s'attend que le Premier ministre démissionne. Mais non. Il va, manifestement meurtri, blessé, répétant qu'il a sa conscience pour lui. Lassés des « affaires », vraies ou fausses, les Français se détournent. Navrant.

Vu et entendu une *Traviata* lugubre. Il y a eu des *Traviata* sublimes, avec la Callas, des *Traviata* mièvres, d'autres somptueuses, d'autres échevelées... Lugubre, ce n'est pas courant. Celle-ci est l'œuvre du metteur en scène allemand Klaus Michäel Gruber, qui s'est fait siffler par le public du Châtelet, autant que le chef d'orchestre, son complice. Plateau nu, lumières sinistres, personnages figés, fantomatiques, et une Violetta transparente, l'Italienne Giusy Devinu, au soprano noyé dans la pâte sonore de l'orchestre... Il y avait une idée forte cependant, un parti pris : montrer l'héroïne promise à la mort dès la première minute, restituer à *La Traviata* sa dimension tragique généralement engluée dans le sirop, la décaper d'un siècle de mignardises. Déconcertés, les spectateurs, qui n'aiment rien tant que la routine, se sont fâchés, offensés. Il y a vingt ans, Klaus Gruber s'était heurté à Rolf Liebermann parce qu'il avait voulu, à l'Opéra, meubler *La Walkyrie* de portemanteaux, de sacs de sable et de chamois empaillés.

Ici, il a eu plutôt tendance à vider la salle.

Nouveaux sondages qui rectifient légèrement le tir : droite, 40 % ; PS, 21 % ; écologistes, 15 % ; FN, 12 % ; PC, 8 %. Rien qui modifie le fond des choses, mais la poussée écologiste ne se vérifie pas. Cependant, le tableau peut encore bouger. De tous côtés on fait campagne… Nul doute que, dans bien des cas, il y faut du courage… Mais ils aiment ça. Les bêtes politiques, les vraies, n'aiment rien tant qu'être en campagne, se griser de paroles, s'enivrer de l'odeur d'une salle favorable, arracher les voix une à une, si tant est qu'ils les arrachent… Même Jack Lang serait en difficulté à Blois.

Jeudi 18 février. Et voilà Rocard, qui paraissait éteint, jaillissant de sa boîte. A la faveur d'un meeting à Montlouis-sur-Loire, près de Tours – ville symbolique du socialisme depuis un certain congrès de 1920 –, il a prononcé un discours tonitruant à l'adresse des siens. « Je vous invite à une rupture pour accomplir une renaissance… Pour transformer le monde, il faut le comprendre. Le monde a changé, il nous faut le comprendre à nouveau. » Et de balayer l'image d'une société « organisée autour de la production, du travail et de leurs représentations syndicales comme patronales ». Et de mettre le doigt là où ça fait le plus mal pour décrire l'indispensable révolution culturelle. « Le nom même du socialisme s'est forgé dans une conception du monde tout entière basée sur des rapports de production, sur des rapports de classe dont j'ai dit en commençant qu'ils avaient cessé d'être les seuls fondements de l'action politique. Etre fidèle aujourd'hui, c'est prendre acte de ce fait. »

Autrement dit, le PS n'est pas une vieille chaussette que l'on va repriser. Le socialisme, c'est fini. Tout est à refaire. Il faut rompre pour renaître. Big Bang. Et il appelle les réformateurs de tous bords à se joindre à lui pour jeter des regards neufs par les vieux trous.

Michel Rocard a-t-il compris qu'il était en train de couler avec un vieux monde politique exténué pataugeant entre « l'arrogance » de la droite et « la désespérance » de la gauche ? Il vient de piquer, en tout cas, ce que *Libération* appelle un sprint salvateur pour échapper au suicide collectif. Il était seul, à gauche, à pouvoir le faire, mettant d'ailleurs ses paroles en accord avec ce que furent toujours ses idées. Dans l'immédiat, cela ne lui rapportera peut-être pas un électeur. Mais il a retrouvé, d'un coup, une voix.

Réunion, hier, chez José Bidegain, avec un groupe de Serbes venus de Belgrade, démocrates opposés à Milosevic. L'un d'eux, architecte, fut maire de Belgrade, Bogdan Bogdanovic. Il parle un bon français... Il dit comment le pouvoir de Milosevic s'exerce. Il n'y a pas de répression policière, la presse est libre, mais la télévision est entièrement manipulée par le gouvernement, et elle est partout, omniprésente. « Les gens sont d'accord avec Milosevic, dit-il, parce qu'ils sont complètement intoxiqués, possédés... Il n'a pas besoin de police. Il a la télévision. » Télévision, instrument suprême de la dictature.

Ils disent, les uns et les autres, leur horreur de la guerre, de cette violence meurtrière où baignent des gens qui ont su si longtemps vivre ensemble. Mais leur discours reste ambigu sur les solutions, sur leurs objectifs.

Quand Jean-François Deniau leur demande comment on peut les aider parce que « les démocrates doivent aider les démocrates », ils ne savent que dire. Une radio ? Oui, une radio pourrait être utile. Ce devrait être bientôt fait.

Dîner intime, au bistrot, autour de Mario Soares, le président du Portugal, et sa femme. Francophiles avérés, tous les deux. Ils lisent nos journaux, nos livres, ils sont parfaitement au courant des affaires françaises... Soares a passé quatre ans d'exil à Paris à la fin des années soixante, et il doit, dit-il, à ce qu'il a appris chez nous pendant ces années la force qui lui a permis plus tard de prendre le pouvoir. Président de la République, il a déjà rempli un mandat, il terminera le second en 1997, sa popularité ne se dément pas. La conversation est vive, animée. Nous évoquons les temps héroïques où la grande question, pour tous les leaders socialistes, était : comment se débarrasser des communistes ? Et où Felipe Gonzalez lui disait : « On préfère toujours les communistes des autres... » Soares nous conte des anecdotes. Après la

Révolution des œillets, Kissinger lui a dit : « Laissez tomber, il n'y a plus rien à faire ici. Le Portugal va devenir le Cuba de l'Europe. Vous devriez venir enseigner aux Etats-Unis. » Passe quelque temps. Soares est Premier ministre, en voyage aux Etats-Unis. Kissinger convoque, pour le recevoir, tous ses directeurs au State Department et leur dit : « Regardez cet homme… Je me suis trompé. Ça ne m'arrive pas souvent mais je me suis trompé. »

Il nous apprend que l'Eglise s'est acheté une chaîne de télévision qui vise une grande diffusion. Il y aura de tout, pas seulement des prêches et des messes. Une première dans le monde. Ils peuvent réussir. En matière de communication, l'Eglise sait faire, depuis le temps…

Il parle aussi de Boris Eltsine, qu'il a longuement rencontré et qui ne coïncide pas avec l'image désordonnée que l'on en a. Il semble le tenir en estime. Il a cent choses à raconter, cet homme tranquille, disert, cordial, qui a montré quand il le fallait une énergie de fer, et nous ne nous lassons pas de l'écouter. Mais l'heure tourne. Et il doit aller, demain, faire un discours à l'Académie française, qui le reçoit en grande pompe. Je lui demande : « Ça vous amuse, ce genre de chose ? » Question stupide. Il répond : « C'est un honneur… » Le premier chef d'Etat reçu ainsi en visite privée a été Christine de Suède. Le second, Pierre le Grand. Il n'y en a eu que onze depuis. Manifestement, ça ne déplaît pas à ce charmant président socialiste de s'inscrire dans cette lignée…

Une journaliste de RTL vient m'interroger sur la télévision. Elle me dérange au milieu d'un article, je réponds vite, elle s'en va. Et je reste avec le sentiment vague de m'être fait, en quelques minutes, cinq ennemis de plus.

Vendredi 19 février. Hier soir, premier show électoral télévisé de François Mitterrand. Des gens de différentes provinces l'interrogent. Le principe n'est pas mauvais. Ceux qui s'expriment là ont tous quelque chose à dire de leurs inquiétudes, de leurs soucis.

Il répond sans rien dire de consistant mais avec sa virtuosité habituelle. Il y a sans doute à cet instant quelques millions de

Français qui scrutent son visage pour y lire les traces de sa maladie, mais elles ne sont guère visibles. Et puis quelqu'un parle de Rocard, de son discours, de son Big Bang, de son appel aux réformateurs. Et il se raidit : « On ne peut pas mêler comme ça les chiens et les chats… Moi je suis fidèle à un certain idéal de l'union de la gauche. Il ne faut pas avoir peur de l'élargir, mais le premier souci est de réunifier et d'unifier davantage le Parti socialiste lui-même… Il ne faut pas perdre la rampe, pas perdre la base… »

Bref, Rocard ne va pas enterrer comme ça soixante-treize ans de socialisme, dont vingt de mitterrandisme. C'est pourtant bien de cela qu'il s'agit…

BHL vient travailler avec moi. Tout amaigri par ses pérégrinations, il a l'air d'un beau chat noir affamé. Nous ne sommes pas satisfaits de notre premier chapitre, qui manque de vivacité. Ce dialogue que nous avons mené ensemble depuis l'été, est-il bon, est-il mauvais ? Divertissant ? Plat ? Stimulant ? Insignifiant ? Je n'en ai pas la moindre idée. Au moins y avons-nous pris plaisir.

Conseil de l'Ordre des arts et lettres au ministère de la Culture. Il s'agit de décerner une décoration, très prisée curieusement, à une ribambelle de personnes qui ont des mérites à faire valoir dans le domaine… des arts et lettres. On peut être fait chevalier, officier ou commandeur. Les sollicitations sont innombrables, les recommandations aussi. Il faut choisir. Le Conseil passe des heures à les examiner le plus scrupuleusement possible, partagé entre le sentiment de jouer avec des hochets et celui de jouer avec des explosifs, tant sont vives les vanités engagées.

Heureusement, les promotions sont si copieuses qu'il y a place pour beaucoup d'appelés.

La distribution est énergiquement présidée par Pierre Moinot, qui ne s'en laisse pas conter. La vingtaine de candidats recommandés par un prix Nobel trop gourmand sont écartés pour insuffisance de mérites, sauf deux d'entre eux…

Une bonne décision : la croix de commandeur est décernée

à l'unanimité à Salman Rushdie. Si symbolique que soit le geste, il fallait l'accomplir.

Samedi 20 février. Hier soir, à nouveau, François Mitterrand face à une série d'interlocuteurs choisis en province. *Le Parisien* titre drôlement : « Mitterrand meilleur en deuxième mi-temps. » En fait, il a été bon, parfois mordant. Mais la sortie de Rocard et l'accueil qu'il lui a fait l'ont en quelque sorte figé dans le passé.

Déception chez Pivot : on attendait un duel, un tournoi, entre Jack Lang et son ancien directeur de la musique, Michel Schneider, auteur d'un livre au vitriol contre le ministre, *La Comédie de la culture*... En fait, ce fut pénible. Acrimonieux de la part de Schneider, semblable à un cobra, dédaigneux de la part de Lang, drapé dans son bilan, hargneux de la part de Pierre Boulez, hors de lui. Schneider le malmène dans son livre avec une rancœur récurrente, mais ceci n'excuse pas cela. Moralité : il ne faut jamais laver son linge sale à la télévision.

Dimanche 21 février. Quelques heures de tranquillité et de silence après une semaine trop chargée... Même le téléphone et le fax se tiennent cois. Des lectures m'attendent, elles attendront. J'ai besoin de me ressaisir.

Depuis quelques mois, insidieusement, le sentiment me gagne de ne plus servir à rien, ni à personne. Une activité frénétique ne peut camoufler ce vide, même si elle m'empêche d'y penser tous les jours. Le vide est là. Pendant des années, l'écriture m'a été une arme de combat. J'ai servi du mieux que j'ai pu des idées, des causes, des personnes. Où est mon combat, aujourd'hui ?

L'écriture est, en soi, un combat mené contre soi-même, et c'est ce qui me tient debout, cette bataille quotidienne contre les mots, ce travail de terrassier. Mais je ne vois plus clairement son objet.

Peut-être n'ai-je simplement plus rien à dire qui vaille de l'être. Peut-être suis-je simplement usée, au bout de ma vie.

Mais comme je ne me sens guère préoccupée par mon salut, il me faut autre chose à penser que de le préparer.

J'ai encore des capacités d'enthousiasme et d'indignation qui m'empêchent de me croire déjà morte. Car il arrive que l'on soit mort sans le savoir. Mais non. L'animal bouge encore. Et même, parfois, il rue. « Ayant encore le ridicule de n'être point mort... », comme dit Voltaire, il me reste donc à retrouver une raison d'être. Vivre jamais ne me sera suffisant.

Interview désabusée de Jean Baudrillard dans *Globe*. Question : y a-t-il encore la possibilité d'une action sociale et politique dans cet Occident délabré ? Réponse : « Je ne vois aucune possibilité d'action collective. Individuelle, oui. Il faut arriver à une sorte de lucidité intellectuelle, une forme d'ironie. Car il y a de l'ironie dans les événements historiques et il faudrait l'analyser. Jadis, je croyais à une solution collective. Maintenant, je me bats contre ce que je déteste le plus : la manipulation, le chantage. Combattre cela, c'est une action politique. »

Bref : ne pas compter sur Baudrillard pour retrouver du cœur au ventre.

Lundi 22 février. Suites de la fusée Rocard. Elle est sur orbite. Sympathisants socialistes et écologistes sont, selon les sondages, favorables à la perspective d'un Big Bang. Il a poussé son avantage pendant un *7 sur 7* où on l'a vu meilleur qu'à l'accoutumée, moins volubile, plus clair dans son propos. Tout à fait clair, en fait.

Quand donc avait-il traité pour la première fois François Mitterrand d'« archaïque ? » En 74, sauf erreur. Il l'aura payé pendant dix-huit ans. Mais aujourd'hui il peut dire tranquillement : « Il n'incombe pas à sa charge de procéder à la refondation du paysage politique », façon polie de dire que l'avenir ne lui appartient plus.

Curieux changement psychologique provoqué par ce discours. Tout se passe comme si les sympathisants de la gauche, mettant une croix sur des élections que l'on sait perdues, étaient capables de regarder par-dessus, en direction de la présidentielle de 1995, là où, grâce à Rocard, l'horizon s'est débouché. Et soudain, ils respirent, comme si l'étreinte de la « désespérance » dont parle Rocard s'était desserrée.

Reste à savoir comment l'espérance se concrétisera, si elle doit se concrétiser.

La presse est pleine de contributions en tous genres et autres libres opinions sur le sujet. Les esprits se sont remis en mouvement. Ils ont du grain à moudre. Enfin, on débat d'autre chose que de la cohabitation…

Lu un pavé compact mais qui mérite l'effort : *L'Argent sale*, de François d'Aubert, député de droite, président de la commission anti-mafia à l'Assemblée nationale. Près de six cents pages d'enquête à partir d'un mirobolant personnage, Giancarlo Paretti, qui racheta Pathé Cinéma puis la Metro Goldwyn Mayer, avant de perdre l'une et l'autre. Ou comment « l'argent sale », noir, gris, s'introduit partout. Vertigineux. Entre ses holdings, ses paradis fiscaux et ses sociétés luxembourgeoises, ce Paretti a créé quatre mille sociétés et c'est à travers ce gigantesque jeu de dominos qu'il faisait ses coups, appuyé sur la confiance… du Crédit lyonnais. Quand on pense au mal qu'il faut se donner pour emprunter 200 000 francs à son banquier… Tandis que si l'on arrive avec de l'argent sale plein les poches, on est reçu les yeux fermés… Tout cela est bien instructif.

M'est parvenue de Washington une « lettre confidentielle » d'information, selon laquelle la Maison-Blanche reçoit 50 000 appels par jour, là où Bush en recevait 5 000. « Je n'oublierai pas qui m'a mis ici ! » s'était écrié Clinton dans son discours d'inauguration. Les Américains n'ont pas oublié non plus.

France Info m'apprend la mort de Jean Lecanuet et me demande d'en dire quelques mots. « Il me faut deux minutes », dit la journaliste. Deux minutes, c'est court et c'est long quand on vous prend au pied levé. J'essaye de construire trois phrases. Elle raccroche, et je reste avec le souvenir de Jean Lecanuet. Sa drôlerie. Ses imitations d'André Malraux. Sa culture. Sa foi européenne, si forte. Il n'a eu ni la réputation ni la carrière qu'il eût méritées, cet homme si souvent brocardé. Depuis longtemps, il semblait y avoir chez lui quelque chose de cassé, politiquement s'entend. Un découragement. Un désabusement. Mais peut-on être un centriste heureux ? Un jour de 1976 où nous défendions ensemble, à l'Assemblée, une loi sur le divorce, lui étant garde des Sceaux, un orateur s'écria : « Monsieur le Garde doit convenir que... », etc. Et Lecanuet, se penchant vers moi, me souffla : « Le Garde s'en fout. » C'était un orateur exceptionnel. Non seulement il savait retourner et arracher une salle. Mais il savait aussi adapter son discours à la dimension de la salle. « Ils sont combien ? » demandait-il. Et, selon qu'il s'adressait à 500 ou à 3 000 personnes, il plaçait sa voix, il taillait son propos comme un habit sur mesure. Son heure de gloire avait été la campagne présidentielle de 1965, où il avait eu l'audace, jeune député inconnu au sourire éclatant, de se présenter contre de Gaulle et la bonne fortune de le mettre en ballottage.

Ensuite, si le destin politique ne lui fut pas défavorable, il ne lui fit pas non plus de cadeau. Il en avait comme une mélancolie. Peut-être lui manquait-il l'étoffe d'un premier rôle, ou peut-être était-il mal placé sur l'échiquier politique pour accéder à un tel rôle... En tout cas, Jean Lecanuet a été un homme respectable.

Mardi 23 février. Sans doute, ils ne seront jamais arrêtés, jamais jugés autrement que par contumace, jamais punis... Mais au moins y aura-t-il un tribunal de guerre international pour dénoncer les forfaits des criminels identifiés qui ont procédé, dans l'ex-Yougoslavie, à la « purification ethnique » et autres atrocités, et pour prononcer des sentences.

La création d'un tel tribunal vient d'être annoncée par l'ONU. On espère que cette annonce aura pour effet de refroidir le zèle des « purificateurs », mais rien n'est moins sûr. Seselj, par exemple, l'homme qui a employé le premier l'expression « purification ethnique » pour décrire l'action de ses milices en Croatie et en Bosnie où elles ont semé la terreur, leader le plus puissant de l'extrême droite nationaliste avec 30 % des sièges au Parlement, est devenu, dit *Le Monde*, l'idole de la population serbe en préconisant des méthodes musclées pour régler « une fois pour toutes » la question serbe. Il se réjouit de figurer sur la liste des criminels de guerre établie par le Département d'Etat américain. Se saisira-t-on jamais de lui ?

Matisse à Beaubourg. L'une des plus belles expositions jamais vues en France, assurément. Un enchantement de chaque minute, un événement d'autant plus précieux qu'il ne se renouvellera pas… Sa réalisation a coûté 24 millions. Elle aurait été inconcevable sans la participation importante d'un mécène, la Fondation Elf Aquitaine. Le prix des assurances interdit désormais aux musées la réunion de telles richesses.

Bonheur de peindre, bonheur de vivre, luxe des couleurs fluides, éclat solaire, tout est là, dans ces 140 toiles peintes entre 1904 et 1917, sobrement accrochées, qui enivrent comme un parfum d'été. « Quelle est votre théorie de la peinture ? » demandait-on un jour à Matisse. « Eh bien, prenez cette table, par exemple, avec son bouquet de capucines dans un pot. Je ne peins pas littéralement cette table mais l'effet émotif qu'elle produit sur moi… » Quand on pense que les Français ont été si longs à le mettre à sa place, la première…

Flot d'émotions. Vertige des rouges, comme dans la fameuse *Desserte* ou dans *L'Atelier*, que l'on n'en finit pas de contempler, griserie des bleus comme dans la fameuse *Conversation*, déséquilibres subtils, éclat des jaunes, respect des lois mais en pervertissant toujours un élément, soit la couleur, soit la composition, « matières qui remuent le fond sensuel des hommes », disait le peintre, ah ! que l'on est heureux !… Devant cette farandole que l'on mange des yeux, on passe trop vite. Il faudrait rester une heure devant chaque pièce pour la lire à fond, mais une foule est là, pressante, bruyante, babillante… Envie de tout dérober. La petite toile carrée, là, et la statuette qui se glisserait aisément sous un manteau… Rien qui vous donne plus qu'une œuvre d'art l'âme d'un délinquant en puissance.

Matisse a dit toutes sortes de choses intéressantes sur son travail. Et ceci, superbe, écrit à son fils en 1940 : « Si tout le monde faisait son métier comme Picasso et moi, ça ne serait pas arrivé. »

Mercredi 24 février. Déjeuner avec Jean-Louis Prat, le directeur de la Fondation Maeght, de passage à Paris. Probablement l'homme qui connaît le mieux l'art contemporain. Et puis il est charmant, énigmatique, avec ses airs d'éternel jeune homme, et un quelque chose de subtilement provincial. C'est un enfant de l'Auvergne. Une vieille amitié nous lie. Il court le monde, organise des expositions partout, obtient pour sa Fondation des prêts que nul autre n'obtiendrait. Les grands collectionneurs ne lui refusent rien. Le restaurant où nous sommes est quasiment vide. Nous parlons naturellement de cet affaissement général que l'on ressent partout et qui accable la France. A la Fondation, même la vente des cartes postales s'est effondrée ! Je lui propose d'aller revoir, avec lui, les Egon Schiele exposés tout près… Mais il y a une queue de deux cents mètres devant la porte. Ils sont devenus fous, les Parisiens, avec la peinture…

J.-L. P. me raconte que Soulages a accepté de faire les vitraux de l'abbaye de Conques. Soulages, des vitraux ? Noirs ? Impensable. En couleurs ? Incroyable. Ni l'un ni l'autre. Il a inventé. Il fait chauffer des plaques de verre dans de l'eau à 1 600 degrés. Le verre éclate en milliers de fragments… Il les recompose en une surface qu'il trempe dans je ne sais quoi et fait à nouveau chauffer pour les coaguler. En sort une matière translucide uniquement colorée par les jeux de la lumière. Il paraît que c'est éblouissant.

Réunion préliminaire du jury Femina pour le prix de l'essai. Je trouve deux ou trois de ces gentilles petites dames bien fatiguées. Mais peut-être se font-elles à mon sujet la même réflexion. Elles se bourrent de gâteaux en dressant leurs listes… Deux d'entre elles arrivent en retard, quatre sont absentes, ce qui m'exaspère silencieusement. Mais, dernière venue, je dois me plier aux mœurs de la tribu.

Jeudi 25 février. Déjeuner avec J.-P. Leclerc, mon ancien directeur de cabinet. Il s'ennuie ferme au Conseil d'Etat, mais il commence à apprécier son statut de fonctionnaire. Un bureau, une secrétaire, un salaire régulier... C'est sans prix, aujourd'hui. Tout de même, le contentieux du Conseil d'Etat, pour un esprit vif, aigu comme le sien, ça ne doit pas être réjouissant tous les jours... Autrefois, les meilleurs éléments du Conseil, les plus ambitieux en tout cas, filaient dans le privé après avoir décroché leur carte de visite. Maintenant, me dit-il, signe des temps, le privé ne vient plus les chercher.

Il s'inquiète pour l'avenir de ses enfants, dont les diplômes ne sont plus gage d'emploi, et regarde avec mélancolie la France de sa jeunesse se désagréger.

Nous n'échappons pas aux considérations sur l'époque où nous sommes, cette époque qui a permis à la technique de détruire des millions d'emplois et de multiplier les transactions sur les marchés des changes au point que 1 000 milliards s'échangent chaque jour, c'est-à-dire que personne ne contrôle plus rien.

L'étonnant est que personne n'ait vu venir cette crise particulière. Mais les économistes raisonnent toujours par référence au passé, et rien, dans le passé, ne ressemble à ce que nous connaissons.

L'inquiétant est que personne ne semble avoir la maîtrise intellectuelle nécessaire pour appréhender la situation présente et élaborer des ébauches de solutions.

Bon. J'en ai assez de broyer du noir. Les solutions viendront forcément. Comme disait Matisse : « Le désespoir est inutile et nuisible. »

Un bon spectacle à l'Opéra : *Orphée et Eurydice*, de Pina Bausch, sur la musique de Gluck. Quel talent ! Dépouillement, simplicité, trouvailles, grâce des corps fluides, perfection des voix qui « doublent » la gestuelle des danseurs, un dernier tableau sublime, Orphée exprimant sa douleur par chaque muscle, chaque fibre de son corps, et mourant près de sa bien-aimée perdue... Le ballet de la petite dame de Wuppertal est vieux de dix-huit ans. Il n'a pas une ride.

Vendredi 26 février. F.-O. Giesbert, le directeur du *Figaro*, m'a demandé un feuillet pour saluer la mémoire d'Hervé Mille, qui vient de mourir. Je me reproche d'avoir écrit quelques lignes trop sèches, alors que je l'aimais tant. Lui qui a si souvent corrigé ma copie quand j'étais une minuscule petite apprentie journaliste m'aurait dit : « Et le cœur, Françoise, où est le cœur ? » Il était plein de peine, mon cœur, cependant, mais je ne l'ai pas ouvert…

Ce matin, grelottant pendant la messe d'enterrement à Saint-Pierre de Chaillot, j'ai pensé que cette église affreuse, sans âme, sans mystère, trop éclairée, était indigne d'un homme aussi raffiné. Outre que la résonance rendait l'homélie du prêtre inaudible. Heureusement, Robert Badinter a pris la parole. De tous les genres, l'oraison funèbre est le genre le plus faux, disait Mauriac. Mais Badinter a su trouver les mots qui ont apporté enfin un peu d'émotion à cette cérémonie d'adieu. J'ai l'âge où il est normal d'enterrer ses amis, de voir le paysage se déboiser progressivement tandis que percent, joyeuses et vertes, les jeunes pousses… C'est l'un qui tombe, et puis c'est l'autre, et puis un jour ce sera moi et puis voilà…

Le ciel bas lâche de la neige fondue.

Samedi 27 février. Explosion dans le sous-sol du World Trade Center à New York, une tour de cent étages… Déjà cinq morts et plus de mille blessés. Origine criminelle mais non encore identifiée. Emotion et stupeur… C'est la première fois qu'un attentat terroriste de cette nature se produit sur le territoire des Etats-Unis. Vingt organisations le revendiquent, autant dire, pour le moment, aucune.

Le Point titre sur sa couverture : « Mais que veulent les écologistes ? » Hé ! le pouvoir, parbleu ! Comment l'avoir, c'est une autre question. En s'alliant à droite ? En s'alliant à gauche ? En restant purs et durs ? Alors, ils garderaient les mains propres mais n'auraient pas de mains.

Les deux compères, Lalonde et Waechter, qui se sont provisoirement associés pour mener leurs troupes au combat électoral, forment une paire assez drôle, quelque chose comme les Laurel et Hardy de la politique, avec un numéro très au point sur leur vision radieuse de l'avenir peint en vert. Ils ont incontestablement une audience, surtout dans la jeunesse la plus éduquée. Ils ne sont pas encore usés par la télévision. Et, pour l'heure, ils jouissent pleinement du plaisir d'être courtisés. La suite n'est pas encore écrite.

Réunis dans la Pléiade, les textes en prose de Rainer Maria Rilke. Rien qui donne le plaisir de l'œuvre poétique, mais une voix tout de même, un regard pénétrant, une cascade d'émotions.

Le rossignol chante mieux en vers. Mais comment serait-on insensible à la voix d'un homme qui mourut d'une piqûre de rose ?

Dimanche 28 février. Dîner hier soir avec deux amis américains, l'un avocat international, l'autre collaborateur du *New York Times*. Le premier est bavard, extraverti, sympathique, débraillé. Il ne porte pas de cravate. Shocking. Le second est fin, élégant, il pourrait être anglais. Il se trouve pour la première fois à Paris, où il est en mission. Je lui demande ses impressions. « Je pourrais vivre ici... », dit-il. Pourquoi ? « Parce que les gens ont le sens de la vie, du plaisir... ils savent jouir de chaque petite chose... Est-ce que vous n'avez pas un proverbe, "heureux comme Dieu en France" ? Et puis les choses vont tout de même un peu moins vite qu'à New York. » Il me hérisse tout de même en buvant du Coca-Cola avec son homard, mais il fait honneur à la cuisine française, qui relève, à ses yeux, de ces petites choses dont nous savons jouir.

Ils sont à Paris pour organiser la diffusion d'un objet précieux : le fax que le *New York Times* envoie tous les matins de New York et qui contient un condensé du journal. Si bien qu'on peut le recevoir ici avant même que les lecteurs américains aient eu le *NYT* entre les mains. Pour les intoxiqués de l'information, c'est un bonheur...

Aux Etats-Unis, selon l'un d'eux, Dan Barber, la reprise est en marche. Clinton va réussir parce que son plan est bon, parce qu'il est juste, il fait payer les plus riches, parce que le président a compris que les interventions de l'Etat sont nécessaires. Ce qu'Eisenhower a fait quand il a augmenté le prix de l'essence pour financer le réseau d'autoroutes, Clinton va le faire pour financer le nouveau réseau de communication, les nouvelles techniques, fibre optique, etc., comme le multimédia, qui devrait avoir le rôle stimulant qu'eurent autrefois l'ordinateur et le microprocesseur…

Il est éloquent. Son compagnon l'approuve.

Il y a donc encore des gens optimistes dans le monde ? Ils existent. Je les ai rencontrés.

Regardé, par conscience professionnelle, deux heures d'émission sur la Une avec Madonna, invitée chez Dechavanne. Apparemment une opération publicitaire pour soutenir la sortie d'un film. Idole aux yeux vides, elle est plantée là, comme une poupée, méfiante et rusée. Je reste hypnotisée par la raie noire qui barre sa tête blonde, comme il arrive quand des cheveux décolorés ont commencé à repousser. Pas très soignée, Madonna. Mais, tout à coup, elle dit : « Je suis brune »… et elle désigne sa raie. Brune ! Bouleversante information pour ses admirateurs.

Drôle de bonne femme, cette déesse du sexe, exhibitionniste mais close, dure comme du ciment armé, riche comme Crésus, montrant ses seins et le reste comme on montre ses dents, même pas perverse, quoi qu'elle en ait… Tout cela est d'une vulgarité accablante. Une phrase me tourne dans la tête : « … taraudé par l'essaim éternel du désir… » ; mais de qui est-ce… Mallarmé peut-être… Trop joli en tout cas pour l'appliquer à cette fausse blonde.

Mars

Lundi 1er mars. Tri parmi les émissions enregistrées pour nourrir mon papier de *L'Obs*. Rien de bien excitant pour la plume. Une phrase de Giscard soigneusement peaufinée : « Le 21 mars, je ne sais pas si ce sera le début du printemps, mais ce sera la fin de l'hiver. » C'est la version giscardienne de la fameuse phrase de Jack Lang sur la nuit et la lumière, qui a tant fait jaser. C'est vrai, on oublie toujours – j'oublie – qu'ils vont être un bon nombre à sonner la fanfare le 21 mars. Rien à dire. Chacun son tour. La parole est au peuple, etc. Mais, excités comme ils le sont par l'odeur du pouvoir, il ne faut pas trop espérer que cela se passera dans la délicatesse.

Un exercice piquant de Pierre Dumayet : il a découvert dans le Petit Larousse que *cattleya* s'écrit avec deux *t* – comme le nom du botaniste découvreur de cette orchidée, William Cattley. Or Proust écrit obstinément *catleya* avec un seul *t*… Sur son manuscrit, on voit le mot tracé de sa main, à plusieurs reprises… Il écrit aussi *catleia* avec un *i*, mais là, il se corrige… Alors Dumayet détective traque le *t*… Il croit à l'omission délibérée. Il élabore des hypothèses, le nez fourré dans le corsage d'Odette, il vagabonde. Petit jeu gratuit pour aficionados de Proust. On les reconnaîtra désormais à l'orthographe qu'ils donneront à *catleya*, au mépris de M. Larousse. M. Robert, lui, n'en a pas entendu parler.

Les Américains ont mis la dernière phalange du petit doigt dans l'engrenage : ils larguent des vivres et des médicaments sur la Bosnie, opération pleine d'aléas dont l'efficacité est hypothétique… Mais enfin, ils ont bougé.

Lu le dernier roman, non négligeable, d'Anthony Burgess, *Ferraille à vendre*. Ce n'est pas Tolstoï, mais c'est ce qu'il voudrait être, avec cette fresque qui couvre les deux guerres mondiales. A 74 ans, il a encore du punch, le vieux Gallois…

Information que nul n'oserait inventer : il neige au Sahara… Peut-être que des primevères ont poussé sur la Lune…

Information qui révulse : par l'intermédiaire de l'archevêque de Sarajevo, le pape s'est adressé aux femmes bosniaques violées pour les conjurer de ne pas avorter.

Où est la charité, où est la compassion, où est l'Evangile dans cette démarche ? Et Kouchner – qu'est-ce qu'il faisait chez le pape, celui-là ? – de nous raconter qu'il y avait « moins de fermeture qu'on ne l'a dit » dans ces propos… Kouchner interprète de la pensée intime du pape… S'il ne s'agissait d'une tragédie, quelle farce !

Mardi 2 mars. BHL vient déjeuner avec moi. Il a pris quelques jours de vacances, mais il a toujours son air de chat noir affamé… A la place de sa mère, je lui tirerais les oreilles, mais je ne lui en dis rien, bien sûr… Il ne ferait que s'en agacer. Au diable, les femmes maternelles.

Cette fois, notre manuscrit est à peu près au point. Vogue la galère. Ce qui me plaît dedans, c'est que nous ne nous sommes pas pris au sérieux. Nous allons tout de même nous faire matraquer. Si l'on additionne ses ennemis et les miens, cela fait du monde… Bof, on verra…

La Une mange du cadavre, maintenant. Le poil encore hérissé, ce matin, par une émission proprement insupportable, lancée à grand fracas par la première chaîne française… Dans le principe, rien que de banal et déjà en usage dans divers pays : ce qu'on nomme un appel à témoins. Soit le rappel d'un ou de plusieurs crimes, et l'appel au public pour qu'il contribue, par ses éventuels témoignages, à faire avancer les enquêtes.

On peut être plus ou moins porté à coopérer avec les flics,

mais dans le cas de crimes abominables, c'est le moindre des civismes. Le problème n'est pas là. Il est dans la façon dont ces crimes, concernant des enfants, ont été présentés. Reconstitués. Etalés. Déployés. Que sommes-nous devenus pour que l'on nous « divertisse » avec des cadavres d'enfants ? Des visages tuméfiés ? Et le petit anorak, et le petit cartable... La vie des gens est-elle si pauvre en émotions qu'on en soit à leur en fabriquer avec des petites filles assassinées ?

Généralement, ces émissions dites grand public me laissent indifférente, en tout cas tolérante. Que chacun prenne son plaisir où il le trouve. Cette fois, on avait le cœur levé.

Mercredi 3 mars. Le Monde en fait pudiquement trente lignes. *Libération* quatre pages. Il s'agit du comportement sexuel des Français examiné à la loupe dans un rapport publié par la Documentation française.

400 questions, 20 000 personnes interrogées, 13 millions de francs dépensés, pas pour la bagatelle, mais pour une enquête visant à mieux définir la prévention. Celle du sida.

Aucune révélation foudroyante. En vingt ans, depuis le fameux rapport Simon, les pratiques sexuelles n'ont pas fondamentalement changé. Simplement, aujourd'hui, on dit les choses qu'auparavant on taisait. Le langage s'est libéré.

La pilule est entrée dans les mœurs. Le préservatif pas encore, ou timidement, ce qui soucie fort les rapporteurs de l'enquête. Moins de 16 % déclarent avoir changé leur comportement depuis l'apparition du sida.

Mais, dans l'ensemble, ils sont bien sages, les Français. Et, même, passionnément monogames. Quatre ou cinq femmes dans toute une vie d'homme... Trois ou quatre hommes dans toute une vie de femme, c'est la moyenne. Satisfaits – à 45 et 48 % – de leur vie sexuelle actuelle. Cela fait tout de même un insatisfait sur deux mais le nombre des femmes qui se disent satisfaites a doublé en vingt ans. Intéressant. De la masturbation à la sodomie, des films porno au cunnilingus, tout y est, de leurs petites habitudes. A quoi peut servir, concrètement, un tel travail ? Je ne sais pas. Mais la Documentation française pourrait faire un succès avec ce petit livre...

Rocard, Lalonde et Noir sont en difficulté dans leurs circonscriptions respectives. Beau triplé pour l'opposition si elle le réussit.

La Règle du jeu prépare un numéro spécial consacré à Salman Rushdie, qui va réunir quelques bonnes signatures. Guy Scarpetta, le rédacteur en chef, me demande un texte. Impossible de refuser. Autre chose est de l'écrire. Ce que je fais est plat, banal, étriqué. Je rame.

Pour me consoler, je me répète la phrase de Flaubert : « Jamais je n'ai eu tant conscience du peu de talent qui m'est départi d'exprimer des idées par des mots. » Flaubert. Faible consolation. Il me manque et les mots et les idées, sinon les plus évidentes s'agissant de Rushdie. Ah ! être emporté par le lyrisme ! Mais voilà ce qui ne m'arrivera jamais.

Le club du Grand Livre du mois a réuni, pour une photo de famille, les auteurs qu'il a le mieux vendus en 1992. Nous nous retrouvons, pour la photo, chez Lipp, tout empruntés. On m'assied entre Ismaïl Kadaré et Françoise Dorin, drôle de combinaison. J'aperçois Jean-Francois Revel, ce qui me réconforte… Et puis voilà Denuzière, Weyergans… Rangés en brochette, un sourire figé aux lèvres, les femmes devant, les hommes derrière, nous avons l'air de vieux collégiens le jour de la rentrée des classes. Il ne faut pas se prêter à ce genre de choses ? Il y a plus d'affectation à s'y soustraire qu'à s'y soumettre. Mais quel ennui !

Lu un roman anglais délicieux, et mal titré, d'Anne Fine : *Les Confessions de Victoria Plum*, ou de l'incompatibilité entre hommes et femmes au sein du mariage. C'est fait avec cette impertinence de plume dont les romancières anglaises ont le secret. Edité par une jeune maison où l'on se donne beaucoup de mal, L'Olivier.

Croisé Pierre Bergé, plus batailleur que jamais. S'il ne tenait qu'à lui, on passerait par le fil du couteau : 1) tous ceux qui disent du mal de Jack Lang ; 2) tous ceux qui verraient sans déplaisir François Mitterrand quitter la scène.

Sa véhémence indispose beaucoup de gens. Je n'en suis pas.

Il est irritant, certes, mais, par les temps qui courent, j'aime bien que l'on soit de façon aussi tranchante dans le camp des perdants, au lieu de glisser déjà, sournoisement, du côté des gagnants.

Le premier numéro de son journal *Globe*, nouvelle formule, s'est bien vendu. Le second moins bien. S'il se stabilisait autour de 75 000 exemplaires, il serait viable. Il y a du talent dedans. Mais, enfermée dans un format trop grand et une idéologie trop étroite, l'entreprise est bien difficile.

Les parachutages : c'est raté, semble-t-il. Non seulement les colis largués n'atteignent pas la population à laquelle ils sont destinés, mais, loin d'être impressionnés par l'entrée en scène des Américains par la porte humanitaire, les Serbes ont repris de plus belle de nouvelles opérations de « purification ethnique » tout en ridiculisant les tentatives américaines. Des nouvelles affreuses arrivent de Cerska, l'une des enclaves musulmanes du nord de la Bosnie, assiégée depuis dix mois et tombée depuis dix jours aux mains des Serbes. Tuer, massacrer, déporter, pourquoi ceux-ci se priveraient-ils de leurs divertissements favoris puisque ces crimes restent sans représailles ?

Jeudi 4 mars. Dîner chez les Decaux, agréable comme toujours, entre gens de bonne compagnie. Le champagne est sec, la chère est bonne, les convives ont de l'esprit, la conversation roule de tous les côtés, glissant de la corruption qui gangrène le pays – autrefois, c'était pire, mais les pauvres étaient honnêtes – à Philon d'Alexandrie, de Brahms à la Bosnie, du pape à Jules Romains, de la Très Grande Bibliothèque à Sacha Guitry et je ne sais encore quoi. Melting pot de dîner en ville, mais de bon niveau.

On vote dans moins de trois semaines et pas un mot n'a été dit de politique, bien qu'il y eût là une poignée d'anciens ministres. Signe des temps. La passion est absente.

En rentrant, je me reproche des paroles trop vives au sujet du pape et des femmes bosniaques, paroles qui ont dû froisser Alain Decaux, chrétien fervent. Mais c'est un sujet qui me fait bouillir le sang.

Ma chère petite Sylvie vient déjeuner avec moi. C'est l'une des jeunes femmes, nombreuses, qui ont la gentillesse de me réchauffer régulièrement de leur amitié. J'ai connu Sylvie Pierre-Brossolette toute débutante. Elle a passé trois ans à mon cabinet... Maintenant, c'est une journaliste cotée, spécialisée dans les affaires intérieures françaises.

Autrefois, quand A. nous voyait plongées dans l'une de nos conversations, il disait au mari de Sylvie : « Laissons les femmes tranquilles... Elles parlent politique. » Et ils riaient tous les deux.

Nous bavardons effrontément. Elle me rapporte les derniers échos du Château, où l'on enrage contre Rocard. Je lui raconte ce que j'en sais, nous échangeons informations, analyses, supputations, anecdotes, indiscrétions, tout ce qui ne saurait s'imprimer ni dans un article, ni dans un livre – ou alors dans dix ans –, la face cachée de la vie politique et de ses hommes.

Nous sommes d'accord pour penser que la haine de Mitterrand pour Rocard a affecté son discernement, donc son action, depuis quatre ans.

Libération révèle qu'un journaliste du *Monde*, Edwy Plenel, a été mis sur écoute par la cellule antiterroriste de l'Elysée en janvier et février 86. Seize relevés d'écoute, concernant sa ligne privée, sont tombés entre les mains du journal, qui les publie...

Documents accablants. Violation des lois au plus haut niveau. A l'initiative de qui ? Cette cellule antiterroriste dirigée par Christian Prouteau, aujourd'hui dissoute, n'avait déjà fait que trop parler d'elle, et pas pour le meilleur.

Tous ceux qui, par leur fonction à l'Elysée, auraient dû sinon initier la mise sur écoute d'Edwy Plenel, au moins en être tenus informés, jurent évidemment qu'ils n'étaient au courant de rien...

Alors qui a emprunté l'une des vingt écoutes mises à la disposition de la présidence de la République pour espionner un journaliste ? Ce doit être le labrador du Président.

Vendredi 5 mars. Envie d'aller regarder sous le nez le bel Aménophis III et son épouse, de passage au Grand-Palais.

A dix heures du matin, une file de trois cents personnes s'allonge déjà devant la porte. J'ai oublié d'emporter la carte qui me donnerait le menu privilège d'entrer sans attendre. J'essaye d'attendrir le gardien. Il me rembarre : « Voyez pas tous ces gens qui sont là depuis une heure ? – Si, mais je... – N'avez qu'à faire comme tout le monde ! – C'est que... je suis pas démocrate... » Il me regarde, interloqué, puis : « Allez, entrez. »

A l'intérieur, le Pharaon-Soleil sourit... L'exposition est fabuleuse. Décidément, il y a l'Egypte. Et puis le reste.

Déjeuner avec Francis Girod, le metteur en scène. Nous avons travaillé ensemble autrefois sur *Le Bon Plaisir*, dont il a tiré un joli film.

Avec sa barbe et ses cheveux blancs, il s'est fait maintenant une tête de brave homme, ce qu'il n'est pas un instant. C'est un fils du diable. C'est aussi l'homme le mieux renseigné de Paris sur les milieux du cinéma et du théâtre. Un vrai *Who's Who* des liaisons naissantes ou finissantes, avec remise à jour mensuelle. Il me fait rire en me racontant comment Marguerite Duras a soutiré des mille et des mille à Claude Berri avec *L'Amant*. Elle est forte, la Duras ! Piapias mis à part, nous parlons de la situation gravissime du cinéma et de l'audiovisuel, du jour prochain où il n'y aura plus sur nos écrans petits et grands que des films américains doublés. Où l'affaire devient cocasse, c'est qu'une part croissante du public américain ne sait pas l'américain de nos jours... Il sait l'espagnol, le pakistanais, le péruvien, mais il ne sait pas vraiment l'américain. De sorte que producteurs, réalisateurs, auteurs sont obligés d'en tenir compte et d'établir des textes qui ne dépassent pas deux cents mots, les plus simples. Un dialogue de Mankiewicz ou de Lubitsch ne serait jamais accepté aujourd'hui. Et c'est cet américain rudimentaire, traduit par les doubleurs qui va bientôt constituer l'ensemble du langage du cinéma et de la télévision. Sûr, shérif, que ce sera OK. Exaltante perspective, non ?

A l'occasion du 8 mars, Journée des femmes, une journaliste de *Libération* très charmante, Marie Guichoux, vient procéder à une interview croisée avec celle de Laure Adler. Laure vient d'écrire une *Histoire des femmes politiques*. Marie Guichoux veut savoir pourquoi la représentation féminine dans les Assemblées nationales est aussi catastrophique. De tous les pays européens, la France arrive en queue avec la Grèce. Après l'Italie, après le Portugal, après l'Espagne, après l'Irlande, où, entre parenthèses, le président est une femme. Et les prochaines élections vont, selon toute probabilité, accentuer le phénomène. Pourquoi, pourquoi... C'est une longue histoire que la misogynie trapue des milieux politiques ne suffit pas à expliquer. En vérité, aucune analyse fine du phénomène n'a jamais été faite. Qu'est-ce que la France a de spécifique ? Ce qu'il y a de latin dans le cœur des Gaulois ? Explication trop facile. Je lui propose une piste : c'est notre mode de scrutin. Le scrutin majoritaire suppose le combat électoral singulier, d'abord pour être désigné par une fédération, ensuite contre un adversaire dans une circonscription donnée. Et ce combat-là, qui est épouvantable, qui se livre dans l'ignominie, la bassesse, la calomnie, l'injure, les femmes n'ont pas envie de l'affronter. Il faut avoir entendu, à l'Assemblée nationale, une poignée de députés hurler : « A poil ! » à une oratrice – imperturbable d'ailleurs et se déshabillant lentement – pour commencer à comprendre à quoi ressemble l'existence d'une femme en politique.

Au scrutin proportionnel, c'est la tête de liste qui est en première ligne. Ses co-listiers et co-listières sont relativement protégés des avanies. C'est d'ailleurs pourquoi il y a beaucoup plus de femmes dans les conseils régionaux qu'à l'Assemblée nationale. Affaire de scrutin.

Bien sûr, cela n'explique pas tout.

Mais c'est tout le système politique, sa machine, sa tuyauterie, qui permet à la misogynie de prospérer, et aux femmes intéressées par les affaires publiques de désespérer.

Samedi 6 mars. Cyril Collard est mort. 35 ans. Quel gâchis... Le garçon était magnifique, il avait fait de son sida un film désordonné mais fort, qui hurlait l'amour de la vie, il portait haut son homosexualité mâtinée de bisexualité, il a même eu le talent de mourir à la veille des Césars, qui, du coup, lui seront dédiés.

Une horrible histoire fait surface : celle de deux ouvriers agricoles condamnés en 1946 pour un assassinat qu'ils n'ont pas commis, Mis et Thiennot. Quinze ans de travaux forcés, graciés en 1954, ils demandaient la révision de leur procès pour recouvrer « leur honneur ». Refusée. Non seulement la justice se trompe, bâcle les enquêtes, ignore les témoignages, mais, quand l'évidence se fait jour, elle ne l'admet pas. Jamais elle n'aura été plus méprisée par les justiciables qu'aujourd'hui. Et ce n'est pas sans gravité.

Libération publie un sondage montrant, seize jours avant le scrutin, les divisions et les hésitations d'un électorat indécis. On ne votera pas « pour », on votera « contre »... Et, dans leur majorité, les gens n'adhèrent que partiellement, au mieux, avec les idées de la formation qu'ils se disposent à soutenir.

Il n'y a plus, en somme, d'identification politique à quiconque. Seulement un électorat éclaté. Quel projet pourrait le ressaisir ?

Passé l'après-midi à corriger les épreuves des *Hommes et les Femmes*. C'est le moment où l'on a envie de tout reprendre, jusqu'aux virgules. Je ne peux plus le voir, ce texte. Vite, qu'il vive sa vie !

Dimanche 7 mars. Sur le plateau où se déroule *L'Heure de vérité*, à laquelle Nicole Notat m'a demandé d'assister. Secrétaire générale de la CFDT, c'est la première fois qu'elle fait cette émission. Elle a un sang-froid superbe, une parole claire quelquefois affectée par l'inévitable langue de bois de ceux qui ont de grandes responsabilités.

On est très mal, sur ce plateau. On ne voit rien, on entend peu, les chaises sont dures, mais il y a parfois trois ou quatre personnes que l'on est heureux de rencontrer.

J'aperçois Hervé Bourges, encore ému. Son boulanger lui a dit : « Alors, monsieur Bourges, vous êtes dans l'affaire Botton ? »

Depuis qu'un faux a été fabriqué pour le faire croire, il a beau démentir, la calomnie a fait son lit.

Misérable histoire, ce faux. Il s'agit d'un document émanant du tribunal de commerce de Paris. Un journaliste de la Une, accompagné d'un compère à la réputation douteuse, a essayé de le fourguer au *Figaro*, qui a eu un salutaire réflexe de méfiance. Les deux hommes savaient-ils qu'il s'agissait d'un papier falsifié ? Dans ce cas, ils sont idiots, hypothèse qui n'est jamais à écarter ; il était évident qu'un jour ou l'autre l'imposture éclaterait. Plus vraisemblablement, l'un ou l'autre (ou les deux) a été manipulé. Mais par qui ? A quelles fins ? Compromettre Bourges avec Botton ? Montrer ainsi que PPDA n'était pas le seul dans les petits papiers du mirobolant Lyonnais ? L'enquête le dira. Ou ne le dira pas.

Tout cela est nauséabond, comme souvent le journalisme aujourd'hui, hélas… Ou ce qui porte indûment ce nom.

Déjeuner familial du dimanche. La tarte aux pommes est sublime.

M. m'annonce qu'il va voter blanc. Je m'insurge. On m'a enseigné qu'il faut toujours voter comme si le résultat de la consultation dépendait de votre bulletin. On n'a pas le droit de voter blanc. Il y en a toujours un qui est moins pire que l'autre. Non, non, non, dit-il, il n'y en a pas. Et il entreprend de me démontrer pourquoi on ne peut voter ni à droite, ni à gauche, ni écologiste… Dans la pratique, tout cela est sans importance puisque nous votons tous les deux à Paris, où les jeux sont faits, mais, dans le principe, sa démonstration est accablante. Moralement, si nous voulons être fidèles à nous-mêmes, il n'y a pas d'autre choix que l'abstention.

J'irai tout de même, consciencieusement, mettre un bulletin, le 21, dans l'urne. Sans élan, sans conviction, sans espoir. Je n'ai pas souvenir d'avoir jamais voté dans un état d'esprit aussi lamentable.

Lundi 8 mars. Mon magnétoscope a expiré. Il m'a trahie. Je croyais avoir trois heures d'enregistrement, je n'en ai pas une minute. Il ne s'est pas déclenché.

Avec quoi vais-je faire un papier pour *L'Obs*, maintenant ?

J'essaye laborieusement de réunir quelques idées mais mon répondeur s'est détraqué, le téléphone ne cesse de sonner, le fax miaule, le chat a fait tomber mon stylo, l'ampoule de ma lampe éclate, une équipe de France 2 vient enregistrer une déclaration à propos de la Journée des femmes – elle me sort par les yeux, celle-là –, j'ai égaré une boucle d'oreilles et Blanche vient m'annoncer que le frigidaire ne se sent pas bien, lui non plus. Mais qu'est-ce qui se passe, aujourd'hui ? Les éléments sont contre moi. Ce sont des jours où il faudrait rester couché. Hélas, hélas, je dois me sortir un papier de la tête et, vaille que vaille, je le sortirai. Fichu métier.

Un groupe de petites dames dynamiques et déterminées a décidé d'entreprendre une vaste action de sensibilisation à ce qu'elles appellent « la parité ». Parité entre hommes et femmes dans toutes les instances nationales, à commencer par l'Assemblée. « Il y a une demande... », me disent-elles. Je les crois volontiers. Les femmes ont, en ce moment, une vive tendance à se dire, au spectacle qu'offre la politique : « Nous ferions mieux. »

Des réseaux d'action se sont créés pour réclamer le vote d'une loi instituant ladite parité. Une réunion de deux à trois cents personnes a été organisée dans l'une des salles de l'Assemblée nationale, réunion qu'on m'a demandé d'animer. Je le fais volontiers, avec une poignée d'anciennes combattantes, bien que j'aie un peu l'impression de revoir un vieux film. Combien de fois des femmes se sont-elles réunies pour dire qu'elles étaient lasses d'être les laissées-pour-compte du suffrage universel alors qu'elles portent, selon la formule fameuse, la moitié du ciel ? Combien de fois ont-elles crié qu'il fallait changer tout cela, instituer des quotas, que sais-je...

Mais il ne faut pas se décourager. Les Françaises ont obtenu l'égalité dans les textes. Il faut simplement – simplement ! – que cette égalité entre dans la pratique... Bravo si une nouvelle génération se lève pour l'exiger et injecte un peu de sang neuf dans les vieilles artères sclérosées du monde politique…

Mercredi 10 mars. Dîné hier soir à côté d'Etienne Baulieu, le père de la pilule abortive RU 186. Un bienfaiteur de l'humanité, et un vieil ami… Clinton a décidé d'accélérer la commercialisation de sa pilule aux Etats-Unis. La vraie résistance est en Allemagne, à la tête du laboratoire qui la fabrique.

Baulieu a 66 ans, 67 peut-être… Il a toujours l'air d'un jeune homme et une capacité de création inépuisable. En ce moment, son laboratoire fait des études sur l'utilisation de l'hormone de croissance administrée à des plus de 60 ans. Toutes les manifestations du vieillissement se ralentissent, voire s'inversent. « Si vous voulez de moi comme cobaye, lui dis-je, j'aime bien les aventures. Je suis à vous. » Tope là.

Il a découvert qu'il y avait des stéroïdes dans le cerveau. Je ne sais pas ce que ça veut dire, mais il paraît que c'est important. Cela signifie que les trois systèmes, nerveux, immunitaire et glandulaire, ne mènent pas chacun leur vie. Les conséquences sont immenses.

Nous avons vu ensemble, avant ce dîner, en projection privée, un film américain relatant l'histoire du petit Lorenzo Odone, un enfant atteint d'une maladie génétique rarissime caractérisée par une dégradation de la myéline, cette substance blanche qui gaine les nerfs. Grâce à la détermination de ses parents, à leur énergie, à leurs recherches scientifiques personnelles, l'enfant est toujours en vie, à 14 ans, paralysé, privé de parole, mais toujours en vie. Le processus de la maladie a été enrayé au moyen d'une certaine huile dont M. et Mme Odone ont conçu et provoqué, seuls, la fabrication. Cette huile pourrait avoir des effets bénéfiques dans d'autres maladies, la sclérose en plaques par exemple.

Est-ce vraisemblable ? Baulieu dit seulement : ce n'est pas invraisemblable. (Appris depuis que le chercheur qui a trouvé le gène de la maladie est réservé.) La mère du petit Lorenzo est dans la salle, diaphane, bouleversante. Il y a huit ans qu'elle livre un combat de chaque minute pour son petit, envers et contre tous les pronostics. Extraordinaire triomphe de l'amour et de la volonté sur la fatalité annoncée.

Déjeuner avec Christiane Desroche-Noblecourt, l'égyptologue. Elle sourit de ce que l'on écrit ici et là au sujet d'Aménophis III. « Il était gâteux, me dit-elle, il avait des maux de dents épouvantables, des abcès partout... On soignait très bien les dents en Egypte, mais personne n'en est venu à bout... »

Je ne regarderai plus le Pharaon-Soleil du même œil, le pauvre chat.

Jeudi 11 mars. Milosevic est à Paris, invité par François Mitterrand. Il s'agit pour la France de jouer les bons offices entre le président serbe et les négociateurs du plan de paix, Cyrus Vance et David Owen, c'est-à-dire de faire pression sur les Serbes. Nous aurions, dit-on, encore un peu de crédit auprès d'eux parce que la France officielle ne les a jamais condamnés.

Sans doute ne faut-il pas faire d'angélisme. Les Serbes n'ont pas le monopole des atrocités dans l'horrible guerre qui continue à nos portes. Mais de cette guerre et de ses souffrances, et de la trop fameuse « purification ethnique », ils portent bel et bien la responsabilité. Et on accueille M. Milosevic en ami ?

Nouvelle « affaire » bizarre : on a dérobé dans un coffre, à l'Assemblée nationale, une vingtaine de documents : les déclarations de patrimoine établies, comme c'est la règle, par les ministres en exercice. Pour quoi faire ? Les rendre publiques ? Dans quel but ? Prouver par exemple que la déclaration de Pierre Bérégovoy ne faisait nulle mention de ces livres et meubles précieux avec lesquels il aurait remboursé une partie de sa dette à Pelat ? C'est l'interprétation la plus courante. Elle est peut-être fausse. Mais une déclaration outragée de Bérégovoy l'alimente.

Manifestation place des Invalides contre la venue de Milosevic en France. J'y vais avec BHL et Gilles Hertzog. Il n'y a pas foule, cinq cents personnes peut-être, parmi lesquelles

Henri Cartier-Bresson, Brice Lalonde, et un dispositif policier impressionnant qui protège l'accès du Quai d'Orsay. Nous décidons de demander audience au ministre des Affaires étrangères, pour lui faire connaître notre sentiment. Le chef policier laisse passer une délégation de six personnes. Nous emmenons un jeune garçon qui a été blessé à Sarajevo et dont le visage porte encore les marques de ses blessures. C'est le secrétaire général du Quai qui nous reçoit. Très poli, résigné à nous entendre. Gilles prend la parole. En retour, nous avons droit à un petit discours dans la plus pure langue de bois diplomatique. Le secrétaire général affirme que la visite de Milosevic a été organisée à l'initiative des négociateurs du plan de paix et non à celle de la France. « Et qu'avez-vous à dire à ce jeune garçon ? » demande Gilles. Que la guerre, c'est toujours affreux, répond en substance le secrétaire général. Assurément.

Milosevic, qui figure sur la liste des criminels de guerre dressée par les Américains, dîne ce soir au Quai d'Orsay.

Vendredi 12 mars. Ce matin, les journaux rendent compte des entretiens de l'Elysée. Milosevic n'a pas bougé d'un pas. François Mitterrand lui aurait dit : « Si nous ne parvenons pas à un accord, le monde va réagir, le monde va passer à l'action. » Mais le président serbe, inébranlable, a refusé de s'engager personnellement sur le plan de paix.

Un jeune homme est venu m'apporter un magnétoscope neuf. Il met une bonne heure à en régler tous les canaux, puis m'initie à son fonctionnement. Comme il n'y a jamais deux magnétoscopes semblables, il faut que je refasse toute mon éducation. Elles sont tuantes, ces machines… Enfin, je crois que j'ai compris, mais il me manque Canal +… Il pianote : pas de Canal +… Il pianote encore, débranche, rebranche, joue sur toutes les touches de trois télécommandes, appelle tous les canaux : pas de Canal +. « Je ne comprends pas », me dit-il enfin. Et moi donc ! Vexé, il est parti déjeuner en jurant qu'il reviendrait. Il n'est pas revenu. Plus tard, j'ai manipulé au hasard une télécommande. Canal + est apparu, bêtement. Insondable mystère de l'électronique…

Séance de photos à la maison pour l'agence Sygma, avec BHL... C'est Micheline Pelletier qui opère, avec sa maestria habituelle. Bernard est éreinté après une nuit de travail et je ne suis pas brillante non plus. Une gentille maquilleuse essaye de nous rendre présentables. Micheline jongle avec les cellules, les projecteurs, les écrans, les objectifs, elle nous persécute : « Ouvrez la main... Le bras plus bas... Avancez un peu... Non, c'est trop, reculez... Le regard vers moi... Levez la tête... Françoise, il me faut un sourire avec les dents, je veux les dents... » Ça tombe bien. J'ai envie de mordre. Où se sent-on plus aliénée qu'en train de sourire à la demande devant un objectif ?

BHL est aussi tendu que moi. Si cette série de photos est réussie, c'est que Micheline a un grain de génie.

L'affaire des écoutes téléphoniques se corse. Version officielle : le journaliste du *Monde*, Edwy Plenel, a été victime d'une « écoute sauvage ». Or *Libération* apporte aujourd'hui un document nouveau : la demande de branchements concernant cent quatorze écoutes, entre 1984 et 1986. Il n'est pas avéré que ces demandes, qui concernent des gens très divers, ont toutes été satisfaites. Ni qu'elles ont été opérées par la cellule antiterroriste de l'Elysée, mais les soupçons se renforcent... La version de « l'écoute sauvage » est en tout cas discréditée.

Alain Gautier a bouclé son tour du monde à la voile. Alors qu'il était en vue, et que PPDA croyait l'interroger, un interlocuteur anonyme se faisant passer pour lui a lâché une méchanceté assez raide, relative à l'affaire Botton. PPDA impavide a encaissé avec un sang-froid tout professionnel. Puis l'imposture a été dévoilée. En soi, rien qui mériterait qu'on s'y arrête, s'il n'y avait quelque chose de vertigineux dans cette chaîne de fausses interviews, de faux documents, de faux tout courts qui infectent désormais la vie publique. Il y manquait un faux navigateur.

Samedi 13 mars. Dernier état du voyage de Milosevic. Pendant le dîner au Quai d'Orsay, auquel François Mitterrand s'est joint, il se serait engagé, de mauvaise grâce, à ramener ses compatriotes de Bosnie à la table des négociations. Rien de plus… Maigre promesse que l'on présente néanmoins, à Paris, comme « un résultat positif ». On veut y croire.

A Sarajevo, le premier procès d'un criminel de guerre s'est ouvert. Borislav Herak, un ouvrier de 22 ans, a reconnu avoir tué près de trente personnes, dont une douzaine de femmes qu'il avait auparavant violées. Il a déclaré avoir agi sur ordre.

Dernier sondage en date à propos des élections : les écolos perdent du terrain. Les socialistes aussi. Les voix se dispersent sur des divers ceci et des divers cela qui ont fleuri partout. Décidément, cette consultation ne ressemble à aucune autre.

Dans *Le Point*, une brève interview d'Eugen Drewermann, ce prêtre rebelle de l'Eglise catholique allemande célèbre dans son pays.

Il arrive à Paris, où son dernier livre, *Les Fonctionnaires de Dieu*, est publié. En Allemagne, où ses ouvrages atteignent des tirages impressionnants, il est une star des médias. Ici, il provoque surtout de la curiosité. Que dit-il ? Par exemple, que Marie n'était pas vierge. Et que, « à force de professer dans les écoles cette virginité dont il est impossible d'établir l'historicité, les élèves finissent par croire qu'elles peuvent passer directement de l'état de jeune fille à celui de mère sans passer par celui de femme. Affirmer que Marie n'a pas connu le sperme de l'homme et l'amour physique, ce n'est pas servir la foi. C'est la ridiculiser. Même chose pour la Résurrection »…

La moindre des choses, comme on voit…

Drewermann ne met pas en cause, cependant, l'historicité de la Révélation de Dieu aux hommes par Jésus-Christ. « Je n'ai jamais écarté quiconque de sa foi. » Ce qu'il reproche à l'Eglise : le refoulement de l'inconscient. La foi enseignée par l'Eglise et par la théologie de la morale s'adresse unilatéralement aux forces conscientes de l'homme, à son entendement et à sa volonté. Elle ne reconnaît pas la dialectique de l'inconscient et est incapable d'ancrer ses propres symboles dans l'âme humaine. Elle dégénère alors en simple dogmatisme.

On conçoit que Drewermann se soit attiré quelques sérieuses admonestations et que l'épiscopat, en France comme en Allemagne, boycotte ses ouvrages... Il lui est interdit de célébrer les sacrements. Mais ses fidèles viennent l'écouter à l'université laïque de Paderborn, où il dispense la bonne parole, et ils sont chaque jour plus nombreux. Pychanalyste, il donne gratuitement une vingtaine de consultations par semaine. Et s'il était menacé d'excommunication ? « Je choisirai de rester avec les 80 % de croyants qui comprennent ce que je veux dire. Je ne serai pas le porte-voix de ces évêques qui vident les églises. Les murs du Vatican sont déjà lézardés... » En Allemagne, on appelle Eugen Drewermann « le nouveau Luther ». Intéressant de voir quel écho il trouvera, cette fois, chez les catholiques français. Commentaire du *Point* : « Un pétard mouillé. »

Deux heures douces avec C. chez elle, pendant qu'une ribambelle d'enfants rieurs galopent dans la maison où ils jouent au château hanté. Ils fêtent l'anniversaire du dernier fils de C., délicieux personnage de 8 ans qui me fait fondre. Un jeune homme, dont les services sont loués pour la circonstance, se charge d'administrer leurs jeux. C'est l'un des nouveaux métiers d'aujourd'hui. J'admire son savoir-faire... Dehors, le printemps est là, jeune et tendre, noyant le Luxembourg de soleil. Un après-midi oasis.

Dimanche 14 mars. Déjeuner avec Danièle Heymann, qui travaille au *Monde*, où elle dirige un service, quatorze heures par jour, sans que jamais personne ne lui dise : « Merci... Bravo... Vos pages sont bonnes » ou : « Je n'ai pas aimé ceci, ou cela... » Elle voit son directeur, sollicite une appréciation : « Oh ! moi, vous savez, vos pages, je ne les lis jamais... » Elle a choisi d'en rire avec comme une envie d'en pleurer.

François Mitterrand a envoyé un mot de condoléances aux parents de Cyril Collard. Normal. Mais il écrit : « Votre fils est un exemple pour la jeunesse française... » Diable ! Les malheureux parents auront été sensibles au message... mais étonnés.

Vu *L'Œil de Vichy*, de Claude Chabrol, qui soulève des polémiques. On en sort barbouillé. Son parti pris : montrer, en utilisant exclusivement des actualités d'époque, l'idéologie collaborationniste de Vichy. C'est en somme une immense bande de propagande, telle qu'elle fut assenée pendant cinq ans aux Français. On en a la nausée. L'ennui est que, présentée sans contrepoint, sans commentaire ou presque, cette propagande n'est pas inoffensive, elle laisse des traces. Pour la décrypter, pour la regarder au second degré, il faut avoir en mémoire les réalités de cette époque.

Chabrol se dit certain que les spectateurs sauront déchiffrer son film et en déduire que les Français, abusés par la propagande de Vichy, ont été non pas des salauds mais des « couillons ». C'est en tout cas le propos de ce document ambigu malgré lui, en quelque sorte. Il ne paraît pas évident que ce propos sera compris.

Lundi 15 mars. Le Figaro consacre six colonnes à Eugen Drewermann.

Je ne sais pourquoi ce prêtre m'intéresse, étant donné le peu de goût que j'ai pour les choses de la religion.

Peut-être en ai-je (un peu trop ?) pour les rebelles. Surtout quand ils s'attaquent à forte partie.

En fait de rebelle, vu sur Arte un document sur Jean Genet passé à peu près inaperçu. Diffusé fort tard, il est vrai. Quand il a été tourné, dans les années 80, Genet a demandé qu'il ne soit pas rendu public avant sa mort. Pourquoi ? Violence du propos ? Il ne redoutait pas le scandale. Crainte d'en avoir des désagréments, alors qu'il traînait déjà le cancer de la gorge qui allait l'emporter ? Je ne sais.

Il s'agit d'un face-à-face intense, entre l'insurgé, gueule de boxeur ravagé, et Bertrand Poirot-Delpech, lisse, policé, académicien en instance, qui lui pose des questions en rafale…

Poirot l'aime bien, Genet, c'est manifeste, enfin il aime l'écrivain. Et il ne met aucune agressivité dans ses questions. Mais il pose de vraies questions, et très vite une tension s'installe. « Pourquoi écrivez-vous si bien ? – Parce que j'ai choisi la langue de mes tortionnaires. »

L'argot est bon pour les bourgeois, les médecins des pauvres, voyez Céline, « il sera bientôt illisible ».

Son premier éblouissement littéraire : Ronsard, à 15 ans.

Le livre de Sartre sur lui, il ne l'a jamais lu parce que « ça m'ennuyait ».

L'abolition de la peine de mort : « Ça me laisse indifférent. Je ne serai jamais satisfait par un système politique quel qu'il soit. »

La défaite de 40 : « J'ai été heureux de cette raclée... Les Français ont été lâches et ça m'a fait plaisir. »

Si la France versait dans le terrorisme façon bande à Baader ou Brigades rouges ? « Probablement je serais de leur côté », etc.

A la fin, Poirot lui demande s'il est désormais apaisé. Genet répond : « Je crois que je mourrai encore avec de la colère contre vous. – De la haine ? » Alors Genet, cinglant : « Vous ne la méritez pas. »

Un jet de soufre, cet entretien. Insurgé, révolté, rebelle... Des mots nains quand il s'agit de Genet.

Sur une affiche chiraquienne, ce slogan : « Adieu la gauche, la France revient. »

En travers, une main a écrit : « Adieu la France. La droite revient. »

En Grande-Bretagne, un Anglais sur deux déclare que, s'il le pouvait, il émigrerait. Pour aller où ? En France. Ils ne doivent pas être au courant...

Mardi 16 mars. Enfin, dans cette guerre affreuse qui se poursuit à l'est, nous avons un héros. Le général Morillon, commandant des Casques bleus. Il a décidé, seul, qu'il resterait, seul, dans la ville de Srebrenica assiégée par les Serbes, pour protéger, seul, la population, et pour obtenir, seul, que les convois de ravitaillement lui parviennent. De temps en temps, une liaison radio, détestable, est établie avec lui et on entend sa voix, grésillante, qui dit ces choses, apparemment folles et superbes.

Nous sommes bien privilégiés, à Paris, en matière d'expositions... Voici Titien maintenant, plus de cinquante toiles, et voici une flopée de Giorgione, tout l'œuvre peint sauf *La Tempête*, le chef-d'œuvre des chefs-d'œuvre, intransportable. Des toiles très rares, certaines jamais vues à Paris, sauf erreur, comme la *Danaé*, sublime, qui vient de Madrid, la *Vénus à la toilette*, qui vient de Washington, ou la *Laura* de Giorgione, qui vient de Vienne... Et puis il y a des Véronèse, des Tintoret... L'ensemble, mal accroché dans un mauvais cadre vieillot, est néanmoins magnifique... La Renaissance dans toute sa gloire exubérante.

Titien, le père de la peinture, le génie qui a défini pour toujours le langage de la peinture tel qu'après lui les plus grands l'ont utilisé, le premier qui a réalisé, il y a quatre cents ans, la synthèse entre la forme, la couleur et la lumière, surplombe l'exposition de toute sa splendeur.

Et avec ça quel personnage ! Remplissant son siècle, dominant l'Europe par les œuvres qu'il répandait derrière les armées de Charles Quint, organisant sa production comme un chef d'entreprise doublé d'un notaire... Un bonhomme comme il n'y en a pas un par siècle... Né sur les genoux de dieux, dans la bourgeoisie cossue de Venise, doué comme pas deux, disposant, cadeau suprême, des moyens de ses ambitions, il est souverain...

A 20 ans, il a décidé qu'on le respecterait de toutes les manières, qu'il ne serait jamais, comme les autres artistes, aux ordres des puissants, exécutant leurs volontés, mais « à jeu égal » socialement avec ses clients, si haut placés soient-ils. Il a décidé aussi d'avoir de l'argent. Est-on respecté sans argent ? Le premier, il édifiera une fortune à la pointe du pinceau. Le premier, il utilisera les services d'un attaché en relations publiques. Ce sera l'Arétin, poète fripon et fripouille, à la plume caustique... Le meilleur carnet d'adresses de la ville et l'art d'en user. Après la mort de Giorgione, qui lui fait ombre, mais qui disparaît à 33 ans, Titien règne totalement sur Venise, il a déjà reçu d'innombrables commandes, quand l'Arétin réussit à l'introduire auprès du plus puissant souverain du monde, Charles Quint. Titien est un portraitiste incomparable. Tout le poids de l'empire est dans le regard du petit homme maladif qui va faire de lui son peintre de cour et le couvrir de bienfaits sonnants et trébuchants, comme Titien les aime. L'histoire a enregistré la scène fameuse où, l'empereur entrant brusquement dans l'atelier du peintre, celui-ci en laisse tomber son pinceau. Charles Quint se baisse pour le ramasser, et à Titien confus : « Il y a plusieurs princes, il n'y a qu'un Titien ! » Plus tard, c'est le fils de Charles Quint, Philippe II d'Espagne, qui multipliera les commandes au peintre… Et, à 86 ans, Titien est toujours sur la brèche quand la peste l'emporte. Tout cela me revient à la mémoire par bribes, devant ses femmes pulpeuses, irradiant le blond-roux autour d'une peau très blanche, ombres transparentes, couleurs qui se pénètrent, chairs nues frissonnantes, toutes chaudes de l'attente ou du passage de l'amour…

La foule défile, silencieuse, comme écrasée par on ne sait quel respect, à moins que ce ne soit par la quasi-pénombre qui enveloppe les sinistres cimaises vert foncé.

La sépulture de Titien à Venise, c'est une pierre usée, incrustée dans le pavement blanc et rouge de la basilique Santa Maria Gloriosa dei Freri. Une église qui ne se trouve pas sur le circuit touristique classique. Un ami vénitien, Brando Brandolini, m'y a conduite un jour, il y a bien des années.

Maintenant, quand il m'arrive d'aller à Venise, je vais saluer Titien le magnifique d'une rose sur sa tombe.

Dans le métro où nous sommes debout, une dame m'avise : « Ça me fait plaisir de vous rencontrer… – Vraiment ? Merci… – C'est que je vous admire énormément… – Merci… Merci beaucoup. – J'espère qu'ils vont vous mettre dans le prochain gouvernement ! – Heu… Non, sûrement pas, non. »

La rame ralentit. La porte s'ouvre. Avant de descendre, elle jette à son compagnon : « T'as vu ? C'était Mme Simone Veil… »

Mercredi 17 mars. Depuis quelques mois, Marie-Christine Barrault célèbre, dans des spots publicitaires, les vertus d'un produit amincissant. Le fait est qu'elle a perdu quelques kilos.

Que lui rapporte cet exercice ? Le maximum. A une condition : elle ne doit pas reprendre un gramme. Un huissier vient chez elle tous les lundis et la pèse pour vérifier qu'elle respecte son contrat.

Quelquefois, elle n'en peut plus et elle s'empiffre. Le lundi soir.

Monique Lang me dit que son mari est en difficulté à Blois. Non dans la ville même, qui lui est tout acquise, mais dans l'ensemble de la circonscription, qui a toujours été de droite. Pourquoi des agriculteurs, et des viticulteurs, voteraient-ils pour Jack Lang, même s'il leur a décroché, pour leur production, une « appellation contrôlée » ? Ils boudent. S'il garde son siège, dans la conjoncture actuelle, c'est qu'il est fort.

L. S. qui partage mon – mauvais ? – goût pour le football m'emmène au Parc des Princes, où le Paris-Saint-Germain va jouer contre le Real Madrid sa place en demi-finale de la Coupe d'Europe. La semaine a été faste pour le ballon français. Ce match promet des émotions fortes. Et il tient ses promesses. Quand c'est beau, le football, c'est beau. Le temps est doux, le Parc bondé, il règne cette excitation joyeuse et bruyante des grandes rencontres, cette allégresse qui vous soulève de votre banc pour hurler quand un ballon entre dans la cage…

Le PSG est au mieux de sa forme. Nous crions énormément, nous tremblons, nous jubilons, nous conspuons l'arbitre qui prolonge indûment la rencontre, nous exultons… Le PSG a mis quatre buts au Real. Il est qualifié. Une soirée de rêve. En sortant du Parc, il nous faut marcher longtemps pour retrouver la voiture de L. S. Du temps où j'étais au gouvernement, le chauffeur pouvait entrer dans le Parc et se garer au bas des escaliers. C'est le seul privilège de la vie ministérielle qu'il m'est arrivé de regretter ! Mais ce soir il fait beau et même cette petite marche nocturne a son charme…

Jeudi 18 mars. Priée à 13 heures très précises au ministère de la Culture pour « une surprise dont on ne peut pas parler par téléphone ». Une surprise ? Je fais quelques hypothèses.

Dont la bonne : il s'agit de rencontrer Salman Rushdie, en compagnie d'une quarantaine d'intellectuels triés sur le volet.

Où est-il ? Chut. Mystère. Les forces de sécurité sont sur les dents. On nous transporte, en car, dans un lieu tenu secret, un petit amphithéâtre où l'écrivain surgit par une coulisse. Il est jeune, foncé, barbichu, sympathique, un regard doux derrière des lunettes.

Pendant deux heures, il va dialoguer avec la salle...

Cet homme qui vit avec une arme invisible braquée sur lui, cerné en permanence de gardiens dans une prison sans murs dont il n'est jamais délivré, cet homme est d'une sérénité remarquable. Fin, subtil, parlant un bel anglais d'Angleterre, il apporte des réponses précises et souvent humoristiques à toutes les interrogations. Manifestement, il est rodé.

Impossible de ne pas penser en le regardant que nous sortirons de cet amphithéâtre tranquillement, et que lui sera aussitôt en danger de mort. Sa présence diffuse littéralement de l'angoisse.

Mais quand Claude Lanzmann s'écrie : « Et s'ils le tuaient ? Que ferions-nous ? S'ils le tuaient, nous tuerions aussi, les tueurs peuvent être des deux côtés... », Rushdie répond doucement : « Ce que vous feriez s'ils me tuaient ? Excusez-moi mais ce ne serait plus vraiment mon problème... » Il est parfait.

Ce qu'il craint, ce n'est pas le geste d'un fanatique, c'est celui d'un mercenaire exécutant un contrat. La prime promise est fabuleuse : deux millions de dollars. Ce qu'il espère : la multiplication des pressions qui s'exercent un peu partout sur les gouvernements occidentaux pour qu'eux-mêmes fassent pression sur l'Iran. Et qu'ainsi la malédiction qui pèse sur lui depuis quatre ans soit levée. C'est pourquoi il voyage, de pays en pays, refusant la peur. Longtemps la France a renâclé à le recevoir, invoquant les questions de sécurité. Cette fois, l'intervention personnelle de François Mitterrand a enfin levé l'interdit. Mais, comme le dit un peu pompeusement Jack Lang, Rushdie n'est pas l'hôte d'un clan, c'est la France qui le reçoit. Pour preuve, la présence de quelques membres de l'opposition.

Salman Rushdie a des formules excellentes. « La bataille autour de mon roman montre, entre autres, une faillite complète du sens de l'humour… » A Jean d'Ormesson, qui lui demande s'il a envisagé de se rétracter : « Non. Jamais. On ne rétracte pas un roman… » Et encore : « Je n'ai pas écrit pour ou contre l'Islam mais sur l'Islam… » Ce qu'il pense de l'attentat qui aurait été commis contre l'ayatollah Khameini : « Je suis contre le terrorisme qui s'exerce sur moi, je ne peux pas être pour le terrorisme qui frappe les autres. »

Liberté de penser, d'écrire, de publier, liberté tout court, Salman Rushdie est devenu le symbole de valeurs dont nous ne savons même plus le prix tant elles nous sont familières. Nul doute qu'il faut se battre pour ce symbole. Mais on est heureux, à le voir, à l'entendre, qu'il soit à la hauteur de ce que, désormais, il incarne…

Quand il s'éclipse par le fond de la salle, quelques personnes veulent le suivre mais, à peine a-t-il bougé, trois gardes de corps s'interposent et l'escamotent… On ne s'approche pas de Salman Rushdie.

Conseil d'administration de l'AICF. On fait le point sur la situation en Somalie. Les choses sont stabilisées, la famine a disparu… La nourriture arrive et elle est distribuée. Mais que se passera-t-il quand les forces armées se seront repliées ? Est-ce que tout va recommencer ? En Bosnie, où nous avons une équipe de dix-sept personnes, le travail se fait bien, dans une bonne coopération avec les autres ONG. Mais Nathalie Duhamel en revient secouée par ce qu'elle a vu, le degré de détresse de la population. Et la lâcheté des Occidentaux qui, imperturbables, laissent l'horreur se perpétuer.

Alors quoi, un alibi, l'humanitaire, un alibi à l'inaction sinon à l'impuissance politique ? En attendant, là où l'on souffre, des hommes et des femmes se défoncent, pour soigner, pour nourrir, pour sauver, parce qu'« une vie ne vaut rien mais rien ne vaut une vie ». Et ils sont le sel de la terre.

Vendredi 19 mars. Dîner chez des gens du monde. Une espèce que je ne fréquente guère. Mais, une fois par an, il n'est pas mauvais d'en voir, comme on va au zoo. Femmes élégantes et désinvoltes, à la voix de tête, hommes briqués dont les parents prenaient déjà des bains depuis plusieurs générations, climat de fête, ils exultent. Enfin, ils vont enfin être débarrassés. Débarrassés des socialistes, qu'ils endurent depuis douze ans comme une épine dans leur chair. Bien sûr, il reste Mitterrand. Ils l'exècrent. Mais enfin, il ne sera pas éternel… D'ailleurs « Valéry m'a dit… Edouard m'a affirmé… » Ici, Giscard et Balladur n'ont que des prénoms.

Mon voisin veut absolument savoir où je chasse. Je ne chasse pas. « Ah ! c'est vrai, vous préférez tuer avec des mots ! Paf paf… » Et, ravi de lui-même, il fait le geste d'épauler. Après deux heures de *small talk*, comme disent les Anglais, bavardage oiseux à propos de choses oiseuses, l'ennui me suffoque, j'esquisse un mouvement de repli. La maîtresse de maison me harponne : « Poivre d'Arvor, vous le connaissez ? – Oui… – Il est tout à fait très bien, n'est-ce pas, ce garçon ? – Heu… Certainement, oui. Enfin, je ne… – C'est odieux ce qu'on lui fait… Ce gouvernement de goujats qui le persécute… Imaginez-vous que je lui ai écrit… » Son mari intervient : « Ma femme est folle… Ne l'écoutez pas. – J'ai parié avec Charles-Henri que je l'aurai à dîner… Vous qui le connaissez, vous croyez qu'il acceptera ? – Je n'en ai aucune idée. Je ne sais pas comment il… – Vous pourriez lui en dire un mot ? Juste un mot pour qu'il nous situe… »

Poivre. Où le snobisme va-t-il se nicher…

Je comprends pourquoi elle m'a invitée à dîner. Je suis sa relation dans le monde des saltimbanques.

La comtesse de M. propose gentiment de me reconduire. Quand je lui indique mon adresse, elle dit : « Mais c'est en face de Petrossian ! Comme ça doit être commode ! »

Ben voyons ! Juste la rue à traverser pour aller chercher le caviar…

Ces gens me tuent…

Samedi 20 mars. Un journaliste espagnol vient m'interroger sur la situation politique. Avant-hier, c'était un journaliste italien, tout à l'heure ce seront les TV suisse et belge, la semaine prochaine les Canadiens et les Suédois. Mon Espagnol me cite les noms des Français de la « société civile » auxquels il donnera également la parole… Sa liste est bonne. Les étrangers ont encore de l'appétit pour la France.

Séance de signatures au Salon du Livre. La corvée à l'état chimiquement pur. On est là, comme une bête en cage, que chacun a le droit de venir dévisager… Les gens sont gentils. On a envie de leur faire plaisir. Mais je n'ai jamais compris le prix que certains attachent à une dédicace si peu personnelle, par la force des choses… Hommages… Sympathie… Comment varier d'un lecteur à l'autre, même si l'on s'efforce à l'imagination… Et pourtant il y a un livre dédicacé que je rêve de posséder : l'exemplaire des *Fleurs du mal* qui porte sur sa page de garde : *à Victor Hugo, Charles Baudelaire*.

Bosnie : ce que toutes les « résolutions » et menaces molles des Nations unies ont été incapables d'obtenir, faire plier l'intransigeance serbe, un homme seul l'a accompli…

Le général Morillon a obtenu que passe un convoi d'aide humanitaire jusqu'à la ville assiégée de Srebrenica, où la population se meurt de faim et de froid. Il lui a fallu neuf jours pour réussir cet exploit, accueilli dans le silence par le Conseil de sécurité des Nations unies, dont on se demande s'il considère l'officier français comme un trouble-fête ou comme un héros.

Rien n'est fini. Les Serbes veulent Srebrenica et son « nettoyage ethnique ». Le général Morillon obtiendra-t-il maintenant que la ville soit épargnée ? S'il y parvient, son succès posera une terrible question : ce qu'il a fait, endiguer la terreur, avec sa seule détermination, pourquoi n'a-t-on pas essayé de le faire ailleurs ?

Entretien magistral avec Simon Nora dans *L'Obs* sur vingt ans de politique économique française. Non seulement il détruit beaucoup d'idées reçues, mais il donne les clés pour juger objectivement le bilan des années Mitterrand. Brillant. Après qu'il a décrit la bonne et la mauvaise gauche, la bonne et la mauvaise droite, on lui demande ses préférences, et il répond : « La bonne gauche. Voilà quarante ans que je milite pour elle. Cela m'a toujours placé dans une stimulante incommodité : être considéré de droite par la mauvaise gauche, de gauche par la mauvaise droite. Ce qui, contrairement à l'apparence, ne me place pas au centre. Je n'ai vécu en plein accord avec la politique officielle de mon pays que pendant sept mois : ceux du gouvernement Mendès France. »

Je souscris à chaque mot.

Dimanche 21 mars. Soirée hier autour de Dado, le peintre, chez ses marchands, Marianne et Pierre Nahon. J'aime beaucoup Dado. L'artiste, de tout premier ordre et dont la renommée n'est pas encore ce qu'elle devrait être, l'homme, qui est très intelligent, ce qui n'est pas toujours le cas des artistes. Dado est, ou plutôt était, yougoslave. Monténégrin. Mais j'essaye en vain de lui arracher un mot sur la guerre qui ravage son pays. Il refuse d'en parler. Un beau jeune homme brun n'est pas plus disert sur le sujet : c'est le prince de Monténégro. J'ignorais qu'il y en eût un.

Dado a demandé que soit invitée une cantatrice de son pays qui roucoule devant un piano, je veux dire qu'elle gueule du Haendel, ce qui, s'ajoutant au bruit ambiant, rend toutes les conversations improbables. Dans ces cas-là, il faut se laisser couler, ne pas essayer d'être plus fort que le bruit. Mais sont présents quelques messieurs curieux de politique. Ils me croient mieux informée qu'eux, veulent savoir qui sera le prochain Premier ministre et ce qui en découlera. Je n'en sais fichtre rien. Je hasarde que, si c'est Giscard, le changement de majorité marquera seulement le début de la campagne présidentielle. Si c'est Balladur, la politique pro-européenne jouera sa dernière carte. « Et si c'est Léotard ? » Ce ne sera pas Léotard…

Si jamais c'est Léotard, voilà trois messieurs auprès de qui je serai perdue de réputation.

Après une trêve, la cantatrice a repris des forces. Malgré ma tendresse pour nos hôtes, je file à l'anglaise.

Lu dans *L'Humanité-Dimanche* un curieux entretien avec le très célèbre historien Georges Duby. Il dit en somme son espoir dans une rénovation du communisme, avec cette phrase surprenante : « Malheureusement, le Goulag n'est pas oublié. » Malheureusement ? Il y a des adverbes… malheureux.

Travaillé tout l'après-midi pour avancer mon papier de *L'Obs*, que je dois remettre avec vingt-quatre heures d'avance. Je le compléterai demain matin en fonction des résultats de la nuit.

Je n'ai pas connu beaucoup de soirées électorales joyeuses, dans ma longue vie. Et même, j'ai toujours eu une fâcheuse tendance à me trouver dans le camp des perdants. Une habitude à reprendre. Les chiffres tombent, prévisibles, annoncés… et écrasants.

Pas un élu à gauche, et des ballottages difficiles, plus de cent élus à droite et ils vont ramasser le maximum. Le pays a basculé. Le rapport de forces est sans précédent. Ce n'est pas une défaite. C'est une débâcle.

Nous sommes une cinquantaine, réunis par des amis hospitaliers, les Bidegain, qui organisent traditionnellement chez eux les soirées électorales. Trois téléviseurs branchés chacun sur une chaîne différente déversent des informations qui donnent envie de se boucher les oreilles. D'ailleurs, le brouhaha aidant, personne n'écoute, une fois absorbé le premier choc. Il n'y aura un moment de silence que pour prêter l'oreille à Rocard. « Je suis triste… » Et nous donc. Une tristesse qui va bien au-delà d'une consultation perdue. Quelque chose s'écroule à quoi la plupart de ceux qui sont présents ont cru, un jour ou l'autre, même s'ils ont éprouvé depuis des sentiments variés où entre parfois de la rage. Tant de sottises, tant de maladresses, tant de faux pas… Tant de conduites personnelles indignes restées impunies qui sont apparues comme sécrétées par le socialisme… Impardonnable. Le peuple n'a pas pardonné.

Je rentre après un crochet par TV5.

Heureuse de voir que mon analyse des résultats rejoint celle de René Rémond sur tous les points, y compris la place que l'histoire réservera à cette longue parenthèse socialiste. Sur l'avenir, il est trop tôt pour parler.

A la maison, la télévision ronronne et débite des chiffres de plus en plus calamiteux. Dans les deux ou trois circonscriptions qui m'intéressent, mon candidat est mal placé… Ah ! misère !

Allons, demain sera un autre jour.

Lundi 22 mars. Blanche a voté. Elle veut savoir ce qui va changer. « Le gouvernement. – C'est tout ? – C'est important… – Non, mais ce qui va changer tous les jours… – Je ne sais pas, Blanche, on va voir… – Moi je vous dis : rien du tout, madame. C'est rien du tout qui va changer. On ne me la fait pas, à moi. »

Comme dit Giscard : « Maintenant, il faut un courant qui permette une politique… »

Le courant n'est pas encore passé par ma cuisine, en tout cas.

Les élections ont quelque peu éclipsé les événements de Russie, où Boris Eltsine s'est institué seul maître et demande au peuple un vote de confiance le 25 avril. Selon toutes apparences, devant un Parlement de Soviétiques cuits et recuits, furieux d'être dépossédé de ses pouvoirs, et une armée flottante, l'issue de ce coup de force est incertaine, mais Helène Carrère d'Encausse, que je suis portée à croire quand il s'agit de la Russie, approuve, dans *Le Figaro*, la démarche d'Eltsine. Après tout, il est le seul élu véritable en Russie, il est même le seul dirigeant russe élu depuis mille ans. Il n'impose pas un pouvoir personnel mais le met au contraire en jeu. Quoi de plus démocratique, même si la manière est un peu rude ? Oui, mais les Russes sont-ils démocrates ? S'il allait être destitué ? L'Occident unanime soutient Eltsine tandis que les Bourses s'inquiètent. Eltsine a devant lui quelques jours périlleux, très périlleux, avant de contrôler la situation, s'il doit la contrôler. Sinon, à Dieu vat, ce pourrait être tragique.

Mardi 23 mars. Lu trop de livres médiocres pour n'en pas dénicher un dont j'aie envie de parler dans le *JDD*. Je sais bien que les éditeurs ont besoin de faire du chiffre d'affaires, quitte à être ensuite assaillis de « retours » de la part des libraires, mais il y a quelque chose d'incompréhensible dans ce flot de publications dont il est évident qu'elles ne peuvent pas trouver lecteur.

S'il s'agissait de littérature pointue, d'ouvrages difficiles destinés à un public étroit, on se féliciterait que certains aient le courage de les publier. Parfois, c'est le cas. Editer les mille pages de Bourdieu et de son équipe sur *La Misère du monde*, bravo. D'autres titres, histoire, sociologie, sont mieux qu'honorables. Mais en gros, c'est tout et n'importe quoi. Décourageant, vraiment. J'en ai mal aux yeux.

Au milieu d'une pile, je tombe sur un nouveau Troyat, qui doit être, sauf erreur, son quarante-neuvième roman, sans compter une vingtaine de biographies, plus quelques essais. Incroyable fécondité. Je préfère le biographe au romancier, mais avec lui, au moins, on sait où l'on va. C'est toujours cousu main.

Je vérifie… Ecriture limpide, récit bien ficelé, va pour Troyat. Avec son *Chant des insensés*, il me fera ma semaine…

Journal en main, j'additionne les voix dans les circonscriptions où les résultats du deuxième tour m'intéressent particulièrement. Lang, Rocard, Strauss-Kahn, quelques autres… Il faudrait un véritable sursaut pour qu'ils s'en tirent. Pas impossible, mais improbable.

L'échec de Rocard irait, bien sûr, au-delà de sa personne. Qui ramassera les morceaux de cette gauche en miettes avant 1995 ? Delors, peut-être. Peut-être. Encore faudrait-il qu'il sorte du bois…

R. G. me téléphone, perplexe. Il n'a jamais été furieusement de gauche, loin de là. Je le soupçonne même d'avoir voté à droite « pour que ça change ». On sous-estime toujours le besoin d'un changement dans la nation, alors qu'il s'est si souvent manifesté en France comme pur désir de renouvellement. Eh bien voilà, ça va changer. R. G. est-il content ? Oui et non. Son entreprise a relativement résisté à la mauvaise conjoncture, mais maintenant il est pressé. Il lui faut de l'action, vite, et il s'inquiète. Qui va gouverner ? Giscard le hérisse, Léotard l'atterre, son homme, c'est Balladur.

« Je sais que vous ne l'aimez pas, mais… Moi ? Je n'ai

rien contre lui, au contraire. Puisqu'il en faut un, j'aime autant que ce soit celui-là. C'est un homme décent... – Oui, mais selon mes derniers tuyaux, l'Elysée n'en veut pas. – Personne n'a de "tuyaux" sur ce qui se passe dans la tête de Mitterrand. Ne vous laissez pas intoxiquer. – Alors vous pensez que... – Je ne pense rien. Et, pour tout vous dire, cela ne me passionne pas... – Vous avez tort. Avec Balladur, vous paierez moins d'impôts... – Quoi ? Je voudrais bien voir ça ! – Vous êtes de mauvaise foi... – On parie ? »

Nous avons pris rendez-vous dans un an. Un pari que j'aurais plaisir à perdre. En attendant, je promets à R. G. de lui téléphoner si j'ai un « tuyau ».

Mercredi 24 mars. Petit tour dans le quartier pour prendre le vent. On ne manifeste guère ses sentiments. La circonscription a voté massivement pour le candidat chiraquien, élu au premier tour. Il succède à un personnage pittoresque, Frédéric-Dupont, dit Dupont des loges, parce qu'il se flattait de connaître personnellement chacune des concierges de son secteur. Seul l'âge – 90 ans – a fini par l'arracher à l'affection de ses électeurs.

Bavardage avec mes commerçants favoris. Ils sont circonspects, nourrissent peu d'espoirs, quelques-uns tout de même, « vu que ça peut pas aller plus mal »... Un seul me prend à part et me glisse à l'oreille : « Moi je suis comme Rocard, je suis triste... Mais ne l'écrivez pas ! » Personne ne le reconnaîtra. Soudain, au marché, un début d'émeute. Un homme se met à lancer des imprécations contre Mitterrand. Il hurle : « Mitterrand au poteau, Mitterrand au poteau ! » Autour de lui, les gens s'agglutinent et commencent à gronder à leur tour. Les insultes au chef de l'Etat fusent. S'ils le tenaient, ils le lyncheraient.

Déjeuner avec S. G., accablé. La gauche est sa patrie. Nous essayons de faire le point de la situation après avoir lu les premiers commentaires qu'elle a provoqués.

D'abord, un fait impressionnant : pour la première fois dans l'histoire, il n'y a plus d'opposition. Plus de forces d'opposition. Même de Gaulle, au meilleur de son pouvoir, avait contre lui un Parti communiste fort et les syndicats. Aujourd'hui, face à une droite qui ne réunit pas, pour finir, la moitié du pays, il n'y a rien… Pas de structure, pas de relais. C'est la situation la plus propice aux explosions incontrôlées dont la France a le secret. Il faudra bien que quelque chose se reconstruise, mais autour de quoi, autour de qui…

Ensuite, dans le camp des vainqueurs, un climat d'attente sceptique… On n'a jamais vu une victoire électorale – et quelle victoire ! – aussi mollement célébrée. « Rendre la confiance et faire briller l'espoir » : le mot d'ordre de Giscard aux siens montre assez combien ce serait nécessaire. Et combien cela risque d'être difficile.

Je fais hurler S. G. en lui disant que je souhaite le succès du prochain gouvernement, quel qu'il soit. « C'est une trahison intellectuelle, dit-il, indigné. – Non. Puisque vous employez les grands mots, disons que c'est du patriotisme. »

Au téléphone, on me demande de faire une déclaration en faveur de Michel Rocard, indiquant que son élection est une affaire d'intérêt national. Je suis prête à la faire, mais sans aucune illusion sur l'influence que je peux avoir sur les électeurs des Yvelines ! Que n'a-t-il écouté ceux qui lui conseillaient de ne pas se présenter… Puis c'est Dominique Voynet qui demande une marque de soutien… Je ne suis pas « verte », mais si cela peut lui être utile dans son Jura… Elle a du courage et il n'y aura pas tant de femmes à l'Assemblée nationale…

Peut-être assistera-t-on dimanche à un sursaut de l'électorat, un instinct de défense contre l'hégémonie de la droite telle qu'elle s'annonce… Je n'y crois pas trop.

Il ne restera plus, alors, qu'à espérer le miracle : une droite intelligente.

S. G. me dit que Mitterrand s'attendait à une « raclée », mais pas à une pareille déroute. Le voilà seul, maintenant, dans son palais, face à des gens qui ne vont pas lui faire de cadeaux, mais pourquoi lui en feraient-ils ?… J'ai de l'affection pour lui et ce n'est certes pas le moment de le cacher. Cette fin de règne me serre le cœur… Verra-t-on une seule fois un président de la Ve République partir sous les applaudissements ? De Gaulle renvoyé, Pompidou malade,

Giscard désavoué, et peut-être, demain, Mitterrand hué...

Nous voici devenus la démocratie la plus droitière du monde, communes, conseils généraux, conseils régionaux, Sénat, Assemblée nationale...

Il ne manquerait plus qu'en 95 ils arrachent l'Elysée...

En attendant, il va se battre durement, le vieux sanglier. « On n'est seul que devant la mort », a-t-il dit à ses ministres, réunis pour la dernière fois en conseil. La reddition ? Il ne faut pas y compter. « A qui devrais-je remettre mon épée de général vaincu ? A M. Chirac ? A M. Giscard d'Estaing ? A M. Bouygues TF1 ? » La question ne se pose pas. Il restera parce qu'il en a « le droit, le pouvoir, les moyens ».

Autour de la table, on pleurait.

Jeudi 25 mars. Hier soir, à la télévision, une *Marche du siècle* sur les enfants cancéreux, un *Cosi fan tutte* sur Arte. Le devoir me commande de regarder l'émission de Cavada, mais soudain je me révolte... J'en ai assez de la souffrance, de la crise, du chômage, des tragédies, ASSEZ ! Je zappe sur Mozart avec le sentiment délicieux de faire l'école buissonnière...

Ce matin, l'épaule gauche ravagée par une méchante douleur qui se manifeste parfois, j'appelle le spécialiste qui sait m'en débarrasser. « C'est urgent ? demande la secrétaire. – Le plus tôt sera le mieux. – Alors venez aujourd'hui... Le docteur D. n'a personne. » Allons bon ! Serait-ce que même les médecins ont perdu leur clientèle ? Non, elle me rassure. Tout va bien. C'est un doux rêveur qui croit aux prédictions de Nostradamus et à l'influence des astres. Tout en m'infiltrant je ne sais quelle substance, il m'annonce d'un ton guilleret une guerre en Europe avant la fin de l'année. Je suis entrée chez lui dolente, j'en sors avec une ordonnance de trois mètres, grommelante... J'ai horreur de me soigner. Je n'admets pas que ma machine se mette en panne, que mes organes me trahissent, que quelque chose se bloque. Je ne l'ai jamais admis et me suis toujours trouvée bien de me traiter rudement, de ne pas m'écouter, comme on dit. Je ne vais pas commencer parce qu'un nerf s'est enflammé.

D'ailleurs, je crois à la force de l'esprit sur la matière souffrante.

Mais me voilà rompue. La douleur est revenue, sévère. Pachatte, allongée sur mes papiers, m'empêche de travailler. Dix fois je la chasse, dix fois elle revient, inexpugnable.

Alors je la caresse, je lui parle, je lui dis que je suis fatiguée, qu'elle me rend la vie impossible, que j'ai besoin d'affection… Elle s'en moque complètement, ma belle abyssine dorée. Mais j'ai l'illusion que ce petit animal tiède m'entend. D'ailleurs, elle m'entend puisqu'elle remue les oreilles. Mais qu'entend-elle ? Mystère des chats cruels et tendres derrière leurs moustaches… Elle saute à terre et s'éloigne, royale.

Vendredi 26 mars. Vu ou plutôt revu *Wozzeck*, d'Alban Berg, dans la mise en scène de Chéreau, dirigé par Barenboïm. Le joyau de la modernité, bouleversant dans une réalisation toute resserrée sur la tragédie nue. Un pur moment de bonheur… C'est l'Opéra, bien sûr, qui aurait dû monter ce *Wozzeck*. Mais les grandes fâcheries avec Barenboïm et Chéreau lui ont fait perdre cette soirée de rêve…

Un nouveau quotidien sort à Paris, *Le Jour*. Un premier numéro, ce n'est jamais bien bon. Celui-là, tout maigre, annonce l'objectif : « manger du réel ». Le directeur de la publication écrit : « Nous irons dans les rues, dans la ville, dans le métro, dans les bouchons ou les bureaux. » C'est ce qu'on appelle, dans les questionnaires des sondages, être « près des gens ».

Beau programme. Il est trop tôt pour dire si *Le Jour* a de l'avenir. Il faut avoir la foi chevillée au corps pour créer un quotidien aujourd'hui… Mais c'est toujours émouvant, un bateau qu'on lance à la mer, surtout par gros temps…

Les fauves sont dans l'arène, Chirac, pressé de voir Mitterrand partir pour déclencher une élection présidentielle qu'il est sûr de gagner aujourd'hui, tandis que demain… Deux ans, c'est long. Giscard, anxieux d'empêcher cette éventualité pour préserver ses chances… Les déclarations fusent dans tous les sens. Théâtre. Mais, quand les résultats du deuxième tour seront tombés, on ne peut pas exclure que des bandes téléguidées par le RPR et surchauffées par les derniers propos de Chirac s'emparent dimanche soir des Champs-Elysées en criant : « Mitterrand, fous le camp ! » et marchent sur l'Elysée. On ne peut pas l'exclure.

Bosnie : le général Morillon a arraché à Milosevic des promesses. Qui ne seront pas tenues, probablement. Mauvaise foi ? Peur de ses extrémistes ? Il ne fait jamais ce qu'il dit. Aucune véritable raison d'optimisme dans les informations qui nous parviennent, même si Bosniaques et Croates se sont rangés au plan Vance/Owen. Une sorte de routine sanglante s'est installée, à laquelle on ne parvient même plus, c'est atroce, à s'intéresser.

Russie : Boris Eltsine est sur le fil du rasoir. Je me souviens des paroles de Mario Soares, qui le jugeait favorablement. En tout cas, il en a, comme on dit.

Réunion à la Sept du comité de sélection qui distribue des avances à la production. Trente et un sujets ont été écartés en première lecture. Nous délibérons à propos de six scénarios, pour en retenir deux. La sélection est cruelle mais inévitable. Les fonds ne sont pas illimités.

Coup d'œil en arrière pour constater que, dans l'ensemble, ils ont été bien employés. Par exemple en coproduisant le premier film de Cyril Collard, *Les Nuits fauves*, qui fait une brillante carrière internationale, stimulée par la mort du garçon. Toscan du Plantier nous communique les titres de films français qui seront présentés à Cannes. Deux d'entre eux ont été aidés par la Sept, l'un de Roger Planchon, l'autre d'Alain Cavalier. Ah ! il ne s'agit pas de *Terminator*, assurément. A la télévision, ils passeront sur Arte.

En rentrant, je trouve *Le Monde*, qui titre : « M. Mitterrand cherche à dissuader M. Chirac d'exiger son départ de l'Elysée. » Il cherche, en effet, divers signes l'attestent. Mais la patience n'est pas la principale vertu de Chirac. Et on l'imagine aisément tiraillé entre l'ambition de s'emparer à chaud de l'Elysée – ou du moins d'essayer – et la crainte d'un retour de bâton s'il va trop vite en besogne...

Tout l'art du politique a toujours été dans le choix du moment.

Vendredi soir : dans la journée, Chirac a changé de ton. Il « cohabitera ».

Samedi 27 mars. Réunis, hier soir, par Arte, une pléiade d'étrangers appelés à juger de la France. Artistes comme l'Italien Ettore Scola, journalistes de divers pays, politologues comme l'Américain Ezra Suleiman, essayistes comme l'Anglais Theodore Zeldin. *Music for my ears*, comme disent les Anglais. De la musique pour nos oreilles... On eût aimé que beaucoup de Français l'entendissent... Ils en auraient peut-être été réconfortés, en ces temps maussades. A leurs yeux, si on compare, la France va bien. Les étrangers continuent à trouver ici « la joie de vivre » et la patrie de la culture, même s'ils ont des critiques à formuler sur « le système », en particulier l'énarchie, « un cercle fermé qui ne laisse pas émerger d'autres idées », l'incroyable cumul des mandats, qui n'existe nulle part ailleurs, la cour autour du président-monarque. Mais Zeldin constate que la société française change énormément. Les rapports entre les gens. « Les femmes réfléchissent d'une façon très intéressante. »

Daniel Cohn-Bendit émet une bonne remarque : « M. Balladur, dit-il, futur Premier ministre, n'a pas eu besoin d'emprunter pour payer son appartement, comme le pauvre Bérégovoy. Mais le personnel politique socialiste a oublié ses origines sociales... » Ettore Scola rappelle le mot de Cocteau : « Les Français sont des Italiens de mauvaise humeur. » Curieusement, la presse étrangère a accueilli les résultats du premier tour des élections sur le mode alarmiste : en Allemagne : « Les vainqueurs de la politique peuvent broyer l'Europe. L'axe franco-allemand risque d'exploser. » Au Japon : « La France risque de perdre son rôle international. »

Suleiman, qui est tout à fait intelligent, fait deux observations... Ce qui a changé en douze ans, selon lui : les valeurs, les mentalités. 1) la France a accepté d'être un pays industriel, elle a intégré la notion de profit. 2) la légitimation des institutions. La notion d'alternance. Les gens n'ont plus peur d'un changement de majorité, comme en 81. Preuve : la Bourse ne bronche pas.

Il dit encore toutes sortes de choses pertinentes, s'afflige de la disparition de véritables débats intellectuels en France. La note pessimiste, c'est une Anglaise qui la donne. Elle travaille depuis dix ans à Paris. « Ce qui a changé, c'est qu'il n'y a plus d'espoir, plus de foi… »

Mais où est l'espoir aujourd'hui, où est la foi ? C'est le monde qui est en panne d'espoir…

Il fait un joli temps froid et sec. Sur l'esplanade des Invalides, des gens sont allongés dans l'herbe, d'autres jouent au ballon, un enfant résiste à sa mère qui veut l'arracher à ses pâtés… « Allons, lui dit-elle, ne fais pas ton Mitterrand… »

Dimanche 28 mars. Plaisir du dimanche : se réveiller avec le sentiment du sommeil accompli. En semaine, il en manque toujours un bout…

Dîner hier soir, en l'honneur de l'éditeur anglais George Weidenfeld et de sa jeune femme, chez Gabrielle Van Zuylen. Une agréable compagnie de gens intelligents et policés qui prennent avec légèreté la nouvelle situation politique. Et même, en paroles, on fronde déjà, bien qu'il ne s'agisse certes pas d'une assemblée socialiste ! Mais ainsi est fait l'esprit français, frivole et dur.

La Très Grande Bibliothèque vient sur le tapis. Je ne connais rien au problème, mais il y a là quelques personnes très concernées qui sont consternées. Les travaux, menés jour et nuit, vont se poursuivre, il n'est plus question de pouvoir les arrêter, et le pire est annoncé. Pierre Nora me dit qu'une lettre solennelle, signée par les plus grands noms parmi les universitaires et contenant treize recommandations pressantes, a été adressée il y a quelques mois à François Mitterrand. Elle n'a même pas fait l'objet d'une réponse. Ou plutôt : la réponse élaborée était si cinglante que, pour finir, le président l'a retenue… Il n'y en a pas eu d'autre. Drôle d'histoire, cette TGB. Si l'on en croit ce que l'on entend, ce sera le grand ratage architectural du règne. Un immense gâchis.

On s'interroge beaucoup sur le prochain ministre de la Culture. Quelques-uns des hommes présents pourraient être sur la liste des pressentis, même s'ils jurent que non, pour rien au monde… Pour ma part, je n'en crois rien et eux-mêmes n'y croient guère, mais pendant un instant, tout de même, ils rêvent…

Lundi 29 mars. Donc, c'est fini. On tourne la page. La plus forte majorité jamais enregistrée depuis la Ve République, 484 sièges sur 577, va entrer au Palais-Bourbon… Les pointages de Fabius, faits en janvier, étaient justes.

Ce que certains redoutaient ne s'est pas produit. Pas de putsch mou. Seul cet extrémiste nommé Philippe de Villiers continue à exiger le départ de François Mitterrand et prétend organiser une grève des députés pour l'obtenir. Improbable. Soirée-télévision morne, entre une nouvelle majorité qui se garde de pavoiser, consciente d'être devant une situation difficile à gérer, et les débris d'une opposition décomposée. Jack Lang est élu. Rare rescapé, avec Laurent Fabius et Pierre Bérégovoy, parmi les huiles socialistes. Dur, dur, la vie politique, éternelle succession de défaites et de victoires sans cesse remises en cause…

Michel Rocard, qui a déjà tant enduré, est manifestement meurtri, sa physionomie abîmée. Mais, dans ce curieux métier, rien n'est jamais perdu tant qu'on a la vie. Giscard en offre l'exemple. Qui aurait cru, il y a dix ans, le retrouver sur la brèche… Reste que sa stratégie a échoué. L'UDF est à la traîne. Mais rien n'indique qu'il en soit découragé dans sa plus intime ambition…

Le pays a-t-il le sentiment d'avoir vécu une révolution à froid ? Il commence… Logiquement, il devrait être patient, au moins quelques semaines. Puis ce sera l'été, et alors, gare la « rentrée ». Logiquement. Mais les choses peuvent aussi se passer hors de toute logique.

Loin de Conflans-Sainte-Honorine, le monde continue de tourner. En Russie, il n'y a pas eu de majorité au parlement pour destituer Boris Eltsine. Le bras de fer continue. En Italie, Giulio Andreotti, patron de la démocratie chrétienne et de l'Italie politique, est déclaré mafieux. C'est le bouquet. En Bosnie, le cessez-le-feu promis à Morillon est relativement respecté. Les convois humanitaires passent. Chapeau, mon général.

Un excellent journal est en train de développer ses ventes : *Courrier international*. Entièrement composé d'articles traduits de la presse étrangère, il ouvre des fenêtres sur tous les sujets. Presses russe, américaine, anglaise, japonaise, allemande, tout y est. Seul un format incommode décourage la lecture. Dommage. Appris là comment Bill Clinton pratique ce qu'un journaliste de son pays, Fred Barnes, appelle « la politique de vente au détail », par opposition à la « vente en gros ». Le gros, c'est la communication au pays à travers la télévision. Le détail, c'est la vente de sa politique à ceux qu'il invite par tout petits groupes à déjeuner. Bill Clinton excelle dans les deux genres, alors que Reagan était nul dans la « vente au détail » et se perdait en anecdotes sur Hollywood. Voilà Clinton classé le plus grand communicateur de tous les temps. Un titre qu'aucun Français ne risque de lui disputer. Pourtant, quelque chose que je ne saurais préciser m'interdit d'avoir confiance en lui… Une mollesse dans le visage, peut-être…

Mardi 30 mars. Balladur est nommé Premier ministre. Bien accueilli. Vite fait bien fait. Mitterrand l'a annoncé, impeccable dans la sobriété. Je bavarde avec Alain Minc au téléphone. C'est mon réformiste préféré. Nous voyons les choses à peu près du même œil. Il est favorable à Balladur, qu'il estime. « Ce sera un honnête gouvernement bourgeois », dit-il.

Nous rions en pensant à ce que va faire Chirac pendant deux ans. S'embêter énormément et ennuyer tout le monde ? Pauvre Balladur, qui l'aura sur le dos, plus le reste. Chirac a-t-il bien joué en refusant de prendre Matignon ? Si Balladur connaît le succès, ce ne sera pas le sien ; si échec il y a, il en portera le poids. Mais cela, c'est l'histoire de demain. Elle dépend en partie de la reprise économique, laquelle ne se manifestera – si elle doit se manifester – qu'au printemps.

J.-F. Kahn prédit, dans *L'EDJ*, que « ça finira dans la rue », parce que les frustrations ne pourront plus s'exprimer dans les urnes. Son analyse n'est pas isolée.

Sur l'insistance de mon médecin, un monsieur extraordinairement énergique vient me manipuler de haut en bas. Il me fait un cours complet d'anatomie, mauvaise statique, vie trop sédentaire, ne sait plus marcher, et me jure que, si je suis docile, il me remettra d'aplomb en trois mois. « La carcasse est bonne, dit-il, elle a dix ans de moins que votre âge réel. » Il se peut bien, mais je ne la sens pas ainsi, cette carcasse souffrante. J'ai envie de la jeter. On devrait pouvoir, de temps en temps, se dévisser la tête et envoyer le reste à l'usine pour réparation.

Mon manipulateur est très fier de lui parce qu'au cours d'un voyage à Paris Ronald Reagan a eu recours à ses mains de fer pour le délivrer de quelque douleur. C'est bien tout ce que j'aurai jamais partagé avec Reagan…

Mercredi 31 mars. Le gouvernement me chiffonne.

Ce n'est pas affaire de couleur, c'est affaire de personnes… On ne cesse de nous répéter qu'il faut restaurer la confiance, et c'est évident. C'est le cocktail ravageur de la corruption et du chômage qui a fait exploser la gauche. Mais la confiance économique ne renaîtra pas comme ça, le chômage ne cèdera pas aux incantations. En revanche, la confiance morale peut être ressaisie, confiance dans l'intégrité des dirigeants et dans leur rigueur. Il est impératif qu'elle le soit. Encore faut-il qu'elle s'incarne…

Or aucune figure du gouvernement n'est à la taille de cet emploi, à l'exception de Simone Veil. A la Justice, elle aurait pu très rapidement et de façon spectaculaire montrer caractère et vertu. Il paraît qu'elle a refusé parce qu'on ne voulait pas souscrire à la condition qu'elle posait : la non-intervention de la Chancellerie dans les affaires sensibles. Pas question de laisser la bride sur le cou à la justice. La voici donc aux Affaires sociales et à ce qu'elle appelle « l'humanitaire en

France ». Dommage. Il y aurait eu quelque chose de hautement symbolique dans sa présence à la Justice. Le panache de l'intrépide Jean-François Deniau eût été également souhaitable. Mais non. On trouve dans ce gouvernement gris des hommes qui manifesteront peut-être des capacités, qui se tailleront peut-être une physionomie, mais qui, pour le moment, n'en ont pas... C'est un ensemble flou où aucun visage emblématique de la morale ne se détache... A moins que l'on tienne Charles Pasqua pour une grande conscience ?

D'autre part, dans un secteur que je connais un peu, il paraît aberrant de séparer la Communication (c'est-à-dire le ministère en charge de l'audiovisuel) de la Culture. Il y a quelques mois, Helmut Schmidt, l'ancien chancelier allemand, écrivait que le monde a été aveugle à propos de trois phénomènes : les suites de l'effet Gorbatchev, la mondialisation de l'économie, et l'importance de la télévision. Manifestement, les politiques français n'ont toujours pas compris ce qu'est la télévision, l'ensemble du problème, gigantesque, de la télévision, face à l'Europe, face à l'Amérique. On en est toujours à croire que l'important, c'est de garder Bourges ou de s'en débarrasser.

Enfin, la représentation féminine au gouvernement est dérisoire, même si ce dérisoire est camouflé par la place protocolaire accordée à Simone Veil. Consternant. A la limite, insultant.

Encore une séance de photos avec BHL, dans les réserves du Louvre, cette fois, où Micheline Pelletier a imaginé de nous faire poser devant *Les Trois Grâces* et autres statues de Pradier.

Il est arrivé en retard et je me suis agacée mais, comme toujours lorsqu'il est là, son charme me désarme et nous nous retrouvons complices pour feindre de sourire devant l'objectif...

Autrefois, j'aimais que l'on me photographie et c'était facile. J'avais une tête à photo. Aujourd'hui, pour peu que la lumière soit cruelle, je peux avoir cent ans. Rien de plus déprimant. Mais je me fie à Micheline. Elle connaît chaque ride de mon visage mieux que moi. Elle prépare, pour le *Fig-Mag*, un reportage sur tous les membres du gouvernement, y compris le Premier ministre, photographiés un à un. Je demande, bêtement : « Et ils ont tous accepté ? » Elle rit. Comme s'ils pouvaient refuser quelque chose aux journaux d'Hersant…

Avril

Jeudi 1er avril. Petit dîner très gai, hier soir, chez les Sabouret, avec Georgette Elgey, Michèle Cotta et son mari, Ivan Levaï et sa compagne, le secrétaire général du gouvernement Renaud de Saint-Marc et sa femme. Saint-Marc en est à son cinquième gouvernement. Il a en charge tous les problèmes matériels parmi d'autres, dont le logement des ministres… Et il raconte avec un humour dévastateur comment il a passé la journée à installer son petit monde, dans le faux Louis XVI des ministères, les exigences des uns, la prétention des autres, celui-ci qui se plaint de ne pas avoir de jardin, cet autre qui veut changer le mobilier, le troisième qui réclame déjà des crédits de fonctionnement supplémentaires… Il me dit : « Vous connaissez cela… »

Oui. Je n'ai pas oublié ce jour où le secrétaire général du gouvernement d'alors me fit visiter le petit hôtel qui m'était assigné, ravissant. J'étais avec ma secrétaire, l'heure tournait, j'avais vu une cuisine équipée, je suggérai que nous allions acheter des beaftecks chez le boucher tout proche, rue de Bourgogne, et que nous déjeunions sur place. Je crus que Monsieur le Secrétaire général du Gouvernement allait s'évanouir. Il avait tout vu dans sa fonction, mais jamais un ministre se proposant de faire la cuisine. Il me dissuada, diplomatiquement mais énergiquement, de persévérer dans cette initiative.

Les anciens dans le métier connaissent la musique. Mais les nouveaux ne passent déjà plus par les portes, tant leur tête a gonflé en quarante-huit heures. Le chauffeur, la voiture, la cocarde, les huissiers, et Monsieur le Ministre par-ci et Monsieur le Ministre par-là… Le secrétaire général les cornaque et les observe, caustique, en soupirant : « Quels emmerdeurs, les ministres… »

Les anecdotes et les remarques fusent, cruelles, sur l'un, sur l'autre, sur celle qui s'est déjà livrée à des déclarations saugrenues et dont nous pensons que, si elle continue, elle va devenir la tête de Turc du *Canard*. Mais je m'aperçois que je ne peux rien rapporter ici de ce dîner sans risquer de compromettre ceux qui ont parlé librement. Ce qui ne serait pas convenable.

Un mot seulement. Sabouret me dit que Jacques Delors ne sortira pas du bois, qu'« il ne bougera pas une oreille ». Et il le connaît bien.

Lu un roman superbe d'un Anglais, Graham Swift, *A tout jamais*. De la vraie bonne littérature. L'ennui est que je ne sais par quel bout le prendre pour en parler, tant il est complexe dans sa composition et défie la synthèse. C'est un mélange d'*Hamlet* et des théories de Darwin, la moindre des choses. Me voilà obligée de le relire pour en extraire un article, et en train de me demander si les efforts que je fournis pour assurer cette chronique sont bien raisonnables… J'y perds le plaisir, tout simple, de la lecture.

Retrouvé par hasard une réplique de Disraëli qui pourrait être bientôt d'actualité. Un jeune député vient lui annoncer qu'il ne pourra pas, en conscience, voter avec son groupe une disposition législative. Il répond : « Mon cher ami, vous voterez avec votre groupe comme un gentleman, et non avec vos convictions comme un voyou. »

Le Vatican a ordonné, le 1er avril, le transfert du couvent installé par des carmélites polonaises dans le camp de concentration d'Auschwitz. Après dix ans de polémiques et quelques épisodes particulièrement pénibles, où les pires démons se sont à nouveau manifestés en Pologne, il semble que la consigne de transfert ne pourra plus, cette fois, faire l'objet de manœuvres dilatoires. Les religieuses ont exigé un acte écrit, obligeant la hiérarchie polonaise à le demander à Rome. L'ordre est venu en bonne et due forme.

Que fera-t-on maintenant de la croix dressée clandestinement en pleine nuit à l'endroit du camp où des résistants polonais sont tombés sous des balles nazies ? Car il est vrai que, pour les Polonais, Auschwitz est le symbole du martyre de la nation polonaise. Mais, à vouloir nier que ce fut d'abord le lieu de l'innommable, les carmélites ont heurté les consciences au-delà du supportable.

Bientôt, seul le silence régnera sur la terre de l'Holocauste. Et ce sera bien ainsi.

Ne pas croire, si l'on suit l'actualité politique de près, que les contorsions de l'UDF relèvent d'un goût pervers de la politicaillerie. Il eût été doux à Edouard Balladur que l'UDF se scinde en une constellation de groupes s'affranchissant ainsi de la tutelle de Giscard. Il a été doux à Giscard de réussir à maintenir l'unité de son parti. Tout ceci doit être observé dans la perspective de l'élection présidentielle. Déjà ? Eh oui, déjà.

Samedi 3 avril. La presse est en extase devant Balladur. Un long dithyrambe. *Le Point* a une jolie formule : « La droite de velours. » De tous côtés, on admire la manière, la rapidité d'exécution, le style et jusqu'à l'excellente coupe de ses costumes taillés à Londres. L'a-t-on moqué, pourtant… « Ballamou »… « Sa Suffisance »… « Le style "plus ennuyeux que moi tu meurs" »… « Une tête à rétablir le suffrage censitaire »… Aujourd'hui, Premier ministre réussissant son entrée, la classe politico-journalistique lui tresse des couronnes.

Cependant, il n'est pas sûr que l'autonomie de la Banque de France, si importante qu'elle soit, et le non-renouvellement du parc automobile ministériel, si démagogique qu'il soit, suffisent à combler les attentes de la population.

Comme tout nouveau chef de gouvernement, M. Balladur est en train de manger son pain blanc. Sauf accident imprévisible, il devrait l'avoir dévoré vers la fin juin.

Philippe Séguin est élu président de l'Assemblée nationale. L'homme n'est pas antipathique, loin de là, avec sa tête d'épagneul. Il a un tempérament, des convictions, de l'ambition, une indépendance d'esprit qui va, le cas échéant, jusqu'à la provocation, une sensibilité qui le tient près des gens…

Il vise loin : l'Elysée. Pas en 95. Mais la fois prochaine. En attendant, il va s'employer à torpiller l'Europe… Et son pouvoir de nuisance ne sera pas négligeable.

Dimanche 4 avril. Clash au PS ! En faisant voter un texte demandant la démission collective des dirigeants, Michel Rocard a éliminé Laurent Fabius… Et il prend la présidence d'une direction collégiale provisoire du parti. Le tout se passait dans une salle de la Maison de la Chimie, à Paris, où se tenaient d'autre part des « Journées freudiennes » intitulées : « L'envoi au psychanalyste ou comment passer la main. » Le hasard a quelquefois de l'esprit.

Lionel Jospin, dont les amis ont soutenu Rocard, a décidé de prendre du champ. Chevènement va démissionner, Poperen fulmine, les quadras s'insurgent.

Rocard a-t-il bien joué ? Mal joué ? Dans l'état de déliquescence où se trouve le PS, l'électrochoc sera peut-être salutaire ou au contraire achèvera le vieux parti, si l'ensemble des éléphants met la trompe en berne, et que les militants s'étripent.

Que c'est donc difficile à gérer, une défaite, et quelle défaite… Rien moins que la fin de la gauche historique née de la révolution industrielle.

Bien sûr, une autre gauche renaîtra. Mais laquelle, fondée sur quelles valeurs, portée par quels hommes ?… En tout cas, ce ne sera pas demain la veille…

On m'avait dit : « Allez voir *La Crise*, vous rirez. » J'y suis allée. Je n'ai pas ri.

On m'avait dit : « Allez voir *Les Visiteurs*, vous rirez. » J'en viens… Je n'ai pas ri. Et pourtant j'en avais envie. Rire, quelle aubaine ! Et quelle gratitude envers ceux qui me font ce cadeau, Guy Bedos par exemple… Heureusement il y a, le soir, sur Canal +, *Les Guignols de l'Info*… C'est sacrément drôle. Mais on ne rit pas embusqué derrière sa télévision, on sourit. C'est d'un grand rire libérateur que l'on a envie quelquefois, et que l'on ne sait où aller chercher.

Hérissés de travaux, pleins de trous, de tranchées, de bosses, de barricades, les Champs-Elysées sont devenus impraticables. On s'y tord les pieds, on s'y fait bousculer, on ne sait où traverser. Il y a un moment que cela dure, et ce n'est pas fini.

Mais, au milieu de ce chantier, j'ai vu aujourd'hui six petits platanes – ou bien était-ce des marronniers ? – attendrissants, plantés en ligne, et j'en ai eu le cœur réchauffé.

Ils annonçaient le printemps des Champs-Elysées ressuscités dans toute leur gloire.

Lundi 5 avril. Le clash Rocard fait la une des journaux. Le détail de l'opération, tel que le rapporte par exemple *Libération*, montre que ce fut une journée de dupes, où tout le monde a trahi tout le monde, y compris les fameux « quadras », deloristes qui n'ont pas plus de morale que les non moins fameux éléphants. Du Shakespeare ? Non. Du Guy Mollet.

Toute l'histoire du parti, et en particulier sa conquête par François Mitterrand en d'autres temps, n'a jamais été que manœuvres et renversements d'alliances, lutte pour le pouvoir sur l'appareil. Mais allez comprendre pourquoi un vote acquis de la façon la plus régulière soulève cette tempête... Cela doit faire partie de la culture socialiste.

Ce qui a frappé le public le plus indifférent à ces agitations : la haine qui se lisait, à la télévision, sur le visage de Fabius, les paroles de haine qu'il a prononcées à l'endroit de Rocard... Autrefois, il n'en eût rien paru à l'extérieur. Aujourd'hui, où tout se passe sous l'œil froid de la télévision, les hommes livrent leur face nue. C'était à glacer le sang... Reste que Rocard a joué à quitte ou double. Ou une partie substantielle des militants le soutient, et les prochains sondages le montrent en bonne position dans l'opinion et dans ce cas il rebondit, sur terrain nettoyé, ou c'est le contraire, et *exit* Rocard. L'heure de Delors aura sonné. On lui souhaite bien du plaisir.

Al. rentre d'un long séjour en Grande-Bretagne. « Là-bas, dit-elle, rien n'est fait pour les femmes. Même pas les hommes. »

Mardi 6 avril. Meeting à la Mutualité pour le premier anniversaire du siège de Sarajevo.

Cela rajeunit de se retrouver dans cette bonne vieille salle où tant de combats se sont déroulés.

Elle n'est qu'à moitié pleine. La Bosnie n'intéresse plus guère alors qu'elle agonise. C'est trop compliqué, ces histoires d'enclaves, de découpage, de couloirs, de Serbes de Bosnie et de Serbes de Serbie.

Une liaison téléphonique a été établie avec le président bosniaque Izetbegovic. Sa voix retentit dans la salle. Il y a un réel moment d'émotion quand il décrit la situation tragique de son pays, quand il annonce qu'une bombe vient de tuer quatorze enfants à Sarajevo et qu'il demande, une fois de plus, des armes.

Le public est houleux. Composé en majeure partie de Bosniaques, mais aussi de Serbes de Serbie, et aussi de Croates. Les gens sont d'une violence inouïe, ils hurlent, éructent, en viennent aux mains, il faut les séparer.

A la tribune, nous sommes quelques-uns qui essayons de garder notre calme et de parler, puisque, aussi bien, nous sommes là pour ça. BHL fait un exposé quasiment désespéré de la situation, Jaques Baumel se collette avec des Serbes agressifs. Des hommes proches du nouveau gouvernement expriment leur certitude que celui-ci va mettre en œuvre une politique énergique. En d'autres temps, François Léotard déclarait, au sujet de la neutralisation des batteries serbes qui cernent Sarajevo : « Il faut les détruire ce soir même... » Aujourd'hui, il est ministre de la Défense. Que fera-t-il ? A part moi je pense : rien. Mais bon, il faut faire crédit à ce nouveau gouvernement, à son Premier ministre, à son ministre des Affaires étrangères. Faire crédit, mais les interpeller, les harceler, leur dire qu'on les regarde et qu'on les juge. C'est le but de ce meeting.

Le général Morillon, interrogé par *Le Monde*, déclarait ce soir que la pression internationale doit s'accentuer sur les Serbes pour leur faire admettre le plan de paix, que le moment est venu parce que, selon lui, le désir de paix s'est emparé de l'ensemble de la population. « C'est une période cruciale, dit-il, une fenêtre ouverte où l'on peut faire la paix et où l'on peut aussi encore basculer dans la violence. » Le général rêve peut-être, devant sa fenêtre ouverte. Mais nul doute que tous les moyens de cette pression qu'il appelle de ses vœux doivent être pris.

Sinon, on ne commémorera pas, dans la tristesse, en 1994, le début de la guerre de Bosnie. Parce qu'il n'y aura plus de Bosnie. Seulement un champ de morts autour d'une capitale, Sarajevo, anéantie.

Après la réunion, dîner chez Lipp. Le secrétaire national du PR, Hughes Dewavrin, dit : « Quelquefois, je suis mélancolique quand je pense à ce qu'est devenue notre génération… Cette ardeur que nous avions… Cette fougue… Nous nous sommes embourgeoisés… Mais Léotard a encore une petite lumière, une petite flamme… Si, si, je vous assure… » Va pour la petite lumière. On va bien voir.

La télévision diffuse des images atroces. Les malheureux qui se trouvent dans Srebrenica assiégée se battent pour monter dans les camions d'évacuation des malades. Des gens meurent étouffés. Devant l'état gravissime de la population affamée qui veut fuir, fuir à tout prix, le HCR se trouve en position de l'évacuer tout entière et de procéder ainsi au « nettoyage ethnique » de l'enclave convoitée par les Serbes. Dérision de l'humanitaire.

Aux dernières nouvelles, les Etats-Unis seraient favorables à la levée de l'embargo sur les armes. Mais le Conseil de sécurité traîne les pieds. Tout le monde s'accroche plutôt à ce fameux plan de paix que les Serbes rejettent en même temps qu'ils accaparent chaque jour un nouveau morceau de territoire.

Ils veulent « la grande Serbie ». On craint d'avoir à dire : ils l'auront.

Mercredi 7 avril. Boutade de François Mitterrand, qui, selon *Le Canard*, a tout perdu sauf l'humour : « C'est le gouvernement le plus à gauche que la France ait connu depuis 1983. »

Vu ce matin, en projection privée, un film original, *Mazeppa*, de Bartabas, le fameux écuyer qui mène les Zingaros.

Il a imaginé un argument simplet autour d'un autre fou de chevaux, Géricault, le peintre. Prétexte à numéros étourdissants, très bien tournés, où s'illustre Miguel Bose, le fils de Dominguin et de Lucia Bose, beau comme un jeune dieu...

La commission qui sélectionne les films pour Cannes est partagée quant à l'opportunité d'envoyer *Mazeppa* au festival. Pour une fois qu'un film français n'a pas l'allure misérable d'un téléfilm, qu'une véritable esthétique s'impose à travers un véritable spectacle, ce serait pitié de s'en priver... Mais les voies de la sélection cannoise sont encore plus impénétrables que celles de la Providence.

Après la projection, j'avale deux bouts de salade avec Bartabas. Est-il russe, turc, tzigane ? Quoi d'autre d'exotique pour avoir cette riche violence romantique ? Nullement. Il est français des pieds à la tête, bourgeois, fils d'architecte. Ce qu'il a dans le sang, c'est le cheval. Un personnage hors du commun.

Publier un livre, c'est accepter d'aller partout où l'on vous prie de venir en parler, télévision, radios, c'est recevoir un journaliste par jour, quelquefois deux, c'est se plier à ce que Simone Signoret appelait le service après-vente.

Non seulement il ne faut pas se plaindre, mais il faut remercier que l'on vous manifeste de l'intérêt, car un livre non porté par cette forme de publicité peut tomber dans l'indifférence, comme une pierre dans un puits.

Je dis donc merci et, avec BHL, nous jouons docilement le jeu pour soutenir la sortie de *Les Hommes et les Femmes*.

Simplement, chaque fois que je me trouve dans cette situation, je m'interroge : comment les illustres ancêtres se seraient-ils conduits face au système médiatique où nous sommes ? Proust se serait prostitué pour passer chez Pivot. Balzac ? Il fulminait contre les journalistes mais n'aurait pas manqué de les rencontrer. Flaubert, peut-être, aurait renâclé, peut-être... Le père Hugo se serait épanoui devant Anne Sinclair. Et, pour le pauvre Baudelaire, la presse ne se serait pas dérangée. Pas davantage pour Stendhal.

L'important n'est pas de jouer le jeu. C'est de ne pas en

être dupe, et de ne pas se prendre au sérieux parce qu'on « parle dans le poste ». Voilà qui ne risque pas de m'arriver. Cela excite au contraire ma propension naturelle à l'autodérision… Je me regarde jouer à l'écrivain, et je me fais rire.

Jeudi 8 avril. Concert bref et délicieux, hier soir, où fut joué le célèbre quatuor de Beethoven avec la *Grande Fugue*… Après une rude journée, un moment de grâce, bien que les fauteuils de l'Opéra-Comique soient les plus inhospitaliers de Paris, chaque ressort vous labourant les reins. Cette pauvre salle, si jolie, est laissée dans un abandon lamentable, faute de crédits pour la restaurer… Les ministres de la Culture se refilent, de l'un à l'autre, le problème sans le résoudre. En attendant, le public, héroïque, consent à être presque aussi mal assis qu'à Bayreuth, où les bancs sont en bois pour cause d'acoustique. Mais la race des mélomanes est intrépide.

Assise à côté de Jacques Toubon, le nouveau ministre de la Culture. Il est venu, bien qu'il n'y ait ni télévision, ni photographes, et qu'aucun flafla n'accompagne ce concert. Un bon début.

Les policiers – ou du moins certains d'entre eux – ont-ils cru soudain que tout leur était permis parce qu'ils se trouvaient désormais sous la tutelle de Pasqua ? L'un d'eux a tué, à bout portant, un jeune homme de 17 ans, zaïrois, retenu dans un commissariat à Paris. Il avait volé des cigarettes. Un autre a grièvement blessé un second garçon de 17 ans, algérien, à Wattrelos dans le Nord. Il participait à un rodéo. Un autre encore a abattu d'un coup de feu un jeune ouvrier français de 18 ans lors d'un vol de pneus, à Chambéry.

S'il y avait une opposition, elle prendrait feu et flamme. Mais il n'y en a pas.

Vendredi 9 avril. Hier, grand discours-programme du Premier ministre à l'Assemblée nationale, accueilli avec des brassées de fleurs.

Le Monde titre : « Un sans-faute », et J.-M. Colombani écrit : « Quel talent ! » Suit un long panégyrique qui s'achève par ces mots : « S'il est aujourd'hui si bien en phase avec le pays, c'est peut-être qu'il pourrait satisfaire une aspiration plus profonde... »

Je ne veux que du bien à M. Balladur, et souhaite, pour des raisons déjà dites, qu'il réussisse dans son entreprise. De surcroît, depuis quinze jours il a superbement mené ses affaires. Mais celles qui sont devant lui ne sont pas telles qu'on puisse les résoudre seulement avec de l'intelligence et du savoir-faire, ni qu'elles vous permettent de rester longtemps « en phase avec le pays ». Du moins peut-on le craindre. Avec l'espoir de faire erreur.

Le deuxième garçon blessé par un policier est mort.

Lundi 12 avril. Week-end de Pâques en Normandie dans une belle maison paisible et confortable, fichée dans de grandes étendues d'herbe à perte de vue. Un vert paradis battu par des grains de pluie, avec des petits chemins qui sentent la noisette, des œufs encore chauds de la poule et des radis du potager. Douceur de s'y sentir pour quelques heures désœuvrée, la tête vide, avec cette curieuse impression, que l'on a quand on ne fait rien, de passer son temps à manger.

Je caresse depuis un moment l'idée folle d'acheter quelque chose dans le coin, et m'en vais, avec mon amie Eliane Victor et Caroline, visiter ce qu'une agence me propose. Les prix me douchent... Je ne caresse plus rien du tout. Me voilà délivrée d'un désir. D'ailleurs, les maisons des amis sont les seules qui ne vous donnent pas plus d'ennuis que de plaisir.

Ce matin, la presse annonce que des incidents sérieux ont eu lieu à Paris et à Tourcoing, à la suite de manifestations consécutives aux bavures policières. Le miracle eût été qu'il n'y en eût point, malgré les appels au calme lancés de toutes parts. Charles Pasqua saura sûrement nous expliquer que les coupables, ce sont les morts.

L'événement du jour, c'est le déploiement d'une force aérienne américano-franco-néerlandaise de soixante-dix unités, visant à abattre tout appareil qui violerait le ciel bosniaque. Selon *Libération*, un écran de fumée pour camoufler une impuissance chaque jour confirmée. Selon Jean-François Deniau, un « festival d'hypocrisie », vu qu'il n'y a pas le moindre avion serbe en vol. Selon le *Figaro*, du « matamorisme politique », un beau geste qui arrive trop tard, pour faire plier les Serbes et les contraindre à signer le fameux plan de paix. Car, dans le ciel, il ne se passe quasiment rien. Et, à terre, les Serbes avancent. Pendant ce temps, on s'interroge sur ce que sera le sort du général Morillon, dont les initiatives n'ont pas été du goût de tout le monde, parmi ses supérieurs hiérarchiques. Le général, qui est devenu l'officier français le plus connu dans le monde, se garde de tout commentaire et affirme que, s'il est relevé de ses fonctions, il rentrera « sans état d'âme ». La décision appartient à François Léotard, qui paraissait curieusement, dimanche soir, s'en laver les mains. Il a dû oublier que le ministre de la Défense, c'est lui.

Lu un joli roman de Félicien Marceau, *La Terrasse de Lucrezia*. Ce n'est rien, l'histoire d'une gardienne d'immeuble aux yeux bleus. Mais cela se croque comme une dragée.

Mardi 13 avril. Selon toutes apparences, ils ont eu la peau de Morillon. Ils qui ? L'état-major, semble-t-il, qui le tient pour un gesticulateur devenu incontrôlable.

Le plus affligeant dans cette affaire, c'est que le général courageux – le seul Français qui aura tenu tête, seul, aux Serbes – aura échoué dans sa tentative pour protéger Srebrenica. Nul ne doute plus maintenant que les dernières enclaves bosniaques vont tomber entre leurs mains après « nettoyage ».

C'est ce que, hypocritement, les négociateurs attendent. Ainsi, il ne restera plus qu'à entériner les conquêtes serbes. Ainsi, depuis le début de cette tragédie, tout n'aura été que faux-semblants, fuite, couardise, lâcheté, incapacité devant l'action…

Alain Juppé, nouveau ministre des Affaires étrangères, est venu, hier soir, nous annoncer que nous ne permettrons pas une attaque serbe sur la Macédoine ou le Kosovo. Nous ne permettrons pas ! Qu'est-ce que nous n'avons pas permis depuis un an, nous les Occidentaux, qui autorise ce langage martial ? Et que signifie-t-il, sinon que nous avons déjà passé la Bosnie par pertes et profits ? Pauvres gens…

Depuis le temps que nous nous présentons aux Serbes culotte baissée, il ne faudra pas s'étonner s'ils prennent les fières paroles de M. Juppé pour d'insignifiantes rodomontades.

Image comique : François Léotard à Sarajevo, affublé d'un casque et d'un battle-dress. Le malheureux…

Je termine mon article pour *L'Obs* barbouillée, parce qu'au lieu d'y parler de ce qui me tient à cœur, Bosnie, Serbie et le reste, j'y ai renoncé. Je ne peux pas indéfiniment éditorialiser sur la politique, sans élément nouveau. Alors, retombant à pieds joints dans le train-train de la télévision, j'ai rompu des lances avec « l'impertinence », nouvelle mamelle nourricière du petit écran, dont les manifestations deviennent ordurières. Ici, on rote. Là, on vomit. Ha, ha, ha, que c'est drôle.

Nous n'avons pas encore franchi le pas de la télévision italienne, celle de M. Berlusconi, qui diffuse carrément du porno à toute heure, mais tous les espoirs sont permis.

Passé trois heures à dédicacer cent cinquante services de presse. La couverture de mon livre est si jolie que j'ai eu plaisir à le manipuler. Est-il bon ? Intéressant ? Divertissant ? Pertinent ? Opportun ? Je ne saurais dire.

D'une certaine manière, nous aurions pu l'intituler *Loin de Sarajevo…* Loin de l'actualité, loin du fracas du monde, occupé seulement d'une histoire pleine de bruit et de fureur, celle qui se joue quand un homme rencontre une femme…

Mercredi 14 avril. Temps de chien, aigre et pluvieux.

Du temps où l'on portait des chapeaux, je serais allée m'acheter un chapeau pour me mettre de bonne humeur. Mais rien n'a remplacé cet objet de – petite – folie roborative.

Le Figaro me demande de dire, en dix lignes, s'il peut y avoir une politique culturelle de droite. Bien sûr. On peut supprimer la plupart des interventions de l'Etat, les limiter à l'entretien du patrimoine, des musées nationaux, des bibliothèques, et laisser tout le reste livré à la loi du marché. L'Opéra pour commencer, et tous les théâtres subventionnés. On peut renoncer à défendre le cinéma et plus généralement tout le secteur audiovisuel contre l'emprise américaine, et laisser, là aussi, jouer la loi du plus fort. On peut réserver les commandes de l'Etat aux artistes académiques... On peut rétablir la censure cinématographique... Heureusement, on peut aussi être de droite et avoir une autre idée de ce que doit être une politique culturelle. Georges Pompidou en est un bon exemple.

Mais s'il a réussi à édifier le centre fameux qui porte son nom, c'est parce qu'il a employé des méthodes régaliennes. Crédits, nature, fonction, et contenu de l'édifice, personne n'a été consulté, et surtout pas le Parlement, dont les membres ont été, pour la plupart, littéralement horrifiés par ce qu'ils ont vu sortir de terre... Mais c'était le Centre du Président... Personne n'a moufté. Aurait-il été conçu et construit par un président de gauche, je crois qu'ils auraient tout cassé.

Jeudi 15 avril. Quatrième bavure. En moins d'une semaine. A Cherbourg, ville tranquille, un motard a tiré sur un garçon de 15 ans, qui roulait au volant d'une voiture volée. Il l'a grièvement blessé dans le dos. Cette fois, c'est un petit Français bien blanc qui trinque. Voilà qui va rassurer ce lecteur du *Figaro* qui écrit, dans une lettre anonyme publiée par le journal : « Je ne suis pas raciste, mais il est étrange que les victimes de ces "bavures" ne soient jamais des Suédois, Suisses, Autrichiens, Norvégiens et j'en passe. » La police n'est pas raciste, elle non plus. Elle « bave » sans discrimination.

Mais comment ignorer, quand on s'indigne, la misère psychologique et matérielle de la police, qui fut si bien illustrée par le film de Tavernier, *L. 627* ?

Charles Pasqua a exposé un programme musclé concernant la sécurité au Conseil des ministres, en l'accompagnant de remarques critiques sur l'action du précédent gouvernement. Réaction de François Mitterrand : « J'aurai un certain nombre de réserves à exprimer sur les commentaires que nous venons d'entendre. » Pointes d'épingle.

Hélas, il n'y a pas de sécurité de droite et de sécurité de gauche. Il y a une situation préoccupante, où, selon les services spécialisés, 50 à 60 % des vols et agressions de toute nature sont liés directement ou indirectement au problème de la drogue. Où, selon *Le Point*, 80 % des dealers interpellés en région parisienne sont des clandestins.

Et, sur le problème de la drogue, tous les pays se cassent les dents.

Dans un discours aux Communes, Margaret Thatcher a explosé au sujet de la Bosnie avec sa vigueur habituelle : « Ces événements se passent dans la zone d'influence européenne. Ils devraient aussi faire partie de sa conscience. Mais il n'y a pas de conscience. » Tout le monde en a pris pour son grade, sauf un homme, le seul qui se soit montré, selon elle, à la hauteur de la situation, le général Morillon.

Comparant avec la Seconde Guerre mondiale, Mme Thatcher s'est écriée : « Je me félicite qu'à l'époque le pays ait eu l'armement approprié et le Premier ministre un cœur de lion… » Ce qui n'apparaît pas, d'évidence, être le cas de M. Major. Ce discours vibrant a provoqué un tumulte à l'intérieur de son parti. Et puis voilà. Les Anglais rampent, eux aussi, devant les Serbes.

Sondage calamiteux pour les leaders de gauche dans *L'Obs*. 50 % des gens interrogés désapprouvent la manière dont Michel Rocard a pris la direction du PS. A la suite de quoi, 42 % ont une moins bonne opinion de Laurent Fabius. En somme, ils sont renvoyés dos à dos.

Vendredi 16 avril. Saut à Amsterdam, où sort la traduction en néerlandais de *Jenny Marx*.

J'aime bien cette ville prospère, de taille humaine, sillonnée de tramways, où les gens sont aimables et gais, la bonne peinture surabondante et les maisons en briques arrondies de bow-windows. Malheureusement, le vieux quartier, le plus beau, est livré à la prostitution et à la drogue. Il ne fait pas bon y traîner.

Audience restreinte mais sympathique à la maison Descartes, le centre culturel français, efficace et bien tenu. Petit laïus, puis des questions fusent, de tout genre. Un monsieur âgé m'interroge au sujet de la drogue : que faut-il faire pour en finir avec ce fléau ? Je ne sais pas. Je devrais avoir une opinion. Je suis ici pour avoir des opinions. Mais je ne sais pas. Il veut bien me dire que c'est honnête de le reconnaître. Il préconise, lui, la dépénalisation et une législation harmonisée entre tous les pays d'Europe. La salle l'approuve. Je serais tentée d'abonder dans son sens mais... je ne sais pas. Je sais seulement que la répression telle qu'elle s'exerce chez nous et aux Etats-Unis est stérile.

Mes interlocuteurs m'apprennent, en vrac, des petites choses intéressantes. Les femmes hollandaises sont beaucoup moins nombreuses que les Françaises à exercer une activité professionnelle, mais il y a cinq femmes au gouvernement, dont l'une est ministre de l'Intérieur. Pas mal !

Les Hollandais ont une vie familiale intense et célèbrent, en particulier, de façon minutieuse les anniversaires de chacun. « Si vous avez des ennuis avec un agent de police, me dit-on, parce que vous avez brûlé un feu rouge ou que vous avez oublié votre flèche, dites-lui : “C'est le jour de mon anniversaire”, et il vous laissera repartir avec un sourire. »

Je n'ai pas eu loisir de mettre cette recette en application. Mais je croyais les Hollandais ultra disciplinés. « Pas du tout ! Nous ne sommes pas comme les Allemands ! »

Certes. L'atmosphère d'Amsterdam est plutôt celle d'une ville anglaise, égayée de canaux. J'espérais avoir le temps d'aller revoir les Frans Hals, mais une journaliste me cloue à l'hôtel. Allons, ma vieille, tu n'es pas ici pour t'amuser.

A Roissy, taxi. Le chauffeur demande : « Vous venez d'où ? – D'Amsterdam. – Alors vous ne connaissez pas la nouvelle... – Quelle nouvelle ? – On est champion d'Europe ! – Champion de quoi ? – De basket, madame ! Limoges a battu les Italiens à Athènes ! Vous vous rendez compte ? »

Il était heureux. Et, après tout, moi aussi.

Je n'ose pas lui dire qu'à mes yeux l'événement positif de ces derniers jours, c'est qu'après quatre bavures policières de taille, qui ont fait trois morts et un blessé grave parmi des jeunes gens, les banlieues n'ont pas bougé. Quelques vitrines brisées, mais rien qui ressemble à une émeute. Il y a deux ou trois ans, on aurait vu autre chose…

Couac dans le concert d'éloges qui a salué le discours d'intronisation d'Edouard Balladur. C'est Jean-François Kahn qui le pousse dans *L'EDJ*. Il écrit : « Il est impossible de ne pas souligner la consternante médiocrité formelle d'un exercice oratoire dont il souhaitait, à l'évidence, que l'esprit des masses en fût profondément marqué. » Et encore : « Un ahurissant manque d'ambition empaqueté dans un lénifiant catalogue de bonnes intentions… » Et encore : « Pas une image, pas une formule, pas un éclat, pas un frisson. » Et encore : « En guise de grands desseins, on nous propose des petits croquis… Ce n'est ni à la dimension des troubles ressentis, ni à la mesure des espérances refoulées. Une majorité de plomb, un langage de bois et derrière, en cuisine, la réformica. »

Et en passant, JFK tire les oreilles de ses confrères, dont pas un n'a osé dire qu'en somme ce discours était nul.

Pas osé, vraiment ? Je ne crois pas. Pour le moment, ils sont plutôt médusés.

Samedi 17 avril. Srebrenica, c'est l'agonie. On a capté, à travers une radio amateur, la voix d'un militaire bosniaque qui suppliait : « Au nom de Dieu, faites quelque chose ! Ce que vous pouvez ! Au nom des 30 000 habitants de Srebrenica, nous demandons à la communauté internationale de protéger la population civile. »

Mais Dieu n'a pas entendu parler de la Bosnie. L'hallucinant, dans cette guerre, c'est ce que l'envoyé spécial du *Figaro* à Belgrade, Patrice de Saint-Exupéry, rapporte du côté serbe. Evangélisée par ses leaders, la population serbe est convaincue que toutes les victimes sont de son côté, que l'artillerie serbe n'a jamais bombardé la ville, ni d'ailleurs aucune ville : « Ce sont les extrémistes musulmans qui, en montant des escroqueries de toutes pièces et avec l'aide de certains médias étrangers, veulent le faire croire. » Quand un convoi du HCR évacue des réfugiés de Srebrenica, la population serbe bombarde de pierres ses convois chargés de femmes et d'enfants. La haine éclate à l'état pur, chaque jour excitée et systématiquement renforcée. Quand, il y a deux semaines, le général Morillon a voulu retourner à Srebrenica, ce ne sont pas des hommes en armes qui l'ont arrêté mais une foule de femmes qui ont dépecé littéralement son blindé, écrivant sur son véhicule un mot : *Hitler*.

Dans ces conditions, comment croire un instant que les Serbes se rallieront à un plan de paix qui les priverait d'une partie des territoires conquis ? Mais alors quoi ? Faire la guerre aux Serbes ?

En attendant, les Etats-Unis, la France et la Grande-Bretagne se sont donné le ridicule d'annoncer qu'ils proposaient de « renforcer les sanctions contre la Serbie »... Sûr que celle-ci va trembler !

Dans la rue, un jeune homme me demande de l'argent. Je n'en ai pas. Je suis sortie avec de la monnaie pour acheter *Le Monde*. Il insiste. Je lui montre mes mains vides. Il me dit qu'il a besoin d'un médicament, qu'il ne peut pas le payer. Je lui propose de venir avec moi chez le pharmacien, qui me connaît et me fera crédit. Il refuse et s'éclipse. Ce doit être un nouveau truc pour faire la manche, le coup du médicament. Pas bête.

Dimanche 18 avril. Lu l'enquête d'une Américaine, Susan Faludi, sur le *backlash* qui frappe, selon elle, le féminisme aux Etats-Unis. A la lire, on a l'impression qu'une véritable coalition de politiciens, chercheurs, prêcheurs, idéologues, médecins touchés par la grâce du reaganisme militant, s'est formée pour combattre le féminisme et qu'elle a largement infiltré les médias... Il s'agit de répéter jour après jour que les femmes diplômées de l'université perdent toutes leurs chances de trouver mari, que les femmes actives sont frappées d'infécondité, etc.

Faludi donne une série d'exemples impressionnants de la façon dont cette idéologie s'est répandue dans les dix dernières années. D'autres exemples sont moins probants. Ainsi, quand sont dénoncés la minijupe – que les Américaines n'ont d'ailleurs pas adoptée –, la lingerie de soie et les porte-jarretelles, qui ont envahi les vitrines. Mais là aussi il semble que les Américaines aient victorieusement résisté !

Le livre est brillant, féroce, relève parfois du pamphlet, avec toutes les outrances du genre, se garde de rappeler que le féminisme radical qui a exaspéré les hommes et bon nombre de femmes a sa part de responsabilité dans le virilisme revanchard qu'il a déchaîné, mais il est bourré d'informations sur l'impitoyable guerre des sexes que les ultras de la droite livrent au féminisme. Il était temps que Bill Clinton arrive !

Tout ceci ne nous concerne pas vraiment, mais il faut toujours surveiller ce qui se passe là-bas, tant le vent d'ouest est prompt à nous apporter ses poussières.

D'un coup de griffe, ma chatte m'a défigurée... Elle a été déséquilibrée en sautant et sa patte a accroché ma joue gauche. Je ressemble maintenant à un Indien tatoué de deux balafres. Rien de grave, mais ça tombe mal... Dans les jours qui viennent, je dois participer, avec BHL, à deux émissions de télévision auxquelles j'attache du prix, *Bouillon de culture* et *7 sur 7*. Que faire ? Me décommander ? Grossier. Recourir à des artifices de maquillage ? Aléatoire. Demander que l'on excuse ma mine et que l'on n'attribue pas ces coups de griffe à mon partenaire ? Affectation. On ne perd jamais rien à prendre les choses simplement.

Donc, ne pas en faire une histoire, ne pas me tortiller, ne pas jouer les stars défigurées, accepter silencieusement ce petit désagrément et, surtout, ne pas y penser en cours d'émission. La France n'aura pas les yeux fixés sur moi.

Lundi 19 avril. Anniversaire : il y a cinquante ans, une poignée de Juifs déclenchaient pour l'honneur l'insurrection du ghetto de Varsovie, après que le plus grand nombre, 400 000, eurent été embarqués vers Treblinka, d'où personne n'est jamais revenu. Les survivants du ghetto sont rarissimes. L'un d'eux, Marcel Reich Ronicki, racontait hier soir, sur Arte, ce qu'y fut la vie culturelle. La littérature ? Personne, dans cette situation, n'était capable de lire des romans. Des poèmes, à la rigueur. Le théâtre ? Des acteurs se sont formés en troupes, mais personne n'avait envie de voir des comédies. Restait la musique. Il y avait beaucoup de musiciens parmi les habitants du ghetto, beaucoup de violonistes surtout. Pour constituer un orchestre symphonique, manquaient des clarinettistes, des trombones, des cors… Mais des saxophonistes de jazz se sont proposés… Le souffle, seulement, leur faisait défaut quand ils avaient trop faim. Bref, l'orchestre fut formé et il jouait une fois par semaine.

Bientôt, il lui fut interdit d'interpréter de la musique allemande. Chopin, lui, était interdit à toute la population sans distinction à cause de « sa force révolutionnaire mobilisatrice ». Il restait aux Juifs Mendelssohn et Offenbach. Pour Mahler, ils n'avaient pas de partitions.

Vint la déportation. Tous les instrumentistes partirent avec leur instrument, persuadés qu'ils seraient ainsi protégés « parce que les Allemands sont mélomanes ». Aucun n'a survécu. C'était raconté sobrement, festonné de musique et criblé d'images terribles, piles de cadavres décharnés empilés comme des briques…

Les jeunes gens d'aujourd'hui disent : « Comment, comment les Juifs ont-ils pu consentir ainsi à leur mort ? » La vraie question est : « Comment les non-Juifs ont-ils pu consentir à la mort des Juifs… »

Hier encore, Balladur, à *7 sur 7*, parlant de la Bosnie : « Nous ne pourrons pas accepter que Sarajevo soit menacée si peu que ce soit… » Nous ne pourrons pas, vraiment ? Qu'est-ce que nous n'avons pas accepté, jusqu'à présent ? On avait envie de lui dire, en serbe : « Cause toujours, mon bonhomme… »

Feuilleton Morillon, suite. Dans un démenti cinglant à son ministre de la Défense, le Premier ministre a indiqué que le rappel du général n'était pas à l'ordre du jour. Une façon de dire qui est le patron, même si l'affaire est, sur le fond, sans importance. Dans la capitulation générale, Morillon a été brièvement le symbole du courage individuel. Mais aussi de son impuissance…

Mardi 20 avril. Un énorme rapport de l'INSEE radiographie la France. Il n'enseigne rien que l'on ne sache plus ou moins, mais précise, à travers des flopées de chiffres, les contours de l'évolution dont la France fait l'objet. Une campagne qui se dépeuple, une population qui vieillit, un chômage qui augmente, les conditions de travail qui se détériorent, le sida qui progresse, la toxicomanie aussi, bref de quoi se flinguer.

La population agricole est « en mutation », la population ouvrière, dont les effectifs fondent, est « en crise », selon l'INSEE, et « se déstructure ». 56 % des chômeurs sont des femmes.

Du côté rose, les élèves français ont des connaissances en lecture, mathématiques, sciences, « très supérieures à celles des élèves de la plupart des autres pays développés ». On se tue à le dire, mais les gens ne veulent pas l'entendre. La durée des études s'allonge…

Du côté de la vie privée, la longévité augmente, le taux de mariage est en baisse constante, celui des unions libres en hausse, un enfant sur trois naît hors mariage, le taux des divorces ne cesse de progresser. Un sur trois mariages.

Quant au patrimoine, il s'échelonnerait de 1 à 8 entre les ouvriers et les professions libérales. Mais au-delà des professions libérales ? Pudique, l'INSEE n'en dit rien.

On a lu des choses plus réconfortantes que ce rapport, mais il a le mérite de l'objectivité, celle des chiffres.

Reçu un carton d'invitation pour un bal. Cravate noire et robe longue. Ahurissant que des gens aient envie de donner un bal en ce moment. Un bal !

T. D. exulte. Il est italien et, depuis vingt-quatre heures, fier de l'être, ce qui ne lui était pas arrivé depuis longtemps.

Son pays a voté massivement les réformes soumises à référendum. C'était compliqué. Il fallait répondre à huit questions. Ils ont dit *oui* à tout dans des proportions imposantes. Le chiffre le plus bas : 55 %, pour approuver la dépénalisation de la drogue. Le plus élevé : 90 %, pour abolir le financement des partis politiques. Et 82 % ont approuvé l'adoption du système majoritaire panaché de proportionnelle pour l'élection des parlementaires…

« Nous avons des défauts, me dit T. D., beaucoup de

défauts, mais reconnaissez que nous sommes tout de même très intelligents ! »

Certes. Mais est-ce vraiment l'intelligence qui a parlé ? Ou un rejet quasiment viscéral du passé, de cette corruption géante qui a vicié tout le pays ? En tout cas, le résultat de ce référendum est une bonne nouvelle. Il ne reste plus, en Italie, qu'à reconstruire une démocratie. La moindre des choses.

« Que puis-je savoir ? Que dois-je faire ? Que m'est-il permis d'espérer ? » Les trois questions que posait Kant, il y a deux siècles, Edgar Morin en rappelle l'actualité à ceux qui s'interrogent sur le point de savoir si, l'espérance socialiste étant en ruine, une nouvelle espérance peut être générée. Suit, dans un article fleuve publié par *Le Monde*, une analyse magistrale, méticuleuse et quasiment apocalyptique de l'état du monde et de notre civilisation. En face de quoi, « il est dérisoire que les socialistes, frappés de myopie, cherchent à *aggiornamenter*, moderniser la social-démocratie, alors que le monde, l'Europe sont affrontés aux problèmes gigantesques de la fin des Temps modernes ». Que peut-on espérer, les fondements de la pensée de Marx étant désintégrés et la plupart de nos certitudes s'étant effondrées ? « Les processus majeurs conduisant à la régression ou à la destruction », il reste l'improbable, et c'est là qu'il faut loger l'espérance. Morin rappelle que, dans les moments dramatiques de l'histoire, tous les grands événements positifs ont été improbables avant qu'ils adviennent. Conclusion plaquée sur mille lignes désespérées.

C'est peu de dire que l'on sort de cette lecture assommé...

Vu en projection privée un film superbe, *La Leçon de piano*, œuvre d'une femme néo-zélandaise, Jane Campion. On lui prédit déjà la palme d'or, à Cannes. Un prix certainement, bien que le jury soit imprévisible.

A travers l'histoire d'une passion, Jane Campion a voulu montrer, dit-elle, que le désir d'assouvissement érotique est une des plus fortes motivations qui soient... Elle l'a fait avec autant de pudeur que ses confrères réalisateurs en ont peu. Vigueur, émotion, maîtrise... C'est quelqu'un, Jane Campion. La partie française du financement a été assurée par

Francis Bouygues, dont le cinéma était devenu la danseuse. Il n'aura pas la joie d'assister, à Cannes, à son succès. Accident vasculaire. Décidément, personne n'a le droit d'être heureux longtemps.

Mercredi 21 avril. X., qui occupe dans l'administration une fonction modeste mais en un lieu stratégique, me raconte quelques potins d'office. Balladur a donné l'ordre que la consommation de vin, d'alcools, de gâteries diverses et de mets gastronomiques soit diminuée de moitié par rapport aux précédents locataires de Matignon. La consigne est, pour l'heure, strictement observée. Le personnel a le PM à la bonne. On le trouve distant mais poli…

Le même personnel a gardé un bon souvenir de Rocard, chaleureux, un souvenir étonné d'Edith Cresson, qui leur disait : « Vous ne m'aimez pas, hein, vous ne m'aimez pas ? », et un détestable souvenir du couple Fabius, jugé arrogant.

En remontant plus haut, Raymond Barre a été aimé, Mme Barre redoutée.

Et alors ? Alors les rapports d'un homme, d'une femme avec les subalternes ne sont jamais insignifiants…

L'exploit de Bruno Peyron – le tour du monde à la voile en 79 jours, 6 heures et 15 minutes – fait vibrer les amants de la mer. Luxe du geste gratuit, panache, courage aussi pour mater leur monture, Peyron et ses quatre compagnons d'aventure ont marché victorieusement sur les traces de Phileas Fogg, le héros de Jules Verne, à travers baleines et cap Horn.

Ça sert à quoi ? A rien. C'est le beau de l'affaire. Ça sert à faire rêver… Peyron a tout de même touché la prime de 100 000 livres promise au premier détenteur du trophée Jules Verne mais il ne courait pas pour l'argent, oh ! non, il courait pour la gloire… Elle est à lui. Jusqu'à ce qu'un autre lui arrache son record.

Déjeuner avec Marie-Laure Reyre, jolie productrice qui se débat, comme ses confrères, dans des difficultés inouïes pour monter des films. Vaillante, elle persiste. J'ai écrit pour elle une adaptation des *Faux-Monnayeurs* d'André Gide.

Le monde du cinéma est dans un état d'extrême agitation devant les accords qui se mijotent au niveau de l'Europe et du Gatt, accords qui peuvent être meurtriers pour la création française et menacent, en particulier, le droit d'auteur.

Une motion de soutien vient d'être envoyée aux auteurs et réalisateurs français par des auteurs et réalisateurs américains. Elle est signée Martin Scorsese, Francis Ford Coppola, Stanley Kubrick, Robert Altman, Steven Spielberg, George Lucas et quelques autres. La crème.

C'est dire que l'on est conscient, là-bas, de l'importance du débat en cours. On voudrait être sûr que les négociateurs français le sont aussi.

Bernard Pivot m'envoie le petit questionnaire auquel il nous soumettra, vendredi... Il demande quel mot je préfère... *Tubéreuse* me plaît bien... Quel mot je déteste... Je n'en trouve pas. *Oreille de souris*, peut-être, c'est l'autre nom du myosotis, mais les gens ne comprendraient pas... J'hésite entre *chiant*, mais c'est grossier, et *révisionnisme*... Mais ce n'est pas le mot qui est exécrable, c'est ce qu'il désigne... Je crois que j'ai trouvé : *troisième âge*. Horrible expression. Le reste ne m'embarrassera pas trop.

Il y a bien sûr la question piège : « Si Dieu existe, qu'aimeriez-vous, après votre mort, l'entendre vous dire ? » Je crois que je répondrai : « Il vous sera beaucoup pardonné parce que vous avez beaucoup péché... » Mais je trouverai peut-être mieux d'ici à vendredi...

Jeudi 22 avril. Europe 1 avec Elkabbach. A 8 heures du matin, je dors les yeux ouverts, quelle que soit ma bonne volonté. C'est la raison pour laquelle je n'ai jamais fait de radio régulièrement. La radio est le domaine des matinaux. Alain Duhamel, Philippe Alexandre, Ivan Levaï... J'admire le courage avec lequel ils se lèvent, depuis des années, aux petites aubes, pour traverser Paris dans la nuit, et avec quelle voix fraîche ils s'adressent aux auditeurs.

Le monde appartient à ceux qui se lèvent tôt. Jusqu'à ce que les autres se lèvent.

Efforts et sacrifices : on ne va pas plaindre les ministres parce que leur salaire sera amputé de 10 % pour leur permettre de partager la peine des Français. Sur 40000 francs par mois, il reste de quoi vivre. Seule l'ineffable Lucette Michaux-Chevry, ministre de l'Action humanitaire, a rechigné : « Je gagne moins que Jacques Calvet (le patron de Peugeot) et je travaille autant... » Mais il s'agit, une fois encore, d'une mesure symbolique dont l'effet sur le budget de l'Etat sera nul.

En revanche, la remise en cause des accords d'augmentation précédemment conclus avec les fonctionnaires fera mal. La masse salariale des fonctionnaires représente plus d'un tiers du budget de l'Etat. C'est dire qu'un point d'augmentation de plus ou de moins met en question des sommes énormes. Mais alors quoi ? On va pénaliser les infirmières ? Les enseignants ? Et augmenter en même temps, comme cela est annoncé, la fiscalité et les cotisations sociales ?

Il faudra bien du talent à Edouard Balladur pour faire avaler ces bonnes nouvelles. A vrai dire, il marche sur le fil du rasoir. Déficits d'un côté, danger de réduire encore la consommation de l'autre, s'il augmente les prélèvements fiscaux... Dur, dur. Mais il l'a voulu, il y est. Il lui reste à inspirer assez de confiance pour que, même ponctionnés, les bas de laine s'entrebâillent.

Parcouru, en vue de *Bouillon de culture*, un nouveau *Dictionnaire de la misogynie*, dont l'auteur sera présent. Les grands ancêtres, ceux qui ont marqué les esprits pour des siècles, Aristote, saint Paul, en sont absents. La plupart des citations datent du dix-neuvième et des débuts du vingtième. L'intéressant est qu'elles portent en majorité sur la « bêtise » des femmes, leur inintelligence, leur absence de cervelle, leur impuissance à suivre une conversation ou à manifester de l'intérêt pour un sujet non frivole. Des idiotes sournoises. Et on voit mieux, à travers cette littérature, ce que l'instruction – un droit qui leur fut si longtemps dénié – a progressivement apporté aux femmes. Cette misogynie-là est cruellement démodée. Il y en a une autre dont des homosexuels notoires se font l'écho. Montherlant, par exemple, pédéraste honteux : « Pensez que jamais – jamais – je n'ai trouvé les deux ensemble chez une femme, intelligence et beauté. » Ou Martin du Gard : « C'est toujours l'inlassable médiocrité des femmes qui l'emporte… » Certains ont, heureusement, plus d'esprit.

Vendredi 23 avril. Vu hier soir deux pièces de Nathalie Sarraute, jouées à merveille par des acteurs de la Comédie-Française, en particulier Roland Bertin et Christine Fersen.

Quel âge a-t-elle, cette vieille dame russe qui est probablement le plus grand écrivain français contemporain ? 92 ? 93, plutôt. Et elle continue de travailler sans dételer. Son écriture ne ressemble à celle de personne, ses romans sont des anti-romans, disait Sartre, son théâtre de l'anti-théâtre. Et pourtant, « ça fonctionne », comme on dit aujourd'hui.

Le sujet de ses pièces ? « Il est chaque fois ce qui s'appelle rien. Pourquoi rien ? Parce qu'il faut que la carapace du connu et du visible soit percée sur un point infime, que la craquelure soit la plus fine possible, pour que l'invisible, l'innommé, soit à la place d'honneur, pour qu'il soit plus difficile pour les spectateurs de se laisser distraire par ce qui se passe à la surface. A la surface, il n'y a à peu près rien. »

Donc, dans *Le Silence*, un personnage que quatre femmes et deux hommes adjurent de parler. Et qui se tait obstinément.

Dans *Elle est là*, un homme traque, dans la tête d'une femme, une idée subversive qu'il veut lui extirper… L'extraordinaire, c'est la violence du sous-dialogue, chez Nathalie Sarraute, la charge explosive qui sous-tend la peau des mots.

La première pièce m'a paru excessivement étirée. La seconde est un bijou.

Ah ! sûr que ce n'est pas du Feydeau ! Mais quelle virtuosité… Et pourtant, je n'aime pas trop le théâtre.

Balladur rentre de Bonn avec une bonne nouvelle dans sa gibecière : la Bundesbank a baissé ses deux taux directeurs d'intérêt. Personne, dans le public, ne sait exactement ce que cela signifie mais on sait que c'est positif, et on est tenté d'en donner crédit au Premier ministre français. Il n'y est pour rien ? Peu importe. Psychologiquement, c'est un plus pour lui et c'est tant mieux.

Déjeuner avec J., 20 ans. Il me raconte qu'il a été interpellé alors qu'il avait du hasch sur lui, dans une enveloppe. Il portait aussi des tambours de percussion dont il joue à ses heures de loisir. Intelligemment, au lieu d'attendre qu'on le fouille, il a tendu son enveloppe poliment. Les flics l'ont emmené au poste, l'ont interrogé sur ses instruments. Il paraît qu'entre les percussionnistes et les flics, c'est la guerre froide. « Il faut que tu joues pour nous », ont dit les flics. « Volontiers », a dit J., toujours très poli, toujours comme il faut. Il a joué. Ils l'ont laissé repartir. Avec leurs petites drogues et leur désinvolture à l'égard des préservatifs, ces gosses me donnent des sueurs froides.

Je lutte pour ne pas me laisser gagner par l'angoisse de BHL, qui lui est consubstantielle. Depuis que *Les Hommes et les Femmes* est sorti, nous avons été largement et généreusement traités par les médias. Même si cela n'a jamais suffi à faire acheter un livre, même si des notes discordantes peuvent encore s'élever, nous devrions être heureux. Mais non. Il ne l'est pas. Habitué comme il l'est à ferrailler pour ses idées, il est désemparé parce qu'il n'a pas matière à le faire… Personne ne l'attaque, nos dialogues sont affectueux, même lorsque je le taquine… Alors il s'invente des ennemis tapis dans l'ombre, bute sur des broutilles, un mot par-ci un mot par-là, imagine des parades… Et il me regarde, avec son bel œil noir où je lis une mystérieuse détresse… Je l'aime beaucoup, ce sacré zèbre…

Samedi 24 avril. La lune de miel de Balladur se prolonge. Les syndicats sont sortis satisfaits d'une entrevue avec lui, chacun ayant pu s'exprimer. En somme, ce qu'on appelle « le dialogue social » est renoué. Cela ne préjuge pas des réactions lorsque les mesures concrètes d'économie seront annoncées, mais incontestablement la méthode Balladur est bonne. Il faudrait être de mauvaise foi pour le contester.

A son tour, la Banque de France a pu baisser ses propres taux d'intérêt.

Pendant ce temps, les socialistes se déchirent à propos de leur Comité directeur, auquel Fabius refuse de participer. Quand on entend parler de fabiusiens, de rocardiens, de mauroistes, de jospinistes, on a envie de tirer son revolver. Raymond Barre a coutume de dire que la recomposition du système politique français passe par une décomposition. Sans doute n'avait-il pas prévu que celle-ci irait plus vite à gauche qu'à droite.

Un film de Serge Toubiana et Michel Pascal consacré à François Truffaut révèle le secret de sa vie : il était le fils naturel d'un dentiste de Franche-Comté nommé Lévy. C'est avec le concours d'une agence de détectives privés qu'il a retrouvé la trace de ce père oublié dont il n'a cessé de soupçonner l'existence sans savoir qui il était… Et puis un jour, son patronyme l'a rattrapé, après qu'il eut longtemps couru derrière sans le connaître.

Curieuse histoire de l'un des artistes les plus attachants du cinéma français.

Dimanche 25 avril. Vu hier soir à l'Opéra, avec beaucoup de retard, *La Flûte enchantée*, dans la mise en scène de Bob Wilson. Sentiments mitigés. Depuis qu'il a surgi, en 1971, avec ce bouleversant chef-d'œuvre qu'était *Le Regard du sourd* (« Je n'ai rien vu de plus beau en ce monde », écrivait alors Aragon), depuis vingt ans donc, Bob Wilson est sacré. Intouchable. Or, sur cette *Flûte*, je renâcle. On dirait qu'il a pioché dans toutes ses mises en scène des éléments rendus hétéroclites, à être ainsi réunis. Il y a un peu de japonaiseries, un peu d'Egypte, un peu de BD, un peu de haute couture, un peu de design néon… Et il n'y a pas d'émotion. Sauf pendant un instant, sublime, quand Pamina traverse lentement la scène, la main droite seule éclairée, comme une torche.

Si cette mise en scène n'enlève rien à Mozart, immarcescible, elle ne lui ajoute rien non plus.

Autant j'avais trouvé de l'esprit à Peter Sellars montant *Don Juan* dans une adaptation contemporaine, autant le travail de Wilson m'a paru, cette fois, sans nécessité… Mais l'opéra est si beau qu'on pourrait le chanter en maillots de bain.

La politique de la chaise vide n'a pas réussi à Fabius. Les deux plus grosses fédérations, celle du Nord et celle du Pas-de-Calais, ont rejoint Rocard. Qui se trouve donc patron de fait du PS. Interrogé tout à l'heure à *L'Heure de vérité*, il s'est gardé de pavoiser. Il a une longue route à courir…

Faut-il noter tout cela, qui n'intéresse probablement personne ? Je n'arrive pas, moi, à m'en désintéresser, tant le naufrage de la gauche me fend le cœur.

Pour empêcher un film d'être envoyé à Cannes dans la sélection officielle, on a fait courir le bruit que son producteur s'est inscrit au RPR ! Et qu'en le sélectionnant les commissaires obéiraient donc manifestement à des pressions politiques ! N'importe quoi… Quoique bien montée, la manœuvre a échoué.

J'ai eu un mari affectueux qui me faisait un cadeau tous les dimanches. Un petit cadeau, parfois, mais un cadeau. Nous nous sommes séparés il y a bien des années et, aujourd'hui, il est mort. Mais il n'y a pas de dimanche où sa pensée ne me traverse l'esprit.

Lundi 26 avril. Après avoir fait la manche auprès de Clinton, Eltsine a gagné haut la main son référendum, sans être pour cela en position de dissoudre le Parlement, qui veut sa perte… Conséquences ? On ne sait pas encore. Le sûr est qu'un échec eût été désastreux… Analyse de Jean Boissonnat dans *L'Expansion* : « Pendant soixante-dix ans, le communisme a formé un Parti-Etat pour organiser l'empire. Boris Eltsine, en faisant exploser le Parti, a fait disparaître l'Etat. L'empire s'est donc désagrégé. Mais la nation russe qui tente d'émerger de ces ruines ne dispose d'aucun des attributs de l'Etat moderne : ni vraie monnaie, ni fiscalité efficace, ni législation stable… Quant à son armée, le pays ne sait si elle le ruine ou si elle peut le sauver. Aujourd'hui, la Russie a davantage besoin d'Etat que de capitaux. »

Construire un Etat, gigantesque entreprise… Boissonnat

recommande, dans les formes de notre aide, de ne pas « humilier les Russes », qui sont à vif...

Reçu un journaliste de *Paris-Match* très habile, qui m'a soutiré des choses que je ne voulais pas dire. C'est bien la peine d'être un vieux crocodile... Ah ! ces journalistes !

Lu *Verbatim*, le journal de bord de Jacques Attali concernant les années 81 à 86. Le livre est si gros – 950 pages – que, d'abord, il rebute. Impossible de le tenir en main. Mais, quand on entre dedans, la fascination de la chose vue, entendue et rapportée toute nue, en quelque sorte *verbatim*, cette fascination opère.

Les entretiens de Mitterrand avec les gros poissons, Kohl, Schmidt, Reagan, Assad, Thatcher, etc., sont passionnants, à condition d'en bien saisir la substance à travers un langage feutré.

Le reste – la machinerie du pouvoir et la vie de ses machinistes, vue de l'Elysée – évoque plutôt la page 2 du *Canard*. Mais c'est ce qui amusera les gens. Le reste, ils feindront de le lire.

Le pauvre Attali est l'objet, par ailleurs, d'une violente campagne de dénigrement quant aux dépenses de fonctionnement inconsidérées de la BERD (la Banque européenne pour la reconstruction et le développement), qu'il préside.

Il a toujours eu une certaine folie des grandeurs. On l'imagine très bien, grisé, enivré, choisissant lui-même le marbre de Carrare dans lequel est taillé le hall de la BERD, et ne sillonnant plus le monde qu'en avion privé, les lignes régulières lui paraissant indignes de sa fonction. Il ne serait pas le premier que le pouvoir et l'argent auront fait disjoncter. Mais surtout, les Anglais, qui ont déclenché cette campagne, n'ont jamais pu supporter cet intellectuel sophistiqué, vif comme le mercure, insaisissable comme une anguille... Le contraire de ce qu'ils appellent *a decent man*... Et ils ont apparemment trouvé la faille pour l'attaquer. Les gouverneurs de la BERD se retrouvent à Londres aujourd'hui. J'espère qu'Attali va se tirer de là sans trop de casse... Il y tient, à sa banque...

Mardi 27 avril. Un objet bizarre est entré dans ma maison, commandé par un kinésithérapeute autoritaire. C'est une bicyclette d'appartement. Il me jure qu'il ne m'en faut pas moins pour compenser les inconvénients d'une vie sédentaire.

La perspective de pédaler, toute seule, dans ma chambre, me paraît loufoque. Pourquoi devrais-je m'infliger cette corvée ? « Pour ne pas décliner, me dit mon tyran. Je ne peux pas vous rajeunir, mais je peux vous empêcher de décliner, et ainsi vous éviter certaines douleurs... » Bon. Me voilà donc occupée, matin et soir, à enrayer mon déclin. Rude affaire.

Les Hommes et les Femmes décolle comme une fusée. Je me demande pourquoi. L'alliance de nos deux noms ? Ils auraient pu, au contraire, se neutraliser. Non, c'est le sujet. Le seul sujet qui compte, à la fin, dans l'existence de chacun. La grande affaire de la vie.

Reste que ni l'un ni l'autre nous n'aurions pensé à en faire un livre si un éditeur imaginatif ne nous l'avait suggéré.

Alléché, un journaliste du *New York Times* vient m'interroger. Interview à l'américaine, sérieuse, pointilleuse, il a lu le livre attentivement. Il veut des comparaisons entre la France et les Etats-Unis, en ce qui concerne les relations entre hommes et femmes, et me dit que, dans son pays, ça ne va pas du tout, mais pas du tout. Que les excès concernant le harcèlement sexuel ont achevé de rendre ces relations lamentables. Que lui dire ? J'essaye de le consoler, de lui dire que l'héritage puritain est lourd à porter, que nous n'avons rien de tel en France à subir... Il veut savoir pourquoi le printemps à Paris est le paradis des amoureux. Parce que Paris au printemps est beau, si beau, avec ses frondaisons et cette magnifique distribution des espaces, des volumes, qui rend la capitale unique au monde, parce que la lumière est divine, parce que, parce que... Est-ce que je sais ? Ils sont drôles, ces Américains.

Mais c'est moi qu'il trouve drôle. « Vous écrivez, en parlant de vous : "Je ne suis plus opérationnelle." Jamais une femme américaine ne reconnaîtrait cela. Jamais. – Je sais.

Les Américains croient qu'à feindre d'être jeune on trompe la mort. C'est plutôt touchant. Un peu niais, aussi, sauf votre respect. »

Oui, un peu niais. Mais si ça les aide à vivre... Au revoir, monsieur. Merci de votre intérêt.

Au suivant.

Mercredi 28 avril. Faxé au *JDD* un article sur le dernier Djian. Il se fait matraquer avec une telle violence par Rinaldi dans *L'Express* et par Marc Lambron dans *Le Point* que l'on a envie de mettre de l'arnica sur ses bosses. Quelle dégelée !

Qu'a-t-il donc fait, le pauvre garçon ? D'abord, il écrit, c'est vrai, avec ses pieds et une pauvreté de vocabulaire affligeante. Mais non sans force, non sans talent. Ensuite, il est édité, cette fois, chez Gallimard, et il est clair qu'à le trouver sous la fameuse couverture blanche certains voient rouge. Blasphème. Sacrilège. Gide et Valéry doivent s'en retourner dans leur tombe, etc.

Enfin, à l'intérieur même de son système, *Sotos* n'est pas ce qu'il a fait de meilleur.

Il reste que, si Djian n'est pas un écrivain mais un écriveur, il a un public, essentiellement jeune, point trop exigeant sur l'emploi de la langue française, qui se reconnaît probablement dans ces succédanés de littérature américaine et qui fait son succès.

On ne peut pas se plaindre que les gens ne lisent plus et se plaindre quand ils lisent...

Dîner avec un avocat américain très au fait des affaires françaises. Il travaille à cheval sur les deux pays. Il me raconte que la SEITA, la régie des tabacs, va être probablement privatisée. Bolloré s'est déjà porté acquéreur. Selon lui, il agit pour le compte d'un mystérieux et puissant personnage, Jean K., qui a d'énormes intérêts dans le tabac aux Etats-Unis.

Le tabac est en chute libre, là-bas, parce que les gens ne fument plus. Les ventes ont baissé de 40 % pour Philip Morris par exemple. Il s'agit donc, pour les fabricants américains, de s'emparer du marché français et, plus généralement, des marchés des pays du Sud, Italie, Espagne, où la consommation de cigarettes reste inchangée. Intéressant de voir qui mettra, pour finir, la main sur la SEITA.

Aux Etats-Unis, l'action de Clinton est paralysée par le Congrès, où les républicains font du *filibustering*. Ils prennent la parole et ne la lâchent pas, pour empêcher les projets auxquels ils sont hostiles de venir en discussion. Certaines réformes passeront. Pas les plus importantes. Je demande : « Mais qu'est-ce qu'ils veulent ? » Réponse : « Le pouvoir. Kennedy les gênait. Ils l'ont tué. Ils essayent, d'une autre manière, de tuer Clinton. »

Jacques Attali s'est tiré sans trop de dégâts, semble-t-il, d'un mauvais pas. L'assemblée générale de la BERD l'a mis « sous surveillance », notamment celle du principal actionnaire de la banque, les Etats-Unis. Mais hommage a été rendu à son action et à son dynamisme...

Dominique Bozo est mort à 58 ans d'un cancer, et j'en ai de la peine. Avec ses coups d'éclat et ses accès de démissionnite, il aura été l'une des figures de l'art contemporain en France. Président du Centre Pompidou, il était en train de rendre son lustre à une institution qui en avait grand besoin, de la reprendre en main. Personne n'est irremplaçable, mais sa succession sera difficile. C'était quelqu'un, Bozo.

Et voilà Jacques Chirac qui fait son numéro. Il trépigne, il piaffe, il crève de cette relative inaction où il se trouve, de ce nuage rose qui entoure Balladur, du délai imposé à la réalisation de ses espérances. Il ne va jamais tenir deux ans !

Ses compagnons réunis en conseil en ont été solennellement avertis : tous les efforts du RPR doivent tendre vers « la victoire majeure », celle qui mettra Chirac à l'Elysée.

En d'autres temps, il aurait fait assassiner Mitterrand. Mais ces choses ne se font plus guère, du moins en démocratie... Nul doute que, sous peu, c'est Balladur qu'il aura envie d'assassiner.

Jeudi 29 avril. Déjeuner avec Martine Boivin-Champeaux, la petite fille de Paul Valéry, une ancienne et chère amie qui a travaillé avec moi autrefois.

Elle est mariée, elle a des enfants, elle est grand-mère... Un jour, elle a décidé d'interrompre toute activité et de se consacrer à la peinture, dont elle n'avait que de vagues notions.

Et elle l'a fait. Depuis plusieurs années maintenant, elle travaille avec acharnement, littéralement engloutie, dévorée par le feu qui la brûle.

Elle n'a encore jamais exposé. Elle s'y prépare pour l'année prochaine. Les femmes d'aujourd'hui sont extraordinaires...

Grève dans la distribution des journaux provoquée par la CGT à propos d'une histoire stupide. Personne n'est plus attaché que moi au droit de grève. Mais, quand il est employé de la sorte, il me révolte. Blesser les journaux en ce moment, c'est les tuer.

Conseil d'administration d'une société dont je suis l'un des administrateurs, par amitié pour son président. Lecture est faite d'un nombre incroyable de notes, exposés, relevés de décisions, bilans en tous genres, le tout dans un vocabulaire qui m'est totalement étranger. J'ai l'impression d'assister à un film coréen non sous-titré. En d'autres termes, je ne comprends rien.

L'un des administrateurs, habitué, lui, de ce genre de cérémonies dans diverses entreprises, me dit qu'aux Etats-Unis – où les gens ne saisissent pas davantage ce qu'on leur raconte – ils prennent une assurance contre le risque d'avoir mal compris et de se retrouver ainsi entraînés dans Dieu sait quelles opérations !

Je ne cours aucun risque. Mais cela me vexe profondément d'être ainsi incapable de maîtriser une matière, banale en somme, parce qu'elle m'est opaque.

Vendredi 30 avril. Ibrahim Souss, délégué général de l'OLP à Paris, a été naturalisé français. Drôle de situation… Il n'est pas courant, que je sache, qu'un Français représente des intérêts étrangers dans son propre pays… L'homme est de qualité, mais la question n'est pas là. Comment est-ce possible ?

Déjeuner avec Florence Malraux. Merveilleuse personne, digne du nom qu'elle porte. L'air et la grâce d'une adolescente, le jugement le plus sûr en matière d'art et de littérature, l'élégance dans l'art de vivre. Quelqu'un de précieux. Elle me rappelle une phrase de son père : « Un couple réussi est une œuvre d'art. Il y en a cinq par siècle. »

Jean-François Kahn me demande d'écrire quelques lignes dans *L'EDJ* pour saluer le quarantième anniversaire de *L'Express*… Je vais m'exécuter bien sûr, parce que c'est lui, mais sans plaisir. Rien ne m'est moins naturel que de célébrer les années enfuies ou même de les évoquer sans nécessité. Quarante ans ? C'était il y a cent ans, la naissance de *L'Express* ! Dans un autre monde, dans une autre France, où j'étais quelqu'un d'autre. Aucune envie d'y replonger.

Ma relation avec le passé est toujours la même : qu'il s'agisse des jours heureux ou malheureux, n'y point penser. Ce n'est même pas demain qui m'intéresse. C'est aujourd'hui, « le vierge, le vivace et le bel aujourd'hui ».

Mai

Samedi 1er mai. Un jour lisse, paisible, où le téléphone sonne peu, le fax pas du tout, le timbre de la porte rarement, juste quand on livre du muguet, petits signes d'amitié qui réchauffent le cœur.

A la télévision, j'aperçois Le Pen défilant avec ses troupes devant la statue de Jeanne d'Arc et cela m'horripile. Personne n'a le droit de confisquer Jeanne d'Arc, le plus beau personnage de l'histoire…

Les Serbes, impressionnés par les dernières menaces de Clinton, seraient prêts cette fois à signer le fameux plan de paix. On va bien voir. Ce sera miracle si quelque chose de la Bosnie peut être durablement sauvé.

Soudain, à 20 heures, une annonce saisissante : Pierre Bérégovoy s'est suicidé d'une balle dans la tête, avec une arme subtilisée à son garde du corps. Un peu plus tard, on parle de « coma dépassé », de « pronostic réservé »… Il est perdu. Horrible histoire.

Dimanche 2 mai. Bérégovoy est mort dans l'hélicoptère qui le transportait au Val-de-Grâce. A la télévision, à la radio, les commentaires déferlent, que l'on écoute comme pour conjurer l'angoisse. On en veut encore et encore. On veut savoir, comprendre… Ce qu'un tel geste suppose de désespoir…

Combien de temps a-t-il étouffé, prisonnier dans une forteresse de solitude, avec le sentiment que tout lui échappait, qu'il ne lui restait plus à poser qu'un acte ultime pour ressaisir la situation…

Pauvre, pauvre Béré…

Chacun a son explication. La mienne est qu'il n'a pas supporté la représentation de lui-même à laquelle il était confronté depuis quelques semaines. Indélicat et incapable… Indélicat : cette affaire d'argent prêté pour payer son appartement. Bérégovoy était un ouvrier, donc susceptible en matière d'honneur. L'honneur, c'est la richesse des pauvres. On lui a volé son honneur, alors qu'il avait au plus à se reprocher une légèreté, semble-t-il. Ensuite, on lui a volé ce qui faisait sa fierté, la façon dont il a mené les affaires économiques, le franc fort, le Pinay de gauche, comme on disait. On l'a dénigré jusque dans ses propres rangs, on l'a dépouillé de ce qui faisait son orgueil, on lui a fait porter la responsabilité de la débâcle socialiste… Trop, ça a été trop, il a basculé. Voilà ce que je crois. Il a basculé là où il n'y a plus de coups à prendre, où l'on est à jamais protégé par le silence glacé de la mort.

Obligée d'aller tout à l'heure en parler à *7 sur 7*.

Un exercice dont je me serais volontiers dispensée.

Lundi 3 mai. Maintenant, il me faut écrire sur cette tragédie dans *L'Obs*, et je cherche le ton juste, en tâtonnant. Je l'aimais bien, Bérégovoy, même si le pouvoir l'avait rendu sentencieux et parfois péremptoire.

Un jour où je l'avais égratigné, alors qu'il était ministre des Finances, il m'a envoyé une lettre de trois pages, manuscrite, pour me dire que j'avais été injuste. Il s'agissait d'une *Heure de vérité*. Il m'écrivait : « Tout au long de cette émission, je me suis demandé ce que penserait de mon action Mendès France, qui m'a appris l'essentiel de ce que je sais. Croyez-moi, je ne me contente pas de gérer, je réforme, en cela aussi je crois être fidèle au mendésisme. »

Elle était touchante, cette lettre, mais traduisait déjà une susceptibilité dont on imagine ce qu'elle eut plus tard à souffrir.

On ne dira jamais assez le supplice que ces *Guignols* et autres *Bébête Show* infligent à leurs proies tandis que nous en rions. Une fois, ce serait cruel mais supportable, comme une caricature. C'est la répétition, devant des millions d'yeux et d'oreilles, qui finit par être épuisante, comme une plaie jamais refermée. Dur tribut que doivent payer désormais les « importants » à la télévision. Etre déchirés jour après jour par les fauves du rire…

Mardi 4 mai. L'émotion publique est toujours intense, comme si chacun avait découvert l'humble part d'humanité que recèle même un Premier ministre et se sentait soudain proche d'un ami perdu.

S'y ajoute l'inévitable polémique sur la responsabilité de la presse. « On a livré aux chiens l'honneur d'un homme », s'est écrié François Mitterrand, sans que l'on sache bien qui était le « on » et qui les chiens. François Léotard, ce grand étourneau, stigmatise, bille en tête, *Le Canard enchaîné*, dont il est la cible hebdomadaire. La mort de Bérégovoy : un meurtre. Tout simplement. Si l'on devait mourir des attaques de la presse, le monde politique serait un cimetière. En fait, il est heureusement rarissime qu'un homme ayant assumé de grandes responsabilités publiques mette fin à ses jours.

La presse est d'ailleurs un havre de douceur, de modération et de décence, à côté de ce qu'elle fut au siècle dernier et jusqu'à la Seconde Guerre mondiale… On pourrait tout au plus améliorer la loi sur la diffamation, qui ne dissuade pas assez, comme la loi britannique, les diffamateurs potentiels. La calomnie est infâme. Mais les faits avérés sont les faits. Qui oserait prétendre qu'il faut les dissimuler ?

La presse exerce sa fonction de contre-pouvoir quand elle dévoile, informe, critique. Elle dérape quand elle harcèle, dénigre, persécute. La nuance est dans ce qui sépare le trait blessant de l'acharnement. On ne saura jamais quand Pierre Bérégovoy a pensé qu'il n'en serait jamais quitte avec l'acharnement. Quant à la critique, il est vrai qu'elle peut gâcher une existence…

Georges Ohnet, l'auteur du *Maître de forges*, avait perdu le goût du bonheur, sinon celui de la vie, après la lecture d'une critique dévastatrice. De Jules Lemaître, sauf erreur. Même l'immense succès du livre avait été impuissant à redresser l'image de lui-même qu'il avait reçue de cette critique et qui le poursuivait.

Heureux les anonymes qui ne tombent sous la plume de personne.

Funérailles œcuméniques – ah ! qu'on vous aime, quand on est mort ! – retransmises dans l'après-midi par la télévision, où l'on doit enrager qu'elles n'aient pas été fixées à 20 heures 30.

Dans le métro, un homme pérore : « Bérégovoy… Il ne s'est pas suicidé. On l'a tué… – Où avez-vous été chercher ça ? – J'ai entendu Léotard le dire à la radio… – Vous avez mal compris… On citait un article où il dit que… – Dites donc, y faudrait pas me prendre pour un imbécile ! »

Il devenait méchant. Je n'ai pas insisté. Ainsi naissent les rumeurs…

Au journal de 20 heures, PPDA lit tout au long d'une voix vibrante l'article de Léotard, comme s'il plaidait son propre cas… Bouffon et, par quelque endroit, attendrissant. Comme un grand blessé.

Mercredi 5 mai. Le Canard répond sobrement aux attaques dont il a fait l'objet et mouche Léotard. Il l'a cherché.

Dans huit jours, personne n'en parlera plus. Et même : personne ne parlera plus, sans doute, de Pierre Bérégovoy, sinon ceux qui furent ses proches. C'est le temps qu'il faut au public pour faire un deuil.

Déjeuner avec Claude Durand, le patron de Fayard, à qui je dois un prochain livre… Ernest Renan disait : « Il faut être fidèle à ses idées, à une femme, à son éditeur. » J'ai été maintes fois infidèle à Claude Durand, l'occasion, l'herbe tendre, mais il a su ne pas m'en tenir rigueur.

C'est un véritable éditeur. Quelqu'un qui connaît la fragilité des écrivains, qui sait les conseiller, les soutenir, les écouter, les attendre. Tout simplement les aimer.

Le gouvernement a décidé de geler les rémunérations des fonctionnaires. Dans l'émotion créée par la mort de Bérégovoy, la nouvelle a été en quelque sorte « avalée ». Mais c'est la première d'une série de mesures d'austérité dont l'annonce a seulement été retardée et que l'on connaîtra lundi prochain.

Ce devrait être le début d'un parcours délicat pour Balladur, parcours où l'économique va se conjuguer avec le sécuritaire. Toute sa technique consiste évidemment à faire ce qu'attend l'électorat de droite sans s'aliéner l'électorat du centre gauche, sans lequel Chirac ne sera jamais élu président. D'où la composition de son gouvernement, ses bonnes manières et sa précautionneuse démarche... Il lui faut tenir les deux bouts de la corde.

L'idéal serait, évidemment, de se débarrasser de Mitterrand pour provoquer rapidement une élection présidentielle. Si l'occasion se présente, Balladur saura sauter dessus. Se présentera-t-elle ?

Selon Jean Boissonnat, observateur avisé, le scénario est déjà préparé. Acte I : le président multiplie les critiques à l'égard de la politique gouvernementale. Acte II : le Premier ministre prend l'opinion publique à témoin qu'il est impossible de gouverner avec un président qui vous tire dans le dos, et le gouvernement démissionne. Acte III : le président cherche un nouveau Premier ministre capable de réunir une majorité à l'Assemblée. Il ne le trouve pas (toutes précautions ont été prises à cet égard, même Giscard n'aurait pas cette majorité). Acte IV : le président est contraint de dissoudre l'Assemblée. Acte V : il perd les élections et, cette fois, l'opinion ne comprendrait pas qu'il s'incruste. Rideau.

Oui, mais Mitterrand se laissera-t-il prendre à ce piège ? Lui aussi a été élevé chez les bons pères...

Jeudi 6 mai. Projet de réforme du Code de la nationalité... Parmi d'autres dispositions, c'en sera fini de l'acquisition automatique de la nationalité française pour les enfants d'étrangers nés sur notre sol. Il faudra qu'ils en manifestent la volonté à un moment quelconque, entre 16 et 21 ans.

Cette disposition, contraire au fameux « droit du sol », soulève une tempête à gauche. (Jack Lang : « Un texte antinational... Un projet détestable, qui est un double péché contre l'histoire de notre pays et de notre avenir. »)

Je ne parviens pas à la trouver scandaleuse. En quoi une telle démarche serait-elle humiliante pour les enfants d'étrangers ? Ou de nature à rendre plus difficile leur intégration ?

Ce serait au contraire un geste d'affirmation de soi par un choix librement consenti. Et, s'ils désirent conserver la nationalité de leurs parents, pourquoi les en priver ? Nous n'en sommes plus à vouloir faire des Français à tout prix pour augmenter le nombre de nos soldats. comme ce fut le cas autrefois, par le « droit du sol ».

Quelque chose, dans les réactions que soulève ce débat, m'est insaisissable, que je me reproche de ne pas saisir.

Une objection cependant vient à l'esprit : avant que ces enfants d'étrangers n'optent pour la France, s'ils le font, quelle sera leur nationalité ? A l'école, ailleurs ?... Peut-être aurait-il fallu les tenir pour Français de naissance, mais leur demander de confirmer ce choix entre 16 et 21 ans, pour qu'il soit définitif. C'est l'école qui intègre et fait entrer dans votre patrimoine culturel Jeanne d'Arc et Napoléon...

Les Serbes de Bosnie ont refusé le plan de paix malgré les objurgations de leurs propres amis. « Je ne sais pas ce que vous voulez de plus, leur a lancé Milosevic. Izetbegovic [le président bosniaque] a perdu la guerre, et son dernier petit espoir est de provoquer une intervention militaire. » Mais ils sont restés de marbre et prétendent maintenant organiser un référendum les 15 et 16 mai.

La question est de savoir si on leur laissera un délai pour que ce référendum « corrige » éventuellement leur décision. Faute de quoi, ils risqueraient, selon l'avertissement du ministre russe des Affaires étrangères, de « provoquer une terrible effusion de sang ».

La balle est maintenant dans le camp des Américains. Il est évident qu'ils n'ont pas envie d'employer les armes. Qui ne les comprendrait ? Mais c'est, semble-t-il, le seul langage que les Serbes de Bosnie soient en état d'entendre.

Vendredi 7 mai. Le projet de loi de Pasqua sur l'entrée et le séjour des étrangers en France, fortement répressif, soulève de l'émotion et des divergences jusqu'au sein du gouvernement, où il est encore en discussion. Simone Veil et Pierre Méhaignerie demandent que certaines dispositions soient modifiées.

On en voit bien l'esprit : maîtriser l'immigration et supprimer les « appels d'air » qui incitent les étrangers à venir en France. Un tel objectif n'est pas critiquable. Mais, quand on en voit la lettre, on se demande s'il y a vraiment une politique de l'immigration, une stratégie d'ensemble et laquelle... On a plutôt l'impression d'être devant une formidable fuite d'eau que l'on cherche à colmater par tous les moyens. Légitimement ? Sans doute. Efficacement ? Ceux qui dénoncent les effets pervers qu'aurait cette loi le nient absolument.

On doute que cette agitation, relayée par bon nombre d'associations, fasse varier Pasqua d'un pouce, sauf, peut-être, sur les points relativement accessoires soulevés par Simone Veil. D'ailleurs, il faut bien donner du grain à moudre à la droite...

Long enregistrement, avec Christine Ockrent, d'une émission qui passera dans la série des *Passions de jeunesse*. Sorte de portrait que chacun trace de lui-même, articulé autour de ses vingt ans, illustré d'images d'époque. Antoine Pinay, Claude Berri, Jeanne Moreau, Jacques Chirac ont déjà accepté de se livrer à l'exercice. Pas à proprement parler difficile, mais on peut aisément s'y rendre ridicule. Parler de soi est toujours complaisant... par quelque bout que l'on se prenne.

Agacée parce que je me sentais photographiée sous mon plus mauvais angle, le trois quart, j'ai failli protester. J'aurais dû le faire... Si l'on ne prend pas soin de soi, qui le fera ? Mais bof ! tout cela est, à la fin, sans importance.

Christine me dit qu'elle a failli tuer Pinay, qui n'en pouvait plus, le pauvre, avec ses 101 ans, d'être soumis à ses questions. Il est las de vivre. Mais, tout de même, il a bien voulu dérouler son siècle... Je me souviens de lui quand il galopait comme un lapin et qu'il ne pouvait pas voir un jupon sans glisser la main dessous.

Un jour, quand il était chef du gouvernement, j'ai fait son portrait dans un journal de Pierre Lazareff. Le lendemain, Lazareff est appelé au téléphone par Pinay. Toujours respectueux des institutions, il tremble, persuadé que j'ai dû mécontenter notre père qui êtes aux cieux. Mais que lui dit le président du Conseil ? « Dites-moi, Lazareff, cette Françoise

Giroud, est-ce qu'on peut l'inviter à dîner ? » Cher Pinay… C'était il y a cent ans.

Samedi 8 mai. Le rapport Raynaud sur l'état des finances de la France, dont la publication a été différée, est désormais connu. Il est préoccupant, mais ne permet nullement d'instruire le procès du gouvernement précédent… Il apparaît que si les comptes publics ont explosé, c'est sous la violence de la récession depuis octobre, non d'erreurs de gestion préalables. Cela va contre tout ce qu'on raconte depuis six semaines. Et dont on ne dit d'ailleurs plus mot. La mort de Pierre Bérégovoy a cloué les lèvres.

Vu un très joli film anglais, *Peter's Friends*, comédie de la meilleure veine réalisée et interprétée par Kenneth Branagh. L'acteur shakespearien qui a fait il y a deux ans un *Henry V* époustouflant.

Ici, il a su intégrer des éléments tragiques – la mort d'un enfant, le sida – dans un scénario hautement comique. Un tour de force entièrement réussi. Quel plaisir, un bon film !

Deux journalistes du *Monde*, qui préparent un portrait de Simone Veil, viennent m'interroger à son sujet. Que leur dire qu'elles ne sachent déjà ? Qu'elle a toutes les vertus et tous les charmes, à condition que l'on ne marche pas sur son pré carré. Là, elle tire à vue.

J'essaye de rameuter mes souvenirs, du temps que nous étions ensemble au gouvernement ; que Jacques Chirac l'appelait Poussinette, et lui passait ses quatre volontés.

Comment leur expliquer, avec des mots qui ne trahissent pas ma pensée, que ce n'est pas une personne facile, Mme Veil, et qu'en même temps on ne peut s'empêcher de l'aimer ?

Dimanche 9 mai. Le général Morillon, toujours lui, a obtenu un cessez-le-feu sur tout le territoire de Bosnie. Mais la perspective d'une intervention armée est de plus en plus vague. Les Européens se sont dérobés devant le plan américain et Clinton se réfugie derrière eux pour rester inerte.

Tout se passe comme si, de part et d'autre, on était résigné à une victoire serbe.

En somme, un pays va en avaler un autre et nous lui disons, tous ensemble : « Servez-vous… » Tout le reste est hypocrite fumisterie.

Lundi 10 mai. Déjeuner pour célébrer, avec une centaine d'élèves des grandes écoles de province, le quarantième anniversaire de *L'Express*.

Aucun lien sentimental avec ce journal. Pendant un temps, après l'avoir quitté, devant ce qu'il était devenu, j'ai eu l'impression d'avoir un fils qui avait mal tourné. Et puis il a changé de mains, il est redevenu honorable, et je m'en suis détachée. Aujourd'hui, qu'il ait quarante ans ou quatre-vingts m'est indifférent. C'est un journal, bien fait, parmi d'autres…

Assistait à ce déjeuner un jeune ministre sympathique, François Bayrou, universitaire en charge de l'Education, ce qui n'est pas rien. Il a du tempérament, de la fougue, de l'esprit, de l'ambition, il s'enorgueillit d'être « un paysan », et il est certain qu'il va réaliser des choses épatantes dans son ministère en les faisant une à une, doucement. Il faut dire que dans ce secteur les grandes réformes n'ont jamais porté bonheur à ceux qui s'y sont essayés ! C'est de la dynamite, l'Education.

Dans la nouvelle fournée de jeunes loups qui arrivent aux commandes, Bayrou est probablement le plus intéressant.

Tout à l'heure, il sera au Conseil des ministres exceptionnel qui doit entériner les mesures économiques de rigueur. Nous en parlons naturellement. Il croit qu'elles arrivent au moment où les Français sont prêts à les accueilllir en soupirant, certes, mais avec le sentiment de l'inéluctable, et il se félicite du gant de velours avec lequel Balladur gouverne.

Il a probablement raison… Psychologiquement, le pays est disposé à l'effort.

Mardi 11 mai. Eh bien voilà, c'est fait. A force d'être annoncé, le choc provoqué par le plan Balladur a été amorti. Bonne technique. Mais, pour l'heure, ses conséquences ne sont pas encore ressenties. Ce cran supplémentaire que chacun devra mettre à sa ceinture n'existe encore que dans les esprits. Il sera accepté parce que les déficits qu'il s'agit de combler parlent à l'imagination. Mais il semble que, dans sa volonté de les réduire, le Premier ministre a fait la part maigre aux mesures de relance.

Peut-être est-ce de bonne politique. Mais elle n'est pas sans risque. Car c'est la réduction du chômage que le pays attend de lui, c'est une résurrection de l'activité, au lieu de quoi les pertes d'emploi vont encore s'accroître d'ici à la fin de l'année avec les amputations du pouvoir d'achat. Et alors, il faudra bien du talent pédagogique à M. Balladur pour contenir les impatiences, voire les explosions.

Dans son éditorial du *Figaro*, F.-O. Giesbert cite une phrase du chancelier Kohl : « Une nation industrielle n'est pas un parc de loisirs où les retraités sont de plus en plus jeunes, les étudiants de plus en plus âgés, les horaires de travail de plus en plus réduits et les congés de plus en plus longs. » Balladur aura gagné, écrit Giesbert, quand il en aura convaincu les Français. Sans doute. Mais, pour l'heure, il doit surtout les convaincre de dégeler leur épargne.

Lu un joli livre de René de Obaldia, *Exographie*, *exo* signifiant qu'il « déborde de son moi ». En fait, une biographie disloquée, éclatée en vagabondages de toutes sortes, poétiques, lyriques, exotiques, malicieux…

Il ne ressemble à personne, Obaldia. Né en Chine, d'une mère française, d'un père panaméen, descendant d'une lignée de fiers hidalgos et d'un caissier du Printemps, il a réussi un mélange explosif. Qui explose dans son théâtre, dans ses œuvres, comme des fleurs et des étoiles dessinées par un poète cocasse.

Son livre est chaotique mais plein de charme.

Mercredi 12 mai. John Major, le Premier ministre de Grande-Bretagne, a reçu Salman Rushdie, au grand scandale des communautés islamiques, qui sont nombreuses dans le pays. Evénement politique qui va achever de glacer les relations de la Grande-Bretagne avec l'Iran, et qui ne fait pas l'unanimité parmi les Anglais.

Mais si la mère de la démocratie ne soutient pas la liberté d'écrire et de publier, qui la soutiendra ? John Major a eu un mot pour qualifier la menace de mort qui pèse sur Rushdie : « Outrageante. »

Se couvrant à droite, le gouvernement a durci le texte concernant la réforme du Code de la nationalité. Quelques députés de la majorité ont bien grogné, mais tout cela se terminera par un vote massif. Rien qui passionne l'ensemble de la population, si sensibilisée qu'elle soit à la multiplication des étrangers sur le sol français. A tort ou à raison, elle ne voit pas en quoi leur nombre en sera diminué…

Encore *L'Express…* Tête-à-tête, à la télévision, avec la directrice de la publication, Françoise Sampermans, blonde jeune femme intimidée par la caméra, bien qu'elle ne soit sûrement pas facile à intimider. Ce quarantième anniversaire lui a fourni l'occasion d'une campagne de relations publiques fort bien organisée.

La question est posée de savoir s'il est dangereux pour un journal d'appartenir à un grand groupe capitaliste – ce qui est maintenant le cas de *L'Express* –, s'il y perd son indépendance ou s'il peut la conserver.

Les choses ont beaucoup changé à cet égard. Avant la guerre, les patrons propriétaires de journaux faisaient la loi, et dans tous les secteurs du journal, jusque dans les critiques de théâtre. Leur journal était pour eux un instrument d'influence tous terrains. Ils y étaient maîtres après Dieu. La grande presse était entre les mains des puissances d'argent.

Aujourd'hui, tout cela est beaucoup plus subtil. La ligne générale d'un journal doit convenir à ses propriétaires, mais ils n'interviennent pas ponctuellement sur la rédaction, ou discrètement. Les journalistes sont devenus des partenaires, ils ne sont plus en état de soumission absolue.

Il reste que dans le cas d'une crise grave, de quelque nature qu'elle soit, le dernier mot restera toujours au capital.

Jeudi 13 mai. Déjeuner avec Olivier Todd, qui travaille à une biographie d'Albert Camus. Il a déjà récolté un matériel considérable, lettres, témoignages, archives de toutes sortes, et il attend de moi quelques souvenirs.

Je n'en suis pas riche, mais, pendant que nous parlons, des images se lèvent… Camus et son imperméable façon Humphrey Bogart, Camus et son sourire bleu de séducteur automatique, Camus déchiré par la guerre d'Algérie, Camus courageux, solitaire face à la meute sartrienne, Camus et Mauriac… C'était à qui le prendrait de plus haut. Ah ! ils ne s'aimaient pas, ces deux-là…

Je livre à Todd ce qui me revient à l'esprit, des impressions, des bouts de scène.

Il est plein de son sujet, et le maîtrise bien, dans tous ses aspects. Il devrait réussir un bon ouvrage…

Une jeune femme avait tenté, avec son mari, une fécondation « in vitro ». Celle-ci échoua et, un peu plus tard, le mari se tua dans un accident d'auto. Or le couple avait confié à un laboratoire de fécondation de Toulouse des embryons congelés, afin de pouvoir réitérer leur tentative.

Devenue veuve à 39 ans, la jeune femme demande la restitution de ces embryons, afin de tenter encore une fois une grossesse. Cette restitution vient de lui être refusée par le tribunal de grande instance de Toulouse. Les embryons, à la poubelle. Des situations analogues doivent être prochainement jugées à Reims et à Rennes.

Mais jugées en vertu de quoi, dès lors que la volonté des deux parents s'est exprimée ? Difficile, difficile… Des psychiatres se seraient opposés à l'idée de « la transgression de la mort ». D'autres objectent, au contraire, qu'on n'avorte pas une femme enceinte au prétexte que son mari est décédé dans un accident de la circulation… Le Comité national d'éthique n'a pas de doctrine sur la question et se prononce au cas par cas.

On n'osera certes pas trancher à sa place, mais, dans le cas particulier de cette jeune femme, on imagine ce désir d'enfant, d'un enfant de l'homme aimé, et on se demande, en l'absence de loi, comment on peut avoir la cruauté de le lui refuser.

Vendredi 14 mai. Affolement… Un homme a pénétré dans un groupe scolaire de Neuilly, où il a pris en otage les enfants d'une classe maternelle. Il réclame une rançon de 100 millions en or et en petites coupures. Il est apparemment très organisé. Ce n'est pas un truand ordinaire.

Très vite, une rumeur a couru parmi les parents bouleversés : « C'est un Noir. » Mais ce n'est pas un Noir. C'est un homme en cagoule.

L'affaire a commencé hier matin. Aujourd'hui, à 18 heures, elle n'est pas terminée. L'homme a libéré quelques enfants, un à un. Il en reste six, six petits qui ont de 3 à 4 ans.

La police qui cerne l'établissement n'ose pas tirer. Des négociateurs essayent d'amener l'homme à se rendre. Angoisse. Si l'on cède à ses exigences, il emmènera des enfants dans sa fuite comme boucliers. Horreur.

Ouverture du festival de Cannes. Le cirque habituel, le grand escalier, les vedettes qui se figent devant les photographes, quelques jolies robes, un peu de la magie d'antan, très peu, faute de stars, des vraies, avec une légende, des caprices. Toutes les chaînes se déchaînent. Pendant douze jours, on va voir le cinema offrir des heures de spectacle gratuit à la télévision, alors que la télévision le tue à petit feu… Un jour, il n'y aura plus personne dans les salles et on racontera aux enfants comment c'était quand on allait au cinéma. Mal organisée, la cérémonie d'ouverture a été lamentable.

Téléphone de M. Sa galerie, l'une des premières de Paris, ne voit pas un client depuis des mois. Partout, c'est le désert, parfois la faillite. Or un tout petit signe d'encouragement arrive des Etats-Unis, où la situation n'est pas meilleure. Une vente publique, organisée par Sotheby, a atteint son meilleur chiffre depuis novembre 90. Il y avait, il est vrai, un Cézanne et un Matisse. Mais le Cézanne a été adjugé au prix record de 28,6 millions de dollars. Plus de 140 millions de francs. Un Matisse a atteint 13 millions de dollars. Des impressionnistes se sont envolés.

Feu de paille ? Indice d'un dégel sur le marché de l'art ?

Les galeristes français étranglés, asphyxiés, acculés, n'osent y croire.

Sondage personnel : le plan Balladur passe mal. On ne lui reproche pas l'austérité, on lui reproche la pauvreté des mesures de relance et on s'inquiète énormément. Enormément. Ce qui ne fera qu'aggraver la situation, chacun se souciant plutôt d'épargner davantage que de dépenser. L'INSEE annonce une baisse du pouvoir d'achat et une hausse du chômage qui devrait atteindre, fin juin, 11,2 % de la population active.

On en sortira. On en sort toujours. Mais dans quel état…

Ce que fait Balladur, Bérégovoy l'aurait fait aussi, s'il en avait eu la force politique. Mais il ne l'avait plus et devait, de surcroît, gouverner contre son parti. Balladur jouit, lui, d'un crédit considérable. Les Français ont envie que « ça marche ».

Mais, outre l'alourdissement de la fiscalité, une mesure hérisse : l'abolition de la retraite à 60 ans. Car c'est bien de cela qu'il s'agit, dès lors que quarante années d'activité seront exigées – au lieu de trente-sept – pour que soient ouverts les droits à la retraite. Mesure inévitable mais profondément impopulaire. Il faudra une action psychologique de tous les instants pour que cette grosse couleuvre-là soit avalée. Et un peu de réussite ailleurs…

Samedi 15 mai. Le drame des enfants de Neuilly pris en otage est terminé… Les policiers ont réussi à pénétrer dans la classe et à abattre, ce matin, l'homme, qui s'était assoupi, bardé de dynamite. Une opération bien menée, où tout le monde, y compris les parents fous d'angoisse, s'est conduit avec un remarquable sang-froid. Les ondes en sont pleines. Il y a de quoi.

La personnalité du malfaiteur, un pied-noir de 42 ans né en Algérie, minutieux, calme, précis, reste énigmatique.

S. me rapporte un trait de Balladur. Il ne supporte pas d'avoir les mains sales, si peu que ce soit. C'est pourquoi on le voit toujours ganté. Plusieurs fois par jour, il se frotte les mains avec un Kleenex imprégné d'eau de Cologne. Curieuse petite névrose… Le shah d'Iran avait la même.

Pierre Hunt, ambassadeur de France qui fut, entre 1978 et 1980, porte-parole de la présidence de la République, s'insurge dans *Le Monde* contre l'utilisation faite par Jacques Attali de documents secrets dans *Verbatim*…

Il s'agit des conversations entre chefs d'Etat et autres huiles dont il reproduit, dans son ouvrage, le mot à mot, sans préciser d'ailleurs comment il a procédé : enregistrement ? sténographie ? notes ? On sait que François Mitterrand lui a donné son *nihil obstat*. Le président de la République a donc jugé qu'une telle reproduction, si rapide, ne saurait porter tort à la France. Mais qu'en pensent ses interlocuteurs ? On peut se demander avec quelle liberté ils s'exprimeront désormais, sachant l'usage qui sera fait de leurs propos. Sans doute en déduiront-ils, pour le moins, qu'on ne peut décidément pas faire confiance aux Français pour tenir leur langue. Kohl serait furieux.

Lu dans *La Règle du jeu* un excellent texte de Jean Lacouture à propos de Jean Moulin, et des récentes accusations qui ont été portées sur lui. Balivernes, dit en gros Lacouture, et il le montre. « Quand ce dossier tragique aura été enfin apuré, écrit-il pour finir, nettoyé par une critique historique sérieuse, il sera temps de s'interroger sur le pourquoi d'une campagne menée par certains nostalgiques du vichysme et d'anciens communistes affamés de rédemption qui pratiquent ce qu'Adam Michnik, héros de l'antistalinisme polonais, appelle “le bolchevisme antibolchevik”. » En attendant, l'usine à fabriquer des mensonges que fut (et reste) le KGB continue à fonctionner.

Dimanche 16 mai. L'affaire des enfants-otages prend, *a posteriori*, dans les médias, des dimensions à la mesure de l'effroi créé mais aussi de l'absence totale d'actualité. Journaux, radios et télévisions n'en finissent pas de l'étirer, de la disséquer, de la rabâcher et d'exalter le courage de deux jeunes femmes, une institutrice et un médecin, d'autre part capitaine de pompiers, qui sont restées constamment aux côtés des enfants, dans cette salle de classe bourrée d'explosifs.

Elles ont été parfaites, efficaces, calmes, et méritent sans aucun doute les hommages… Mais il y a quelque chose d'irritant dans la tonalité que prennent ces hommages… Comme s'il fallait s'ébahir que des femmes puissent faire preuve de courage et de sang-froid.

Le *Journal du Dimanche* publie une immense photo de l'homme qui a été abattu. Photo troublante, qui déconcerte.

On a envie de déchiffrer ce visage.

On voudrait y trouver un signe prémonitoire… Mais non. C'est le visage de tout le monde et de n'importe qui. Maintenant, il est mort. Exécuté sans jugement, en quelque sorte. On ne saura jamais comment et pourquoi Erik Schmitt, qui était, de l'avis général, « si gentil », a basculé, à 42 ans, dans le délire… Edgar Morin, commentant l'événement : « Chacun de nous a une zone très profonde de folie possible… »

Lundi 17 mai. Vu *Les Contes d'Hoffmann*, montés à Lyon dans le nouvel opéra, tout neuf et tout noir. On est riche à Lyon pour se payer un bâtiment pareil et son fonctionnement, mais pourquoi serait-ce le privilège de Paris ?

Le spectacle, néanmoins, laisse perplexe. L'œuvre est archiconnue, il n'y a pas scandale à la resserrer. C'est le décor, couleur de terre, c'est la mise en scène, dont le sens m'a échappé. Heureusement, Natalie Dessay chantait Olympia… Pour entendre cette jeune femme, on accourra bientôt du bout du monde. Elle a la voix des anges.

L'Opéra reste une distraction de riches parce que les places sont chères. Mais il y a un large public qui en a le goût. Comment le mettre à sa portée ?… C'est l'équation qu'était censé résoudre l'Opéra-Bastille. En fait, elle n'a pas de solution. J'ai vu cela de près autrefois. Le fonctionnement d'un opéra de qualité coûte la peau du dos, par quelque bout qu'on le prenne.

Un éditeur américain me demande de participer à un comité chargé de désigner les cent personnalités les plus importantes du vingtième siècle, qui seront réunies dans un album. Je n'ose pas lui répondre que je me moque du vingtième siècle. C'est plutôt le vingt et unième qui m'intéresse. Ou plutôt cette perte de confiance dans l'avenir, dans le progrès, dans le « demain, ça ira mieux », qui caractérise notre présent et qui porte ombre noire sur le futur. Et pourtant il faut savoir garder foi, foi en ses propres valeurs, et se battre pour elles... Ce sera zut ! pour l'éditeur américain.

La cote de Balladur s'érode légèrement. Il a perdu 6 points parmi les « satisfaits », qui sont 49 %. Rien de bien étonnant. En revanche, allez savoir pourquoi, celle de Mitterrand s'élève de 5 points.

Mardi 18 mai. Réunion à *Libération* du conseil d'administration de la société des actionnaires.

Serge July fait un topo brillant, comme d'habitude, sur l'avenir de la presse et singulièrement de la presse quotidienne. Ce n'est pas une simple crise qu'elle traverse à l'intérieur d'une crise générale, c'est sa fonction même qui est en question...

Dans l'immédiat, les journaux sont trop chers en France, ce qui décourage l'achat, en ces temps où chacun se restreint. *Le Monde*, en particulier, souffre énormément de son prix de vente. S'y ajoute la baisse massive des recettes publicitaires. Mais il faut regarder plus loin. S'interroger impitoyablement. Quelle est la fonction d'un quotidien généraliste aujourd'hui ? Quel service indispensable rend-il ?

L'exemple de *Libé* ce lundi est caractéristique. Alors que l'on pouvait se croire saturé par l'affaire des enfants-otages, le journal apporte quelque chose de neuf : le récit complet, détaillé instant par instant, du dénouement du drame. Et on le lit passionnément. C'est de la très bonne information. Sèche. Complète.

Mais il n'y a pas tous les jours une actualité de cette force à traiter en profondeur. Dans le superficiel, l'imprimé est forcément battu en brèche par la radio et la télévision, qui, de surcroît, ne coûtent rien.

C'est donc vers une rénovation radicale du produit *quoti-*

dien qu'il faut s'orienter, et peut-être du produit *hebdomadaire*, encore que le problème soit un peu différent, et l'on peut s'attendre que les journaux tombent l'un après l'autre dans l'escarcelle de grands groupes financiers capables d'y injecter millions et milliards pour les transformer…

Il y en a quatre au moins qui ont les moyens et la volonté d'investir dans la presse. L'un, Alcatel, a déjà commencé.

Dans un délai plus ou moins long, la presse imprimée traditionnelle aura vécu, dans sa forme actuelle.

Serge July analyse froidement une situation que, intellectuellement, il maîtrise bien.

Je le regarde pendant qu'il parle. Un accident d'auto très grave l'a défiguré. On l'a parfaitement réparé sans qu'il en reste la moindre trace. Sinon un subtil changement dans l'équilibre de ses traits… Il est le même et il n'est plus le même. C'est troublant, et puis on s'habitue. Il n'a pas encore récupéré tous ses moyens. Sa tête marche à merveille, précise et claire, il peut parler à la radio, à la télévision, mais il ne parvient pas encore à écrire. Mystère de l'écriture… Où cela se loge-t-il ?

Claude A. me raccompagne. Nous échangeons quelques propos inquiets sur la politique de Balladur. C'est celle de Bérégovoy, sans un grain d'imagination en plus. Ce n'est pas préoccupant. C'est angoissant.

Mercredi 19 mai. Scandale autour du *Verbatim* de Jacques Attali. Elie Wiesel y a retrouvé des phrases entières d'un livre d'entretiens qu'il préparait avec François Mitterrand. Ces « emprunts » – il y en aurait quarante-trois –, décelés par son éditeur Odile Jacob, accompagnés de manipulations de dates, l'ont fait bondir…

C'est *L'Obs*, peu suspect d'animosité à l'endroit d'Attali, qui sort cette affaire, accompagnée de contretypes éloquents.

Le succès du livre en sera-t-il affecté ? C'est improbable. La réputation de l'auteur ? Peut-être… Comment a-t-il pu commettre cette… disons cette légèreté ? Et comment Mitterrand, s'il a vraiment lu les épreuves de *Verbatim*, a-t-il pu laisser passer ? Interrogé, il grommelle : « Je commence à en avoir assez de cet Attali qui raconte partout que j'ai lu son livre. » Mais un jeu d'épreuves existe, portant des corrections de sa main. Officiellement, l'Elysée fait savoir que le chef de l'Etat a « parcouru » un ouvrage qui demeure à ses yeux « un témoignage personnel et subjectif » dont il laisse « la responsabilité totale » à son auteur.

Le navrant, c'est le plaisir que cette fâcheuse histoire va faire aux ennemis d'Attali, lesquels sont plus nombreux, aujourd'hui, que ses amis. L'histoire du marbre de Carrare dont il a fait orner à prix d'or les murs de sa banque avait au moins un caractère quasiment poétique dans son extravagance. Ici, c'est sa probité qui est mise en cause.

Quant à Mitterrand, selon ses plus récents visiteurs, il est dans une forme intellectuelle parfaite, plus brillant que jamais, et en même temps souverainement indifférent à la rumeur des jours. Désintéressé.

Conseil d'administration à l'AICF. Compte rendu d'activité satisfaisant. En Somalie, tout le monde mange maintenant à sa faim.

En Bosnie, où nous avons quatre équipes, nos médecins et nos infirmières se font accueillir avec des injures par la population meurtrie, blessée, affamée. On leur crie : « Sales Européens... Vous nous avez abandonnés... Et maintenant vous arrivez avec votre lait en poudre et vos médicaments... » On leur crache à la figure. Ils doivent comprendre, surmonter, apprivoiser, nourrir, soigner. Ils le font, la rage au cœur contre cette Europe flapie.

Un membre du Conseil suggère que nous ouvrions une mission en France même, où le malheur, hélas, ne manque pas. Ce n'est pas exactement la vocation de l'AICF, qui est tournée vers l'extérieur, mais la question va être étudiée pour voir comment nous pourrions, concrètement, utiliser dans un secteur bien cerné notre savoir-faire. Le sûr est que nous sommes nombreux à en éprouver le besoin.

Les Danois ont ratifié le traité de Maastricht par 56,8 % des voix. Ils avaient obtenu auparavant quelques allègements. Voilà maintenant les Anglais au pied du mur.

Jeudi 20 mai. Lu pour le *JDD* une biographie de Pierre Laval bien faite par Jean-Paul Cointet, professeur d'histoire contemporaine.

Pétain est à la mode, Laval ne l'est pas. Comme si le premier renvoyait à une image complexe qui mérite encore investigation, et le second à une image simple : un traître. Immergé dans l'eau noire de la mémoire, le chef de gouvernement français qui a déclaré, le 22 juin 1942 : « Je souhaite la victoire de l'Allemagne… » n'inspire que répulsion.

Cependant, il appartient à l'histoire. Dans une certaine mesure, il l'a faite, il en est inséparable, comme il est inséparable de Pétain, dont il fut très officiellement le dauphin.

Ce livre, qui ne le flatte ni ne l'accable, fait apparaître un personnage ambitieux, rusé, roublard, grand manœuvrier, mais qui fut constamment aveuglé par le contentement de soi. Sans perspective, sans vision, toujours persuadé d'avoir raison, sans autre intelligence que pratique. Se croyant de taille à négocier avec Hitler, qui n'a jamais rien négocié du tout. Un petit homme, à la fin. Happé par une tragédie plus grande que lui qu'il aura marquée du sceau de la honte.

L'affaire Attali ne cesse d'enfler. Toute la presse française et étrangère s'en est emparée. Elie Wiesel, interrogé de tous côtés, multiplie les déclarations sévères et dit « la tristesse » qu'il ressent, plus encore que de la colère. Attali se défend mal. Il a de surcroît emprunté à un autre livre, publié celui-là, *La Décennie Mitterrand*, et les auteurs, à leur tour, protestent…

Il répète que Mitterrand a lu son ouvrage sur épreuves « ligne à ligne ». Commentaire de B.-H. Lévy, qui en fait un article dans *Le Point* : quand on sait le goût que Mitterrand professe pour la littérature, on devine l'ennui qui l'a saisi devant le travail de greffier qu'a produit Attali. Il comptait lire du Las Cases ou du Saint-Simon, il s'est trouvé en face d'un procès-verbal : le livre lui est tombé des mains.

On ne saurait être plus cruel.

Mais, de tous côtés, on tire à vue sur l'imprudent Attali…

Vendredi 21 mai. Cannes. J'y suis invitée, pour quarante-huit heures, et une vieille fidélité sentimentale m'y conduit presque chaque année, comme on fait un pèlerinage. En 1947, quand le Festival débutait et ne décernait encore qu'un Grand Prix, j'ai connu un moment délicieux lorsque ce Grand Prix a récompensé *Antoine et Antoinette*, que j'avais écrit pour Jacques Becker. Depuis, tout a changé à Cannes, mais ce souvenir m'est resté doux.

Les routes sont si chargées qu'il faut plus d'une heure pour venir de l'aéroport. Un petit supplice pour trouver, au bout, le cirque habituel. Foule laide, débraillée, courant partout sans que l'on sache au juste où vont tous ces gens hagards qui tournent, entre le Carlton et le palais du Festival, comme des écureuils en cage.

L'étrange, pendant ce festival, c'est que le monde extérieur s'évanouit. Disparaît. On ne sait plus qu'il existe quoi que ce soit d'autre dans le monde, hors ces quelques arpents de Croisette et de sable, avec leur lot d'intrigues, de rumeurs, de rivalités, d'exhibitionnisme puéril et de faux luxe.

Arrivée juste à temps pour voir un joli film cocasse tiré par Kenneth Branagh de *Beaucoup de bruit pour rien*. Du Shakespeare gai, auquel la salle fait un accueil chaleureux. Drôle de salle. Le local, veux-je dire. Noire avec des fauteuils violets, le tout funèbre. C'est agressivement laid.

Les hommes sont en smoking mais il y a longtemps que les femmes ne font plus de frais pour les soirées de Cannes. Quelques paillettes par-ci par-là font tache, superfétatoires.

Samedi 22 mai. Déjeuner sur la plage avec quelques amis, étrangers pour la plupart au milieu du cinéma…

Micheline Decaux me raconte que le *Jésus* monté par Robert Hossein fait un malheur aux Etats-Unis, dans des salles de 10000 personnes. On attend l'accueil de New York. Selon l'habitude américaine, le spectacle est accompagné par la vente d'objets divers. Et les gens achètent, par milliers, des T-shirts portant Jésus en effigie !

Conversation sérieuse avec Jean P., responsable d'une

énorme entreprise. Il travaille en ce moment à une série d'articles sur l'économie, en s'étonnant que les économistes actuels soient muets en ce qui concerne le chômage. N'auraient-ils rien à dire, fût-ce en relisant leurs classiques ? Pour sa part, il considère qu'un peu d'égoïsme national, ou plus exactement européen, sera nécessaire, et qu'il faut apprendre à considérer le travail comme une denrée rare. Qu'il convient donc de partager. Selon lui, les grandes entreprises sont prêtes à le comprendre, mais les petites, beaucoup plus nombreuses, sont résolument réfractaires.

Il me parle de Jacques Attali, qu'il connaît bien : « Vous croyez qu'il est penaud ? Repentant ? Sûrement pas. Il se considère comme un génie universel qui a droit, à ce titre, à toutes les transgressions à la morale commune. Je suis persuadé qu'il est enchanté de lui-même, comme d'habitude. »

Il se peut bien. Mais je crains qu'il soit le seul. Et cela me fait peine.

Dimanche 23 mai. Mazeppa, le film de Bartabas, produit par Marin Karmitz, est longuement applaudi. Pourtant, ces salles de festival ne sont pas faciles. Elles ont des humeurs, des caprices, se prennent fort au sérieux, et je n'étais pas tranquille pour ce film beau mais singulier.

Palmarès demain. Sont donnés gagnants pour la palme d'or – mais qui saura jamais ce que va décider un jury ? – *La Leçon de piano* ou un film chinois.

Après la projection, grande fête sur la plage, avec les musiciens de Bartabas. Il n'y a plus guère de fêtes, à Cannes. Trop cher. En fait, à part trois ou quatre stars américaines, Liz Taylor, Michael Douglas, Sylvester Stallone, que le public du pays attend et salue d'applaudissements et de cris frénétiques, il n'y a plus rien qui évoque le Cannes des grandes années, frelaté mais magique, avec ses nuits étoilées.

Il reste une foire, au vrai sens du mot, un marché commercial où l'on vend et où l'on achète, dans toutes les langues.

Lundi 24 mai. Retour à Paris. Le chauffeur de taxi me reconnaît et me tient la jambe. D'entrée, il prévient : « Je suis chiraquien. » Soit. Pourquoi pas ? « Et moi je vous dis, madame, qu'il faut que ça change ! – Ah bon ! Quoi ? – La façon dont on nous traite. Nous les taxis. Qu'est-ce qu'il attend, Chirac ? – Il n'est pas au gouvernement. – On dit ça. C'est lui le patron. – Mais qu'est-ce que vous voulez qu'il change ? – On nous met des contraventions. Paraît qu'il faut qu'on donne l'exemple, vous vous rendez compte ? Après une journée de onze heures, une contredanse parce qu'on brûle un feu rouge… Non mais, pour qui qu'on nous prend ! Et avec ça, même pas polis pour nous demander nos papiers ! C'est pour ça qu'on ne l'aime pas, la police. Même pas polie. »

Il ne me lâchera pas, d'Orly à Paris, avec son histoire. Et pour finir : « Quand vous le verrez… – Qui ça ? – Chirac ! Quand vous le verrez, dites-lui bien : faut que ça change ! Allez, au revoir. »

Et il m'a serré la main.

Croix de bois, croix de fer, si je mens je vais en enfer.

Reprise de contact avec les réalités. Samedi soir, les trois cents habitants d'une cité de Lille se sont révoltés contre les clandestins trafiquants de drogue qui infestent la cité, et les ont attaqués, à coups de barre de fer, sous l'œil indifférent de la police.

La plupart des « justiciers » étaient de jeunes beurs, de 13 à 25 ans, qui, exaspérés par les dealers, ont voulu « nettoyer le terrain ».

Comment ne pas les comprendre, même s'il est toujours inquiétant de voir appliquer la loi du talion dans un Etat présumé de droit ? Ce n'est d'ailleurs pas la première manifestation du genre. Le clandestin est l'ennemi de l'immigré.

Dans le même temps, les Eglises grondent contre la réforme du Code de la nationalité et des conditions d'entrée et de séjour des étrangers en France.

C'est l'évêque de Saint-Etienne, monseigneur Joatton, qui « refuse que les immigrés soient désignés comme la cause de tout ce qui ne va pas dans notre pays » et déclare : « Les jeunes immigrés nés sur le sol français se sentant déjà rejetés de la société, ils ont peine à croire que les décisions actuelles sont le fruit d'une volonté d'intégration. » C'est le synode des Eglises réformées qui « s'alarme des dispositions contenues dans le projet en cours de réforme du Code de la nationalité, et demande au gouvernement de retirer ce projet ».

Ce discours est-il adapté aux temps que nous vivons ? demande *Le Figaro*, réprobateur… Mais la vraie question serait plutôt : Quel est le discours adapté aux temps que nous vivons ? Il y a des circonstances où tout ce que l'on fait est mal. S'agissant des problèmes que pose l'immigration, il semble que nous y soyons.

Mardi 25 mai. Charles Pasqua n'a pas apprécié les interventions épiscopales. « Que l'Eglise soit inquiète, cela la regarde mais qu'elle se livre à des condamnations, elle n'a aucun droit de le faire. Je n'ai pas besoin qu'on me rappelle des règles de morale… » et, s'agissant des rapports Eglises/Etat : « Nous ne sommes pas en Arabie saoudite. Il n'y a pas de confusion en France entre les Eglises et l'Etat. Nous sommes dans un Etat démocratique et laïque. »

Aussi bien ces interventions souffraient-elles, selon le chroniqueur religieux du *Monde*, d'une certaine improvisation. Mais à qui donc appartient-il de dire la morale selon l'Evangile, aujourd'hui, dans quelque domaine que ce soit, avec quelque chance d'être entendu ?

Quelle bande ! Mais quelle bande ! Les Occidentaux ont achevé de se déconsidérer en concoctant, avec les Russes, un « programme d'action commun » qui revient à abandonner la Bosnie aux Serbes. C'est le triomphe de la démocratie flasque. Un jour, tout cela sera payé au prix fort, comme toujours la lâcheté…

En attendant, si l'on était serbe, on ne serait pas peu fier d'avoir réduit d'un coup les Etats-Unis, la Russie, la Grande-Bretagne et la France à l'état de tigres de papier.

Article féroce sur Clinton dans le *Herald Tribune*. Le président américain est en perte de vitesse, semble-t-il. Flottant, incapable de prendre une décision, accumulant les gaffes, qui provoquent la moquerie ou la colère, telle une certaine coupe de cheveux à 200 dollars par un coiffeur chic de Beverly

Hills, ou le licenciement de tout le personnel du service Voyages de la Maison-Blanche, remplacé par l'une de ses lointaines cousines. Plus grave, il ne parvient pas à faire admettre son projet de budget par les sénateurs, même démocrates. Bref, Bill Clinton serait mal barré.

Sans doute faut-il faire la part du climat particulier de Washington, toujours critique, qui n'est pas celui de tout le pays. Mais les sondages sont sévères. Jamais un président n'est devenu aussi impopulaire en si peu de temps. Le miracle que devait opérer la jeunesse du président n'a pas eu lieu… On en connaît qui doivent rire dans leur vieille barbe.

Mercredi 26 mai. Virage spectaculaire dans la politique financière du gouvernement. Après avoir proclamé qu'il s'agissait de résorber le déficit du budget, on s'apprête à le creuser. Seuls les imbéciles ne changent pas d'avis. Si cette politique-là – qui s'accompagnera d'un emprunt – est de nature à relancer l'activité économique, personne ne reprochera à Edouard Balladur d'augmenter la dette de l'Etat après avoir promis le contraire. Même si un peu de sa superbe doit en être atteinte. Pour l'heure, la critique la plus virulente lui vient de… Giscard, qui a littéralement torpillé son plan devant le groupe UDF.

La controverse entre les évêques et Pasqua se poursuit. Cette fois, c'est l'archevêque de Sens et d'Auxerre, monseigneur Gérard Defois, qui réplique : « La séparation de l'Eglise et de l'Etat rend à l'Eglise sa liberté de parole… En démocratie, le débat y compris sur les enjeux éthiques de la politique est constitutif de la conscience nationale. Dans ce cadre, l'Eglise a au moins, comme d'autres instances, un devoir et le droit de parler. La valeur communautaire de la solidarité nationale est en question. Le courage évangélique, c'est parfois d'aller à contre-courant des idées simples. »

Difficile d'apprécier l'impact du message des évêques. Une partie de la population, la plus large, s'en moque éperdument. Mais une autre y est sans doute sensible, qui ne doit pas être négligeable si l'on en juge par la place que *Le Figaro* accorde à cette affaire en tançant les évêques, jugés irresponsables…

Ce soir, la France n'aura d'yeux que pour le match de football qui oppose l'Olympique de Marseille à l'AC Milan pour la finale de la Coupe d'Europe des clubs champions. Tapie contre Berlusconi. Si la France l'emporte sur l'Italie, ce sera du délire. D'autant que c'est improbable : jamais un club français n'a réussi à capturer la Coupe d'Europe, décernée depuis 1956, jamais.

Un dîner, prévu depuis longtemps, va me priver du spectacle. Il faudra que mon commensal soit brillant pour que je lui pardonne…

Jeudi 27 mai. Eu le temps de voir, avant d'aller dîner, la première mi-temps du match et LE but… Mis de la tête par Basile Boli, le beau Noir. Epatant !

En sortant du restaurant, les klaxons déchaînés nous renseignent : on a gagné ! A propos, qui composait l'équipe française ? Sur onze joueurs, un Allemand, un Ghanéen, un Croate et trois Noirs français. Un cocktail qui pourrait au moins faire réfléchir. L'Etranger, ça n'existe pas. Il n'y a que de bons et de mauvais étrangers. Les mauvais, ce sont les pauvres. Que sommes-nous devenus, dans ce vieux pays chrétien, pour accepter qu'il en soit ainsi ?

Pendant que nous dînions, Claude Lanzmann m'a raconté Albert Cohen, l'auteur de *Belle du Seigneur*, tel qu'il l'a connu autrefois. Solitaire, dans sa maison de Genève, vaniteux, grandiose, ne cessant de ressasser son œuvre. Il demandait à Lanzmann de lui en lire des passages et l'écoutait, inlassablement. De temps en temps, il lui disait : « Est-ce que vous gagnez de l'argent ? Il faut vous en préoccuper. En vieillissant, il faut avoir de l'argent, ne dépendre de personne… » Et puis il retournait aux fichiers métalliques où il classait méticuleusement la moindre ligne le concernant. Un jour qu'il se trouvait à Paris, Lanzmann voulut lui présenter Simone de Beauvoir. Ce ne fut pas exactement chaleureux, mais elle fut courtoise, jusqu'à ce que, à sa stupeur, Albert Cohen ouvre la porte de sa salle de bains, en extraie sa femme, la lui présente, et la fourre de nouveau dans la salle de bains. Beauvoir en resta suffoquée.

Déjeuner autour d'Alain Carignon, le ministre de la Communication. Le fait est qu'on ne fait plus de folies gastronomiques dans les palais nationaux, et c'est bien ainsi.

Carignon a décidé de créer une « mission » chargée de réfléchir et de proposer au sujet de l'audiovisuel public. Nous sommes là une vingtaine, un peu goguenards, un peu sceptiques… C'est que nous en avons vu, des missions et des commissions, dont les rapports ont péri de leur belle mort dans les tiroirs de quelque bureau. Mais Carignon est sympathique, il a envie de bien faire… Va pour la mission. Ne ferions-nous passer qu'une ou deux idées…

Vendredi 28 mai. Une grande fatigue m'a abattue comme un coup de vent. Je m'escrime sur un article que je ne parviens pas à terminer. Les phrases tournent court, les idées vacillent, comme si le cerveau se couchait, fourbu. Trop de travail – mais comment se plaindre, aujourd'hui, d'avoir trop de travail ? –, trop de sollicitations diverses, émissions, interviews, mais comment se plaindre d'être sollicitée ?

Quand personne ne s'occupera plus de moi, c'est un autre genre de fatigue qui s'insinuera dans mes vieux os, incoercible celle-là.

En attendant, comme un cheval de manège, je tourne, je tourne, je tourne en rond, en rêvant d'une nuit de douze heures…

Samedi 29 mai. Couronné, hier, l'infirmière de l'année, au Salon de l'infirmière. Corvée ? Pas du tout, parce que l'intéressée, Dominique Vincenzi Laaroussi, était charmante, chaleureuse, rayonnante…

Une infirmière comme on souhaiterait en avoir une à son chevet. En outre, parallèlement à ses fonctions hospitalières, elle a fait des choses remarquables : la création de AIDES, qui soutient les malades du sida, la création d'ARCAT SIDA, où elle forme les professionnels qui sont affrontés au sida…

Les responsables du Salon m'ont dit que le recrutement d'infirmières devient de plus en plus difficile. C'est l'autre face de l'évolution des femmes, cette évolution qui les conduit vers l'égocentrisme, la recherche du bonheur personnel, et les éloigne du dévouement à autrui. Surtout lorsqu'il est rétribué de façon lamentable !

Affaire sordide qui salit la plume rien que d'en parler, mais à laquelle on ne peut pas être indifférent, on verra pourquoi. Un homme, non sans talent mais à l'esprit déréglé, Jean-Edern Hallier, a publié le casier judiciaire de Bernard Tapie, mentionnant des condamnations amnistiées. Jusque-là, c'est simplement méprisable. Mais ce casier judiciaire était un faux, fabriqué de toutes pièces. Accompagné d'injures et d'accusations diverses, il a fait évidemment l'objet d'un procès de la part de Tapie. Usage de faux : les choses ont paru assez scandaleuses au Tribunal de Paris pour que les magistrats infligent à Hallier 4 millions de dommages et intérêts. Une paille. Menacé de voir son appartement saisi parce qu'il ne peut payer, Hallier s'est mis à ameuter tout Paris, hurlant à l'intellectuel persécuté. L'ahurissant, c'est qu'il a reçu le soutien de Jacques Toubon et d'Alain Carignon. Oui, deux ministres, deux membres du gouvernement, soutiennent, la larme à l'œil, un fabricant de faux, imposteur notoire, qui relève d'ailleurs davantage de la psychiatrie que de la justice.

Dans le même temps, on nous explique qu'il faut modérer les ardeurs investigatrices de la presse. C'est bouffon ! Et surtout c'est gravissime. Innocenter la diffamation, fût-ce au bénéfice d'un intellectuel, surtout au bénéfice d'un intellectuel censé savoir ce qu'il écrit, c'est lui permettre de s'épanouir de toutes ses fleurs empoisonnées.

Un journal, *Voici*, vient d'accuser Roman Polanski d'abandonner sa mère dans la détresse et le chagrin, alors que la malheureuse est morte à Auschwitz en 1942. Pourquoi se gênerait-on, à *Voici* ou ailleurs, si la diffamation se fait, désormais, avec l'assentiment du gouvernement ?

Mafia ? Les Italiens le croient et sont bouleversés : une voiture piégée a dévasté une partie de la fameuse Galerie des Offices à Florence. Sont détruits : un Rubens, un Greco, un Sebastiano del Piombo, un Van Dyck, d'autres toiles encore... Il y a eu cinq morts. Le musée est fermé pour longtemps. Un désastre pour Florence, une honte pour l'Italie, incapable de déraciner, chez elle, la terreur.

En Allemagne, la Cour constitutionnelle a rendu un arrêt supprimant le remboursement de l'avortement et le rendant plus difficile. Le chancelier Kohl s'est réjoui de cette volte-face qui, selon lui, « protège la vie de l'embryon ». Il protège surtout les femmes aisées qui pourront payer leur IVG. L'Eglise jubile.

Dimanche 30 mai. Dimanche de Pentecôte, venteux et pluvieux. La moitié de Paris est aux champs, l'autre à Roland-Garros, où se jouent les Internationaux de tennis. Rien d'éblouissant, mais un spectacle pittoresque lorsque le vent, qui souffle en bourrasques folles, racle le sol et poudre de sable rouge les spectateurs des premiers rangs. Ils s'essuient, impavides, et demeurent. Les joueurs, héroïques, persévèrent, ballottés, déstabilisés, de la poussière plein les yeux...

La petite Française blonde et pointue, Mary Pierce, dépassée, perd son match au tie-break. C'était la dernière carte de la France, piteuse dans ce tournoi. Eliminée en une semaine. Où sont les ivresses de la coupe Davis ? Vu quelques beaux échanges, ici et là. Rien qui fasse vraiment battre le cœur jusqu'à présent... Où est McEnroe ? Lendl, Becker, Chang battus, Roland-Garros attend un nouveau héros.

Lundi 31 mai. Gorbatchev à Paris en visite privée, venu pour assurer la promotion de ses *Avant-Mémoires*. Du nanan pour la télévision, qui, sous l'aiguillon de Séguéla le publicitaire, l'a mis à toutes les sauces, c'est-à-dire dans toutes les émissions où il pouvait logiquement apparaître. On en est saturé. On l'aime bien, Gorby. Tant de courage, un rôle si déterminant dans la déglaciation de l'Est, la guerre froide abolie, le glaive nucléaire enterré, cet air d'humanité que l'on n'avait jamais vu sur le visage d'un dirigeant soviétique jusqu'à ce qu'apparaisse ce petit homme avec sa tache rose, flanqué de sa femme... Et on s'interrogeait vaguement : qu'est-il devenu ? Un *has been* chassé par le galop de l'histoire ? Un recours, en réserve de la République russe ? Un citoyen ordinaire en quête d'un succès d'édition ?

Il est apparu décevant, creux, moulinant interminablement de la langue de bois.

De ces interviews et débats auxquels il s'est prêté avec un plaisir évident, il ressort une seule chose, surprenante : son optimisme. D'ailleurs, il tient le pessimisme pour « une paralysie de la pensée ». Il a le sentiment d'avoir fait un travail formidable et aperçoit à l'horizon une nouvelle civilisation fondée sur de nouvelles valeurs. « Ayons de l'espoir et nous en trouverons le chemin, dit-il à ceux qui l'interrogent. Vous êtes pessimistes parce que les arbres vous cachent la forêt. » Ce ton tranche totalement sur le discours général. Et son conseiller, Zagladine, appuie : « Les Français ont le défaut, depuis Descartes, de voir le monde en noir et blanc. Il faut le voir de façon dialectique. »

Dialectique ? Bon.

Gavée de Gorby, j'ai pratiqué un après-midi de zapping intensif pour suivre quelques-uns des matchs de Roland-Garros. Tennis non stop sur deux chaînes, c'est le rêve quand on a de la marmelade dans la tête… Mais aucun de ces grands garçons et de ces filles de fer n'a encore réussi un véritable exploit… Une de ces remontées en milieu de partie, quand tout semble perdu et que, regroupant ses forces dans un effort suprême, un joueur en renverse le cours. Au moment où j'écris, Edberg peine pour se débarrasser d'un Hollandais coriace, Haarhuis, mais le match est terne…

Je ne sais pas bien lire le tennis, je veux dire : saisir la nature exacte des coups qui sont joués, leur subtilité tactique… Les commentateurs m'abreuvent de considérations techniques qui me sont du chinois… N'importe. Tac, toc, tac, toc, la cadence des balles berce ma fatigue.

Juin

Mardi 1er juin. Deux cadeaux à faire – un anniversaire et un mariage –, destinés à des amies qui me sont chères. Un prétexte à rôder dans les bonnes boutiques du faubourg Saint-Honoré. Il y a bien longtemps que je n'ai pas fait d'achat dans l'ordre de la frivolité, je suis saisie par les prix. Ahurissants… Le moindre colifichet, le moindre objet un peu raffiné… Au demeurant, les boutiques sont vides de chalands. Les passants s'agglutinent derrière les vitrines, mais n'entrent pas.

Ce que je trouve chez Saint Laurent est trop cher pour être raisonnable, mais pas assez pour être inaccessible. Me voilà piégée.

La vendeuse n'en finit pas de manipuler ma carte de crédit. Je la supplie de se dépêcher… Sinon, à m'attarder dans cette caverne enchantée, je vais succomber à la tentation… Mais elle traîne, elle traîne… Je caresse une longue écharpe, des boucles d'oreilles translucides, je les essaye… Au secours, je vais craquer, je craque, je… Elle revient, carte à la main. Sauvée. Mais qu'elles étaient donc jolies, ces boucles d'oreilles que je ne porterai jamais…

Mercredi 2 juin. Long entretien de Pasqua avec *Le Monde*… Cette fois, une politique est dessinée. Objectif : immigration zéro. Réduire le flux jusqu'à le tarir, à l'exception des demandeurs d'asile et, le cas échéant, de main-d'œuvre dont l'économie aurait besoin. Toutes les lois seront durcies pour y parvenir et codifier rigoureusement les conditions d'entrée et de séjour des étrangers en France.

Voilà qui a au moins le mérite d'être clair sinon réaliste – l'immigration zéro est un leurre –, et Pasqua se flatte, avec raison sans doute, de réunir un « consensus républicain » dans le pays. « Si on ne tient pas fermement cette ligne, l'opinion ne peut que se durcir et le pays dérivera vers l'extrême droite », dit-il.

Cette politique affichée aura le soutien d'une immense majorité de Français, pourquoi le nier ? L'immigré fait peur. Ce que Bernanos appelait « la trouille bien-pensante » est plus forte que jamais. Reste à voir l'efficacité des mesures de coercition, si elles ne sont pas harmonisées à l'échelle communautaire, et accompagnées d'une politique ambitieuse d'aide aux pays d'où viennent les immigrés…

Charles Pasqua voit-il plus loin ? L'élection présidentielle ? Il répond : « Naturellement, quand on est arrivé à un certain niveau, on souhaite que ses idées aboutissent. Et à ce moment se pose la question de savoir si, finalement, on ne serait pas le meilleur pour les défendre. Ma réponse est oui, évidemment. Mais le meilleur à quel niveau ? Là, c'est un autre problème. Jacques Chirac est toujours notre candidat. Mais cela ne m'empêche pas de revendiquer mon propre rôle. Si ce gouvernement a décidé de s'engager dans une grande politique d'aménagement du territoire, on me le doit en grande partie. J'ai l'ambition d'arrêter le processus de dégradation actuel, d'aller vers une France plus juste et de lutter pour ce faire contre les situations acquises, les privilèges et les injustices. C'est un projet par essence révolutionnaire. Nous verrons bien jusqu'où je pourrai le conduire. Mais je le mènerai le plus loin possible. […] Je vous le promets, je vais déclencher dans le pays un gigantesque bouillonnement. »

Noble ambition, assurément.

Début du procès relatif à l'affaire Pechiney-Triangle, celle où des initiés se sont enrichis de quelque 60 millions grâce aux indiscrétions dont ils ont bénéficié.

Curieuse affaire où il se peut qu'aucune preuve matérielle ne puisse être apportée par l'accusation contre les prévenus. Outre que le principal, Roger-Patrice Pelat, est mort. Comment faut-il qualifier ce dont ils sont accusés ? Ce n'est pas du vol pur et simple. Plutôt un genre de flibuste, de piraterie organisée, chacun pour soi et la Bourse pour tous, par des membres de l'establishment socialiste.

Une histoire de fric à l'état pur.

Vu un petit bijou : un documentaire d'Alain Jaubert sur *Le Bain turc* d'Ingres. Toile admirable en forme de tondo, dont toute l'histoire est détaillée, fragment par fragment, personnage par personnage, geste par geste. Orgie de chairs opulentes, soyeuses, alanguies, offertes, par un vieux peintre qui n'a plus rien à perdre, qui peut tout se permettre.

Quand Paul Claudel vit la toile, qui, après quelques tribulations, fut achetée par la Société des amis du Louvre en 1911, il nota : « Un tableau de ce malheureux Ingres qui ressemble à une galette d'artichauts... » Les frères Goncourt pissèrent un commentaire du même genre. Toujours cet étrange aveuglement des Français à l'égard de leurs propres chefs-d'œuvre, quand ils leur sont contemporains. On sait que, longtemps, le Louvre refusa d'accrocher *L'Olympia* de Manet. Maintenant, les conservateurs ont si peur de renouveler un siècle d'erreurs qu'ils commandent n'importe quoi. La postérité fera le tri.

Jeudi 3 juin. « Pourquoi Balladur va dans le mur », « Pourquoi Balladur cafouille », ce sont les titres de *L'EDJ* et de *L'Obs*, avec démonstration à la clé. Le climat n'est pas meilleur parmi les chefs d'entreprise et les experts interrogés. En même temps, la cote de Balladur reste élevée. L'homme est apprécié. C'est l'opération « retour de la confiance » qui a échoué. Une véritable psychose de la récession s'est installée, alimentée par les licenciements et les déclarations cataclysmiques de Balladur lui-même sur la situation de la France, psychose qui entretient cette récession et l'aggrave. La consommation ne cesse de baisser. Les Français ont 800 milliards en argent liquide dans leur bas de laine. Mais ils se gardent d'y toucher.

Il devient difficile d'expliquer que tout cela est la faute des socialistes. D'ailleurs, on ne l'explique plus. On serre les dents et on attend l'hypothétique reprise américaine, japonaise et allemande, qui nous apportera de l'oxygène. Personne ne propose sérieusement une autre politique.

Vu hier soir une jolie pièce, *L'Aide-Mémoire*, de Jean-Claude Carrière, superbement jouée par Jane Birkin et Pierre Arditi. Du théâtre de divertissement, sans importance mais agréable à voir et à écouter. Un grand succès, d'ailleurs.

Nous allons souper avec Arditi. Il est rompu, épuisé, les reins brisés par un déménagement où il s'est coltiné tous ses livres, mais il continue d'être drôle et charmant dans sa fatigue. Quel étrange métier, celui de comédien, quand on le fait au théâtre... Revenir chaque soir sur le lieu du crime, répéter des mots, répéter des gestes cent fois, deux cents fois, trois cents fois... Mais c'est un métier que l'on ne fait jamais sans l'aimer. Et c'est un grand privilège de faire ce que l'on aime. Le plus grand. J'ai toujours pensé que les salaires devraient s'établir en raison inverse de l'intérêt que l'on prend à son travail.

Déjeuner à *L'Obs*, avec Jeanne Moreau, parmi d'autres convives. Elle parle très peu, comme toujours. Mais, de temps en temps, une phrase tombe, dite de sa voix tapissée de velours noir et c'est toujours intelligent. Elle reste, avec les années, la séduction même...

Vendredi 4 juin. Vent glacial et pluie depuis des jours et des jours. Le Bon Dieu nous a volé le printemps.

Deux femmes et trois petites filles turques brûlées vives dans un incendie criminel à Solingen, en Allemagne. Auteur du meurtre : un môme de 17 ans et probablement trois ou quatre jeunes complices. Ivres. La population réagit vigoureusement, la communauté turque, qui est considérable, plus vigoureusement encore. Chacun ses immigrés. Chez nous, les racistes ne les font pas encore griller. Mais un tel fait divers, pour horrible qu'il soit, peut aujourd'hui avoir lieu partout. Pourquoi plaquer dessus l'éternel procès de l'Allemagne ? Elle n'est ni plus ni moins démocratique que la France.

Come back, au Cambodge, de l'inusable Norodom Sihanouk, après des élections organisées sous le contrôle de l'ONU, qui ont donné une majorité au parti dirigé par le fils de Sihanouk, et une forte représentation au parti ex-communiste, qui gouvernait jusque-là. C'est donc une coalition qui siégera à l'Assemblée constituante. Les Khmers rouges n'ont pas réussi à saboter le scrutin. Norodom Sihanouk s'est autoproclamé chef d'Etat et chef de la police. Mais il a, déjà, quelques difficultés à le rester.

Peuple martyr s'il en fut, si beau, si doux, quand donc s'achèvera pour le Cambodge le cycle de mort et de haine qui l'a crucifié…

A Roland-Garros, la domination des cogneurs se poursuit. Cette nouvelle génération de brutes, qui a investi les courts au détriment des artistes, est efficace, assurément. Mais elle tue le plaisir.

Samedi 5 juin. Vu, hier, Marek Halter, qui porte sur la Russie, dont il revient, un regard moins noir qu'il est d'usage. Il y fait de fréquents séjours depuis qu'il a créé ce Collège universitaire français où les meilleurs universitaires viennent faire cours, à Moscou et à Saint-Pétersbourg, à des étudiants chaleureux. C'était une idée de Sakharov, qui n'a pas eu le temps de la voir réalisée. « En 91, on a dit que les gens mourraient de faim et de froid en hiver. Ils ne sont pas morts. En 92, on l'a répété. Ils ne sont pas morts… La jeune génération est ardente, dynamique. Le danger d'une dictature est nul. Gorbatchev a multiplié dans le pays les centres de pouvoir. Personne n'a envie de lâcher le sien… Le problème avec la démocratie, c'est que personne ne peut rêver de ce qu'il ne connaît pas. »

Enseigner la démocratie aux Russes, vaste programme… Il y croit…

Bosnie : L'ONU a décidé d'autoriser la riposte armée aux forces qui occupent les six zones dites de sécurité. De plus en plus dérisoire. L'application de cette décision supposerait l'envoi d'au moins 5 000 Casques bleus supplémentaires. Introuvables. Personne ne veut y aller, malgré les sollicitations – molles – du secrétaire général des Nations unies.

La France, qui a déjà 4 000 hommes sur place, et la Grande-Bretagne, dont le contingent est également substantiel, n'ont nullement l'intention d'augmenter leur présence en Bosnie. Alors pourquoi cette hypocrisie, qui est l'un des aspects écœurants de cette tragédie ?

Dimanche 6 juin. Ah le beau dimanche que voilà ! Roland-Garros sous un chaud soleil de juin, et une finale de rêve...

Deux grands joueurs à fond la caisse, Bruguera, l'Espagnol au petit visage chafouin, Courier, le rouquin américain, plus américain que nature, 22 ans l'un et l'autre, des deux côtés une bonne odeur de sueur saine, la rage de vaincre, les moments de doute, les signes d'épuisement, des attaques foudroyantes, des répliques cinglantes, du talent, de la force, un style, une flamme contre une épée, quatre heures de tension ininterrompue, un pur délice.

Il fallait bien à la fin, que l'un des deux l'emportât... Ce fut Bruguera, la flamme. Mais le public leur fit ovation à tous deux.

Ivresse des champions, enfermés dans le cycle infernal de la compétition et de la lutte contre les fuseaux horaires, se rebellant, de temps en temps, contre la discipline d'enfer qui leur est imposée, et hurlant : « J'en ai marre de la vie que je mène... », mais reprenant aussitôt le joug. Ce sont les chevaliers d'aujourd'hui, secte étrange et prestigieuse, où l'on n'entre qu'à condition de sacrifier sa jeunesse. Et, à 30 ans, 35 peut-être, ils seront bons à jeter. Mais d'ici là, entre les dents, le goût âcre de la gloire... Aaaaah !

Lundi 7 juin. Alain Decaux et Robert Hossein ont retiré leur nom de ce *Jésus*, représenté à travers les Etats-Unis avec un vif succès, mais arrêté dans son élan à New York par des Juifs révisionnistes.

Alain me raconte les dernières péripéties de l'affaire. De menus changements ont été demandés, qui ont été concédés parce qu'il s'agissait de détails insignifiants.

Et puis le texte de présentation du spectacle a été modifié : maintenant, on y apprend que Jésus a été condamné à mort

« par un tribunal romain ». Là, Alain Decaux a cru s'étrangler. Tout arrêter ? Mettre la troupe de quatre-vingts personnes au chômage ? Faire un procès, alors que le droit moral de l'auteur est inconnu aux Etats-Unis ? Decaux et Hossein ont choisi, plutôt, de disparaître du générique.

Incroyable histoire de terrorisme intellectuel victorieux dans un pays qui se targue de respecter l'information !

Espagne : Felipe Gonzalez, que l'on donnait battu, a gagné les élections. Son parti arrive en tête, mais il a perdu la majorité absolue. Il lui faudra gouverner à la tête d'une coalition. Giscard se sera dérangé en vain pour aller soutenir la droite espagnole, ce qui, vu d'ici, a paru quelque peu saugrenu.

Chômage plus corruption : le cocktail détonant qui a fait exploser les socialistes français a donc seulement érodé le socialisme espagnol. François Mitterrand doit être mélancolique, aujourd'hui…

Pasqua, hier, à *7 sur 7* : il a mis un bémol. Il ne s'agit plus de viser l'immigration zéro, mais l'immigration clandestine zéro. Mais il reste ferme, comme on pouvait s'y attendre, sur les dispositions de la loi.

Le débat qui s'est instauré sur cette affaire est totalement déprimant, tant il apparaît que, à moins d'apporter soudain la prospérité aux pays pauvres pour que leurs habitants y demeurent – hypothèse pour le moins irréaliste –, il n'y a rien à faire pour diminuer substantiellement le flux des immigrés. Et que nous ne sommes pas, ni matériellement ni psychologiquement, en état d'en accueillir davantage, même si l'intégration d'un grand nombre s'accomplit.

Ce ne sont ni les belles paroles sentimentales, ni les méthodes répressives qui changeront fondamentalement cet état de choses. Mais lesdites méthodes donneront l'illusion de l'action, et c'est probablement ce qu'en attend Pasqua tout le premier.

Mardi 8 juin. Beau cadeau pour une crapule : René Bousquet, 84 ans, a été assassiné par un homme de 50 ans, apparemment un déséquilibré avide de publicité, alors que la procédure intentée contre lui était sur le point d'aboutir.

Ainsi l'ancien pourvoyeur d'Auschwitz en enfants juifs aura-t-il échappé jusqu'au bout à la justice des hommes. Ce sont les moments où l'on voudrait croire qu'il existe une justice de Dieu.

Il reste une autre crapule d'époque, Paul Touvier, qui doit être déféré devant les assises. Mais son procès ne saurait avoir la même ampleur. Touvier est un petit bonhomme. Bousquet était un grand commis. Avec lui aurait peut-être été enfin établie la responsabilité historique de l'Etat français, de ses institutions, de ses hauts fonctionnaires, de son élite, dans des décisions dont certaines furent tragiques.

Pourquoi Bousquet fut-il épargné après la guerre ? Que dis-je, épargné ! Protégé, soutenu, réintégré avec les honneurs dans la noria de ceux qui se disputent les grandes places ? Aucune explication satisfaisante n'a été donnée à cette remarquable clémence… Pas plus qu'à l'indolence de la justice, saisie en 1991 d'une plainte contre lui pour crimes contre l'humanité, et qui ne s'est pas précisément hâtée de l'instruire.

On dira que René Bousquet a toujours eu de la chance, y compris en ce matin de juin où quatre balles de revolver l'ont sauvé d'avoir à montrer publiquement ses mains pleines de sang.

Mercredi 9 juin. Daniel Cordier publie le troisième tome de son *Jean Moulin*, travail de bénédictin auquel il consacre sa vie depuis bientôt dix ans, peut-être davantage.

Il me l'envoie avec un mot affectueux qui me touche, comme tout ce qui me vient de lui.

Singulière trajectoire d'un homme qui donna ses jeunes années à la Résistance, sa maturité à l'art contemporain, et qui s'est institué historien à cause de l'injure faite à Jean Moulin, dont il avait été le radio et le secrétaire pendant la guerre… Il a voulu en avoir le cœur net, et il s'est retrouvé sous une tonne d'archives, chaque nouveau document appelant la recherche d'un autre document. Ce troisième tome sera suivi de trois autres. C'est un fleuve.

Ici, outre l'histoire de la Résistance entre novembre 40 et

février 42, il taille en pièces la thèse selon laquelle Jean Moulin aurait été un agent du KGB, thèse qui ressurgit régulièrement. On sait que le procès de Jean Moulin fut instruit à l'origine par un résistant célèbre, Henri Frenay, mais au moins celui-ci eut-il la loyauté de prévenir : « Jamais je n'ai affirmé que je détenais la preuve de ce que j'avançais. » Ses successeurs ont moins de scrupules…

Cordier montre bien pourquoi ils s'acharnent. C'est qu'à travers Jean Moulin, c'est Charles de Gaulle qu'ils visent, confondus dès l'origine par Frenay dans une même haine.

Il y a quelque chose d'odieux dans cet acharnement, mais ce ne sont pas les clameurs qui le feront cesser. C'est le travail des historiens, s'ils veulent bien, toutefois, se montrer sérieux. Cordier leur indique le chemin.

La vie privée d'un membre du gouvernement défraye la chronique parisienne, dont les rumeurs me parviennent au cours d'un déjeuner amical avec trois journalistes.

Appelons-le… Dupont. Marié, Dupont a commencé par séduire la femme de son meilleur ami. Elle divorce, lui pas, mais il l'installe dans son ministère, chargée d'une vague mission. Sa propre femme en ignore tout, et en particulier que la maîtresse de son mari se fait appeler Mme Dupont. Serions-nous en Grande-Bretagne, tout cela ferait un beau scandale, et Dupont serait renvoyé à ses chères études. Ici, on dit : « Tout de même, ce Dupont, il exagère… » Et, tout bien pesé, c'est mieux ainsi.

Jeudi 10 juin. Obscène : la nouvelle publicité de Benetton. Soixante photos représentant chacune un sexe d'homme, de femme ou d'enfant. Le tout en gros plan. Les journaux français ont refusé de publier, à l'exception de *Libération*… Chacun son lectorat. On imagine la tête du lecteur moyen du *Monde* tombant sur cette panoplie de sexes… L'outrage lui aura été épargné…

Quelqu'un m'éclaire sur l'objet principal de cette commission nommée pour proposer au gouvernement une sorte de charte de la télévision publique.

On attendrait d'elle qu'elle maintienne le principe d'un président commun aux deux chaînes, mais flanqué de deux directeurs généraux, un par chaîne, non nommés par lui. Ou Hervé Bourges accepte cette organisation, qui lui retirerait une bonne part de son pouvoir, ou il la refuse. Dans les deux cas, il serait neutralisé, ce dont rêve une partie de la majorité… Pure imagination que tout cela ? Peut-être. J'ai peine à croire que l'on ait mobilisé trente personnes pour se défaire de Bourges au lieu de lui signifier simplement qu'en fin de mandat, c'est-à-dire en décembre 93, il ne sera pas renouvelé dans ses fonctions. Mais pourquoi faire simple quand on peut faire compliqué ?

La fusion est accomplie entre tous les services de *L'Express* et du *Point*. Reste de chaque côté une enclave autonome : la rédaction. Dans les deux maisons, on reconnaît que le propriétaire, Alcatel, ou, si l'on préfère, Pierre Suard, n'intervient pas dans la ligne du journal, mais on s'interroge : combien de temps cette concurrence artificielle entre deux titres qui chassent sur le même terrain peut-elle durer ? Et quels sont les objectifs à long terme de Suard ?

De tous côtés, on récolte l'écho d'une inquiétude profonde parmi les journalistes. Pour la première fois, ils se sentent menacés, par pans entiers, dans leur emploi.

Joyeux dîner d'anniversaire pour célébrer les quarante ans de Micheline Decaux. On rit, on chante, c'est très gai malgré – ou grâce à – la présence de trois académiciens…

Tout le monde y va de son compliment. Une fois de plus, j'en suis incapable. Incapable d'improviser trois phrases en public. C'est une véritable infirmité dont l'analyse aurait dû me délivrer, mais non, elle est là, elle me nargue… Je cherche en vain dans ma mémoire ce qui a pu, dans l'enfance, provoquer ce blocage ridicule qui m'a joué bien des tours. Parler à la télévision, à la radio, ne me pose aucun problème. En public, si je n'ai rien préparé, ma gorge se sèche, mes jambes se dérobent, ma tête se vide… Un désastre.

Rentrée penaude et triste de n'avoir pas su prononcer les quelques mots tendres que j'avais dans la gorge.

A travers son journal, J.-F. Kahn mène une campagne d'enfer contre TF1. Il n'aime pas les mœurs de cette maison, où l'on a décidément le faux un peu trop facile. Mais, ce faisant, il s'expose à de sérieux désagréments. Tous les moyens vont être employés pour le broyer. Ils sont même capables de fabriquer… un faux pour le déshonorer. J'ai peur pour lui, à le voir ainsi tirer les moustaches de Goliath… Un accident, c'est si vite arrivé !

Vendredi 11 juin. Une tempête glaciale balaye Paris et une partie de la France depuis ce matin. Les branches plient et cassent, les volets battent, des tornades de pluie aveuglent les passants. Il ne manquait que ça pour démoraliser les gens !

Obligée de sortir pour aller à Canal +, où j'ai promis de parler quelques minutes au sujet de l'assassin de Bousquet, ou plutôt de ce que la Une en a fait.

Convoquée par le personnage en question, Christian Didier, la chaîne s'est précipitée et lui a tendu caméra et micro. Après quoi, on lui a donné dix minutes d'antenne, où il est apparu qu'il avait tué pour attirer l'attention sur lui, et singulièrement l'attention de la télévision.

Cet homme n'est qu'un parmi des milliers qui rêvent plus ou moins confusément de « passer à la télé ». C'est la conséquence inévitable du phénomène télévision. Elle déréalise. La réalité, ce n'est plus la vie, c'est le petit écran, où il faut être vu pour exister. Et tout a basculé.

Autrefois, le modèle dominant, c'était la bourgeoisie. Et la bourgeoisie vivait derrière ses murs, non seulement elle ne s'exhibait pas, mais elle se protégeait. Et une personne décente n'avait son nom dans un journal que le jour de son mariage et celui de sa mort. Aujourd'hui, le modèle dominant, la caste des privilégiés, des « importants », c'est celle que l'on voit du matin au soir à l'écran. Mais comment faire pour en être, quand on est un petit, un humble, un obscur ? Pour « exister », Christian Didier a tué. Tout le monde, heureusement, n'en fait pas autant. Mais cette audience qui lui a été complaisamment accordée, quelle incitation à des actes désordonnés sinon criminels sur des esprits faibles !…

Il ne s'agit pas de décréter ce que l'on doit ou non montrer à la télévision, même si parfois on est horrifié. Il s'agit seulement de demander à ceux qui la dirigent de retrouver le sens de leurs responsabilités.

Mais cela sert-il seulement à quelque chose de le leur dire ? J'ai eu surtout, en parlant, le sentiment de mon inutilité.

Samedi 12 juin. La tempête persiste. Et, pour Balladur, le ciel se couvre. La conjoncture économique tourne, elle aussi, à la tempête. Selon les derniers indicateurs, le recul de la production, estimé voici un mois à – 0,4 %, pourrait en fait approcher – 0,8 %. Derrière ce chiffre se cache, s'il est confirmé, ce qui sera l'échec du plan Balladur.

Le gouvernement a été réuni en conclave aujourd'hui pour en délibérer.

Situation inédite que celle de ce Premier ministre à la fois populaire – l'électorat naturel de la droite le verrait même à l'Elysée, de préférence aux membres du tandem infernal Chirac-Giscard –, populaire donc, et impuissant devant une conjoncture dont personne n'avait prévu la gravité. Et pas les instituts spécialisés, en tout cas. Tout s'est passé comme si seuls, par une sorte d'intuition, les « consommateurs » l'avaient anticipée et du même coup précipitée.

La fronde s'annonce dans les rangs de la majorité, où les députés doivent affronter la mauvaise humeur et parfois l'angoisse des électeurs.

Au cours d'un voyage dans le Nord, le Premier ministre a invité le pays à prendre patience. « Nos outils seront prêts dans le courant de l'été, a-t-il dit, et c'est ensuite que les Français ressentiront un souffle nouveau. »

Rendez-vous, donc, à l'automne. D'ici là, c'est un vent mauvais qui soufflera…

Dimanche 13 juin. Soirée somptueuse, hier, chez les David Weill, qui recevaient pour leur fille, une charmante Agathe. Un décor magique avait été planté, qui donnait l'illusion d'un immense jardin au ciel changeant, tout était joli, raffiné, organisé pour le plaisir et l'agrément d'un millier d'invités éblouis... Qui d'autre reçoit encore ainsi aujourd'hui, qui peut le faire, qui sait le faire ?... Il y faut les moyens, bien sûr, mais aussi un savoir dont Hélène et Michel David Weill ont les clés... Ils possèdent au plus haut point la culture de la richesse, celle que l'on acquiert seulement à travers plusieurs générations.

Passé le plus clair de la soirée, tandis que les jeunes gens dansaient, en compagnie de François Nourissier et de sa femme. « Les gens du monde ne vieillissent pas, dit Nourissier en observant l'assemblée. Il y a dix ans, ils avaient la même tête. – Croyez-vous ! Il me semble que c'est plutôt une affaire d'éclairage. Regardez comme la lumière est indulgente... Cela fait partie de la politesse de nos hôtes... »

Il fut déçu. Il aimait l'idée d'une caste de gens si bien entretenus qu'ils ne vieilliraient pas... Mais le fait est que toutes les femmes paraissaient belles dans leurs robes de gala et tous les hommes aimables... Illusion d'un soir de fête...

Proposé au bac A ce sujet de philosophie : « Qui est autorisé à me dire : “tu dois” ? » Voilà quelque chose que j'aurais aimé traiter ! Mais il paraît qu'il y a eu très peu d'amateurs.

Picoré dans l'énorme volume de la Pléiade consacré aux œuvres complètes de J. L. Borges. Prolifération extraordinaire de poèmes, critiques, essais, notes, traductions, biographies, essais, notes, préfaces, chroniques, entrefilets, passant de Pascal à King Kong et de Joyce à Hitchcock, se jouant de tout comme un chat d'une pelote. Quatre cent cinquante pages d'inédits, outre quelques œuvres de fiction.

Heureux d'entrer dans la Pléiade – « C'est mieux que le prix Nobel, non ? » –, le vieux gentleman aveugle attendait avec impatience la publication du précieux volume lorsqu'il est mort. Non qu'il fût avide de gloire, « cette chose bruyante que Shakespeare compare à une bulle et que se partagent aujourd'hui marques de cigarettes et politiciens », mais la Pléiade le séduisait. Le voilà donc entre Boileau et Bossuet, caprice de l'ordre alphabétique.

Relu avec plaisir ses textes de fiction traversés de tigres

ocellés, où il joue avec le fantastique comme un magicien avec ses foulards.

Lundi 14 juin. Où que l'on se tourne, les nouvelles sont abominables. En France, cela va désormais de soi. En Somalie, les forces de l'ONU tuent les Somaliens, pour venir à bout du général Aïdd, et se font haïr par la population. La situation alimentaire est rétablie mais fragile, surtout si des combats reprennent entre factions ennemies. En Bosnie, Gorazde, l'une des six « enclaves de sécurité » protégées par l'ONU, est sur le point de tomber entre les mains des Serbes. A Travnik, les milices musulmanes ravagent les villages de la région. A Mostar, ce sont les milices croates qui asphyxient la communauté musulmane… Ces scènes de dévastation ont déclenché le général Morillon, qui a poussé un coup de gueule, menaçant de retirer les forces onusiennes : « La situation s'est dramatiquement enflammée… La population est menacée de faim et de mort. Des bandes armées sont embusquées au coin des bois. L'anarchie gagne du terrain. Rien n'est encore irréversible, mais nous n'avons jamais été si près du chaos. »

Pendant ce temps, le malheureux Izetbegovic, président de Bosnie, cornaqué par B.-H. Lévy, fait le tour des chefs d'Etat pour supplier que soit levé l'embargo sur les armes… Il a vu le pape, il a vu Mitterrand, il va voir Thatcher, Kohl, le roi d'Espagne, il verrait le diable s'il pouvait obtenir une audience… Mais même BHL ne peut pas lui arranger ça. Il se donne du mal, pourtant, et avec quelle flamme…

Et, pour achever le tableau, sept provinces ont fait sécession au Cambodge, récusant le résultat de la consultation électorale. Partout, l'ONU est en échec. Sombre lundi sous un ciel toujours tourmenté par les bourrasques et la pluie.

On a envie de fermer ses volets, d'allumer un bon feu et d'oublier que le monde tourne. A l'envers.

Mardi 15 juin. Mon oreille droite est quasiment morte. Le poids des années, bien sûr, mais surtout des coups reçus de la Gestapo pendant la guerre. Cela ne m'a pas gênée jusqu'à ce que le temps amenuise ce qui me restait d'audition. Un amplificateur minuscule corrige assez bien cette infirmité.

Il s'est cassé. Chez le spécialiste qui le répare, j'attends lorsque je vois entrer un homme, fort connu à Paris, qui porte beau sa soixantaine... Il m'aperçoit mais aussitôt son regard fuit, il feint de ne pas me voir, s'assied et déploie en hâte un journal pour se dissimuler.

Il me semble que les gens font bien des manières avec leurs oreilles. Se cachent-ils d'avoir besoin de lunettes ? C'est que, pour quelque raison, la vue blessée paraît noble, l'audition laborieuse comique.

Juin s'étire, bougon comme un mois de novembre, et j'ai le sentiment de courir un marathon dont j'aperçois enfin le bout. Quand il s'achèvera, début juillet, j'aurai écrit quatre-vingt-dix articles, plus quelques textes divers, depuis septembre, et l'animal se rebiffe, saturé. C'est le moment de l'année où la vue du papier imprimé me fait l'effet d'une boîte de chocolats sur un hépatique. Quelque chose comme une nausée.

Je ne veux plus voir un livre – du moins ce qu'on appelle une nouveauté –, ni une émission de télévision pendant six semaines. Encore trois semaines à tirer avant que ne s'ouvrent les portes de ce vert paradis...

En attendant, la commission appelée à faire des propositions pour le secteur public, qui siège douze heures par semaine, mange tout ce qui me reste de temps libre. Pourquoi trente personnes, dont je suis, acceptent-elles une pareille tâche, dont elles n'ont rien à attendre ? Par une sorte de faiblesse, avec l'éternelle illusion que l'on servira peut-être à quelque chose...

Je me souviens, mais un peu tard, de ce que me disait mon mari lorsque j'étais sur le point de m'engager dans ce genre d'entreprise : « En mettant les choses au mieux, vous n'aurez pas d'ennui. »

Il était sage. Je ne le suis pas. Pas encore. Il serait temps, cependant...

Mercredi 16 juin. C'est une petite Jeannette, qui travaillait dans la coiffure, où je l'ai connue. Il y a trois ou quatre ans, elle a rencontré un jeune boucher, ils se sont mariés, se sont installés. Maintenant, elle se lève tous les matins à 4 heures 30… Dur, dur. Mais elle rayonne, la petite bouchère aux yeux bleus. Elle dit : « Bien sûr, passer de la coiffure à la boucherie, ce n'est pas évident, mais quand on aime son mari il faut s'adapter. » Absolument, comme on dit maintenant, absolument, il faut s'adapter… Cette jeune femme heureuse, cette commerçante satisfaite des affaires, m'est apparue comme un rayon de soleil dans la maussaderie générale. Je l'aurais embrassée.

Johnny Hallyday a 50 ans aujourd'hui, nul ne peut l'ignorer. Trois concerts géants, réunissant 180 000 spectateurs, vont saluer l'événement. 50 ans, c'est incroyable… Le petit Johnny, le provocateur, le bagarreur, le casseur, est devenu un monument national. Formidable bête de scène, il sait encore bouger comme personne en modulant son cri. Le jeune chat joueur s'est transformé en fauve adulte, mais il reste beau encore, avec la double fente oblique de ses yeux bleus. Et, quand il chante *Ne me quitte pas…*, on fond, c'est simple, on fond. Ah ! Johnny… Pourquoi diable le quittent-elles toutes ? Allez savoir… Peut-être pour qu'il chante mieux, comme les oiseaux aux yeux crevés ? N'importe. Les générations passent et vieillissent, lui reste, inusable, ancré dans le cœur du public français comme le fut autrefois Maurice Chevalier…

Michel Rocard a produit son effet en se livrant à une autocritique dans une longue interview à *Libération*. Examen de conscience qui n'a pas été du goût de tout le monde au PS.

L'ensemble ne manque pas d'allure : « Je me suis astreint à un certain conformisme et c'était une double erreur, parce qu'il ne faut jamais aller contre sa nature profonde, ensuite parce que le conformiste ne pouvait pas apporter les meilleures réponses. […] J'ai péché par défaut de communication ou par inhibition… » Le chômage : « Mon erreur, c'est que j'étais fier quand je voyais baisser tous les mois les statistiques… Les recettes étaient classiques et j'ai eu le tort, parce qu'elles donnaient des résultats, de ne pas comprendre tout de suite qu'elles n'étaient pas à hauteur du problème […] Je me reproche de n'avoir pas compris qu'il nous fallait un véritable changement de société, une nouvelle conception du travail et du temps. J'ai donc changé d'avis. Pourquoi pas plus tôt ? Parce qu'en juin 1990 mes résultats en matière d'emploi étaient relativement bons et que j'ai eu le tort de m'en contenter. » On n'a donc pas le temps de réfléchir au pouvoir ? « On est pris par l'urgence. »

Fiscalité, logement (« C'est mon plus grand échec »), loi d'amnistie (« Jamais je n'aurais dû céder. Je m'en veux… »), toute sa gestion est passée au crible. Bref, il a eu tout faux ou presque, mais il faut néanmoins lui faire confiance pour l'avenir !

A ma connaissance, l'exercice est sans précédent. Peut-être fallait-il un Premier ministre protestant pour qu'il soit donné d'y assister.

Il est vrai que Rocard a toujours eu une sorte de génie pour se tirer des balles dans le pied…

Déjeuner avec Michel Winock, l'historien. Nous évoquons nos souvenirs, les débuts de *L'Express*, Mauriac, Mendès France, la guerre d'Algérie… Le bon temps, quoi ! Celui où l'on savait pour quoi l'on combattait. Je lui dis mon remords de n'avoir pas cru que de Gaulle saurait mettre fin à la guerre d'Algérie. Erreur de jugement. Je n'en ai pas eu le monopole, mais ce n'est pas une excuse. Elle n'a jamais cessé de me brûler.

Patrick Sabatier, l'animateur de télévision, passe en correctionnelle pour fraude fiscale. Le roi du « pognon » a « oublié » de déclarer un revenu de 5 millions de francs, et il a « omis » de déclarer un salaire de 22 millions de francs, que lui a octroyé sa propre société de production. Une peine de prison ferme a été requise. Quoi ! tout n'est-il pas permis à un animateur de télévision ? Tombant de haut, le pauvre jeune homme est, paraît-il, très affecté par ces méchantes révélations.

Jeudi 17 juin. Philippe Séguin est sorti du bois. A l'occasion d'un colloque d'obédience RPR, il a taillé en pièces avec violence la politique économique du gouvernement, se livrant à un véritable constat de désolation, selon *Le Monde*, dénonçant « un Munich social » et appelant à « un renversement complet des valeurs et des choix »...

L'opposition, en somme, a trouvé son chef, et dans une certaine mesure sa doctrine. Ce ne sera pas sans conséquence, lorsque Balladur sera usé. Après Pasqua, voilà un second candidat à sa succession. Mais, pour le moment, le PM résiste bien dans la faveur de l'opinion, sinon dans celle des parlementaires de sa majorité.

Réunion ce matin, réunion en fin d'après-midi, la commission chargée de se pencher sur la télévision publique est aux travaux forcés.

Il y a là une grosse poignée de gens de bonne volonté qui seraient heureux d'être efficaces, mais qui voient mal, moi y compris, comment s'y prendre.

Dès lors que le gouvernement ne se résout ni à augmenter la redevance, ni à supprimer les exonérations, ni à augmenter la dotation des chaînes publiques, il est exclu de porter atteinte aux ressources publicitaires. C'est-à-dire à ce qui détermine peu ou prou les programmes.

Autant dire que nous sommes dans une seringue...

Vendredi 18 juin. Hier soir, récital Pollini qui me nettoie la tête. Schubert et Beethoven, *L'Appassionata*, avec laquelle le doux Italien arrache la salle transportée. Il est clair, limpide, lumineux... Un moment de bonheur.

Goethe abhorrait la musique. Chateaubriand ne l'aimait pas. Kafka non plus, qui se contraignait à aller au concert. Troublant, ces compartiments que l'on a dans le cerveau. Et chez certains, les plus grands esprits, les plus cultivés, ce trou.

Deux femmes surgissent, appelées aux plus hautes fonctions. Celles de Premier ministre. L'une au Canada, Kim Campbell, l'autre en Turquie, Tansu Ciller.

Au Canada, c'est un événement, ce n'est pas un choc. En Turquie, en revanche, l'élection de Tansu Ciller, qui arrive au pouvoir par sa désignation à la tête de l'un des partis les plus conservateurs du pays, est un « tremblement de terre ». Les féministes grognent : une femme alibi de plus. Et un éditorialiste : « Ces visages basanés ont été éblouis par cette jolie tête blonde. » Mais il semble que cette épouse de banquier, fort déterminée, soit de taille à faire bouger quelque chose dans son pays où l'on enseigne encore, à l'école primaire, que « le père est le chef de famille, la mère est son assistante et sa meilleure amie. Elle s'occupe des enfants, nettoie la maison, prépare les repas et fait la lessive ».

Bosnie : l'échec de la diplomatie occidentale est consommée. Le plan Vance/Owen abandonné. C'est d'une partition que l'on discute désormais, tandis que des combats sanglants se poursuivent. Une partition qui enregistrera le démembrement de la Bosnie.

Ce pays n'est pas mon pays. Il ne m'est pas familier, même si je connais un peu Sarajevo, rien ne m'attache particulièrement à lui. Mais je ne parviens pas à accepter comme une fatalité l'abandon où nous l'avons laissé devant ses agresseurs. Ou alors il faut dire : je me fous de tout ce qui n'est pas ma rue, mon village, ma famille. Et cela, je crois que jusqu'à mon dernier souffle je serai incapable de le dire.

Samedi 19 juin. Entretien intéressant dans *Le Point* entre Jean Baudrillard et Jean-Paul Enthoven. « J'ai l'impression qu'on est en train de vivre une Histoire qui se défait. Il y a encore des “événements”, bien sûr, mais ils s'inscrivent tous dans une Histoire qui n'a plus de sens. D'où, entre le bruit et la fureur, ce climat de confusion généralisée. On consomme du spectaculaire. On zappe. Un chaos… Une grande agitation immobile… Il n'y a plus de place en ce monde pour un enjeu singulier, pour une passion singulière. »

Il développe ce thème d'une histoire sans enjeux, d'une

actualité-amoncellement d'événements inachevés et inarticulés qui ne sont plus que des déchets.

Enthoven demande : « Ainsi, votre vision des choses, c'est une Histoire blanche saturée de non-événements et diffusée dans le vide… » Baudrillard : « Dit comme cela, ça fera sourire mais enfin… »

Mais enfin, c'est ce qu'il dit. Et que chacun ressent plus ou moins dès qu'il tente d'y réfléchir un instant.

Jean Cau est mort à 67 ans d'un cancer de la vessie. Claude Lanzmann me dit qu'il a vécu ses derniers mois de souffrance dans la solitude. Il a toujours eu une dimension tragique. Elle l'aura poursuivi jusqu'à la fin.

France 3 vient m'interroger sur les raisons de la trajectoire qui l'a conduit de la gauche intellectuelle à la droite dure.

Je n'en sais rien. Mais je crois que c'est une vue erronée des choses. Il est né étranger à la société tout entière, comme on peut l'être seulement quand on est issu d'une famille située au plus bas de l'échelle sociale. Je me souviens de lui quand il évoquait sa mère, lavant le linge sale des autres. Ou encore son sentiment d'irréalité et même d'écartèlement quand on lui parlait au lycée, où il était boursier, de Proust ou de Flaubert, et qu'il se retrouvait dans son univers familial. Je crois que son passage auprès de Sartre, dont il a été secrétaire par hasard, sa collaboration à *L'Express* de la décolonisation ont été une sorte d'école buissonnière dans sa vie, avant qu'il ne trouve, en somme, sa vérité, ses valeurs, qui étaient en un sens aristocratiques. Personne n'a haï plus que lui une certaine mollesse bourgeoise où il ne voyait qu'avilissement. Mais je me trompe peut-être.

En tout cas, droite ou gauche, il était bourré de talent, ce misogyne de choc, avec cet air qu'il avait de toujours sortir d'une douche froide…

Dimanche 20 juin. Bernard-Henri Lévy a épousé hier Arielle Dombasle à la mairie de Saint-Paul-de-Vence. Le village, envahi par deux cents invités, était en liesse et leur a fait cortège. On a crié : « Vive la mariée », on a jeté du riz, tout s'est passé dans une cohue bon enfant tout à fait sympathique devant une assistance bigarrée – gens du monde, dames en chapeaux vertigineux mêlés à une série de gens de plume plus sobrement vêtus et à un ou deux ministres d'hier et d'aujourd'hui.

Ont-ils raison de se marier ? A-t-on jamais raison de se marier ? Et de se remarier ? En tout cas, en ce jour ils exultaient, et ce fut plaisir de voir cette nymphe blonde à demi nue dans sa robe de Chanel irradier sa joie de jeune épousée.

Un dîner réunit ensuite les invités dans le cadre magique de la Colombe d'Or. A 3 heures du matin, on bavardait encore. Ce fut une jolie soirée.

Au désir que j'ai de voir cette union heureuse, je mesure combien tendrement j'aime BHL et lui veux du bien.

Retour dans un avion bondé. Un petit enfant ne cesse de hurler. A la fin, je n'y tiens plus et je vais voir ce qu'il a... Sa mère est une très jeune femme désemparée par ce braillard. Ses dents ? Ses oreilles ? Quelque chose qui le blesse peut-être, une épingle ? Non. « Il a faim, dit-elle. – Eh bien, nourrissez-le. – Je n'ose pas... – En voilà une idée ! » J'insiste. Timidement, elle ouvre son corsage, fait jaillir un sein rond, le braillard se jette dessus...

Nous avons été tranquilles jusqu'à Paris.

Lundi 21 juin. Il y a de la crise dans l'air. Après Philippe Séguin, voilà Simone Veil et Méhaignerie qui se rebiffent... Il s'agit de la loi sur les étrangers en cours de discussion au Parlement. L'Assemblée a voté, à la sauvette, avec l'agrément du gouvernement, l'amendement d'un député RPR excité, Alain Marsaud – un homme de Pasqua –, permettant aux policiers de contrôler l'identité de toute personne dont ils auraient « présumé la qualité d'étranger à partir de tout élément autre que l'appartenance raciale ». Ah ! qu'en termes galants... Et à quoi présume-t-on la qualité d'étranger ? Un accent peut-être... Oui, c'est ça, un accent louche. Un accent qui ne sent pas le dollar ou le mark. L'étranger pauvre est en train de devenir le bouc émissaire d'une société malade de ses immigrés.

Et s'il est en règle ? Si sa présence sur le sol français est légitime ? N'importe. Il est bon qu'il ait peur, qu'il se sente coupable, menacé en sa qualité d'étranger. La patrie des droits de l'homme lui dit merde, est-ce clair ? La longue et vieille histoire de la France terre d'asile est terminée. Si vous n'êtes pas content, allez vous faire voir ailleurs…

Simone Veil et Pierre Méhaignerie n'ont pas avalé. Trop, c'est trop. Ils ont signé une lettre commune au Premier ministre pour lui demander de retirer cet amendement et Méhaignerie l'a laissé filer dans la presse. Maintenant, ou Balladur obtempère et désavoue Pasqua – délicat… –, ou il sermonne ses deux ministres, qui plient l'échine et sortent de l'épreuve déconsidérés. Improbable, bien que Méhaignerie se soit déclaré prêt à la soumission. Ou une nouvelle version de l'amendement litigieux est proposée au Sénat.

Vraisemblable.

En attendant, quelques organisations cherchent en vain à mobiliser une opinion publique indifférente ou consentante, qui souscrit en gros à la loi Pasqua comme à un moindre mal. Et qui, au demeurant, s'en soucie beaucoup moins que du chômage.

Le « Munich social » de Séguin fait des bulles… Le turbulent président de l'Assemblée nationale se fait tancer de tous côtés. Par Balladur, d'abord, qui déclare, sans le nommer : « Que tous ceux qui ont un rôle dans la société réfléchissent bien avant d'affaiblir par leurs propos la confiance nationale… » Ce qui ne lui fait probablement ni chaud ni froid. Par les centristes, ensuite, exaspérés par ses appels au protectionnisme, qui multiplient les commentaires assassins. Rien qui doive, non plus, l'émouvoir. Nul n'est plus sûr de lui que cette grande gueule sympathique, au demeurant, qui se croit un destin national.

Pour le moment, prudent, Chirac se tait. Et grommelle tous les soirs, dans les *Guignols* de Canal + : « Encore deux ans à tirer, putain, qu'est-ce que je m'emmerde ! »

Mardi 22 juin. Essayé d'écrire clairement, dans *L'Obs*, quelques petites choses au sujet du secteur public de la télévision. Pas sûre que cela intéresse les lecteurs, qui ne font pas vraiment la différence entre public et privé. Ils ont leurs habitudes, leurs rendez-vous, et s'y tiennent, oscillant beaucoup moins qu'on ne le croit d'une chaîne à l'autre. Le zapping n'est pas le fait du grand nombre.

En quoi la télévision, service public, devrait-elle se distinguer de la télévision commerciale ? Si l'on s'en tient aux idées générales, c'est simple : une chaîne publique ne doit pas véhiculer la vulgarité, le racolage, la basse exploitation des émotions. Elle peut et doit faire rire et pleurer, mais en conservant de la tenue. Elle doit ouvrir le champ des connaissances, de telle sorte qu'elle enseigne sans ennuyer, qu'elle informe sans déformer. Elle doit véhiculer ses propres valeurs, et d'abord le respect de la personne humaine, par opposition aux valeurs mercantiles des chaînes privées. Elle doit stimuler le public dans ce qu'il a de meilleur et non le dégrader. Elle doit s'ouvrir largement à la création d'œuvres françaises de qualité, etc. Mais elle doit aussi maintenir un taux d'audience élevé pour ne pas laisser le monopole de l'information à la Une.

Tout cela peut être traduit en termes concrets si l'on en a la ferme volonté politique. Et si l'on ne s'enferme pas dans de faux débats sur télévision culturelle et non culturelle. Toute télévision est culturelle. Elle sécrète même sa propre culture. Il y a une culture TF1, une culture Canal +, une culture Arte, qu'on les apprécie ou non.

Il n'y a pas de culture France 2 ou 3, parce que ces chaînes n'ont ni âme, ni personnalité, ni parti pris. Elles flottent.

Il serait grand temps qu'il y ait enfin un secteur public fort, avec son éthique, son style, ses valeurs, sa capacité d'entretenir un lien social entre les spectateurs. Sa culture. Ce n'est pas irréalisable, même s'il y faut du temps. Encore doit-on en prendre les moyens.

On craint fort que personne n'y soit vraiment résolu.

Mercredi 23 juin. Séance de conciliation chez le Premier ministre entre Simone Veil, Pasqua et Méhaignerie. Pas de pots cassés. L'amendement sera remanié par les sénateurs pour mieux convenir « aux belles âmes », selon l'expression de l'ineffable M. Marsaud. On est curieux de voir la tête qu'il aura et qui, dans cette affaire, aura cédé sur quoi. Réponse la semaine prochaine…

Au sommet de Copenhague, Mitterrand et John Major se sont violemment opposés à la levée de l'embargo sur les armes en faveur de la Bosnie, que soutenaient Clinton et Kohl.

La discussion a été « chaude, voire désagréable », selon un porte-parole. Mitterrand l'a emporté. Les Bosniaques n'auront pas le droit de mourir en combattant. Mitterrand préfère qu'ils aillent à la boucherie les mains nues.

J'entends encore le malheureux Izetbegovic dire : « Je crois qu'il m'a entendu… Il m'a dit qu'il nous aiderait… »

Pauvre dupe de bonnes paroles que l'on prononce pour se débarrasser d'un visiteur encombrant. Le voilà définitivement fixé sur « l'aide » de la France, en même temps qu'il a été destitué par la direction collégiale qui gouverne la Bosnie parce qu'il refuse de participer aux négociations sur la partition. Cet homme, raidi dans sa résistance, est pathétique.

Donc, les Bosniaques n'auront pas d'armes. Ils auront des « réserves », où ils seront parqués comme des Indiens, ce que l'on appelle pompeusement des zones de sécurité, qui seront censées être défendues par des troupes de l'ONU. Quelles troupes ? Il faudrait plus de 16 000 hommes. Il y en a, sur place, 9 000. Et personne n'est pressé d'en ajouter.

Avec une sorte d'humour noir, les Douze ont lâché une déclaration soulignant « la souveraineté et l'intégrité territoriale de la Bosnie-Herzégovine » et dénonçant « le caractère inadmissible de l'acquisition de territoires par la force ». On n'a pas le cœur d'en rire.

Tant de gesticulations diplomatiques pour en arriver à ces larmes de crocodile sur un cadavre encore chaud…

Jeudi 24 juin. Entendu, par la commission réunie en séance plénière, Hervé Bourges, venu, majestueux, exposer les tenants et les aboutissants de sa gestion.

Il le fait bien. On ne peut pas, décemment, lui faire grief d'avoir cherché à maintenir et même à améliorer l'audience du secteur public alors qu'il en a reçu mandat. Mais, pour des raisons politiques ? personnelles ? les deux à la fois ? quelques-uns des membres de la commission veulent sa peau.

Il est trop tôt pour savoir s'ils l'auront.

Déjeuner chez Nicolas Sarkozy, le ministre du Budget. Il se nourrit de jambon et de compote tandis que nous festoyons, pour maîtriser son poids.

Assemblée hétéroclite : un prix Nobel, trois journalistes, un banquier, un écrivain, deux patrons, tous fortement préoccupés par la déflation et cherchant, auprès du ministre, des raisons d'espérer. Raisons qu'il ne peut pas donner. Une relance ? Il n'y aura pas de relance. Avec une dégelée de chiffres à l'appui, Sarkozy explique pourquoi et défend la politique Balladur. Il a en lui cette énergie propre aux hommes petits lorsqu'ils ont décidé de se montrer grands.

Conversation à un bon niveau, pas de lieux communs, pas d'idées reçues, pas de *small talk*, des informations.

Me frappe le fait que dans cette assemblée, comme dans d'autres, similaires, où je me suis trouvée ces derniers temps, tout le monde fait preuve d'intelligence, mais jamais d'imagination. Et pourtant, il faudrait inventer…

L'emprunt est lancé, accompagné d'une formidable campagne publicitaire. Selon toute vraisemblance, il sera largement couvert.

Serait-ce le cas, Balladur aura démontré que, s'il n'a plus la confiance des chefs d'entreprise, qui se répandent contre lui dans les dîners en ville, s'il n'a pas davantage celle de sa majorité parlementaire, où l'on se mange le nez, il a la confiance de la France « réelle », celle du bas de laine.

Quelque chose laisse perplexe, cependant. D'une part, on supplie les Français de « consommer », c'est-à-dire de dépenser. D'autre part, on les incite à acheter de l'emprunt. Comment feraient-ils les deux à la fois ? Ce mystère me dépasse…

Vendredi 25 juin. Harcelé depuis des mois par les Anglais et les Américains, résolus à l'évincer, Jacques Attali a fini par démissionner de la BERD, qu'il a inventée.

Dernières « révélations » du *Financial Times* sur sa gestion : il aurait perçu 30 000 dollars pour prononcer une conférence au Japon, alors qu'il est interdit aux dirigeants de la

BERD d'accepter toute rémunération en relation avec leur nomination ou leur travail à la banque.

Attali a indiqué qu'il avait versé cette somme à des organisations caritatives.

La vérité est qu'il n'a jamais été accepté par l'establishment financier, que d'ailleurs il méprisait. Selon un journaliste de la BBC, il représentait « tout ce que les Anglais détestent chez les Français : l'arrogance et l'incompétence ». On n'est pas plus gracieux.

Attali n'est sûrement pas irréprochable. Trop brillant, trop sûr de lui, grisé par sa fonction… Mais tous ceux qui lui ont léché les pieds pendant douze ans se retournent maintenant contre lui avec une rapidité terrifiante qui donne envie de le défendre.

O saisons, ô chateaux,
Quelle âme est sans défauts ?

Fric, fric, fric… Un footballeur de Valenciennes, Christophe Robert, vient d'avouer qu'il avait reçu 250 000 francs de l'Olympique de Marseille pour ne pas forcer son talent pendant une rencontre entre les deux clubs. L'argent a été retrouvé, enterré chez un membre de sa famille.

Tapie hurle que l'OM n'a pas besoin de corrompre ses adversaires pour gagner des matchs. Certes. Il n'en a pas besoin. L'intéressant est de savoir s'il l'a fait. La justice est saisie, comme on dit.

On n'avait jamais pensé que le football était le dernier refuge de la vertu. Tout de même… Ces mœurs sont dégoûtantes.

Une journaliste charmante, Annie Lemoine, me confie qu'elle rêve d'avoir un enfant. Elle est jeune, jolie, elle a une bonne situation, qu'est-ce qui la retient ? Elle ne trouve pas de partenaire. « Enfin, Annie, les hommes ne manquent pas, qu'est-ce que vous me racontez ! – J'en veux un pour qui j'ai un coup de cœur… – Adressez-vous à l'ambassade de Suède si vous aimez les blonds, à l'ambassade d'Espagne si vous préférez les bruns… »

Elle n'apprécie pas mes taquineries et me lance un regard

chargé de reproches. Rien n'est plus violent que le désir d'enfant lorsqu'il vous tient…

Samedi 26 juin. Je caresse depuis quelques jours l'idée saugrenue d'écrire une biographie de Jean-Jacques Rousseau. Une affaire de spécialiste. De quoi vais-je me mêler ? Une envie, comme ça… Je lui préfère cent fois Diderot, mais le personnage est d'une complexité qui donne envie d'y aller voir de près, quitte à s'y noyer.

Me retient la perspective de l'énorme travail que cela représenterait. Plonger dans le dix-huitième siècle, lire et relire des monceaux d'ouvrages, en tirer la moelle, l'ordonner…

Pour le moment, délivrée pour quelques semaines de mes lectures obligées, je me suis engouffrée dans *Les Confessions*… On verra bien si l'envie continue de me tarauder.

Un intellectuel, le sociologue M'Hammed Bourkhbza, a été assassiné, à Alger. C'est le sixième depuis mars. Il a été égorgé chez lui, sous les yeux de sa petite fille. Le crime de ces condamnés à mort d'un genre nouveau, dont les noms figurent sur des listes affichées dans certaines mosquées : ils refusent l'intégrisme, le combattent, osent le dire. Ils sont démocrates, laïcs, pronent la tolérance, le multipartisme.

Les exterminer, c'est vider le pays de son élite moderniste et francophone, principal obstacle, aux yeux des islamistes, à l'établissement de leur pouvoir.

Horrifiés par ce crime délibéré contre l'esprit, quelques Français, parmi lesquels Pierre Bourdieu, ont formé un comité de soutien aux intellectuels algériens, qui manifestait aujourd'hui, à Paris, au Trocadéro.

On ne peut pas dire qu'il y avait foule. Mais on ne saurait se battre pour Salman Rushdie et accepter sans sourciller la même barbarie en Algérie.

C'est une véritable terreur qui est en marche.

Dimanche 27 juin. Des oiseaux ont fait leur nid devant ma fenêtre. Je n'arrive pas à y croire. Les oiseaux sont si rares à Paris… Je n'arrive pas à identifier leur chant. J'aimerais qu'il s'agisse de rouges-gorges ou d'alouettes, mais ce sont probablement de vulgaires moineaux… On les entend surtout le matin, très tôt.

Nous émiettons du pain sur le balcon à leur intention, mais j'ai peur de la chatte, ce monstre. Les yeux mi-clos, elle observe mon manège comme si elle avait compris. Je ferme la fenêtre. Elle sourit. Elle a compris.

Quelquefois, mes amis se moquent des relations que j'entretiens avec Pachatte.

Ils ignorent qu'on ne possède pas un chat, c'est lui qui vous possède, petite bête tendre et cruelle qui n'en fait qu'à sa tête.

Là voilà en train de manger les fleurs, maintenant… Insupportable Pachatte, qu'ai-je fait en vous laissant entrer dans ma vie…

Lundi 28 juin. Deux femmes ont été élues à l'Assemblée nationale marocaine. Un événement. Allons, si lentement que ce soit, les choses avancent…

Le bombardement du quartier général des services secrets irakiens à Bagdad, par vingt-trois missiles de croisière américains, laisse interdit… Quel sens a une telle opération, où l'on bombarde d'abord, où l'on apporte ensuite, devant l'ONU, les pièces justificatives de son action ?

Il s'agissait de représailles à un attentat – manqué – contre George Bush alors qu'il visitait le Koweit, en avril dernier.

Le terrorisme d'Etat doit être puni. Certes. Mais on appréciera plus ou moins la manière, outre que l'on ne voit guère en quoi elle dissuadera l'Irak de pratiquer ce terrorisme. Apparemment, il s'agit surtout, pour Bill Clinton, d'une tentative pour reconquérir l'opinion américaine, de moins en moins confiante en son président, jugé hésitant et pusillanime.

La Grande-Bretagne a fait savoir qu'elle approuvait. La France, qu'elle comprenait. Nuance. Les six morts n'ont rien dit.

Voilà révisée, en première lecture, la vieille et symbolique loi Falloux, après un âpre débat parlementaire. Les collectivités locales seront désormais autorisées à participer aux investissements des établissements d'enseignement privé sous contrat. Commentaire d'un élu socialiste : « Quand l'Eglise dénonce la loi sur l'immigration, on la rabroue, mais, quand elle présente une ardoise, on sort son carnet de chèques ! »

Bataille d'arrière-garde ?

Le pays ne semble pas disposé à rouvrir la plaie, toujours prête à s'envenimer, de la guerre scolaire, mais tout peut arriver pour peu que, dans telle ou telle région, on s'emballe...

Vu un bel entretien de Pierre Dumayet avec Julien Green. Sur Arte à minuit, autant dire à destination des anges. Qui d'autre capte les ondes au cœur de la nuit, hormis quelques insomniaques ? « Je ne connais pas de méthodes pour écrire un roman, dit Green... J'ai d'abord une vision intérieure, une situation, un personnage. Je pars de là et je continue. Les personnages, je les vois, et surtout je crois à l'histoire que je raconte... »

Et encore : « En 1956, j'ai compris que mes passions détruisaient en moi quelque chose. C'est fini. Il n'y a plus cela dans ma vie... »

Il a raconté comment, un jour de 1915, il eut l'impression que sa mère, morte, était près de lui et lui montrait quelque chose. Ce quelque chose était un livre sur la religion catholique, placé sous une pile de chemises. Il a lu ce livre. Et ce protestant est devenu catholique.

Comme Dumayet lui rappelait cette phrase de son *Frère François* : « Il connut cette joie folle du converti qui voit le monde s'évanouir autour de lui », il répéta : « Oui, une joie folle. On est libéré d'un monde faux. »

Il a dit aussi qu'il croyait aux fantômes, qu'il en voit, qu'il a vu le fantôme de sa sœur morte.

Ce vieux monsieur distingué était captivant.

Suivait une étonnante série de photos : Kafka à tous les âges de sa vie, sur le texte d'une lettre de Milena où elle fait son portrait... Puis des arabesques sur les relations entre Van Gogh et... Alphonse Daudet, rapprochement inattendu si l'on ignore que Van Gogh avait une admiration inconditionnelle pour *Tartarin des Alpes* et que Daudet était gravement atteint d'une maladie de la moelle épinière...

Tout cela était intelligent, raffiné, subtil, à cent lieues de la pâture habituelle qu'offre la télévision. On se demande ce que les Allemands qui regardent Arte en même temps que nous ont bien pu y trouver qui les intéresse. Ou plutôt, on ne se le demande pas. A minuit, les Allemands dorment.

Mardi 29 juin. Blanche clame son indignation contre Simone Veil et son plan de restrictions des dépenses concernant la Sécurité sociale. Il lui faut trouver 32 milliards. Ils seront pris dans la poche des assurés sociaux. Consommatrice effrénée de soins médicaux, au moindre bobo Blanche consulte et revient avec une ordonnance de deux mètres. Cela la rassure. Elle va chez le médecin comme on va à la messe. Pour le salut de son corps, sinon celui de son âme… « Mme Veil, dit-elle, je ne la croyais pas comme ça. Elle va finir par nous supprimer tous les remboursements et alors qu'est-ce qu'on deviendra quand on sera malade ? »

J'essaye d'apaiser son inquiétude, de lui expliquer la gravité de la situation. Mais elle a son idée sur la question : « Ferait mieux de s'occuper du gardien de l'immeuble, qui se fait donner des dix jours de congé maladie, et la teinturière itou. C'est là qu'il file, l'argent. Et la petite dame du quatrième, vous savez ce qu'elle fait, la petite dame du quatrième, riche comme elle est ?… »

Tout le quartier y passe, qu'elle connaît dans les coins. Si ce n'était qu'elle, on leur enverrait la police à ces profiteurs. « J'en aurais à lui raconter, à Mme Veil. Mais ces gens-là, ça n'écoute personne… »

Elle se monte, elle se monte, et soudain : « V'là ma migraine qui me reprend. Je partirai un peu plus tôt ce soir pour aller chez le médecin. »

Commission à 18 heures, où il nous faudra plancher, avec Serge Toubiana, sur le thème « Informations et magazines ». J'ai préparé huit feuillets où nous égrenons, pour finir, de saines banalités.

Consciencieusement, j'ai essayé d'abord d'intégrer dans ces recommandations une réflexion sur la télévision de demain, telle qu'on l'annonce. Numérique et multipliant les chaînes à l'infini. Quel sens aura alors une télévision publique noyée dans cinq cents chaînes commerciales, avec leurs cibles propres ? Mais je n'arrive pas à maîtriser intellectuellement ce problème pour apporter un commencement de réponse à ces questions.

Intervention aiguë de Peter Sellars à un congrès de Toronto, rapportée par *Mélomane* : « Franchement, la plus grande partie de la musique classique qui circule actuellement mérite de disparaître – pas lentement mais très vite. Parce que tout simplement la plupart ne vaut pas le coup. [...] Verdi, c'est du matériel politique explosif, imaginé expressément pour renverser le pouvoir d'occupation en Italie – où la plupart de ses opéras ont été écrits. Et ce sont des attaques politiques très précises. Présenter ces opéras comme de la musique merveilleuse, aux mélodies charmantes, suavement chantées, est une violation insupportable de l'art qui a été vidé de son contenu. Si les gensde ma génération avaient seulement une idée de ce qu'est le contenu d'un opéra de Verdi, ils l'aimeraient... »

Un peu provocateur, Sellars, mais toujours *on the point*.

Mercredi 30 juin. Une lettre du ministre de la Culture, une autre du Premier ministre m'apprennent que j'ai été promue au rang de commandeur dans l'ordre du Mérite.

C'est bien fait.

Comme le disait Erik Satie, rien ne sert de refuser la légion d'honneur, encore faut-il ne pas l'avoir méritée.

Aussi bien, l'idée ne m'est pas venue de la refuser quand on me l'a donnée, pas plus que le Mérite. A un certain moment de la vie, c'est comme les rides, on doit y passer... Reconnaître que l'on s'est intégré, tant bien que mal, dans le tissu de la société. Il faut beaucoup d'ostentation dans on ne sait au juste quelle vertu pour s'y dérober. Reste que l'on a toujours le droit de sourire de soi.

L'affaire de l'OM, accusé d'avoir acheté un joueur de Valenciennes, a pris les proportions d'un malheur national. Une pleine page dans *Le Monde*, cinq colonnes dans *Le Figaro*, etc.

Il faut dire que de cette affaire dépend l'avenir du club marseillais, ledéroulement de la prochaine saison, et sans doute le foot français lui-même, le destin politique de Tapie, celui de son parti ! Et voilà qu'un club russe, le CSK Moscou, qui fut battu par l'OM 6 à 0, dénonce à son tour une tentative de corruption par un dirigeant de Marseille. Il est également insinué – ce serait le bouquet ! – que les joueurs russes ont été annihilés par un thé douteux.

Vrai, faux… Le pire est que, désormais, on est prêt à tout croire et que plus un match ne se jouera désormais sans que ses résultats soient suspectés…

Le directeur de l'OM est à l'hôpital, affligé d'une dépression nerveuse. Sûr qu'il y a de quoi. Le procureur de Valenciennes perquisitionne dans les locaux de l'OM à la recherche d'une caisse noire… Tapie se démène comme un beau diable, dépose des plaintes contre X, engueule le procureur, qui ne paraît pas du genre à se laisser impressionner…

Tout cela, qui est navrant, vous met de la poussière dans la bouche.

On savait depuis longtemps que la corruption a gagné la France – qui était autrefois le pays le plus honnête du monde –, qu'elle se glisse partout, qu'elle reflète une véritable dégradation de la morale publique à laquelle aucun milieu n'échappe. Des hommes comme Alain Minc, comme Alain Cotta, ont tiré ces dernières années le signal d'alarme. Cette misérable histoire en est l'illustration.

Juillet

Jeudi 1er juillet. Voici venu le moment d'avaler la potion Balladur. Elle est amère…

En ce 1er juillet, l'essence augmente, les timbres augmentent, les alcools augmentent, mais surtout la CSG augmente – les salariés s'en apercevront à la fin du mois –, les retraites ne sont pas revalorisées (c'est la première fois), les allocations familiales non plus, le SMIC subit l'augmentation minimale prévue par la loi. Dans le même temps, les remboursements de la Sécurité sociale seront amputés.

Et l'on voudrait que les Français se remettent à dépenser. Il y a comme un défaut dans cette affaire…

Au moins cette cure d'austérité aura-t-elle des effets salutaires ? Critique feutrée mais sévère de Raymond Barre dans sa lettre mensuelle. Il invite le Premier ministre à « sortir de l'orthodoxie financière » et fait des recommandations très précises. « Il faut piloter l'économie entre le Charybde d'une rigueur qui serait excessive et inopportune et le Scylla d'un laxisme qui deviendrait incontrôlable », écrit-il.

Giscard dit à peu près la même chose. Apparemment, cette troisième voie est étroite…

Après les Américains, le meilleur éditeur allemand, Fischer, vient d'acheter *Les Hommes et les Femmes*. En dehors de la traduction proprement dite, il se propose de faire un montage des dialogues du livre pour les constituer en pièce de théâtre qu'il s'occupera de faire représenter en Allemagne.

Nous en avions eu vaguement le projet. Voilà qu'il va se concrétiser. Je ne sais pas au juste ce que les étrangers trouvent à ce livre. Un parfum français particulier, disent-ils. Va pour le parfum français.

Y a-t-il connivence entre certains intellectuels communistes et l'extrême droite ? Des enquêtes publiées par *Le Canard enchaîné*, *Le Monde* et *Libération* tendent à le démontrer.

Aujourd'hui, *L'Humanité* réagit vivement, sur une pleine page, sous la plume de son éditorialiste Arnaud Spire. « Rouge et brun ? Jamais, écrit-il. Toute tentative de sauter par-dessus le fossé qui sépare de la nébuleuse appelée en son temps "nouvelle" droite ne pourrait que mettre les communistes qui s'y prêteraient en contradiction avec eux-mêmes. »

Cependant, Arnaud Spire était, en mai 1992, l'animateur d'un débat organisé par l'Institut de recherches marxistes, organisme dépendant du PCF, avec comme principal intervenant Alain de Benoist, idéologue de cette nouvelle droite.

Un écrivain de romans noirs, Didier Daeninckx, qui fut membre du PC jusqu'en 81, où il fut témoin du vote d'une partie de l'appareil en faveur de Valéry Giscard d'Estaing, s'efforce depuis plusieurs mois d'alerter l'opinion sur cet étrange cousinage « entre nombre d'intellectuels communistes et de penseurs fascistes ».

Dans le dossier accablant qu'il a constitué et que *Le Canard* a publié, il indique : « Le PCF est à 99,5 % antifasciste. Mais il y a une bande d'intellos en perdition sur fond d'antiaméricanisme, d'antisocialisme et de nationalisme qui joue avec le feu. Et de l'autre côté un projet cohérent, celui d'Alain de Benoist, qui est de draguer à gauche depuis la chute du mur de Berlin, en tentant de rejouer la partition du national-bolchevik. »

Et de refaire le coup des « nazis de gauche ».

L'Idiot international, journal de Jean-Edern Hallier, servait de « passerelle » entre les rouges et les bruns.

Lettre de Georges Marchais à Didier Daeninckx publiée par *L'Huma* : « J'ai vérifié les faits que vous évoquez. Ils sont avérés. J'en suis indigné autant que vous. »

Un drôle de lièvre qui a été levé là.

Vendredi 2 juillet. Réception rituelle à l'ambassade des Etats-Unis pour l'anniversaire de l'Indépendance. Pamela Harriman, nouvelle ambassadrice, reçoit. C'est la première fois qu'une femme occupe ce poste en France. Elle est belle, élégante, blonde, rose, fraîche malgré les années. Et elle parle un français excellent.

En privé, elle évoque volontiers ces années de guerre où elle était la bru de Churchill et habitait avec lui le 10 Downing Street. Là, souvent, elle voyait de Gaulle. Parfois, Churchill le retenait fort avant dans la soirée. Il savait que, selon une règle immuable, Mme de Gaulle et son fils n'étaient pas autorisés à se mettre à table avant que le maître de maison ne soit rentré. Et il jubilait à l'idée d'imposer aux de Gaulle ce retard... Mais c'était sans méchanceté.

En fait, dit Pamela Harriman, il admirait cet irréductible général français, et ne tolérait pas qu'on le critiquât devant lui.

Une foule se presse dans les salons et les jardins de l'ambassade, où l'on piétine un gazon trempé par la pluie. Il y a quatre, peut-être cinq buffets gigantesques sur lesquels s'abattent comme des sauterelles des gens qui ont l'air de n'avoir pas mangé depuis trois jours. Ils s'agglutinent, s'accrochent, se goinfrent, s'abreuvent...

Rien ne ressemble davantage à une réception d'ambassade qu'une autre réception d'ambassade. Mais ici, bizarrement, elle se situe entre midi et 2 heures. Habitude américaine. Cela aiguise encore les appétits.

Quelques mains à serrer et je m'éclipse, devoir de courtoisie accompli.

L'affaire de l'OM se corse. Selon *Le Monde*, une perquisition opérée au siège du club marseillais aurait permis d'y trouver une enveloppe d'un format peu commun, similaire à l'enveloppe contenant l'argent reçu par le joueur de Valenciennes corrompu. Des sommes importantes en argent liquide auraient d'autre part été trouvées dans un coffre...

Le procureur ne confirme ni n'infirme.

Bernard Tapie se déclare victime d'un complot, et soutient

que si le joueur de Valenciennes a bien reçu de l'argent, c'est pour acheter un restaurant.

Le procureur, qui a un nom d'aérostat, M. de Montgolfier, et un plaisir manifeste à procurer dans cette affaire, multiplie les gardes à vue, tient conférence de presse sur conférence de presse et déclare : « Moi, j'affole la meute… » Accusé d'en faire trop, il a reçu le soutien de la Chancellerie. Le principal intéressé, le directeur général de l'OM, est toujours à l'hôpital, en dépression nerveuse. Une véritable consternation accable tous ceux qui voient, selon l'expression de Daniel Schneidermann, « un petit morceau de sacré s'effondrer sous nos yeux ». Triste feuilleton d'été.

Diffusé hier soir dès le début de la soirée, *Shoah* a été vu par 4,5 millions de spectateurs (8,9 points d'audience). En termes de parts de marché, un spectateur sur quatre à l'écoute a choisi de le regarder.

Chiffre considérable s'agissant d'une œuvre unique, singulière entre toutes, admirable, mais qui ne relève pas, c'est le moins qu'on puisse dire, du divertissement.

Ainsi, et quoi qu'on nous en dise, quoi que l'on finisse par croire quelquefois, le public français est accessible, pour une large part, au meilleur. Encore faut-il le lui proposer…

Samedi 3 juillet. A la revue de presse de France 2, Jean Boissonnat esquisse un parallèle hardi entre les pudibonds qui tonnent contre le sexe et ceux qui tonnent contre l'argent : en l'occurrence, il s'agit de François Mitterrand. Cela cache toujours quelque chose, dit-il.

Une fascination, certainement. Elle expliquerait, selon lui, l'étrange ribambelle de personnages aux mœurs… disons pittoresques qui ont eu les faveurs du pouvoir, de Robert Maxwell à Bernard Tapie, en passant par Paretti et Patrice Pelat.

Il est vrai que Mitterrand n'a jamais su – ni voulu – « faire de l'argent ». Et qu'il est, comme tout un chacun, aisément subjugué par ce qu'il ne sait pas faire. Il me semble qu'il ne faut pas chercher plus loin l'explication d'un certain aveuglement en face de quelques esbrouffeurs et flibustiers paradant sur leur yacht.

Mais le fait est qu'il en a une riche collection…

Les états généraux du PS réunis à Lyon ont fait recette. 3 000 participants, la parole aux militants de base. « Le parti s'est remis intellectuellement en marche », selon Michel Rocard, qui appelait à « la renaissance, renaissance aux idées, renaissance aux combats, renaissance à la vie politique tout simplement », et à l'audace : « Osons imaginer. Il ne s'agit pas de dessiner des utopies lointaines, mais des utopies de proximité, des utopies concrètes. » Finie l'autoflagellation et les règlements de comptes internes. Le PS ne changera pas de nom. Tout cela ne fait pas encore une opposition robuste, capable de jouer son rôle et de réunir les 37 % de Français qui se déclarent proches de la gauche, mais rendra un peu de cœur aux militants. Rocard a été acclamé par une salle debout. C'est bien la première fois que cela lui arrive dans sa vie de socialiste !

Un air de vacances flotte sur la France, où l'anticyclone des Açores, cette vieille connaissance, semble vouloir enfin se conduire convenablement.

Dimanche 4 juillet. Mon arrière-petite-fille, 2 ans, vient me voir avec son père. Elle habite la province et me connaît à peine.

Jouets, bonbons, j'entreprends de la séduire. Elle s'en saisit mais reste de glace. Un petit animal sauvage. Je lui parle : elle me regarde gravement, sans un sourire. Elle a un cri de joie quand elle aperçoit le chat, mais ledit chat, aussi sauvage qu'elle, a filé comme un dard.

Pendant deux heures, je vais essayer en vain de l'apprivoiser. Elle me signifie silencieusement qu'il n'en est pas question et, quand je m'approche, s'enroule autour des jambes de son père.

Je n'entendrai pas le son de sa voix.

Elle a un ravissant visage et je me demande comment ce petit bout sera à 20 ans. Et puis je me souviens que je ne le saurai jamais.

Elle repart, digne, sans avoir désarmé…

Vu avec délice la finale de Wimbledon entre Courier et Sampras. Mon cœur était avec Sampras, je ne sais trop pourquoi. Il y a un côté beau déménageur chez Courier qui me rebute. L'autre a plus de classe. Mais, quand ils jouent, ils se valent et ce fut un beau match très spectaculaire.

Un peu agaçant, quand même, qu'aucun Français n'arrive à franchir les quarts de finale. Qu'est-ce que nous avons donc ? Ou plutôt qu'est-ce que nous n'avons pas ?

En revanche, le XV de France a battu les Springboks chez eux. Et c'est un exploit.

Lundi 5 juillet. La presse est pleine de Rocard. *Libération* titre drôlement : « Rocard améliore son état général. » *Le Figaro* : « Le sacre de Rocard. » *Le Monde*, plus réservé : « M. Rocard a renforcé son autorité sur le parti socialiste. »

Pour approuver le rapport de synthèse, il y a eu 2 665 délégués. 5 contre, 29 abstentions et 111 refus de vote, dont ceux de Roland Dumas et de la vieille garde présidentielle. 111, ce n'est pas gras. Fabius a voté pour. Il a vite compris que se jouait à Lyon la fin du mitterrandisme.

Maintenant, c'est un Rocard plébiscité par la base qui doit transformer l'essai, au congrès constituant d'octobre. Il n'a jamais été dans une meilleure situation personnelle.

La présidentielle ? C'est une autre paire de manches. Il lui faut d'abord reconquérir la totalité des électeurs socialistes. Rude entreprise. On ne sait pas au juste où ils se sont égaillés. Mais, pour l'heure, ils ont pris la clé des champs.

Réunion à la commission pour entendre le directeur du service de la redevance. Tout le système, qui emploie 1 500 personnes, est archaïque, vertigineux, contesté d'ailleurs, mais l'intéressant n'est pas là. C'est l'homme qui est fascinant.

Il parle de son service comme on parle d'une œuvre d'art, il souffre de chaque critique comme d'une blessure. Un peu bousculé par nos questions, il reste inébranlable, souriant douloureusement mais refusant de céder d'un pouce, il poursuit ses exposés, comme un paysan creuse son sillon. Il l'aime, sa redevance !

Il est à l'image même de beaucoup de fonctionnaires français, dévoués corps et âme à ce qu'ils font, il est magnifique et attendrissant.

Mardi 6 juillet. Dîner hier soir avec BHL, tout heureux d'avoir été nommé président du Conseil de surveillance de la Sept, où il succède à Georges Duby, en fin de mandat.

Il a adouci la mélancolie de Duby en lui laissant l'usage de la voiture de fonction qui accompagne la charge. Mais il est accueilli ici et là avec des mitraillettes. Personne n'a plus que lui le don de déclencher des manifestations d'hostilité personnelle, ou d'ailleurs de passion. Rien n'est jamais tiède, avec lui.

N'importe. Il se sent honoré par cette nomination et il en jouit jusqu'au fond de lui-même, ce feu follet…

Je ne suis pas sûre qu'il mesure la force d'inertie à laquelle il se heurtera quand il voudra mettre sa marque sur les programmes d'Arte. La télévision dévore ses enfants.

Nous bavardons tranquillement, affectueusement. Il m'arrache des confidences, ce dont j'ai horreur, mais il a un certain talent pour les provoquer par des questions directes, et j'ai levé ma garde… De son côté, il se livre. Je lui jure d'être discrète. Je le serai.

Mercredi 7 juillet. Collusion entre « les rouges et les bruns », suite. Un journaliste de *Libération*, délégué CGT, Jean-Paul Cruse, négationniste, a publié en juin, dans *L'Idiot international*, un article qui a donné de l'urticaire à sa section syndicale. Laquelle publie aujourd'hui un communiqué.

Elle reconnaît à l'intéressé le droit de prendre position sur tous problèmes… Mais « lorsqu'il prône *une politique autoritaire de redressement du pays* comme solution à la crise grave que traverse notre société, lorsqu'il fustige pêle-mêle *le sionisme international*, *les nains de Tokyo* ou *le racisme antiraciste*, tout le monde sait que ces idées ne sont pas celles de la CGT. Nous les combattons même de toutes nos forces. Pas par opportunisme, mais par tradition et par conviction profonde »…

Certaines choses vont sans dire, qui vont encore mieux en les disant.

Danielle Mitterrand est à Belgrade pour demander à Milosevic la libération de Yuk Draskovic, l'écrivain, leader de l'opposition. Arrêté avec sa femme au cours d'une manifestation, durement maltraité, il a commencé jeudi dernier une grève de la faim et serait dans un état grave…

Milosevic a reçu la femme du président de la République, qui apportait une lettre de son mari. Il l'a éconduite. Draskovic restera interné jusqu'à son procès.

Pendant ce temps, Sarajevo se meurt de soif. Les fontaines publiques sont taries. Le système de distribution d'eau est bloqué, faute d'électricité. La farine, les pâtes, le riz distribués par l'aide humanitaire ne peuvent plus être cuits. Il s'agit de forcer le gouvernement bosniaque à accepter la partition du pays, en brisant, par la faim et la soif, la résistance que les bombes n'ont pas réussi à entamer.

Mais qui s'intéresse encore à la Bosnie, dans le beau monde diplomatique ? Qu'ils crèvent et qu'on en finisse, c'est ce qui nous tient lieu de politique.

Déjeuner avec mon vieil ami François Erval, éditeur chez Gallimard… Depuis que je le connais, c'est-à-dire depuis quarante ans, il a bien pris trente kilos. Mais les kilos vont plus vite que ses costumes, de sorte que je l'ai toujours vu boudiné dans des vestons qui claquent aux coutures. N'importe. Tel qu'il est, il me plaît, comme dit la chanson. Au courant de tout ce qui se passe dans le monde, parlant toutes les langues, toujours plein d'histoires.

Nous nous lamentons de concert sur l'état de la littérature, vieille chanson. Il me dit qu'il va publier un beau texte de Cioran et me raconte l'un de ses derniers échanges avec l'auteur de *De l'inconvénient d'être né* : « Tu sais que tu es une nouvelle Sagan ! lui dit Erval. – Quoi ? – Regarde les chiffres… Cette semaine, on a vendu 11 685 Sagan et 9 887 Cioran… » Alors Cioran, accablé : « C'est affreux… »

A propos de l'affaire de l'OM, Erval bougonne : « Ils sont trop cons, ces Français. En Italie, en Allemagne, il y a tous les jours des combines entre clubs, mais on ne le crie pas sur les toits ! »

Pauvres petits joueurs de Valenciennes qui ont mis le feu à de la dynamite… Voilà comment un aficionado les juge. Trop cons. Et il n'est probablement pas le seul.

Jeudi 8 juillet. A son tour, Giscard sort du bois par le biais d'un article dans *Le Monde.*

On sait – ou on ne sait pas – que le Parlement siège en ce moment en session extraordinaire. La révision de la fameuse loi Falloux devait être inscrite à l'ordre du jour de cette session en seconde lecture. François Mitterrand s'y est opposé, arguant qu'il n'y avait pas urgence. Balladur a accepté de renvoyer le vote à la session de septembre.

Or voilà que Giscard s'insurge. Viol de la Constitution ! Le président de la République ne peut pas intervenir dans l'ordre du jour ! Mauvais usage de la cohabitation ! Bref, sévère rappel à l'ordre du Premier ministre, déjà accusé dans certains rangs de l'UDF de « trahir la majorité ».

Allez dire où est le traître, dans cette affaire…

Voilà Balladur avec deux cohabitations à gérer sur les bras.

Victoire aux points pour Simone Veil et Pierre Méhaignerie. Le fameux amendement Marsaud a été enterré par le Sénat. Plus question « d'appartenance raciale » ni de « présumé » étranger. Lors des contrôles d'identité, on pourra exiger des étrangers les documents faisant preuve de la régularité de leur séjour en France. Rien d'exorbitant.

Jamais eu le courage de plonger dans les subtilités du Gatt. Mais cet immense marchandage commercial entre cent onze pays, commencé il y a sept ans, est capital, et il faut bien essayer, de temps en temps, de comprendre où il en est.

En marge de la réunion des sept Grands, à Tokyo, il semble que quelque chose se soit dégrippé, que les émissaires des Etats-Unis, du Japon, du Canada et de la CEE aient trouvé un schéma d'accord sur quelques points majeurs.

C'est la première bonne nouvelle depuis longtemps, même si elle a la tête d'une hirondelle qui ne fera pas le printemps.

Sur la Bosnie, les Sept se sont surpassés dans le charabia diplomatico-hypocrite.

Vendredi 9 juillet. Dîner hier soir avec un homme d'affaires de premier plan, Marc de Lacharrière, qui dirigea longtemps l'une des plus grosses entreprises françaises. Néanmoins, il est drôle, gai, charmant.

Il revient de Chine, où il s'est rendu en qualité de président de je ne sais quoi. Et il fait un diagnostic apocalyptique de ce qui nous attend.

Selon lui, nous avons ouvert des crédits colossaux à la Chine pour qu'elle nous achète des équipements lourds. Bien. Mais nous leur envoyons aussi des techniciens pour leur enseigner à fabriquer des produits de consommation de bonne qualité, indiscernables des nôtres, et beaucoup moins chers. Il nous donne peu de temps avant que nous ne soyons submergés par ces produits made in China. Cette politique lui paraît folle, folle, folle.

A l'entendre énumérer les conditions de l'accord passé avec la Chine, on en est persuadé.

Il n'y a pas de jours où ne surgisse une affaire d'inceste. Non qu'il y en ait davantage qu'autrefois, probablement, mais les victimes sont plus nombreuses à se rebeller…

La dernière a tué son père d'un coup de carabine. Là, pas d'alcoolisme, pas de misère, « un milieu familial chaleureux et aisé », selon l'enquête. L'homme était ingénieur informaticien. Sa femme l'avait abandonné, lui laissant une fille unique de 14 ans. Elle a tout supporté pendant huit ans. Tout. D'ignobles avanies. Et puis, un jour, elle l'a tué.

La cour d'assises de Pontoise l'a acquittée. C'est la première fois qu'une telle instance prononce un acquittement dans une affaire de parricide.

Mais dans quel état se retrouve-t-on quand on émerge de l'enfer ?

Affront : Michel Rocard devait rencontrer hier les responsables du MRG, parmi lesquels Bernard Tapie. Il a remis cette rencontre *sine die*, estimant « que le sérieux et la sérénité qui doivent entourer cette discussion ne paraissaient pas possibles dans les circonstances actuelles ».

Tapie, qui se débat avec l'OM dans une affaire de plus en plus trouble, hurle à l'agression et dénonce la chasse à courre dont il ferait l'objet.

Dans le même temps, Henri Emmanuelli, ancien trésorier du PS, renvoyé devant le tribunal correctionnel de Saint-Brieuc dans le cadre de la fameuse affaire Urba – une histoire de financement occulte du PS –, Henri Emmanuelli, donc, démissionne de son mandat de député des Landes pour retourner devant ses électeurs. Ils diront s'ils conservent leur confiance à celui qui va devoir répondre, devant la justice, de fautes reprochées à son parti.

Geste élégant d'un homme d'honneur.

Samedi 10 juillet. Draskovic et sa femme sont libérés et graciés : Milosevic a manifestement redouté que l'écrivain, très affaibli, ne succombe à la grève de la faim et ne se transforme ainsi en martyr. Outre que l'opposition s'est ressoudée.

Dans un communiqué acerbe, le président serbe a dénoncé les interventions de l'Occident et « la campagne contre la Serbie organisée au nom de l'humanisme » menée par des pays dont l'embargo est responsable de « la mort de nouveau-nés ».

Mais peu importe les mots : Milosevic a cédé.

L'emprunt Balladur : un succès et même un grand succès. 110 milliards auraient été collectés. Le Premier ministre a remercié les Français « avec émotion », celle d'un homme qui se sent aimé. Et, dans *Match*, il supplie : « N'ayez plus peur de consommer. Ayez confiance... » Cependant, sous la pression des mauvaises prévisions de l'INSEE qui refroidissent les investisseurs, le franc souffre d'un accès de faiblesse et les rumeurs selon lesquelles la France sortirait du SME sont réactivées.

Balladur a démenti avec violence. « Rumeurs bouffonnes. » Mais la baisse des taux d'intérêt est du même coup en danger.

Football : le feuilleton manquait de femmes. En voici une. L'épouse du joueur marseillais Jean-Jacques Eydelie a déclaré aux enquêteurs que son mari avait été obligé par le directeur de l'OM, Jean-Pierre Bernès, de corrompre les joueurs de Valenciennes. Obligé comment ? Pour pouvoir disputer la coupe d'Europe contre Milan. C'était cela ou rien.

La jeune femme a parlé, dit-elle, pour que son mari « ne soit pas le seul à payer pour des actes qui lui ont été ordonnés ». Le couple était, d'ailleurs, très lié.

Eydelie, toujours incarcéré, sera entendu dans les jours qui viennent.

L'affaire continue à remplir de pleines pages dans les quotidiens. Selon le procureur Eric de Montgolfier, « la semaine sera décisive ».

Tomber pour une affaire de 250 000 francs quand on s'appelle Tapie, ce serait une drôle d'histoire... Comme Al Capone se faisant pincer pour une question d'impôts. Mais les jeux ne sont pas encore faits.

Dimanche 11 juillet. Retrouvé ma petite maison de village, silencieuse et fraîche, malgré un soleil strident. A peine la porte poussée, les souvenirs m'assaillent. La présence d'A. l'imprègne encore tout entière. Elle a été la maison du bonheur.

En procédant à des rangements, je tombe sur une centaine de pages écrites de sa main. Le début de cette « Histoire d'un Français » que je l'avais poussé à écrire dans les derniers mois de sa vie. Français, il l'était jusqu'à la moelle, français comme les étrangers imaginent les Français, léger, séducteur, intrépide, jouisseur, aimant les arts... Elevé en province. En Bretagne d'abord, puis à Nîmes, dans une famille modeste.

A 20 ans, instituteur, il décroche une bourse et découvre, fasciné, l'Amérique des années trente. Quand la guerre éclate, il revient en France pour rejoindre l'armée. Captivité. Evasion, naturellement. Un bout de résistance avec les FTP, retour après la guerre aux Etats-Unis, où il représentait les intérêts de Sartre et de Camus, tribulations multiples toujours traversées par des figures de femmes... A 40 ans, il trouva que le moment était venu d'être sérieux... Quelques années après, il était devenu l'un des meilleurs éditeurs français.

De la guerre, il avait conservé, parmi d'autres impressions vives, le souvenir d'une intense humiliation. C'était quelques jours avant la débâcle. Son unité avait été cantonnée dans une sorte d'immense hangar où se trouvaient entreposés des stocks de photos pornographiques. Les hommes, naturellement, se jetèrent sur cette manne et s'en mirent plein les poches.

Le lendemain, les Allemands les encerclaient, les désarmaient, les fouillaient. Et vitupéraient *ces cochons de Français* en les insultant de tout leur mépris. A. en avait encore la rage au cœur quand il racontait cette histoire que je m'étais promis de lui voler pour la mettre dans un film…

Je la retrouve dans ces feuillets qui me serrent le cœur. Feuilles mortes.

Lundi 12 juillet. Eliane Victor vient passer quelques jours avec moi. Douceur des amitiés féminines où l'on va, démasquées, sans comédie, riant ensemble comme des collégiennes.

Eliane est d'une activité qui me tue. Elle est capable de faire un saut à Nantes, à Strasbourg, à Montpellier pour aller entendre une trentième version de *La Flûte* ou de *Don Juan*, de revenir pour aller sans désemparer visiter un musée, de courir en rentrant pour fouiller des boutiques… Tout la sollicite, tout l'amuse, tout l'intéresse. Cette curiosité, ce mouvement perpétuel la tiennent droite et fringante comme une jeune fille…

Demain, nous irons à la fête !

Mardi 13 juillet. La fête, c'est une réception grandiose donnée par Pierre et Marianne Nahon, les propriétaires de la galerie Beaubourg, dans les jardins de la succursale qu'ils viennent d'ouvrir à Vence.

Le lieu est magnifique. Jardins en terrasse cloutés de sculptures, bâtiment aux volumes harmonieux, tout est plaisir pour les yeux. Quelle audace il faut pour se lancer dans pareille entreprise en ce moment… Mais les Nahon n'ont jamais eu froid aux yeux.

Nous sommes trois cents peut-être, priés à déjeuner, mais

l'espace est si grand que l'on ne sent guère le nombre. La gaieté règne.

Tout à coup, émotion : Léo Castelli, le délicieux Castelli, fameux galeriste de New York, 80 ans passés et un pacemaker, s'effondre sur son assiette. Un médecin présent parmi les invités se précipite. On s'affole, on s'empresse, on le transporte… Pour finir, ce ne sera rien de grave.

Et voilà qu'un autre convive, l'architecte Didier Guichard, avale une guêpe. Dramatique ! On peut en mourir.

De nouveau, le médecin intervient. Ce sera l'invité le plus précieux de la fête.

Petits incidents d'une belle journée champêtre, qui se prolongera fort avant dans la nuit. A minuit, certains danseront encore, dans le pinceau des projecteurs.

Mercredi 14 juillet. Longue journée à la mer. Sur la plage, une femme, seins nus, munie d'un téléphone portatif, parle inlassablement. Image burlesque du progrès.

Samedi 17 juillet. Léo Ferré est mort, à 76 ans. Avec sa couronne de cheveux blancs, et sa voix trouée de larmes, on le croyait plus âgé, notre poète. Le dernier peut-être de cette espèce tellement française, sans-culotte éternel des idées et de l'esthétique, selon la formule d'un journaliste bien inspiré.

Il racontait en scène qu'un jour, l'appelant au téléphone, une voix lui a dit : « Allô, c'est la mort, j'aime beaucoup ce que vous faites… » Et Ferré répondit : « Moi aussi. »

Elle l'aura entendu.

Avec le temps, avec le temps, va, tout s'en va…

Mardi 20 juillet. Visité les nouveaux aménagements du musée Matisse, à Nice. Un peu trop californiens pour mon goût, à côté de la vieille maison qu'ils prolongent, mais les espaces sont beaux.

L'environnement, en revanche, est fâcheux… Des dizaines de chaises rangées dans le jardin pour un festival de jazz, buvettes, cacahuètes et bouteilles de Coca-Cola traînant par terre… Passons.

A l'entrée du musée, quatre pièces superbes, nus de dos, sculptés… Un bonheur. Beaucoup de dessins, une salle somptueuse de papiers collés, une belle toile… On reste un peu sur sa faim.

Nous repartons sous un vent furieux qui souffle sa rage.

Mercredi 21 juillet. Rencontré un médecin qui organise, chaque année, un colloque à Mouans-Sartoux autour des fantasmes et de la création. Il me raconte qu'on y étudiera cette année, en particulier, ce qu'il appelle le syndrome de Stendhal.

De quoi s'agit-il ? Il m'explique… Une psychiatre italienne dont le nom m'a échappé a observé que, chaque saison, quelques personnes tombaient malades après avoir visité un musée. Fièvre, frissons, troubles divers. Motif : l'émotion. L'émotion ressentie devant une toile déterminée, et provoquée par le choc entre l'imaginaire et la toile concrète.

Après tout, c'est ce que Proust raconte à propos de Bergotte et du petit pan de mur jaune. Et c'est aussi ce à quoi Stendhal fait allusion je ne sais où. D'où le nom donné par la psychiatre à cette perturbation particulière.

J'ai connu un petit garçon de 5 ans qui est devenu malade d'exaltation après avoir vu *Les Nymphéas*. Il courait autour, il les caressait, il en rêvait. Sans doute une manifestation annexe du syndrome de Stendhal.

En tout cas, amateurs, prenez garde à la peinture !…

Vendredi 23 juillet. Déjeuner sympathique chez Adrien Maeght, avec une kyrielle d'artistes. Il fait lui-même une succulente bouillabaisse dont il communique généreusement la recette.

C'est un homme émouvant. Son histoire est connue, il n'est donc pas indiscret d'y faire allusion. Adrien Maeght est l'un des deux fils d'Aimé, le « grand » Maeght, et de Marguerite, sa femme. Son frère est mort très jeune, de leucémie je crois, laissant des parents inconsolables. Au point d'oublier qu'ils avaient un autre fils. D'oublier de l'aimer, le père surtout, comme s'il avait tué son frère. C'est ainsi qu'on fabrique un homme meurtri à jamais.

Aimé Maeght est mort en déshéritant, autant qu'il le pouvait, Adrien au bénéfice de ses collaborateurs immédiats. En droit français, on ne peut pas déshériter ses enfants. Conflit, procédure. Il a fini par récupérer la plus grande part des biens considérables de son père. Aujourd'hui, riche comme Crésus, entouré par une femme tendre et une nuée de petits-enfants, il paraît avoir trouvé la paix du cœur et de l'esprit. Mais on sent qu'il ne faudrait pas gratter beaucoup pour trouver sous l'écorce du grand-père rieur un enfant blessé.

Samedi 24 juillet. Raul Gardini s'est suicidé à 60 ans dans son palais de Milan. Le fameux industriel italien était sur le point d'être arrêté pour malversations diverses, et création d'un fonds d'argent noir au bénéfice de la démocratie chrétienne.

C'est le douzième suicidé depuis que l'opération *Mains propres* a commencé.

Les Français l'avaient découvert à l'occasion de l'America Cup qu'il s'était mis en tête de gagner.

Je l'avais rencontré, par hasard, il y a quelques années, dans un dîner. Beau, séduisant, arrogant, il avait l'aura de ceux auxquels rien ne résiste, et en tout cas pas le succès. Il est mort en laissant à sa famille un mot, rien qu'un mot, qui lui ressemblait : « Merci. »

Plus les jours passent, plus on s'aperçoit que la corruption n'était pas une pellicule à la surface de la société italienne mais littéralement une manière de vivre. Et que le pays fait l'objet d'une authentique révolution.

Lundi 26 juillet. Francis Bouygues est mort samedi, à 70 ans, d'un infarctus. C'était quelqu'un, assurément. Moins par le poids de son chiffre d'affaires – 77 milliards – que par sa formidable carrure d'entrepreneur. Il fut le premier en France à comprendre que l'avenir était dans l'industrie de la communication.

Grand patron autoritaire et paternaliste, il était aimé, c'est un fait, et les journalistes de la Une, l'espèce la moins faite pour vivre le doigt sur la couture du pantalon, pleurent aujourd'hui papa avec toutes les apparences de la sincérité.

Il avait connu ces dernières années un échec cruel. Le film de David Lynch, *Twin Peaks*, qu'il avait commandité. Une grande fête avait été prévue pour suivre la projection du film au Festival de Cannes. Bouygues y assistait, épanoui. La salle resta de marbre. La fête fut un fiasco. Il en ressentit, dit-on, un véritable choc, qui l'éprouva physiquement. Mais, depuis, le cinéma l'avait gâté.

Il est mort après avoir organisé sa succession. C'est l'un de ses fils, Martin Bouygues, qui reprend le flambeau, et du béton et de la communication. De grandes bottes à chausser…

Des journalistes du *Figaro* qui font un reportage sur les maisons de vacances viennent me rendre visite. Ils me racontent que, parmi les personnes qu'ils ont sollicitées, tous les grands noms des affaires se sont récusés. On ne tient pas à montrer son haras, ses hectares et sa BMW en ce moment.

Ce que j'ai à leur montrer ne risque d'offenser personne. J'ai même l'impression qu'ils sont un peu déçus par ma chaumière.

Quant à mon mode de vie… La jeune journaliste, charmante, qui m'interroge, s'étonne quand je lui dis que je fais moi-même la cuisine pour mes amis et que, si elle veut de bonnes recettes, j'en ai pléthore. Une petite ? Toute simple ? Epluchez soigneusement des pamplemousses. Mélangez à parts égales avec des avocats. Assaisonnez au citron avec une pointe d'huile de noix, vous m'en direz des nouvelles.

Mercredi 28 juillet. J'avais emporté Giraudoux dans la Pléiade, pour enchanter mes soirées solitaires. Giraudoux, c'est ma jeunesse, son théâtre chez Jouvet, Bella, Suzanne, Eglantine, Juliette…

Déception : c'est devenu ennuyeux, mièvre, fané. Quelle tristesse ! Bien vieillir, en littérature, c'est ce qu'il y a de plus difficile.

La correspondance de Flaubert va me consoler.

Jeudi 29 juillet. Orage sur le franc, sérieusement chahuté. Six économistes (dont trois prix Nobel et trois nobélisables) appellent, dans le *Financial Times*, à faire exploser le SME, coupable de tous les maux.

Tout porte à croire qu'il va exploser sans eux.

Vendredi 30 juillet. Déjeuner chez un jeune homme qui m'impressionne fort. Après une longue adolescence frivole, et de jeunes années orageuses, il s'est converti, au terme d'une longue marche, au judaïsme. Et ce n'est pas simple ! Les Juifs ne font pas de prosélytisme et détestent les pièces rapportées.

Aujourd'hui, marié à une femme exquise, père de trois petits enfants, il vit une véritable aventure spirituelle qu'il ne cesse d'approfondir, où il a trouvé équilibre et épanouissement. Il enseigne l'étude du Talmud. Il est, quand il en parle, passionnant. Ce jeune original est l'un de mes quatre petits-fils. Les autres ne me paraissent pas du tout partis pour suivre la même voie !

Août

Dimanche 1er août. Déjeuner avec Raymond Barre chez les David Weill. Je l'aime bien. C'est un plaisir de le revoir, tiré à quatre épingles dans son blazer marine. Il ne s'est autorisé qu'une absence de cravate malgré une chaleur de bête.

L'agitation est grande, autour de la bourrasque financière qui s'est levée ces derniers jours... Tout le monde s'agglutine autour de Barre pour connaître son pronostic sur l'issue de la réunion qui se tient à Bruxelles.

Selon lui, la meilleure solution serait une réévaluation du mark, mais les Allemands ne l'accepteront pas. Ils sont déjà inquiets quant à leurs exportations. Barre est sévère sur le récent comportement de la Bundesbank.

Le président de la banque est buté, dit-il, buté. Quant à la France, elle n'a rien à se reprocher dans cette affaire.

On fait le tour de l'état du monde et de la situation intérieure... Pas de reprise à envisager avant la fin de 1994. Sur le long terme, Barre n'est pas pessimiste, Michel David Weill non plus, mais sur le court terme ils ne voient que chômeurs, et chômeurs.

Michel raconte qu'aux Etats-Unis un nouvel ordinateur est en fonction, qui a pour tâche de prédire l'avenir. On le nourrit de données naturellement, mais aucune qui soit vieille de plus de quinze ans. Sinon, l'ordinateur se sclérose, comme un cerveau humain trop chargé de souvenirs. Pour le moment, cet ordinateur extralucide n'a pas encore fait ses preuves.

Barre raconte ses voyages dans l'Europe de l'Est, en Allemagne, en Asie. Il parle bien de ce monde en fusion fascinant et neuf dont l'histoire est en train d'accoucher, et dont il est nécessaire d'avoir une vue d'ensemble.

Pas un mot sur la politique intérieure française. Personne n'a le mauvais goût de l'y pousser. On saura demain ce qu'il advient du SME.

Lundi 2 août. Eh bien voilà, c'est fait. Et l'habillage est élégant. Dévaluation, vous avez dit dévaluation ? Nullement. On a « élargi les marges de fluctuation des monnaies ». Il suffisait d'y penser. N'empêche que le SME est en pièces et l'Europe en morceaux.

Baudouin, roi des Belges, est mort samedi à 60 ans. Ce long vieux jeune homme triste laisse un peuple sincèrement affligé. On l'aimait parce qu'il avait su incarner l'unité dans un pays fédéral déchiré, et ce n'est pas une mince affaire. On le plaignait de n'avoir pas d'enfant, ce dont il souffrait. On appréciait la sobriété, voire l'austérité de ses mœurs. Ah ! ce n'était pas la famille royale d'Angleterre ! On se tenait, en Belgique.

Mardi 3 août. Une amie m'entraîne au Festival d'art lyrique d'Antibes. J'y vais en renâclant. Surprise : une cantatrice magnifique se produit, américaine, Karen Huffstodt... Crinière rousse, robe verte, elle entre en scène comme un vaisseau pour chanter Strauss et Wagner...

Ce n'est pas une inconnue. Elle a chanté *Euryanthe* à Aix, elle chantera *Salomé* à l'Opéra à la rentrée, elle est attendue à la Scala, mais sa renommée n'a pas encore dépassé les milieux de la musique.

Nous avons été prévenus qu'elle souffre d'une trachéite, qu'elle est sous cortisone et qu'elle risque d'interrompre son récital à tout moment. Mais elle poursuit, vaillamment, jusqu'au bout.

Quelle vie étrange, celle de ces divas qui ont leur instrument dans la gorge, si fragile, à la merci d'une poussière, d'un courant d'air, d'une contrariété... Elles vont de ville en ville, d'hôtel en hôtel, se retrouvent seules le soir, une fois les lampions éteints, les acclamations évanouies, avec la gorge en feu parfois... Inquiètes, si inquiètes.

Nous l'emmenons dîner. Elle est délicieuse, Karen Huffstodt, et parle un français excellent appris à Paris, où elle habite le plus souvent. Elle n'est pas encore usée par le succès. Elle devrait faire une grande carrière.

Jeudi 5 août. Déjeuner avec Jacques Attali. Maître de lui mais sonné. Il ne comprend pas ce qui lui est arrivé, comment il est devenu le bouc émissaire de tous, y compris ses meilleurs amis.

Il faudrait deux heures pour le lui expliquer, à supposer qu'il ait envie d'entendre, mais pour l'heure ce n'est pas de critiques qu'il a besoin, c'est d'affection.

Personne ne la mérite plus que lui, quels qu'aient été ses torts, cette manie qu'il a de transgresser les règles en mettant chaque fois la barre plus haut, comme si, inconsciemment, il cherchait la sanction.

Pour le moment, il cherche à démêler ce qui s'est produit et, pour y arriver, il écrit. De cette tornade où il s'est trouvé pris, il restera en tout cas cela : un livre.

Vendredi 6 août. Regardé d'un œil distrait les funérailles de Baudouin. Etonnement : la reine Fabiola, sa veuve, est en blanc. Stupeur : des gens viennent témoigner, en chaire, de l'intérêt que le roi portait à ceux qui souffrent, immigrants, malades du sida, prostituées… L'assistance paraît sidérée. La Reine blanche sourit…

Extraordinaire cérémonie. Fabiola subversive, qui l'eût pensé ?

Mardi 10 août. Passé quelques jours en Corse dans une maison hospitalière. Soleil, mer, bateau, famille, amis affectueux…

J'hésitais à y aller. L'expérience m'a enseigné qu'il ne faut jamais se mettre sans nécessité en situation d'éprouver le déclin de ses capacités physiques. On devient tout mélancolique, et plus faible encore.

Gambader, escalader, me hisser dans un bateau, je ne peux plus. Enfin, presque plus. Dans ce *presque* se sont glissées quelques journées exquises, peut-être les dernières de ce genre qu'il me sera donné de savourer. Le goût en aura été d'autant plus vif.

Un ami, fort engagé à gauche et même un peu apparatchik, me demande : « Quand croyez-vous que la gauche reviendra ? – Heu… Dans dix ans. »

Il est accablé. Que fallait-il répondre ? Dans vingt ans ?

Mercredi 11 août. Attendu la moitié de la nuit le feu d'artifice d'étoiles filantes qu'on nous avait annoncé. Vers minuit, il y a eu un trait de feu, puis deux, puis trois, puis quatre. Puis rien. Fermé mes volets, écœurée par ces étoiles qui posent des lapins…

Jeudi 12 août. Saut à Marseille, avec Micheline Decaux, pour voir l'exposition César à la Vieille Charité… Le lieu est beau, entièrement rénové, pierre blonde sous la lumière violente. A l'intérieur, une vaste rotonde creusée d'alvéoles où sont insérées des pièces immenses… Le génie de César éclate, majestueux.

La physionomie de César a souffert pendant des années de son goût effréné pour les mondanités, de plus ou moins bon aloi. On l'a pris pour un rigolo. On a moqué ses compressions. On l'a dénigré. Ce temps-là est heureusement fini.

Un très grand artiste dans toute la force de son art illumine la Vieille Charité…

Nous déjeunons rapidement, dans un bistrot. Comme les gens sont aimables, en province, alors que les Parisiens sont si grincheux… Mais la ville sue la pauvreté.

Vendredi 13 août. Relu pour la vingtième fois, peut-être, *La Chartreuse de Parme*, dont je ne me lasse pas, malgré son côté bâclé.

Envie de retrouver ce que Julien Gracq en dit, une phrase en particulier. Je la cherche. La voici : « Il n'y a pas de monde de Stendhal au sens où on parle d'un monde de Dostoïevski ou de Kafka : il y a LE monde. Mais seulement mystérieusement ensoleillé, comme il est lorsqu'on s'y promène aux côtés de quelqu'un qui a le don de recharger la vie. [...] Je reviens à la réflexion de Céline qui m'a tellement frappé autrefois : "Quand on n'a plus assez de musique en soi pour faire danser la vie..." Quand on n'a plus, pour une raison ou pour une autre, suffisamment en soi de cette musique, c'est là, et là seulement, que Stendhal est irremplaçable, car pour quelques heures il vous la restitue ; il n'a ni grande invention, et il le sait bien (il lui faut la béquille du fait divers), ni grande technique (quoiqu'il s'en vante), ni grande imagination (et il s'en moque), ni, autant qu'on le dit, cette "profondeur psychologique" qui est surtout chez lui vivacité de la formule et ingéniosité du trait – rien que cet allegro intime, ce staccato grêle et un peu sec qui n'est qu'à lui, mais au rythme duquel la vie en effet se remet irrésistiblement à danser. »

Cet allegro intime ne cesse de m'enchanter.

Samedi 14 août. Dîner agréable chez un grand avocat de Nice qui reçoit dans le jardin d'une vieille maison d'autrefois comme on n'en voit plus guère dans le pays. Tout a été rasé et remplacé par des constructions plus hideuses les unes que les autres. On se demande parfois ce qui est arrivé aux architectes français, si bons bâtisseurs autrefois, et qui semblent incapables de maîtriser les matériaux modernes.

On parle de tout et de l'OM, naturellement, qui dispute ce soir un match contre le PSG.

Les aventures tapiques n'ont cessé de défrayer la chronique ces dernières semaines, sans que j'en note rien ici parce que ce triste feuilleton m'ennuie, avec ses faux témoins et ses vrais voyous.

On parle, donc, de l'OM, et un jeune homme dit sa colère, son dégoût, devant ce qu'il est advenu du football. « C'est comme si Pavarotti chantait en play-back », dit-il.

En fait de corruption, nous sommes, ici, dans son cœur. Chacun a une histoire plus forte que l'autre à raconter sur ce qui se passe à Nice, ville pourrie. C'est effarant. Et chacun s'interroge : est-ce que Toubon finira par être candidat à la mairie ? Mais il faudrait demander : est-ce que quelqu'un, mis à part un certain Hercule, peut nettoyer les écuries d'Augias ?

En tout cas, s'il y va, il a le cœur bien accroché.

Lundi 16 août. Au diable l'avarice. Je vais nager à Eden Roc, probablement l'un des plus beaux endroits du monde, plein d'Allemands et d'Américains, mais de l'espèce bien élevée. Ici, pas de radio, pas de cris, pas de ballon vous déboulant dans les jambes. Seulement le murmure des conversations.

La piscine d'eau de mer a été aménagée de telle sorte que lorsqu'on s'y trouve on voit un plan bleu lumineux, le ciel, posé sur un plan bleu profond, la mer, posé sur un plan bleu céruléen, la piscine, le tout sans solution de continuité.

Ce camaïeu de bleus est sublime… Je m'en mets, comme on dit, plein les yeux.

Mardi 17 août. Et voilà, c'est fini. Il me reste à reprendre le collier de misère après ces longues vacances. Non que j'aie cessé de travailler. J'ai renoncé à Rousseau – trop difficile –, mais j'ai entrepris un roman dans lequel plus je m'enfonce moins je sais où je vais. Je l'emporterai comme un clou dans ma chaussure.

Vacances tout de même, vacances d'articles, de lectures médiocres, de télévision, de corvées en tous genres, étudiants en mal de thèse, chercheurs en quête d'informations, colloques, commissions, jurys, que sais-je…

Je dis adieu au figuier, au troène, aux cyprès, à l'oranger, au laurier-rose, au chat de la voisine.

A nous deux, Paris…

Samedi 21 août. Creux, creux les journaux… On y étire autant qu'il est possible les rares sujets que l'actualité fournit. Le TGV vendu à la Corée, la récession – qui a été plus forte que prévu au premier trimestre –, les négociations de paix à Genève, et surtout la grâce présidentielle accordée à l'ami des ours, Eric Petitin.

Il s'agit de cet écolo exalté, meneur des opposants à la création d'un tunnel dans la vallée d'Aspe, tunnel qui, sans son action, parfois violente, serait vraisemblablement déjà construit.

Il paraît que les ours bruns des Pyrénées en seraient les premières victimes.

Difficile, quand on vit à Paris, de se faire une opinion sur un problème qui concerne une vallée enclavée dont une partie au moins des 2800 habitants se sentent coupés du monde et aspirent à lui être reliés grâce au tunnel controversé.

Mais que d'émotions on déchaîne quand des ours sont en danger… Emotions que l'on ne voit guère se manifester quand il s'agit d'êtres humains, à moins que quelques images spectaculaires…

L'ineptie des commentaires qui se développent depuis quelque temps sur l'action humanitaire suffirait à en convaincre. Théâtre, alibi, cirque médiatique, bonnes œuvres, etc. Qui ricane ainsi ? Des gens assis, le derrière dans leur fauteuil, qui n'ont jamais tendu une main secourable pendant que d'autres se défoncent, risquent leur vie, soignent, nourrissent, sauvent qui peut être sauvé.

On ne demande à personne d'en faire autant, ni même de contribuer financièrement à l'action humanitaire, qui en a cependant bien besoin. Mais qu'au moins ils se taisent !

En tout cas, voilà Eric Petitin, terroriste vert, libre de reprendre sa croisade. « par d'autres moyens », a-t-il promis. Chacun son combat.

Vu le film de Bertrand Blier, *Un deux trois, soleil.*

Un film sur la banlieue que l'on voudrait aimer, que traverse une belle tendresse pour les paumés et qui en même temps rebute par je ne sais quoi de fabriqué.

Il y a une vraie sensibilité, de l'invention, des moments superbes, des interprètes parfaits. Mais on craint pour Blier, un grand, un véritable auteur, qu'il ne se plante, avec cette chronique du malheur ordinaire dans une cité ordinaire.

Un samedi après-midi, la salle était quasiment vide.

Dimanche 22 août. Inquiétude pour Jean-Christophe Victor, transporté à la Salpêtrière avec une fièvre incoercible dont on ne parvient pas à détecter l'origine. Virus ? Infection pulmonaire ? Ce sacré garçon a traîné huit jours, anéanti, avant de se décider à se faire hospitaliser. Le voilà bien avancé.

Long dimanche bourré de lectures.

Romans, romans, romans, en quête de Goncourt. Et qui me font bâiller.

L'un d'eux mériterait un éreintement. L'auteur a déjà une réputation. Il est tombé dans une sorte de vulgarité mondaine affligeante. Mais éreinter, pourquoi faire ? sinon se faire plaisir ? C'est trop facile.

Mon propos, dans le *Journal du Dimanche*, n'est pas de briller aux dépens des autres mais de donner envie de lire.

Ce mauvais roman-là me chatouille la plume, mais je la tiendrai coite.

Lundi 23 août. Ce qui se passe en Algérie m'est indéchiffrable. Un terrorisme sauvage qui fait des ravages parmi les intellectuels, les journalistes, mais aussi les policiers, les militaires… On accuse le FIS, mais on ne sait même plus qui dirige le FIS, ni même s'il est dirigé. Cette fois, c'est autre chose. Un ancien Premier ministre, Kasdi Merbah, personnage mythique qui fit l'essentiel de sa carrière à la tête de la police politique, a été abattu par balles près de son domicile, avec son fils, son chauffeur et son garde du corps.

Qui a commandé cet attentat, pourquoi ? Merbah militait ouvertement pour un dialogue avec les islamistes afin de rétablir la paix civile.

On en est aux hypothèses tandis que le nouveau chef du gouvernement, Redha Malek, annonce une volonté répressive intransigeante pour endiguer la spirale de la violence.

La presse française s'efforce d'exposer clairement la situation algérienne, mais comment être clair dans la confusion et l'obscurité ?

Pénible : les cocoricos qui saluent le match nul de la France contre la Suède, en football. Après la dérouillée que nous avons prise à Stuttgart – pas une médaille, alors que les Anglais, pour ne citer qu'eux, en ont raflé dix –, un peu de modestie nous siérait mieux. D'autant que ce nul ne signifie pas encore que la France se qualifiera pour la Coupe du monde, qui se disputera aux Etats-Unis.

Il est vrai que ce fut un beau match… Très élégant.

Mardi 24 août. Etoiles : moi, c'est Vénus que j'aime. La rebelle. La seule planète qui tourne à l'envers, où le soleil se lève à l'ouest et se couche à l'est. Un savant américain, Carl Sagan, soutient que, si on la bombardait avec des algues bleues qui dévoreraient le gaz carbonique dont elle est entourée, elle deviendrait aussi hospitalière que la Terre. Mais la NASA ne veut pas entendre parler de son projet.

C'est sur Mars que tous les efforts sont concentrés. Justement : on allait en savoir un peu plus sur les petits hommes verts. La sonde Observer lancée des Etats-Unis il y a onze mois pour explorer la planète rouge devait se placer demain sur orbite. Et puis crac… Silence. Le contact est rompu… Voilà Observer muette et ingouvernable…

Accident technique ?

Et si les petits hommes verts, voyant Observer arriver, s'étaient réunis pour dire : « Pas de ça chez nous… On commence avec une sonde, on finit avec des tanks ! » et avaient abattu la sonde avec une arme à eux ? Inimaginable ? Si quelque chose est inimaginable, c'est bien que de Pasadena, Californie, on expédie une sonde de 1 000 kilos à 720 millions de kilomètres de la Terre et que l'on fasse la conversation avec elle.

On devrait savoir demain si Observer est perdue pour toujours… avec 980 millions de dollars.

Jean-Christophe a les deux poumons atteints par des lésions et une septicémie généralisée… On ignore toujours ce qui l'a provoquée. Les antibiotiques restent inopérants.

La vie politique reprend doucement. Un article sévère du *Monde* prédit à Edouard Balladur des jours difficiles sur tous les terrains, y compris dans ses relations avec Jacques Chirac, qui se sont apparemment détériorées…

Allons, « le vent se lève, il faut tenter de vivre », dit le poète.

Mercredi 25 août. Vu hier soir, en projection privée, un film comique *La Soif de l'or*, auquel j'aurais tant aimé rire… Hélas ! Peu importe, en vérité, du moment que le public s'amuse, ce que je souhaite pour lui et pour l'auteur du film, Gérard Oury, qui est bien sympathique. Mais on peine à croire que les enfants et les adolescents – qui sont les clients naturels des films comiques – s'intéresseront à cette histoire d'avares cramponnés à leurs lingots… Il me semble que ce n'est pas dans la sensibilité de leur âge. Mais je me trompe peut-être… Je n'ai jamais su préjuger du succès d'un film. Et, après tout, qu'est-ce que je sais de la sensibilité des enfants ?

Tam-tam autour du droit d'asile, auquel, à dire vrai, on ne comprend pas grand-chose.

Sauf erreur, aux termes des accords dits de Schengen, un individu qui aura demandé sans succès le droit d'asile dans l'un des pays de la Communauté ne pourra pas renouveler sa demande dans un autre de ces pays… Ceci a été déclaré contraire à la Constitution par le Conseil constitutionnel… Et Pasqua entend que cette disposition devienne la loi. Il demande donc une révision de la Constitution sur ce point. Maintenant, de deux choses l'une : ou François Mitterrand accepte le principe de cette révision, le Parlement la vote, et la fameuse règle selon laquelle « tout homme persécuté en raison de son action en faveur de la liberté ou de ses idées a droit d'asile sur le territoire de la République » sera tournée. Ou Mitterrand refuse, et il appartiendra au Premier ministre de soumettre la décision à référendum. Ce sera la fin de la « cohabitation douce » dont les deux hommes s'étaient, jusqu'à présent, trouvés bien, mais qui irrite fortement l'aile dure de la majorité. Ce sera le clash. Intéressant de voir comment Mitterrand va se sortir de cette situation qui, dans les deux cas, sera mauvaise pour lui. Intéressant aussi de voir si Balladur se laisse manipuler par les excités de son camp. Pour finir, une grosse histoire.

Un gentil jeune homme qui présente le concours d'entrée dans les écoles de journalisme vient m'interroger. Il a un oral à préparer qui portera sur douze sujets au choix du jury. Il compte sur moi pour l'aider.

Ce qui m'ahurit, c'est cette façon d'enseigner le journalisme. Un oral, pourquoi faire ? Quelles sont donc les qualités orales que requiert l'exercice du journalisme ? Mystère.

J'essaye de lui dire ce qui peut le servir, et puis je lui demande : « Quelle est la pointure de mes chaussures ? » Il les regarde, étonné. « Je ne sais pas, mais... – Un bon journaliste, après avoir fait une enquête, doit tout savoir de ceux qu'il a rencontrés. Même la pointure de leurs chaussures. C'est le signe qu'il a observé leurs pieds. Et des pieds en disent long, la qualité du cuir, l'état des talons, des semelles... »

Il a cru que je plaisantais. Il se trompait.

Jeudi 26 août. Annonces en cascade de Balladur au cours d'une conférence de presse. Une chaîne éducative, dite de la connaissance et de la formation, sera mise en place sur le réseau de la Cinq, dans la journée. Bonne décision.

Les impôts des revenus moyens seront allégés, et des facilités fiscales accordées en faveur de l'immobilier. Soit.

D'où vient que tout cela donne l'impression qu'il se bat contre un bulldozer, le chômage, avec un filet à papillon ?

La chaîne éducative s'imposait. Nous sommes ridiculement en retard, dans ce domaine, sur des pays comme la Grande-Bretagne par exemple. Elle entrait dans les recommandations que la commission est en train de rédiger. Le Premier ministre nous a tiré le tapis sous le pied en l'annonçant dès aujourd'hui, mais peu importe. Seul problème : le financement, mais il est entendu qu'il ne sera pas prélevé sur les ressources des autres chaînes.

Pour le reste, la commission arrive au bout de ses travaux.

Le rapport final énoncera, me semble-t-il, des choses raisonnables et sensées. Des points de vue souvent antagonistes se sont rapprochés.

A la réunion de ce soir, on m'a glissé que la décision du gouvernement est prise en ce qui concerne le maintien d'une direction commune à France 2 et France 3, et le non-renouvellement du mandat d'Hervé Bourges à la fin de l'année.

Par qui veut-on le remplacer ? Un homme proche de la

majorité. Evidemment, mais encore ? Secret. Je n'arrache qu'une seule indication : « Il s'agit de quelqu'un qui se trompe sur sa vocation. » Diable ! Voilà qui n'est pas encourageant…

Vendredi 27 août. L'inquiétude grandit pour Jean-Christophe. Ses reins ne fonctionnent plus qu'à 30 % de leurs capacités. Il a un hoquet incoercible. Son cœur se fatigue. Et on ne trouve toujours pas l'origine de l'infection.

Je l'ai connu tout petit, ce Christophe, quand il était encore un *enfant bleu* qui attendait le moment d'être opéré. Il a été sinon le premier, du moins l'un des premiers opérés, aux Etats-Unis, quand il s'agissait encore d'un exploit.

Sa mère, Eliane, est l'une de mes plus chères amies. Je tremble avec elle d'une angoisse sans nom.

D'Israël, une information étonnante : Shimon Peres a annoncé que son pays était prêt à rendre Gaza et Jéricho aux Palestiniens « dans le cadre de l'autodétermination ». Une mesure réclamée par Arafat mais contestée par ceux qui, à l'OLP, redoutent une division des territoires occupés. La Centrale palestinienne, déchirée, devait se réunir hier soir pour en débattre. Elle devrait prendre des décisions qualifiées d'historiques.

Lu un livre délectable, *Grand Amour*, d'Erik Orsenna, où il raconte trois ans de sa vie comme nègre de François Mitterrand.

C'est jubilatoire, fin, sans l'ombre de fiel, bourré d'observations savoureuses sur la vie du Palais et sur son hôte le plus illustre, jamais désigné nommément. C'est Lui. C'est Il. C'est l'objet d'amour de toute la maison qui va, échine courbée dans une courtisanerie en quelque sorte spontanée.

Une véritable comédie de mœurs traitée comme une fable, où l'on retrouve ce trait propre à Orsenna qui éclatait déjà dans *L'Exposition coloniale*, son Goncourt : l'allégresse.

Dans *Le Monde des livres*, Josyane Savigneau tance ceux qui dénigrent le roman français. Dans le même numéro, un éreintement salue le nouveau Rouaud, jugé « sans nécessité ». Il y a là, quelque part, des violons mal accordés.

Il n'est pas mauvais ce Rouaud, loin de là. *Des hommes illustres*. Mais l'auteur ne bénéficie plus de l'effet révélation qui a entouré *Les Champs d'honneur*. Sous la fallacieuse étiquette de roman, il poursuit la chronique familiale qui lui a valu le Goncourt. C'est tendre, mélancolique, plein de guerre et de pluie bretonne. Loin d'être indifférent.

Interrompue par une jeune Canadienne, étudiante à Sciences Po, qui venait m'interroger sur les femmes et la politique française… Ce doit bien être la dixième en moins d'un an. Pas la dixième Canadienne, la dixième étudiante.

Mais comment refuser à des jeunes gens de les aider dans leur travail ? Simplement, ils me mangent la vie !

Samedi 28 août. Certains font des cures thermales. D'autres des cures de thalassothérapie. Moi, je fais chaque année une cure de télédésintoxication. Télévision fermée, à part les informations, pendant six semaines. J'ai l'impression de régénérer mes cellules.

Mais, cette semaine, le moment est venu où j'ai promis de reprendre ma chronique de *L'Obs*, et je cherche désespérément ce que je vais mettre dedans.

En cette queue de saison, ce sont encore les rogatons d'été qui ornent les programmes. Je tombe sur un portrait d'Albert de Monaco assorti d'un commentaire ampoulé sur le futur souverain. Qui diable s'intéresse à Albert de Monaco, à part les jeunes dames qui ne détesteraient pas l'épouser ? Avec sa bonne bouille de jeune Américain, il est plutôt attendrissant, mais sûr que ce n'est pas Frédéric II, quoique son célibat obstiné suggère aux mauvaises langues…

En tout cas, rien à en tirer.

J'erre de chaîne en chaîne… D'abord je pense avoir mal compris. Mais non, c'est bien ça. Renault fait désormais la publicité de la Clio sur du papier hygiénique. Parole. Achetez Lotus et, à l'intérieur de votre rouleau, vous trouverez peut-être un bon pour une Clio.

Les images que cette publicité fait lever dans l'esprit… Je crois que je vais reprendre ma cure.

Dimanche 29 août. Inquiétude croissante au sujet de Jean-Christophe. On avait cru la fièvre jugulée. Elle cède et remonte sans cesse… On lui fera demain des examens pour essayer de déceler si l'infection ne provient pas des sinus. Il s'alimente à peine, un hoquet l'épuise, il y a bientôt trois semaines qu'il a été frappé par ce mal mystérieux que les médecins sont impuissants à combattre… Avec les moyens d'investigation modernes, cela paraît vertigineux.

Bagarres sanglantes au Parc des Princes entre supporters du PSG et policiers. Décidément, le football est pourri. Pasqua a nommé un monsieur Sécurité dans les stades. Ça ne mange pas de pain, comme on dit.

Long bavardage avec Pierre B., un ami franco-américain de passage à Paris. Il m'explique, à propos d'une affaire précise, que la France fait une politique industrielle insensée.

En d'autres termes, que l'Etat subventionne les entreprises en difficulté, ce qui va contre toutes les règles d'un sain libéralisme. Il donne des exemples. Il faut que l'opinion le sache, dit-il. Il faut lui expliquer, c'est très grave.

Mais je crains que l'opinion ne soit nullement en état d'entendre un tel discours, même s'il est fondé.

Lundi 30 août. Israël/OLP : un accord de principe, fruit de longues négociations secrètes, est conclu sur un régime d'autonomie pour la bande de Gaza et la ville de Jéricho. Le gouvernement israélien pourrait prendre une autre décision *historique* en reconnaissant officiellement l'OLP comme interlocuteur unique.

Que Shimon Peres doit être heureux, lui qui se bat depuis tant d'années pour qu'Israéliens et Palestiniens se parlent…

Quant à Arafat, qui a perdu son armée au Liban, son financement avec la guerre du Golfe, son leadership avec la poussée islamiste, il n'a plus vraiment le choix.

L'opposition interne à l'accord de principe est véhémente, des deux côtés, en Israël comme au sein de l'OLP, mais

Arafat, le vieux renard, a réussi à éviter pour l'heure démissions et éclatement. En Israël, le débat, démocratique, fait rage. Gaza, ça passe, c'est Jéricho qui compte, avec sa charge symbolique…

Cependant, il ne s'agit que de la base d'un accord, un cadre que les interlocuteurs sont encore loin de vouloir remplir de la même manière. Mais c'est un pas, même si le chemin doit encore être long qui conduira, vraiment, à la paix entre Israéliens et Palestiniens.

On n'ose trop espérer.

La presse est pleine d'une histoire sordide. Michael Jackson se serait livré à « des attouchements de nature sexuelle » sur l'un de ces jeunes garçons qui lui font habituellement cortège. Pour l'ami des enfants, ce serait évidemment fâcheux. Mais cela mérite-t-il cette débauche de texte ? Je veux bien que Michael Jackson soit probablement la plus grande vedette du monde, aujourd'hui, et que, en conséquence, ses faits et surtout ses gestes, s'ils sont ce que l'on dit, ne laissent pas les lecteurs indifférents. Mais six colonnes dans *Le Figaro*… Je rêve !

Ramdam chez les Verts : ils ne sont ni à gauche ni à droite, ils sont dans le trou. Et, comme toujours dans l'échec, leurs chefs se déchirent, leurs troupes aussi. Ce n'est pas agréable à voir. Quel gâchis !

Mardi 31 août. On n'ose même plus parler de la Bosnie, et pourtant… La partition de l'ancienne Yougoslavie en trois blocs, Serbie, Croatie, Bosnie, est virtuellement décidée. Mais dans quelles frontières ? La Bosnie devient quelques enclaves reliées entre elles par des routes, sans accès à la mer, ce contre quoi Izetbegovic continue de s'insurger. Et Sarajevo ? Ville ouverte sous le contrôle de l'ONU. Et les centaines de milliers de réfugiés déplacés ? On ne sait pas. Et les Bosniaques qui se révolteront contre cette amputation de leur pays ? Cela fera de bons terroristes.

En d'autres termes, le rêve de la Grande Serbie est en marche et il apparaît qu'au fond, c'est ce que Mitterrand, Bush, Major ont toujours souhaité. Qu'importe la Bosnie ?

S'il y a là un pays fort, il consolidera la région, pas vrai ? Et Milosevic n'est pas Hitler, qui, après avoir avalé les Bosniaques, va se mettre à viser Rome ou Munich.

Mais que nous avons donc été sots, nous autres, qui avons cru à la volonté occidentale de venir au secours du petit pays martyrisé et de ses femmes violées. Il n'en a, en réalité, jamais été sérieusement question.

J'en parle avec BHL. Il prépare un film sur la question qui risque de n'être pas tendre pour François Mitterrand, ni, plus généralement, pour les Occidentaux. Realpolitik.

Quatre diplomates américains de haut rang ont démissionné pour ne pas être complices de la capitulation.

La réforme inéluctable du régime des retraites est acquise. Elle inquiète les moins jeunes…

Il faudra désormais quarante années de travail pour avoir droit à la retraite, et son calcul se fera sur d'autres bases. Quarante ans : en un temps où l'on entre de plus en plus tard dans la vie active, c'est la fin de la fameuse retraite à 60 ans que les socialistes s'enorgueillissaient d'avoir fait entrer dans la loi.

Mais les plus jeunes s'en moquent. Rien n'est plus difficile, sinon impossible, que de s'imaginer à 60 ans quand on en a 20… Souvent, les jeunes femmes auxquelles on demande : « Qu'est-ce que vous ferez à 60 ans ? » répondent : « Je serai morte… », comme si elles assimilaient automatiquement la fin de la séduction à la fin de la vie. S'agissant de leur propre personne, la vieillesse leur est, à proprement parler, inconcevable.

Et puis, au fur et à mesure que les années passent, le temps se raccourcit. Il file de plus en plus vite. Un an, qu'est-ce que ça veut dire, un an ? Un an à 10 ans et un an à 20, ça n'a déjà pas la même durée ! La perception du temps se modifie… Mais tout le monde sait cela. Ou le saura tôt ou tard. Et découvrira pour son compte que la jeunesse est courte. C'est la vie qui est longue…

Septembre

Mercredi 1er septembre. Soumis au jugement de BHL le texte que j'ai écrit cet été, un roman court qui a jailli de mon ordinateur sans que je comprenne pourquoi. Mystère de l'écriture qui vous conduit où elle veut… J'ai l'impression d'avoir été le lieu de passage de ce que j'ai écrit…

Ce texte, donc, qui m'a littéralement échappé, est-il bon ? mauvais ? médiocre ? publiable ? impubliable ?

Je ne suis pas pressée de publier, au contraire. Ce *Journal d'une Parisienne* que j'écris ici remplira 1994. Mais je suis anxieuse de savoir ce que j'ai fait, si les personnages que j'ai inventés vont vivre ou si je vais, au contraire, les tuer. Il suffit d'appuyer d'un doigt sur une touche et hop ! ils seront détruits. C'est peut-être tout ce qu'ils méritent. Je fais confiance à l'amitié de BHL et à sa sagacité pour ne pas me leurrer. Il me dit : « Si je vous dis que ce n'est pas bon, nous serons brouillés pendant au moins quarante-huit heures. – Non. Même pas pendant une heure. Je suis dans le brouillard. J'ai besoin de votre œil. »

Il emporte le manuscrit, le lit dans la nuit, m'appelle. C'est bon… Il en est sûr. Il le dit avec force. M'indique les points faibles dont j'avais eu l'intuition. Il ne me reste plus qu'à retravailler.

Drôle d'histoire…

Selon les médecins, Jean-Christophe est hors de danger. Ses reins fonctionnent. On lui a retiré, d'une ponction, six litres d'eau.

Mais on ne sait toujours pas où se situe le foyer d'infection.

Jeudi 2 septembre. La cote de Balladur, perçue à travers les sondages, monte… S'il y avait une élection présidentielle dans un mois, il arriverait largement en tête des candidats de la droite dans les faveurs des Français. Le chômage ne cesse de croître, les prélèvements obligatoires augmentent, les retraites diminuent, le franc lui file sous les doigts, la France et l'Allemagne se mangent le nez… N'importe. Tout se passe comme s'il y avait une mystérieuse adéquation entre le style de l'homme et ce que le pays souhaite. Du calme, pas de baratin, pas d'outrance verbale, pas de parti surtout, pas de parti. Balladur est du parti de la France.

S'il y a de la grogne, c'est dans sa propre majorité, d'humeur batailleuse, qui veut en découdre… Mais, pour l'heure, il la contient et cette impatience le sert puisqu'elle le distancie, aux yeux du public, de la politique partisane.

Il semble avoir désamorcé la grenade lancée par Pasqua et ses frères au sujet du droit d'asile. Officiellement, il s'agit des modalités du droit d'asile par la France, au sujet desquelles Pasqua réclame une révision de la Constitution. Les siens espéraient un raidissement de Mitterrand, un référendum, le grand jeu quoi ! avec, à la clé, une claque magistrale prévisible pour le président, son départ peut-être…

Mais non mais non, a dit Balladur après s'être entretenu avec Mitterrand. On fera une petite, une toute petite révision constitutionnelle par voie parlementaire. Si petite que le président de la République ne devrait pas s'y opposer…

On ne connaît pas encore la décision définitive de François Mitterrand, mais tout permet de présumer qu'il ne cherchera pas la guerre.

Déjeuner à la maison avec Michel Rocard et deux financiers que je souhaitais lui faire rencontrer. Ils ne sont pas « de gauche », ils ne sont pas « de droite », ils sont indignés par la façon dont les affaires de la France sont conduites, depuis des années, sur le plan monétaire. Ils fustigent la prolifération de ces personnages particuliers, les capitalistes-rentiers, qui ne sont pas des entrepreneurs et qui vivent en parasites sur la peau du pays.

Techniquement, ce qu'ils racontent est extraordinairement compliqué. Je suis incapable de le restituer. Mais une formule m'a frappée : on assiste à l'appropriation individuelle des profits et à la mutualisation des pertes. Un discours carrément subversif.

Rocard a écouté, intéressé et au-delà. Impossible de dire s'il en fera son miel. Ce n'est pas très électoral, tout cela...

Pour le reste, il parle de lui avec un humour inhabituel... Il n'est pas peu fier d'avoir contribué, quand il était Premier ministre, à financer les travaux de restauration de la fameuse fondation Barnes, grâce à quoi les merveilles encore jamais vues de ladite fondation seront exposées, à partir de lundi, au musée d'Orsay. Un événement de première grandeur dans le domaine de l'art.

Vendredi 3 septembre. Jean-Christophe : on a trouvé la source de la septicémie. Une mèche oubliée par un dentiste dans une dent, qui a cheminé et infecté le maxillaire.

Il revient de loin, maigre comme un coucou. Outre qu'une septicémie laisse toujours un organisme fragilisé, me dit-on. Enfin. On respire. Mais comment a-t-on pu traîner si longtemps avant de penser à cette éventualité...

Nouveaux sondages, qui portent Balladur au zénith. On n'a rien vu de tel, s'agissant d'un Premier ministre, depuis 1970, à propos de Chaban-Delmas. Selon la formulation de la question, entre 60 et 70 % des Français sont « satisfaits » de lui, l'« approuvent », lui « font confiance », même s'ils se disent « inquiets de la situation » et sceptiques sur son rétablissement.

Une très large majorité, donc, qui va bien au-delà de la majorité parlementaire, la débordant à droite comme à gauche.

Quant à la question : « Qui ferait le meilleur président de la République ? » la réponse est massive : 62 % Balladur, 18 % seulement Chirac. Pas de doute : les Français sont, pour l'heure, excédés par les jumeaux infernaux, Chirac et Giscard, par les partis, par les chamailleries...

Quand et comment Chirac va-t-il contre-attaquer, et avec lui l'aile dure du RPR ?

Alain Peyrefitte ouvre le feu, ce matin, dans *Le Figaro* pour dénoncer la politique dite du franc fort dans laquelle il reproche à Balladur de s'obstiner. Tout cela enveloppé, parsemé de points d'interrogation et de pommade, mais clair cependant : Balladur serait bien avisé, dit-il, de changer de politique pendant qu'il est « dans les eaux calmes où il a eu l'habileté d'entrer ».

Bref, le moment n'est pas encore venu où l'on peut se permettre à droite de débiner franchement le Premier ministre, qui a les faveurs des lecteurs du *Figaro*, mais de nouvelles salves ne devraient pas tarder.

Séance houleuse à la commission chargée de plancher sur la télévision publique. Il y a de la démission dans l'air. Les uns sont furieux parce que le gouvernement a précédé l'achèvement du rapport pour prendre des décisions qui lui sont empruntées. Les autres demandent, mélancoliques : « On sert à quoi ? A se rendre ridicules ? » Un autre conteste violemment une rédaction qui trahit, selon lui, l'esprit présidant aux travaux de la commission. « C'est le bordel ! » s'écrie-t-il. Le président devient tout rouge, on hurle de tous les côtés.

Rien que de banal à la fin dans ce genre d'instances inventées par les gouvernements pour feindre la consultation, et obtenir une sorte de consensus entre des gens dont les intérêts ou les opinions divergent. Mais c'est épuisant…

Samedi 4 septembre. Vu hier soir, sur grand écran, le téléfilm tiré de *Jenny Marx ou la femme du diable*, que je n'ai pas eu le temps d'écrire moi-même.

C'est habilement fait. Forcément réducteur par rapport au livre. Engels, ce formidable personnage, a pratiquement disparu, les filles aussi… Mais un acteur suisse magnifique, Carlo Brandt, donne au personnage de Marx sa crédibilité.

Tous les regards sont tournés vers Israël et les Palestiniens, avec l'espoir fou de voir enfin le triomphe de la raison sur les passions. Selon Eric Rouleau, aperçu à la télévision, l'accord sur Gaza et Jéricho serait beaucoup plus substantiel qu'on ne le dit. Il irait beaucoup plus loin. Pas jusqu'à Jérusalem cependant, laissée en réserve. Rouleau est généralement bien renseigné.

Bosnie : à tous les motifs de honte s'en ajoute un autre, accessoire sans doute mais consternant. Plus de vingt tonnes d'antibiotiques expédiés par de généreux donateurs à Sarajevo sont inutilisables, sinon dangereux, parce qu'ils sont périmés, parfois depuis 1984 !...

Un pharmacien du principal hôpital de Sarajevo a eu cette phrase terrible : « Nous avons parfois l'impression que certains laboratoires ont vidé leurs entrepôts en nous refilant leurs médicaments périmés. »

La situation est telle que le gouvernement bosniaque a dû demander que des pharmaciens soient présents dans les centres de distribution afin d'intercepter les produits inutilisables et d'établir des priorités dans les livraisons.

Lundi 6 septembre. Lu hier un essai brillant de Régis Debray sur « l'Etat séducteur ». Toutes ses obsessions y sont, et d'abord le dépérissement de l'Etat mais surtout une analyse brillante de ce qu'il appelle le télétat et la vidéosphère.

Comme Leroi-Gourhan, il postule que c'est la technique qui invente l'homme. Et montre qu'on ne gouverne plus les hommes de la même manière parce que ceux de l'an 2000 regardent, écoutent et rient autrement qu'en 1900. Ils n'ont plus les mêmes croyances, parce que de nouvelles machines leur ont fait de nouveaux sens.

Et comment les gouverne-t-on aujourd'hui ? Sans doctrine, sans dessein, sans ligne, sans projet, au coup par coup, en fonction du journal de 20 heures et du dernier sondage. Debray montre très bien comment la machine fonctionne et comment le contrôle de ce qu'il appelle « la régence médiatique » échappe à tous, y compris à ses machinistes, les journalistes.

D'apparence futile, mais significatif de la perte de consistance et de respectabilité de l'Etat, lui paraît le changement de scénographie dans la solennité apparemment immuable de l'allocution présidentielle. Les lustres, les ors, les velours et la Marseillaise ont cédé la place à des allocutions dialoguées, aux plans plus serrés jusqu'au gros plan sur le visage du chef de l'Etat, marque d'intimité maximale… On cherche à fasciner par le rapprochement et non plus par la distance, par la banalisation et non plus par l'héroïsation du chef de l'Etat. Ainsi en ont décidé les ordinateurs du marketing qui situent, par ordre d'importance dans l'efficacité, l'expression du visage (55 %), la voix (38 %), le discours (7 %). La démystification du pouvoir suprême s'exhibe ostensiblement dans la réduction à l'unité des deux corps du Prince, le corps charnel et le corps symbolique. La téléprésence les confond. La transparence liquide la transcendance.

Mais c'est tout le livre qu'il faut lire si l'on est curieux de choses sérieuses… Et quoi de plus sérieux, on osera même dire de plus grave, que de se découvrir télégouverné ?

Je ne saurais dire que j'attends, le cœur battant, les conclusions des instances internationales du football appelées à décider aujourd'hui si l'OM pourra disputer la Coupe d'Europe. Mais enfin… Cet aspect du feuilleton de l'OM, dont j'ai renoncé à tenir ici la chronique par lassitude, n'est pas négligeable… Plus de matchs de coupe, plus d'argent. Plus d'argent, plus d'OM. Ce pourrait être la fin du club qui a fait rêver les Français.

Ils n'ont pas tant de motifs de rêver, que l'on ne souhaite les voir conserver celui-là, au moins jusqu'à ce que la justice ait éclairci à quel niveau la corruption a entamé l'OM.

Mitterrand fait patte de velours. Il a demandé à Balladur de consulter le Conseil d'Etat sur la nécessité d'une réforme constitutionnelle pour appliquer les accords de Schengen relatifs au droit d'asile.

La balle est dans le camp de Balladur.

Une partie qui se joue, pour l'heure, à couteaux rentrés.

Mardi 7 septembre. Pleurs et lamentations, voilà le rêve brisé. L'OM est exclu de la Coupe d'Europe. Motif : les instances internationales (UEFA) font état d'irrégularités dans le fameux match OM/Valenciennes, qui a fait l'objet d'une tentative de corruption. A la veille de la Coupe du monde qui doit se jouer aux Etats-Unis, l'UEFA veut un football aux pieds propres.

On peut se demander si la célébrité de Tapie ne s'est pas, dans cette affaire, retournée contre lui. Trop de bruit, trop d'éclats, trop de rodomontades, trop de suspicion, aussi, autour de lui. L'homme sent le soufre. Il se plaint d'être persécuté : celui qui peint une cible sur la porte de son jardin ne doit pas se plaindre que l'on tire dessus.

En tout cas, voilà un coup sérieux porté au moral d'un Français sur deux, et de Marseille tout entière, si pauvre en motifs de fête et de fierté. La télévision en traite comme d'un deuil national.

Vu, hier, la collection Barnes... Un éblouissement.

Drôle de bonhomme, ce Barnes.

Fils de boucher à Philadelphie, pauvre, querelleur, ami des Noirs... Devient docteur en médecine, étudie la chimie, invente l'Argyrol, ancêtre du collyre, et édifie dessus une fortune fabuleuse.

Et voilà qu'autour de 40 ans son voyage de noces l'amène à Florence. Là, il tombe amoureux de la peinture. Mais il ne laisse à personne, ni marchands, ni esthètes spécialisés, le soin de le conseiller dans ses achats. Il vient à Paris, et il fait son marché tout seul. En rafales. D'où deux cents Renoir et soixante-dix-huit Cézanne dans sa collection, plus quelques dizaines d'autres merveilles, Van Gogh, Matisse, Picasso, achetées au fil des jours. Plus n'importe quoi. En fait, deux mille pièces.

La bonne société de Philadelphie boude Barnes, à cause de son exécrable caractère et de quelques excentricités, lui la hait et se sent une âme de missionnaire. Il est sur terre pour répandre l'art, qui rend l'homme meilleur. Il va donc ériger une Fondation où l'artiste, l'étudiant pauvres pourront venir suivre des cours. Mais les directeurs d'études qu'il recrute, y compris les plus prestigieux, doivent impérativement partager ses conceptions de l'histoire de l'art. Ils résistent mal à ce traitement.

Barnes ferme l'accès de sa Fondation au commun des visiteurs. Une décision judiciaire l'obligera à en recevoir deux fois par semaine, sur rendez-vous, faute de quoi il eût perdu toute exonération fiscale. Mais, quand il meurt, il interdit par testament qu'on sorte le moindre tableau de la Fondation, léguée à l'université Lincoln, fréquentée en majorité par des étudiants noirs.

Cependant, les placements destinés à alimenter la Fondation ont fondu, l'université n'a pas les moyens d'investir pour sauver les bâtiments et les collections. Le nouveau président de la Barnes doit inventer : il invente. Il va louer ses chefs-d'œuvre.

C'est ainsi que soixante-douze toiles, triées sur le volet et formant un tout à la fois disparate et cohérent, seront exposées successivement au Musée d'Orsay, à la National Gallery de Washington, au Musée d'art occidental de Tokyo, au Musée d'art de Philadelphie, ô horreur, des toiles qui n'ont jamais été vues hors des locaux de la Fondation, jamais reproduites. Dont la première version des fameux *Joueurs de cartes* de Cézanne, pour n'en citer qu'une.

A la Fondation, les toiles étaient curieusement accrochées, entassées les unes sur les autres, séparées par des clefs et des serrures… Il était un peu fou, le bon docteur Barnes. A Orsay, l'accrochage est parfait. Tout ou presque est si beau, si rare, si précieux qu'il faudrait y passer des heures pour garder dans la rétine ces images que l'on ne reverra plus, les comparer, les comprendre, en tirer la leçon de peinture que donne leur juxtaposition. Mais la foule est là, bruyante, bavarde, frivole, qui vous pousse… Et on se demande, en secret, si tout ce beau monde, prié au vernissage, est venu pour regarder ou pour se montrer.

Mercredi 8 septembre. Jean-Christophe Averty vient m'interroger pour une émission qu'il consacre à Saint-Germain-des-Prés.

Il entend très mal, à la suite d'un accident. Je n'entends pas très bien. Mais nous réussissons… à nous entendre. C'est quelqu'un dont j'admire le talent et dont je ne m'explique pas l'ostracisme où le tient la télévision…

Saint-Germain-des-Prés, ce n'est pas ma spécialité… J'essaye de rameuter des souvenirs anciens, les petits cafés avec Gide et avec Saint-Exupéry au Flore avant la guerre, les soirées au Tabou et à la Rose rouge après la guerre, quand j'allais danser, je ne sais encore quoi…

Une douleur dans l'épaule me harcèle et me tient crispée. Averty le voit. Explication. « Ah ! me dit-il, j'ai un remède miracle contre l'arthrose ! Je vais vous l'indiquer. On le trouve dans une seule pharmacie à Paris… »

Voilà au moins une interview qui m'aura servi à quelque chose.

Venise a fait un accueil triomphal à *Trois couleurs bleu*, le film de Kieslowski produit par Marin Karmitz. D'une émouvante beauté. Tout de même, j'avais peur… Peur que, écrasée entre des mastodontes américains, une œuvre si différente ne puisse pas respirer… Mais, apparemment, le public de Venise a été transporté et au-delà par cet hymne à l'amour tout de bleu ponctué.

Cédric Pioline a battu Jim Courier en huitième de finale à Flushing Meadow. Chapeau. C'est la première fois qu'un Français bat le numéro un mondial.

L'affaire de l'OM continue à tenir une place considérable dans les commentaires de la presse. *Le Monde* lui consacre, ce soir, toute une page. Les passions sont telles que les dirigeants français du football en sont arrivés à demander une protection policière. Ils ont reçu des menaces de mort que quelques imbéciles sont capables de mettre à exécution. Pour l'heure, Tapie a saisi la justice suisse, pour tenter d'obtenir l'annulation de la décision prise à Zurich par l'UEFA. Il se bat. Il a raison. Mais que de vacarme… Waterloo a dû faire moins de bruit.

Beaucoup plus grave : à partir du vendredi 17 septembre, deux chaînes américaines, TNA et Cartoon, appartenant à Ted Turner (CNN), diffuseront, à partir de la Grande-Bretagne, des programmes de cinéma et dessins animés qui pourront être reçus en France par les abonnés au câble.

Le ministre de la Communication a fait savoir qu'il ferait surveiller ces programmes afin de vérifier que les quotas européens – qui imposent aux chaînes de consacrer une part majoritaire de leur temps d'antenne à des œuvres européennes – seront respectés.

L'ennui est qu'il n'a aucun moyen de faire respecter ces quotas, la Grande-Bretagne n'ayant pas intégré la directive européenne dans son droit interne.

Déclaration parfaitement arrogante des Américains : « TNA sera encore là quand M. Carignon n'y sera plus... »

Le rouleau compresseur est en marche.

Jeudi 9 septembre. Déjeuner avec mon vieil et cher ami Georges Kiejman, qui a repris son activité d'avocat. La réinsertion dans la vie civile après un passage de deux ou trois ans au gouvernement n'est jamais chose aisée, mais il a un métier, il le fait à merveille, il réussira évidemment son rétablissement.

Pour l'heure, il est encore meurtri par les attaques dont il a fait l'objet, quand on l'a accusé en particulier d'avoir fait enterrer le dossier Bousquet. Ce qui est contraire à la vérité. Mais un journaliste écrit quelque chose, un autre le répète, un troisième s'y réfère et un mensonge devient vérité, c'est un processus bien connu.

Il raconte avec un humour mélancolique ce que fut son expérience dans les postes de ministre bis où il s'est trouvé confiné. Pourquoi un avocat célèbre, premier dans sa profession, plante-t-il là son cabinet pour devenir la cinquième roue du carrosse gouvernemental ? Séduction irrésistible du pouvoir. Et pourtant, le pouvoir est triste.

Vendredi 10 septembre. L'accord de reconnaissance mutuelle entre Israël et l'OLP a été conclu hier. Formidable événement, quelles que soient les suites. Pendant quarante-six ans, les Palestiniens ont nié la légitimité de la présence juive en Palestine, pendant quarante-six ans, les Israéliens ont contesté les droits nationaux des Palestiniens, et voilà qu'il est mis fin à cette double exclusion. Les deux peuples ont lié leur destinée.

J'admire, comme tout le monde, le courage et le sens politique dont les Israéliens – et singulièrement Shimon Peres –

ont fait preuve en engageant ces négociations secrètes. Mais j'admire aussi Arafat, qui m'a si longtemps paru exécrable, du temps qu'il pratiquait le terrorisme. Voilà un homme qui, sans rien en main, est parvenu à faire croire au monde qu'il incarnait la Palestine, comme de Gaulle sut, à Londres, faire croire qu'il incarnait la France… Et que de menaces pèsent sur lui… Mais jamais son éternel sourire n'a paru plus approprié.

Certes, il faut se garder d'un excès d'optimisme, les lendemains ne vont pas chanter. Trop de plaies sont à vif, trop de haines, des intérêts aussi dans toute la région. Tous les intégrismes sont à l'œuvre. Mais, tout de même, on a aujourd'hui le droit d'espérer que, selon l'expression de Maxime Rodinson, la paix des vivants se substitue à la paix des cimetières.

Une demi-heure l'autre jour, vingt minutes hier soir… La Une franchit les bornes du ridicule avec l'ampleur qu'elle accorde, dans le journal du soir, aux péripéties tapinoises.

Si les femmes avaient leur mot à dire, les déboires de l'OM seraient ramenés à leur juste place. Dans leur immense majorité, elles ne s'y intéressent pas. Nombre d'hommes non plus, d'ailleurs. Mais la fameuse ménagère de 25 à 55 ans, cible préférentielle de la chaîne, est cette fois négligée. Et on matraque, et on matraque…

Ça en devient bouffon.

Samedi 11 septembre. Devant les menaces des huiles du football – exclure la France de toutes les compétitions internationales –, Tapie a mis sa plainte dans sa poche avec son mouchoir par-dessus.

Il apparaît ainsi, situation paradoxale, comme celui qui aura sauvé le football français du déshonneur et s'en prévaut !

De tout cela, il ressort que l'homme a un formidable tempérament de lutteur et de démagogue, dont il serait bien étonnant qu'il ne trouve pas un jour son expression politique au-delà d'un siège de député…

On n'a pas fini d'entendre parler de lui.

Regardé cet après-midi, grâce à Canal +, la demi-finale de l'US Open. Sans sombrer dans le nationalisme niais, on avait envie que le Français, Cédric Pioline, gagne devant ce public américain si volontiers méprisant. Il a joué comme un ange, ce long garçon sombre qui dit : « Tout est mental... C'est le mental qu'il faut travailler... » Et il a gagné en quatre sets. Le voilà en finale. C'est la première fois depuis soixante et un ans qu'un joueur français disputera la finale de l'US Open. Pourvu que le mental tienne...

Dimanche 12 septembre. Mon ami Pierre Chevalier me raconte une aventure extraordinaire. Il y a, dans son quartier, un épicier qui reste ouvert très tard le soir. De sorte qu'il le fréquente beaucoup. Ils sont devenus copains. Or, un jour, il aperçoit, suspendu dans la boutique, un petit dessin de Dunoyer de Segonzac. Il s'étonne et, après maintes conversations, finit par découvrir que le grand-père de l'épicier a laissé une collection de dessins. Des dessins de qui ? Chagall, Giacometti, Pollock, Max Ernst, Kandinsky, Chaissac, Klee, enfin la moindre des choses. De petites œuvres, mineures certes, mais achevées. Il veut en acheter mais l'épicier lui dit : « Vous n'allez pas acheter des taches... C'est des taches... » Il a fini par le convaincre, et il se trouve maintenant à la tête d'une vingtaine de petites merveilles.

Mais comment le grand-père de l'épicier s'était-il transformé en collectionneur ? Parce qu'il était ami avec le fameux Camille Renaut, ce restaurateur de Neuilly fou de peinture. Il n'a jamais pu suspendre ses dessins chez lui. Sa femme n'aimait que les fleurs et ne supportait pas la peinture moderne.

Les amateurs peuvent encore aller faire des achats chez l'épicier. Il lui reste même un bronze de Picasso !

Trois couleurs bleu, le film de Kieslowski, emporte un Lion d'or à Venise plus quelques récompenses. Une nouvelle qui éclaire ce dimanche pluvieux et triste.

Je devrais travailler, lire la biographie de Jean Genet, écrire au sujet de la biographie de Lacan, mais il y a des jours où l'entrain vous fait défaut, où le cheval refuse l'obstacle. C'en est un.

Je me morigène. Sans résultat. Je me flatte l'encolure : « Tu as bien le droit de rester un dimanche sans travailler… » Mais une bonne vieille culpabilité me souffle : « Non, non, non, tu n'as pas le droit… »

Ecrire me fatigue moins que lire. Je prends le Lacan, et me revient la phrase terrible de Cioran : « Je n'ai jamais compris comment le risque d'avoir un biographe n'a jamais dissuadé personne d'avoir une vie. »

La jeunesse, ce moment où l'on a la vie devant soi comme un matin inépuisable…

Il faudrait apprendre à vivre, soit : ne pas essayer de savoir ce qu'on ne peut pas savoir, ne pas essayer d'agir sur ce qui n'est pas à sa portée, et, pour le reste, supporter. Il y a sûrement un stoïcien qui a dû dire quelque chose comme ça…

Lundi 13 septembre. Veillé pour suivre le match Pioline/Sampras. Mais dès le premier jeu perdu par Pioline, on a su que le Français ne serait pas de taille face à l'Américain. Il s'est fait proprement nettoyer. Dommage…

Une seule actualité aujourd'hui, écrasante : la signature officielle, à Washington, sous les auspices internationaux, de l'accord israélo-palestinien. Cérémonie retransmise tout à l'heure par toutes les télévisions du monde, comme s'il leur appartenait d'accoucher la réalité. Et de fait, de nos jours, ce que l'on n'a pas vu à la télévision n'a pas d'existence.

Cette téléconsécration est attendue dans un climat d'angoisse intense, comme si quelque geste insensé d'un commando islamique ou d'un groupe de colons pouvait suspendre le mouvement de l'histoire.

18 heures : c'est fait. Nous avons vu de nos yeux vu Itzhak Rabin serrer la main de Yasser Arafat sous l'œil attendri de Bill Clinton. L'inimaginable s'est produit et la terre n'a pas tremblé. Devant ce geste, si préoccupantes que soient les gesticulations et les vociférations des extrémistes des deux bords, elles paraissent dérisoires. Selon le mot du journaliste Guy Sitbon, « le malheur est fini. Les ennuis commencent »…

Mardi 14 septembre. Encore la commission. Je ne compte plus les heures que nous aurons passées à discuter puis à éplucher, mot à mot, le texte définitif du rapport. A quinze ou vingt autour d'une table, c'est un travail de Sisyphe. A peine l'un est-il d'accord, l'autre cesse de l'être, et tout est remis sur la table. Nous sommes tous conscients que tout cela n'aura, pour finir, qu'une faible importance et ne changera rien à l'avenir de la télévision publique, ou peu de chose. En même temps, chacun se sent responsable du produit final et ne veut pas voir son nom associé à des énoncés dont il désapprouve le fond.

Le rédacteur du rapport est un fonctionnaire angélique, qui supporte nos critiques, nos humeurs, nos palinodies avec une patience dont on ne saurait trop lui savoir gré. Je me reproche de l'avoir parfois secoué parce que j'aurais aimé une rédaction plus vive, plus aérée, moins juridique. Mais la matière est ingrate. Au moins, Louis Pauwels en est d'accord avec moi, personne ne pensera que lui et moi avons écrit cela !

On annonce que Paris sera bloqué demain par la coordination des agriculteurs. Avec la pluie, incessante, il ne manque plus que ça pour adoucir les humeurs chagrines.

Mercredi 15 septembre. Déjeuner avec les dames du Femina pour faire un tour d'horizon, à deux mois de la remise du prix. On peut dire qu'elles sont dévouées à la littérature ! Il le faut pour absorber tous les romans susceptibles d'être couronnés.

Les Goncourt ont publié une liste de titres dont ils savent pertinemment que la plupart n'ont aucune chance de recevoir leur prix. Mais cela fait plaisir aux éditeurs. Nous devrions en faire autant, mais il nous reste encore trop de lectures à terminer. Ce sera pour le 7 octobre.

Mon choix personnel : Lambron, Braudeau, Beaussant en première ligne. Mais je ne me fais aucune illusion sur la chance que j'aurai de le faire triompher… Les voies d'un jury sont impénétrables…

En déplacement officiel à Séoul, François Mitterrand a eu un léger malaise. Fatigue du voyage, chaleur, décalage horaire… Apparemment, rien de grave, mais la télévision avait l'œil braqué sur lui et toutes les chaînes ont enregistré ce moment où il a faibli, sa signature tremblante sur un document. Et ce malaise a pris l'ampleur d'un événement. *Le Monde* titre, sur six colonnes : « Remis de son malaise, le chef de l'Etat… », etc.

Il était arrivé la même mésaventure à George Bush en voyage au Japon.

A l'heure du télétat, comme dirait Régis Debray, les chefs d'Etat n'ont pas le droit d'avoir, ne fût-ce qu'un instant, mal au cœur sans que vacillent les colonnes du temple.

Patrick Sabatier a été condamné à quatre ans de prison avec sursis et à une forte amende, pour fraude fiscale. Le procureur avec requis trois ans, dont dix-huit mois de prison ferme. En un sens, il l'échappe belle.

Pauvre petit gars qui se croyait tout permis parce qu'il était vedette « à la télé… ». Ce n'est ni le premier ni le dernier qui en aura perdu la tête.

Jeudi 16 septembre. Déjeuner à l'ambassade des Etats-Unis en l'honneur de l'écrivain William Kennedy, qui publie un vaste roman, *Vieilles Carcasses…* Repas à l'américaine, on ne repasse pas les plats, pas de fromage, c'est vite fait bien fait.

Glabre, soigné dans son costume bleu marine, sa chemise blanche, sa cravate discrète, Kennedy a l'air d'un jeune banquier, pas d'un intellectuel qui raconte des histoires épouvantables. Je le lui dis. Ça l'amuse. Il est intelligent et agréable.

Il veut savoir quels romanciers il doit lire, qui ont publié en France ces dernières années. Quelqu'un dit tout de suite : Le Clézio. J'ajoute en vrac Modiano, Nathalie Sarraute, Kundera, Michel Tournier, Marguerite Duras, Philippe Sollers… Tous ces noms lui sont inconnus. Il note consciencieusement.

Pamela Harriman, l'ambassadrice, qui reçoit avec grâce,

me prend à part, après le déjeuner, pour me parler du Gatt. Elle est préoccupée, très préoccupée par la tournure que prennent les choses, me dit que la France ne peut pas mettre les Etats-Unis au défi, qu'il y va de l'intérêt de tous… Je lui réponds que la France ne peut pas non plus plier le genou quand ses intérêts vitaux sont en jeu… Et que, d'ailleurs, elle ne le fera pas. Nous discutons courtoisement.

Les déclarations provocantes de Jimmy Goldsmith, le financier britannique, lançant un livre où il explique qu'il faut purement et simplement supprimer le Gatt, la laissent de marbre. « Il est sans influence », dit-elle. Il fait partie de ces milliardaires qui croient tout savoir de tout parce qu'ils ont su acheter et vendre et qui philosophent avec l'arrogance de l'argent. Sans doute. Mais il n'est pas sot. Et il a les moyens de donner du retentissement à ses thèses.

Malgré les tourments que lui donne la raideur du gouvernement français, Pamela Harriman éprouve de la sympathie pour notre personnel politique… Elle avoue même un faible pour Pasqua !

Accrochés, superbes, aux murs des salons, un Matisse et un Van Gogh appartenant à sa collection personnelle. Madame l'Ambassadrice a du répondant.

Vendredi 17 septembre. Cette fois, les négociateurs qui tentent de rétablir la paix dans l'ex-Yougoslavie semblent arrivés au bout du chemin. Izetbegovic, le malheureux président bosniaque, a tout tenté pour sauver son pays du dépeçage. Quand il a compris que ni les Etats-Unis ni l'Europe ne lèveraient le petit doigt pour le sauver, qu'il était lâché de tous les côtés, soumis à des pressions inouïes, il s'est incliné… Enfin, presque. Il continue à revendiquer un accès à la mer Adriatique, mais il devrait, si tout se passe comme prévu, signer la semaine prochaine à Sarajevo le projet de règlement global qui annonce la création de trois Etats à l'intérieur de ce qui fut la Bosnie-Herzégovine. C'est la première fois, depuis la Seconde Guerre mondiale, qu'une modification de frontières par la force serait entérinée…

Pourra-t-on au moins parler de paix dans cette région du monde, si atrocement blessée ? Rien n'est moins sûr.

Comment croire que tous les combattants vont déposer les armes ? De surcroît, du jour au lendemain, l'un des conflits négligés dans l'ex-Yougoslavie peut flamber, flambera…

En attendant, si le projet de règlement est signé, des transferts de population devront être organisés, sans doute sous l'égide des Casques bleus. Ce sera le sinistre symbole des services rendus par la communauté internationale dans cette épouvantable affaire.

Olivier Orban et Gilles Hertzog me racontent qu'un grand nombre de livres et d'albums français sont maintenant composés sur ordinateur dans des pays du tiers monde. En Inde, en particulier. Le Liban fait aussi des offres de service. Les prix de la main-d'œuvre y sont incomparables.

Nous épiloguons sur ce monde insaisissable dont l'histoire accouche sous nos yeux, où tout est devenu imprévisible sinon que ça devrait aller plus mal demain qu'aujourd'hui, du moins pour les Européens. « Un jour, c'est moi qui serai remplacé par un Indien, dit Orban en riant. Il n'y a plus que les auteurs qui seront irremplaçables… Et encore… Sait-on jamais ce que les Japonais seront capables d'inventer pour fabriquer du roman français ? »

Le sûr, c'est que personne ne se dit plus en Europe : « Pour moi, c'est dur, mais ça ira mieux pour mes enfants. » L'espoir dans l'avenir, l'idée même de mobilité vers le haut a déserté les hommes.

Nous n'avons plus le choix entre le pessimisme et l'optimisme, mais entre le pessimisme passif et le pessimisme actif, celui qui est encore capable d'audace pour tenter de forcer le destin.

17 000 suppressions d'emplois sont annoncées aujourd'hui dans cinq établissements, dont quatre entreprises publiques.

En Allemagne, Daimler-Benz annonce 43 000 licenciements. En fait de reprise, l'Europe patauge dans la récession.

Samedi 18 septembre. Benetton lance une nouvelle campagne publicitaire où l'on voit, simplement, une fesse marquée d'un tampon : *HIV positive.*

Hurlements d'horreur, protestations de l'association AIDES, émission de télévision consacrée à Benetton le scandaleux…

Tout cela n'a aucun sens. Pour ma part, il y a longtemps que je ne mets plus les pieds dans un magasin Benetton parce que les procédés de ces marchands de fringues m'écœurent. Le boycott, c'est la seule réponse qui vaille. Tout le reste ne fait que contribuer à leur notoriété.

Profitant d'une pause dans l'actualité, *Le Figaro* annonce sur huit colonnes à la une un grand concours fondé sur un récit de Félicien Marceau. J'adore Félicien Marceau, j'essaye de comprendre de quoi il s'agit. Impossible. Pas une ligne où l'on vous explique clairement ce qu'il faut faire. C'est touffu, confus. Trop compliqué pour moi.

Il y a quarante ans, le même *Figaro* avait organisé un concours où il s'agissait de découvrir des erreurs dans un récit de Pierre Gaxotte. C'était joliment fait. Tout le monde en parlait.

L'Express venait de se créer, et j'ai eu l'idée perverse d'y publier, au fur et à mesure que le texte du *Figaro* se déroulait, les erreurs que nous décelions. Cela fit un beau scandale. Mais, pendant quelques semaines, on s'est bien amusés.

Quelqu'un aura-t-il l'impertinence, cette année, de tirer la barbe du *Figaro* ?

Vu hier soir Soljenitsyne chez Pivot. Sûr que c'est un géant devant lequel on peut seulement s'incliner. Le courage, le caractère, l'intransigeance, l'incarnation même de la résistance au système soviétique jusqu'à ce que, en 1974, l'expulsion s'ensuive… La gloire internationale l'avait alors rendu intouchable. *L'Archipel du Goulag* avait fait irruption dans la conscience du siècle comme un fer rouge. Ainsi, un individu pouvait avoir l'audace inouïe de dénoncer le système et de se dresser contre lui, seul.

Maintenant, après vingt ans d'exil, il va rentrer en Russie pour toujours, dit-il, et tenter de combattre « le chaos ». On essaye de trouver des solutions économiques, dit-il, alors qu'il s'agit d'une question morale. Quel rôle doit être celui de la religion ? La moralité a besoin de la religion mais on ne saurait l'implanter de force. C'est un don intime. Il précise que la Russie doit rester un Etat laïc. Ennemi irréductible du socialisme, critique sévère de l'Occident, dont il dénonce l'immoralité, dans quelle voie voudrait-il voir la Russie s'engager ? « La démocratie sans le pouvoir de l'argent, celle qui vient du bas. »

On peut toujours rêver.

Pourquoi diable a-t-il accepté d'aller en Vendée faire la publicité de M. de Villiers ? Par haine de la Révolution, de toutes les révolutions. Il se moque de savoir si, ce faisant, il a choqué. Choqué ? Pire : il a déçu, à se laisser ainsi enrôler.

Dimanche 19 septembre. Georgette Elgey, l'excellente historienne de la IVe République, vient me voir. Elle a été meurtrie par ce qu'Erik Orsenna écrit dans *Grand Amour* de celle qu'il dépeint comme l'hagiographe de l'Elysée. C'est-à-dire elle.

Non seulement elle ne se sent nullement *hagiographe*, mais elle a vivement conscience de faire un travail considérable en tenant quotidiennement le journal de tout ce qui passe à travers l'Elysée, travail qui sera versé aux Archives nationales et présentera un intérêt majeur pour les historiens de demain.

Que faire ? Protester ? Elle n'est pas nommée. Et puis ce serait un peu ridicule de s'insurger contre une caricature. Bref, elle ne fera rien. Mais elle avait besoin de le dire à quelqu'un.

Ce sacré Orsenna aura fait aussi quelques dégâts dans le ménage de l'archiviste du Palais, avec laquelle il a eu, écrit-il, une liaison. En vérité, il s'agit de l'archiviste d'un autre établissement, et il s'est autorisé de la licence du romancier pour confondre les deux archivistes en un seul personnage... Les dames en question n'ont pas apprécié. Mais il est si charmant que nul ne peut lui en vouloir durablement.

Petite fête, hier soir, pour célébrer les soixante ans de Christian Bourgois, l'éditeur. Il a été marié trois fois, et ses trois épouses sont présentes, chacune avec sa progéniture... Cela fait une belle famille moderne, grouillante de demi-frères et de demi-sœurs de tous âges, qui s'entendent on ne peut mieux.

La première épouse de Christian Bourgois est connue sous le nom d'Agnès B. Une petite personne blonde, rose et ronde, avec des airs de jeune fille. Il y a une vingtaine d'années, elle a créé une affaire de prêt-à-porter, avec deux amies et un comptable. Aujourd'hui, elle a 250 employés en France, 300 magasins, et 400 employés au Japon, et elle ne cesse d'étendre son activité. Un étonnant exemple de créativité et de dynamisme associés entre de menues mains blanches.

André Glucksmann est là. Je lui demande l'impression que lui a laissée Soljenitsyne, qu'il interrogeait vendredi soir chez Pivot. Il s'attendait à voir Tolstoï, un vieillard chenu à la barbe blanche. Il a été étonné de se trouver en face d'un homme jeune, malgré ses 74 ans, vif et ardent. Nullement usé par ses années d'exil. En même temps, il est ailleurs, dit-il, il parle d'ailleurs.

Selon un homme qui sait tout du football, le fameux match OM/AC Milan, qui a valu la victoire en Coupe d'Europe à l'OM, était truqué. Trois joueurs italiens ont été achetés. Il donne même le montant de la corruption : 11,5 millions.

Celui qui parle n'est pas n'importe qui. Impossible de citer son nom, naturellement. S'il veut rendre ces accusations publiques, c'est à lui de le faire. Sont-elles fondées, je ne sais pas. Mais qu'elles puissent être portées dans des conversations privées, c'est déjà effarant.

Lundi 20 septembre. Y a-t-il des bons communistes ? C'est ce que les Polonais ont l'air de penser. Appelés aux urnes, ils ont largement voté pour l'Alliance de la gauche démocratique, c'est-à-dire les ex-communistes, et pour son satellite, le Parti paysan. Ce n'est pas un raz de marée, mais la droite s'effondre, le Centre est secoué… C'est la fin de la légende de Solidarité. Explications : le coût social du passage à l'économie de marché, la peur de l'avenir, l'irritation devant le rôle joué par l'Eglise.

Pour un pays qui fut à la pointe du combat contre le totalitarisme, cette poussée de nostalgie a de quoi étonner. Preuve que le passé est toujours beau quand il est aboli et que, pour une partie au moins de la population, un emploi assuré ou l'indexation d'une retraite ont plus de prix que la liberté.

Pourtant, la politique de réformes a porté ses fruits. La croissance est positive, l'inflation est stabilisée, le déficit budgétaire est maîtrisé. Mais le chômage frappe 15 % de la population active et les disparités sont croissantes entre ceux qui gagnent au nouveau système et ceux qui ne parviennent pas à s'adapter. Et puis il n'y a aucun risque de voir les tanks russes débouler sur le pays.

Tout de même, c'est une curieuse histoire que cette histoire-là... Qui pourrait bien se reproduire ailleurs.

Les deux chaînes américaines lancées en Europe par Ted Turner, le patron de CNN, sont interdites de câble en France et en Belgique. Il faut, pour les recevoir, disposer de l'antenne qui permet de capter les émissions des satellites.

Juste défense des intérêts culturels européens, au moment où la production française est plus que jamais menacée par les négociations du Gatt. Mais que ce combat est donc difficile... Tout le monde comprend les revendications des agriculteurs. Pas sûr que tout le monde comprenne ce que signifiera la domination totale des écrans européens petits et grands par des produits américains. Un Waterloo de l'esprit.

Mardi 21 septembre. Mon anniversaire. Pas de quoi pavoiser. J'ai cru si longtemps que la vieillesse n'arrivait qu'aux autres...

Une lectrice affectueuse qui m'écrit à ce sujet me reproche, une fois de plus, d'être mécréante et s'en afflige pour moi. « Dieu est avec vous, me dit-elle, comme avec chacun de nous. »

Je voudrais bien le penser, madame, mais ces choses-là ne se commandent pas, comme on dit. Et si je peux comprendre que l'on croie en un Dieu d'amour, comme les chrétiens, ou de colère, comme les Juifs, il m'est inconcevable que ce Dieu puisse s'intéresser à moi. Alors, vous voyez bien, c'est tout le système qui m'est étranger...

Un texte de Saint-John Perse me revient en mémoire par bribes : « Grand âge, nous voici. Fraîcheur du soir sur les hauteurs, souffle du large sur tous les seuils, et nos fronts mis à nu pour de plus vastes cirques... Grand âge, vous mentiez, route de braise et non de cendres... Le valet d'armes accoutré d'os que nous logeons, et qui nous sert à gages, désertera ce soir au tournant de la route... Grand âge, nous voici. Rendez-vous pris, et de longtemps, avec cette heure de grand sens... », etc.

Grand âge. Que faire de tout ce passé ? Que faire d'un passé ? Des phrases.

Qu'ai-je fait de cette année écoulée ? J'ai travaillé, oh ! j'ai travaillé, mais encore ? De quelles agitations stériles aurais-je dû me dispenser ? A qui ai-je donné du temps, de l'argent, de l'attention ? Quelle écoute ai-je apportée aux autres ? Pour quelles valeurs ai-je combattu ? Le bilan n'est pas nul ; il est mince. Peut mieux faire.

« Je me contente de vivre une vie seulement excusable... », disait Montaigne. J'aimerais, au jour de ma mort, penser que j'ai mené une telle vie. Seulement excusable. C'est une grande ambition.

Mercredi 22 septembre. Il se passe des choses en Russie. Boris Eltsine a prononcé la dissolution du Parlement. Réponse : son vice-président, le général Routskoï, a prononcé la destitution d'Eltsine et s'est autoproclamé chef de l'Etat...

En d'autres termes, il y a maintenant deux présidents et deux gouvernements. Dans cette partie de bras de fer, il y aura un perdant. Lequel ? Dans quelles conditions ? L'armée, pour l'instant, se tient coite. Et le peuple, apparemment, s'en moque. Mais tout peut bouger d'une heure à l'autre...

Reçu l'album réalisé à partir de *Mazeppa*, le film de Bartabas... Cent photos superbes, pleines de chevaux, prises par un jeune photographe de 20 ans cher à mon cœur. C'est l'un de mes petits-fils. Je suis très fière de son travail. Allons ! on n'a pas que des ennuis avec les enfants !

Bosnie : Izetbegovic a obtenu son accès à la mer. Mais quelque chose accroche encore dans les négociations qu'il poursuit avec l'énergie du désespoir...

Gatt : les Européens se sont entendus pour proposer aux Américains une renégociation d'un accord qu'ils n'avaient d'ailleurs jamais entériné. Réponse américaine : niet.

Agriculteurs mis à part, les gens ne savent pas très bien ce qu'il y a d'inacceptable pour la France dans cet accord, mais ils sont, dans leur immense majorité, derrière le gouvernement, et approuveraient un éclat. Ils n'ont, en revanche, dans leur ensemble, aucune idée de ce qu'en seraient les conséquences. Il y a de l'Astérix là-dedans…

Globe consacre huit pages – huit !– au chanteur Renaud, à l'occasion d'un film tiré de *Germinal*, qui fait l'objet d'un lancement fracassant. Il a du coton dans la tête, Renaud, mais il a aussi quelque chose d'assez émouvant, jusque dans ses dérapages d'enfant trahi de la gauche… Le film, malheureusement, est mortel.

Jeudi 23 septembre. Grande nouvelle annoncée à son de trompe : réforme fiscale, les impôts vont baisser en 94. Pas possible ! On regarde de plus près, et que voit-on ? Les plus favorisés, ceux qui payent 56,8 % de leurs revenus, record d'Europe, ne sont pas concernés par la baisse annoncée. Soit. Les autres contribuables bénéficieront d'allègements de 3 à 10 %. Bien. Mais, pour eux comme pour tout le monde, la CSG a été uniformément augmentée, les prélèvements obligatoires majorés.

En somme, on accorde d'une main ce qu'on enlève de l'autre. Et même, on enlèvera beaucoup plus.

Personne ne peut s'attendre à des générosités de l'Etat dans la situation où nous sommes. Mais l'impression est toujours désagréable d'être dupés…

Blanche, ma soubrette, grommelle : « Y nous prennent nos sous… »

Non. « Y » font ce qu'ils peuvent pour se débattre dans leurs contradictions. D'un côté, on tente de réduire le déficit public, ou au moins de l'empêcher d'augmenter, de l'autre, on tente de relancer la consommation. Personne ne dira que c'est facile. Simplement, le tour de passe-passe risque d'être raté.

Encore Soljenitsyne. Cette fois, je l'ai vu de mes yeux vu, assise auprès de lui, au cours d'un déjeuner offert par son éditeur. Il porte bien son âge, et le regard sec de ses petits yeux bleus vous perce. L'homme est dense comme une pierre.

Conversation difficile. Le mur de la langue est opaque, l'assistance bruyante, il faut hurler pour se faire entendre de l'interprète.

Nous saisissons tout de même que ce qui se passe en ce moment en Russie n'offre pour Soljenitsyne qu'un intérêt mineur, Eltsine ou Routskoï, peu importe. Qu'en vingt ans d'exil aux Etats-Unis, il n'a pas appris un mot d'anglais. Il a vécu comme dans une bulle, délibérément isolé de tout, englouti dans son œuvre. Il n'a donc eu aucune curiosité pour ce pays où il vivait ? Non. Aucune.

Et en France ? Qu'a-t-il vu ? Qu'a-t-il envie de voir ? Heu… Nous avons beaucoup de belles vieilles pierres, dit quelqu'un, des cathédrales gothiques… Mais, manifestement, ça ne lui dit rien. Il transporte sa bulle avec lui. Glucksmann a raison : il est ailleurs.

Depuis qu'il est à Paris, un large écho a été donné à sa présence, à ses propos. Mais, curieusement, l'émission de Pivot à lui consacrée et programmée en début de soirée a fait un score médiocre, 3,5 points d'audience. Un insuccès difficile à interpréter. Et s'il était simplement devenu ennuyeux, Soljenitsyne, derrière son auréole de gloire ?

La commission sur la télévision publique a remis son rapport au ministre. Ouf ! Pour finir, c'est un travail honnête, pondéré, sérieux… Reste à savoir ce qu'il restera de ses recommandations quand il aura passé par le crible du gouvernement puis du Parlement…

Pour célébrer son achèvement, le ministre a réuni les trente membres de la commission, tout tristes à l'idée de ne plus se rencontrer, autour d'une coupe de champagne. Du champagne ! C'est Capoue, ce ministère. A Matignon, non seulement on ne boit plus de champagne mais le Premier ministre a fait supprimer jusqu'aux fleurs sur la table !

Vendredi 24 septembre. Vu deux films. Un gros morceau américain, *Le Fugitif*, hautement divertissant, qui passe à Paris dans vingt salles. Et le contraire : un petit film ultra français, *Naissance de l'amour*, de Philippe Garrel, façon nouvelle vague, où flotte le fantôme de François Truffaut, qui passe dans une seule salle. Entre ces deux films sortis en même temps, un abîme. Ils n'ont en commun que le fait d'être imprimés sur pellicule, et encore le second est-il en noir et blanc.

Pourquoi mépriserait-on les bonnes américaneries bien torchées que nous ne savons pas faire ? Le cinéma est un art populaire. Mais pourquoi lui sacrifierait-on un certain cinéma français qui a sa grâce, son ton et d'ailleurs son public, même s'il est étroit ? Nous en prenons malheureusement le chemin.

Vu aussi le film de Scorsese, *Le Temps de l'innocence*, inspiré d'Edith Wharton. Une sorte de sous-Visconti. Le savoir-faire de Scorsese est grand mais le sujet – les grandes familles new-yorkaises du siècle dernier corsetées dans leurs conventions – n'était pas vraiment pour lui. Du charme, cependant.

Salle pleine. On dirait qu'il y a un léger regain de la fréquentation des cinémas à Paris…

Le Conseil d'Etat, consulté au sujet du droit d'asile, a donné son avis : une révision constitutionnelle serait nécessaire pour que la France puisse écarter sans examen les dossiers des demandeurs d'asile ayant été refoulés par un autre pays européen.

Un point, donc, pour Edouard Balladur. Mais il semble qu'il ne sera pas pressé de soumettre un projet de révision constitutionnelle à la signature – obligatoire – du président de la République.

Les Jeux olympiques de l'an 2000 auront lieu à Sydney. Je ne saurais dire à quel point cela m'est indifférent, mais il paraît que c'est un événement de portée planétaire, selon *Le Monde*. Alors, notons-le. Les Chinois, qui espéraient être les élus, ne sont pas contents du tout.

Samedi 25 septembre. Russie : c'est la bouteille à l'encre. Mais Boris Eltsine paraît tenir en respect ses adversaires, retranchés dans les locaux du Parlement. Neuf chefs d'Etat de la Communauté des Etats indépendants (CEI), qui s'est substituée à l'URSS, lui ont apporté leur soutien. Moscou reste calme.

Déjeuner avec BHL, qui rentre de Sarajevo. Il a vu quelque chose d'effrayant. Des jeunes femmes, belles, soigneusement maquillées, qui ont les dents gâtées. Pénurie d'eau pour les laver jointe aux carences alimentaires.

X. me raconte que le président de la République est très fâché contre Orsenna. Qu'on l'accuse de tous les crimes, il s'en moque, mais qu'on donne à penser qu'un nègre écrit ses discours, voilà qui l'offense.

En vérité, les choses sont moins simples. On lui fabrique des projets de discours, et il les corrige. Et, comme il adore écrire, il les corrige énormément.

Bref, il n'est pas content.

Lundi 27 septembre. Sont-ils brouillés ? Sont-ils réconciliés ? Balladur et Chirac, veux-je dire. Cette grande histoire d'amour contrariée par l'ambition est en train de devenir le feuilleton de l'automne.

Au dernier épisode, réunis sur les tréteaux des journées parlementaires RPR, à La Rochelle, les deux hommes se sont fait énormément de politesses, mais sans que la situation s'éclaircisse pour autant.

Laissons Balladur réparer les dégâts immenses causés par ces cochons de socialistes. Après quoi je prendrai les choses en mains pour donner à la France un nouvel essor, a dit en substance Chirac.

A quoi Balladur répond tranquillement que son action doit s'étaler sur cinq ans et qu'il n'est pas là pour expédier les affaires courantes.

Autrement dit, il y a comme un défaut dans la coïncidence entre leurs calendriers.

A l'intérieur du parti, on a des états d'âme. Faut-il jouer l'un ? l'autre ? Horrible incertitude. Jamais les voyantes, chères au cœur des politiques, n'ont été davantage consultées.

A Moscou, il semble que les adversaires d'Eltsine, sans soutien populaire, soient essoufflés et qu'un compromis entre les antagonistes soit en vue. Le Parlement sera dissous. Mais les uns exigent que les élections législatives et l'élection présidentielle soient simultanées. Aujourd'hui encore, Boris Eltsine s'y opposait. Il veut six mois de délai entre les deux consultations.

En surface, on s'insulte énormément et on conspue « la bande d'Eltsine, proaméricaine et sioniste », à moins que l'on ne crie : « Députés ! rendez-nous nos mandats ! » En sous-main, on négocie. Les troupes ont encerclé le Parlement, désormais en état de siège.

Mardi 28 septembre. Alain Prost raccroche. A 38 ans, quatre fois champion du monde de vitesse en Formule 1, il prend sa retraite. Sitôt la nouvelle annoncée, les journalistes se sont précipités : « Qu'allez-vous faire, maintenant ? » Réponse : « Je vais aller à Euro Disney avec mes enfants. »

En d'autres termes, Prost n'a pas perdu une heure pour monnayer son nom. C'est vraiment l'homme le plus rapide du monde…

Nina Berberova est morte à 92 ans, suprême victoire dans un long combat contre l'adversité, qui ne prit fin qu'à 84 ans, quand un éditeur, Hubert Nyssen, découvrit son œuvre et entreprit de la publier intégralement.

Ce fut d'abord un roman bref, *L'Accompagnatrice*, puis une autobiographie, *C'est moi qui souligne*, salués l'un et l'autre par un véritable engouement du public pour cette vieille dame dont la verve faisait merveille à la télévision. D'autres titres suivirent.

Pur produit de l'émigration russe, réfugiée d'abord en France, plus tard aux Etats-Unis, Nina Berberova n'a jamais cessé d'écrire. Mais c'est miracle si ses livres sveltes et tristes, où elle a su faire la synthèse entre la prose occidentale et la tradition russe, ne sont pas restés enfouis sous la poussière où dorment des dizaines de manuscrits que personne n'ira jamais dénicher… « Notre rencontre, c'est très important dans ma vie », dit-elle un jour à Hubert Nyssen. Et, parce qu'elle avait de l'humour, elle ajouta : « Et dans la tienne. »

Le succès à 84 ans… Comme quoi il ne faut jamais, jamais désespérer de la vie.

Une jeune éditrice, qui est aussi un écrivain, Marie-Josèphe Guers, vient déjeuner avec moi. Spécialiste de Claudel, elle me raconte à son sujet des choses que j'ignorais… Il a eu, avec une femme dont le nom m'échappe, une longue et tumultueuse liaison… et un enfant naturel, une fille. Ah ! ces grands moralistes chrétiens !

Mercredi 29 septembre. Le verdict est tombé dans l'affaire Pechiney. Il y a deux condamnés à des peines de prison avec sursis et à de grosses amendes, Samir Traboulsi et Max Théret, et un inculpé relaxé au bénéfice du doute, Alain Boublil.

Le tribunal a donc jugé que les deux premiers ont bien été « initiés ». Mais par qui ? On ne le saura jamais. Le principal coupable court donc encore…

Georges Marchais, 73 ans, quittera le secrétariat général du Parti communiste en janvier 94. Du moins l'a-t-il laissé entendre. Incroyable ! On pensait qu'il mourrait assis sur son siège, comme Brejnev.

Le Parlement français est appelé à débattre d'une loi quinquennale sur l'emploi présentée par Michel Giraud, le ministre du Travail. Et il grogne, il grogne énormément, devant les « insuffisances » du texte. Un cautère sur une jambe de bois.

Jeudi 30 septembre. Plongé dans le livre d'Antoine Lefébure, *Les Conversations secrètes des Français pendant l'Occupation.* Etonnant document où l'on apprend que, sous

Vichy, plusieurs milliers de fonctionnaires français avaient pour tâche, dans les centres postaux, d'ouvrir les lettres, de les lire, le cas échéant de les recopier intégralement à la machine, et de transmettre au ministère de l'Intérieur ou à d'autres organismes d'Etat copie du courrier intercepté, chaque fois qu'il était jugé « dangereux ». En place également un système d'écoutes téléphoniques.

Fantastique organisation d'espionnage franco-française – les Allemands n'y étaient pour rien –, qui avait pour but de repérer et d'arrêter les Juifs, les francs-maçons, les résistants, les étrangers, les mauvais esprits, et de procéder accessoirement à une sorte de sondage permanent de l'opinion publique.

Antoine Lefébure a retrouvé plus de cent mille lettres ainsi recopiées, ainsi que l'enregistrement de milliers de conversations téléphoniques. Il a trié, il en a conservé mille, il les publie aujourd'hui.

Ainsi se déroule, outre quelques épisodes tragiques, un panorama des préoccupations qui ont été celles de la zone non occupée, pendant quatre ans. S'y mêlent la bouffe, l'angoisse, les combines, la haine du Boche, la confiance dans Pétain, des coups de projecteur, aussi, sur l'intimité des Français.

D'un camp de prisonniers, un homme écrit : « Ces derniers temps, j'ai eu l'occasion de voir des lettres de prisonniers qui viennent de leur femme. N° 1, femme à son mari : « Ce n'est plus la peine que tu reviennes, je suis avec ton frère ; le plus jeune des petits, qui a un an, je le garde ; les deux autres, tu te débrouilleras, je les ai donnés à la mère. » N° 2, femme à son mari : « Prends ça comme tu veux, je suis enceinte de sept mois. » N° 3, une mère à son fils : « Nos deux voisines, dont les maris sont captifs, ont accouché… »

Les historiens ne se sont pas encore emparés de cette manne hétéroclite, difficile à interpréter, qui est restée dissimulée par le secret d'Etat. Mais qu'elle existe, qu'un système d'une telle ampleur ait fonctionné pendant quatre ans, donne une image accablante de ce que fut, sous Vichy, l'administration française.

[illegible]

[illegible]

[illegible]

[illegible]

[illegible]

[illegible]

Octobre

Vendredi 1er octobre. Ho, mon pédicure chinois, m'annonce qu'il part pour plusieurs semaines. Il va à Taïwan voir sa mère, et l'emmènera au Vietnam, où il espère rentrer dans une partie des biens abandonnés par sa famille.

Il est le fils d'un officier de Tchang Kaï-chek qui a fui la Chine à l'arrivée de Mao pour se réfugier au Vietnam, puis le Vietnam à l'arrivée des communistes, pour se réfugier à Taïwan.

Il me dit que le commerce a repris de façon intense au Vietnam malgré la pénurie de marchandises, que, sous cet aspect, la liberté est restaurée, que les Chinois y sont nombreux et s'y déchaînent, avec ce talent particulier qu'ils ont quand il s'agit de manier l'argent. A croire qu'il y a un chromosome du capitalisme… « Nous ne sommes pas comme les Russes, dit Ho. Nous n'avons pas eu le temps de désapprendre ce qu'est l'argent… Croyez-moi, les choses vont vite en Asie… »

Je le crois. La Chine a un taux de croissance économique de 13 % par an !

Envie d'aller y faire un tour pour voir le changement, depuis dix ans.

Envie d'aller à Barcelone, aussi, revoir le jardin de Gaudi… Envie d'aller à Prague, marcher parmi les tombes du vieux cimetière juif de Pinkas, haut lieu de silence, de méditation, de prière, pour qui saurait encore prier. Là on voit, étroites, fichées de traviole parmi les autres, des tombes muettes, celles de chiens crevés. Ces chiens que les chrétiens ont pendant des siècles jetés par-dessus les murs de Pinkas pour profaner le lieu saint. Les Juifs les enterraient. Ils témoignent pour la folie des hommes et le silence de Dieu.

Bref, envie de voyager. Mais, depuis que j'ai perdu mon bien-aimé compagnon de voyage, j'ai des semelles de plomb.

A Moscou, un accord serait conclu sur une levée, par étapes, du blocus du Parlement. La médiation du patriarche de Moscou, les exigences des chefs de région, les manifestations dans les rues, et de légers froncements de sourcils à Washington, auraient eu raison de l'intransigeance de Boris Eltsine. Mais la situation reste tendue.

Des trombes d'eau dévastent la France. Spectacle désolant de ces gens chassés de chez eux par les rivières montantes, ballottés par les caprices du ciel… On en a le cœur serré…

Samedi 2 octobre. Article d'Hélène Carrère d'Encausse dans *Le Figaro* sur la situation en Russie. Selon elle, il ne s'agit pas de l'amorce d'une tragédie propre à s'achever dans le sang, mais d'une lutte purement politique entre ce qui reste de la Nomenklatura communiste dans le pays et la nouvelle Russie. Celle-ci, écrit-elle, « existe déjà, voit monter rapidement de nouvelles élites politiques (dans les profondeurs du pays surtout) et des entrepreneurs qui représentent une capacité de pression sur le pouvoir ».

A l'actif d'Eltsine, la liquidation du totalitarisme, d'un système policier et d'une immense machine bureaucratique s'est opérée dans la paix civile. Les affrontements sanglants ont été évités.

« Les gesticulations du cirque de Moscou, écrit encore HCE, ne doivent pas dissimuler le sens réel de l'évolution de la Russie : une société conviée à décider de son sort et qui, jusqu'à présent, malgré des difficultés matérielles incroyables et un immense désarroi, manifeste, chaque fois que l'occasion lui en est donnée, qu'elle souhaite poursuivre dans la voie ouverte il y a deux ans. »

Un relatif optimisme, donc. Fondé ?

Une jeune femme maître auxiliaire d'anglais pesant 120 kilos a été jugée trop grosse par le rectorat de Lille pour continuer d'enseigner. Cela se nomme, en termes élégants, surcharge pondérale.

Et si le médecin généraliste qui a pris cette décision était jugé trop bête pour poursuivre son activité ? Elle a fait appel de la décision.

Un expert a été nommé pour dire à partir de quel poids on est incapable d'enseigner l'anglais.

Semaine triomphale pour Hillary Clinton. En trois jours de débats où elle a défendu la grande réforme de l'assurance santé dont elle est le principal architecte, la femme du président a subjugué le Congrès et, accessoirement, les médias. Peut-être auraient-ils été moins réceptifs si elle s'était mêlée d'affaires étrangères... Mais enfin...

37 millions d'Américains sont dépourvus de toute assurance médicale... Peut-il y avoir tâche plus noble que de s'employer à la leur donner ? Quelquefois, c'est beau, la politique.

Dimanche 3 octobre. Ç'aurait été un événement, aux conséquences d'ailleurs inappréciables. C'est un couac.

La semaine de quatre jours, proposée par amendement par un député RPR, M. Chamard, a été sèchement rejetée par le gouvernement. Où sont donc passées les belles paroles sur l'aménagement de la durée du travail ?

La majorité n'est manifestement pas encore en état, globalement, de l'envisager, fût-ce à titre expérimental. Débat remis au Sénat.

En attendant, en matière de plan pour l'emploi, le gouvernement accouche de souris.

Vu et entendu tout à l'heure *Le Chevalier à la rose*, l'opéra de Richard Strauss, chanté, entre autres, par la divine Anglaise Felicy Lott. Ah ! nous ne manquons pas de musique, à Paris... On ne sait où donner de l'oreille. Le fameux trio de la fin, celui des trois femmes, a été un enchantement. C'est un cas, Strauss. Une musique de rêve, ruisselante, pleine, séductrice, romantique, pas trop, empreinte de virile nostalgie, sortant on ne sait comment d'un bonhomme épais, cynique, épris d'une harpie cupide, sa femme. Et lâche avec ça... Ecrivant une lettre flagorneuse à Hitler pendant la guerre, composant l'hymne pour les Jeux olympiques... Il s'agissait, il est vrai, de protéger sa belle-fille, qui était juive. On le lui a beaucoup reproché. Trop, peut-être. Peu importe que Richard Strauss ait eu ou non une belle âme… Il avait un peu de génie, un don incomparable pour donner aux femmes de grands rôles mélodiques… Enigme de la création.

A l'entracte, quelqu'un me glisse : « L'armée est en train de déloger Eltsine… On se bat dans les rues de Moscou. » Diable ! Il m'a gâché mon plaisir, l'animal…

Lundi 4 octobre. L'armée Rouge est restée fidèle au président de la Russie. Et, tout au long d'une soirée confuse où l'histoire se faisait, en temps réel, sous nos yeux, nous l'avons vue noyer la rébellion dans le sang.

Extraordinaire épisode, celui où, au péril de leur vie, des journalistes de télévision ont filmé la prise d'une télévision.

Routskoï et les siens sont arrêtés. Les occupants du Parlement en flammes se sont rendus, à quelques desesperados près. Boris Eltsine semble avoir repris, aujourd'hui, la situation en main. A quel prix ? Il est trop tôt pour le dire. Pour l'instant, on ramasse les morts…

L'état d'urgence est maintenu. La censure instaurée… Et de sombres pronostics circulent sur l'avenir de la démocratie en Russie.

En vérité, depuis l'effondrement du communisme, ce n'est pas un pays qu'il y a derrière les frontières de l'ancienne Union soviétique, c'est un trou noir où l'on n'imagine pas qu'un ordre stable puisse, avant longtemps, se substituer au désordre.

Un jeune homme de mes amis se marie. Je veux lui faire un cadeau. On m'indique qu'il a déposé une liste de mariage dans un grand magasin et qu'on peut passer commande par Minitel. Je manipule l'appareil. Il me propose une énumération de casseroles. Je ne veux pas offrir des casseroles. Alors quoi ? Une petite ligne suggère : « Don ». Autrement dit : argent. Va pour un don. Mais quelles étranges manières, toutes de délicatesse, sont devenues celles de notre société…

Mardi 5 octobre. La Russie continue à dominer l'actualité. Presse et télévision en sont pleines, sans apporter beaucoup d'éclaircissements sur les suites que l'on peut attendre de ces événements.

De l'avis général, quel que soit leur caractère tragique, la preuve a été faite que les rebelles et leurs forces hétéroclites sont minoritaires en Russie. La population de Moscou, dans son ensemble, ne les a pas suivis. Et le pays est resté calme.

Reste à savoir si Boris Eltsine est encore l'homme d'une vie politique post-soviétique qui exige peut-être une autre compréhension du fonctionnement de la démocratie. C'est Hélène Carrère d'Encausse – encore elle – qui pose la question. Sans y répondre.

Le journaliste de TF1 blessé pendant l'émeute est mort, le malheureux.

Calomniez, calomniez, il en restera toujours quelque chose.

Un journaliste, Thierry Wolton, a fait scandale il y a quelques mois en affirmant que Jean Moulin avait été un agent soviétique. Thèse éculée. Elle était soutenue depuis longtemps par des antigaullistes frénétiques qui visaient ainsi directement de Gaulle à travers son représentant.

Elle fit cette fois quelque bruit parce que la télévision avait obligeamment prêté sa voix à Thierry Wolton.

Aujourd'hui, c'est un historien réputé pour son honnêteté intellectuelle qui s'empare du dossier, Pierre Vidal-Naquet. Donnera-t-on à son livre, *Le Trait empoisonné*, le même retentissement ? On peut en douter. Seul le sensationnel fait recette.

Démontant minutieusement les raisons de certains acharnements contre la figure emblématique de Jean Moulin, Vidal-Naquet traque les invraisemblances dans les affirmations de Wolton, l'utilisation de sources fausses ou douteuses, ce qu'on pourrait appeler au mieux les naïvetés du journaliste procureur. Au nom de la recherche historique scientifique, et non hasardeuse, Pierre Vidal-Naquet remet les choses en place, parce qu'il ne faut jamais craindre de répondre à un mensonge, fût-il énorme.

Il ne s'agit pas de chanter la gloire de Jean Moulin. Il s'agit de cette petite chose fragile et têtue qui se nomme vérité, pour laquelle il faut, obstinément, se battre.

Ce qui se passe en Somalie paraît incroyable. D'une opération militaire destinée à protéger l'acheminent de vivres dans un pays en proie à la famine et à la guerre civile – opération réussie, la famine a disparu –, on est passé à une campagne contre un des chefs de clans du pays, Aïdd, qui mène une lutte sans merci contre les Casques bleus.

Et les Américains se retrouvent avec au moins douze soldats tués, soixante-quinze blessés, un soldat capturé, six disparus et trois hélicoptères détruits ! Une véritable défaite militaire.

Tout cela est circonscrit à un petit périmètre de Mogadiscio mais n'en est pas moins préoccupant.

Les Américains, furieux, n'ont qu'un désir : s'en aller... Surtout, ne pas se laisser embourber. Mais comment se tire-t-on honorablement d'une telle situation ? Pour l'heure, ils envoient des renforts.

Mercredi 6 octobre. Lu *Veritatis Splendor*, l'encyclique du pape sur le bien et le mal... Sous ce titre superbe, un texte de haute volée philosophique, assurément, avec un accent quasiment judaïque, tant il fait place à la Loi plus qu'à l'Amour. Sont toujours condamnés, comme « moralement inadmissibles, la contraception, la stérilisation directe, l'auto-érotisme, les rapports prématrimoniaux, les relations homosexuelles, la fécondation artificielle ». Et si votre conscience vous y autorise ? La conscience peut se tromper. Et le pape ? Il ne peut pas se tromper ? Non. Jamais je ne me ferai à ce terrorisme intellectuel-là, ni à aucun autre d'ailleurs.

Jeudi 7 octobre. Noyée sous un flot de livres que je dois lire pour le *JDD* et pour le prix Femina, je n'arrive plus à tenir ce Journal. Heureusement, tout n'est pas mauvais, mais j'ai la tête farcie.

Accablant, l'essai d'Alain Minc, *Le Nouveau Moyen Age*,

où il explique que nous vivons la fin des temps modernes. D'habitude, cet esprit brillant ne se déplace pas sans sa boîte à outils. Il prend un problème, l'expose, et décrit en quelques points, un, deux, trois, quatre, les solutions qu'il préconise. On est plus ou moins convaincu, mais on se dit qu'il y a *quelque chose à faire*. Ici, rien de tel. Minc analyse l'état du monde, pour constater que son équilibre est rompu. La confrontation Est-Ouest a disparu, qui soudait plus ou moins les pays occidentaux. Le mythe du progrès est mort. Le désordre s'est installé dans les faits et dans les esprits. L'irrationnel triomphe.

A côté du nouveau Moyen Age, l'ancien fut une partie de plaisir, avec Dieu en clé de voûte, qui armait l'individu pour affronter un monde sans perspective de progrès. Nous allons, nous, désarmés, dans des sociétés gangrenées par les mafias en tous genres qui prolifèrent. « Pour un esprit négatif, le champ ouvert au pessimisme est sans limite », écrit Alain Minc.

On referme ce livre, anéanti. Seule lueur vague de réconfort : la France devrait traverser le nouveau Moyen Age mieux que les autres, grâce à quelques atouts. Amen…

Déjeuner plus tonique avec François-Marie Banier. Il est gai, il est drôle, il est malicieux, il a toujours l'air d'un lutin capable de s'envoler, s'il en avait envie, sur un tapis volant, il a mille histoires à raconter sur les uns, sur les autres… Il me fait rire. C'est ce dont j'avais besoin pour oublier – au moins provisoirement – que la fin des temps modernes a sonné.

D'ailleurs, le découragement m'est un genre étranger. Je crois, selon la formule célèbre de Gramsci, qu'il faut toujours accompagner le pessimisme de l'intelligence par l'optimisme de la volonté.

Vendredi 8 octobre. Hier soir, dîner en ville. Assistance variée de gens qui évoluent dans des zones diverses de l'establishment…

Ils racontent des histoires de fric qui donnent froid dans le dos. Si ce qu'ils disent est exact, il n'y a pas de niveau dans ce pays où la pourriture par l'argent ne frappe. Ils citent des exemples spectaculaires.

Je refuse d'y croire et de colporter des rumeurs, si insistantes soient-elles. Ensuite, elles courent, elles courent et provoquent des ravages… Si les autres le font, pourquoi pas moi, se disent les gens. C'est ainsi que la contagion de la corruption se propage.

Jean Peyrelevade, patron de l'UAP dépossédé de son fief par le gouvernement, s'interroge sur le point de savoir s'il doit accepter la présidence du Crédit lyonnais. C'est plutôt non. Pourquoi ? L'affaire est pourrie. Nous nous mettons à trois pour essayer de le convaincre que, précisément, s'il la redresse, ce sera un exploit digne de lui, mais, manifestement, nos arguments le laissent froid. Il ne ressemble à personne dans le monde des affaires. Même son goût du pouvoir est différent, à la fois plus discret et plus intense. Indifférent aux hochets, aux apparences. Un personnage considérable.

Une femme noire américaine, Toni Morrison, reçoit le prix Nobel de littérature. Jamais Nobel n'aura été mieux attribué. Toute l'œuvre romanesque de Toni Morrison est magnifique. Mais, curieusement – et, dans ce cas, malheureusement –, le prix Nobel ne fait pas vendre les ouvrages des auteurs couronnés, alors que le moindre Goncourt…

Les députés français seraient-ils des goujats ? Un sur deux ne s'était pas dérangé pour accueillir le roi d'Espagne en visite à l'Assemblée. On en était gêné.

Juan Carlos a prononcé, en français, un discours fort applaudi. Le drôle est que ce discours a été écrit par Jorge Semprun. Un ancien dirigeant communiste rédigeant le discours qu'un roi prononce devant une assemblée démocratique… L'intéressé a dû sourire dans sa barbe.

Samedi 9 octobre. La FIAC a ouvert ses portes. Elle a 20 ans et toutes ses dents. Sa fréquentation a décuplé depuis ses modestes débuts dans une gare désaffectée. Et quelques-unes des plus grandes galeries du monde y exposent, cette année, leurs merveilles. C'est toujours un plaisir d'y circuler, d'aller d'un Picasso à un Dubuffet, d'un Kandinsky à un Miro, d'un

Alechinsky à un Giacometti, d'un Staël à un Matisse... La FIAC est une fête. A plusieurs reprises, des artistes alors inconnus en France, comme Schwitters ou les maîtres du pop art, y ont fait une entrée fulgurante. Rien de tel cette année. Mais, blottis à l'ombre des gloires établies, des artistes de tous les pays, moins cotés, à des prix moins vertigineux. Une célèbre collectionneuse, Dominique de Mesnil, disait : « La peinture, c'est toujours trop cher... » Et il est vrai qu'au moment de payer, quel que soit le prix, on a le sentiment de faire une folie. Douce folie.

Une certaine fraîcheur chez François Boisrond m'a accroché l'œil. Ce sera ma – modeste – contribution au soutien de la jeune peinture. Je demande aussi le prix d'un tout petit Chaissac exposé par une galerie allemande. 300 000 francs. Là, je cours encore. Il fallait l'acheter il y a vingt ans.

La foule est compacte. Amateurs d'art ? Acheteurs non atteints pas la déréliction ambiante ? De grosses pièces se sont vendues. Simples curieux ? En tout cas, l'appétit est là. On pense au mot de Soulages : « Il ne faut pas regarder la peinture, il faut la fréquenter. »

Appris que le jeune peintre le plus intéressant de sa génération, Robert Combas, est toxicomane... Drogues dures. Il a accepté de se désintoxiquer. Enfin, d'essayer.

Droit d'asile : décidément, le clash n'aura pas lieu. Un nouvel article sera introduit dans la Constitution, mais, à la demande du président de la République, acceptée par le Premier ministre, les autorités de la République auront toujours le droit de donner asile à tout étranger dont la situation justifie qu'il sollicite la protection de la France.

Cependant, pour exprimer cette sollicitation, les demandeurs ne pourront pas entrer sur le territoire.

La cohabitation douce continue.

Dimanche 10 octobre. Vu Bernard Tapie à *L'Heure de vérité*. La place que tient désormais ce personnage dans la vie publique française est effarante. Interview dans *Le Monde*, apparitions quasi quotidiennes à la télévision, il est partout. L'agaçant, c'est moins cette omniprésence que la difficulté où l'on est de se faire une opinion à son sujet. Bateleur ? Alors, quel talent ! Voyou ? Alors, que de casseroles !...

Déjeuner avec un ami, F. G., qui sort de son jogging quotidien. Je l'interroge : il a 50 ans, à son âge est-ce bien raisonnable d'aller courir tous les jours comme un dératé ? L'exemple de ce publicitaire, qui vient de mourir d'un accident cardiaque après un jogging prolongé, ne le fait-il pas réfléchir ? Non. Il est intoxiqué. Il parle d'ailleurs, comme un drogué, du « spasme du jogger », cette jouissance intense qui l'envahit à un certain point de la course...

Ils sont tout une petite bande qui court le matin au Luxembourg avec Bernard Kouchner. Après tout, que chacun se tue comme il veut... Ce n'est pas pire que de fumer cinq cigares par jour, et c'est moins cher.

Lundi 11 octobre. BHL s'est permis d'écrire, il y a deux ou trois semaines, dans *Le Point*, quelques lignes assez vives sur *Germinal*.

Or ce film est devenu, par l'astuce de son producteur Claude Berri, une véritable vache sacrée. Qui ose le critiquer est un salaud de droite, un naufrageur du cinéma français, un ennemi du genre humain.

Le beau – et là il faut lui tirer un coup de chapeau – c'est que Berri a réussi, par un coup de bluff phénoménal, à en persuader à peu près tous ceux qui écrivent et qui, intimidés, ont rentré leurs griffes...

Jusque-là, on se contenterait d'en rire, d'autant que, pour être juste, *Germinal* a aussi des admirateurs sincères qui ont bien le droit de s'exprimer. Mais voilà que, blessé au vif par BHL, Claude Berri s'est vengé en l'insultant, à la télévision, à travers sa femme. Disons qu'il a volé très bas. Cette façon particulière d'accueillir la critique a provoqué, dans le Landernau parisien, un bref émoi. S'étriper, soit, mais il y a la manière. Celle de Claude Berri glace.

En politique, ça va ça vient, il suffit d'attendre. Quand on voit le Parti socialiste gagner les élections en Grèce, le vieux Papandréou reprendre le pouvoir à 74 ans, après en avoir été chassé honteusement en 1989, on se dit que rien n'est jamais perdu. Ni gagné. Même Benazir Bhutto semble sur le point d'avoir emporté assez de suffrages pour pouvoir gouverner. Il n'est pas évident que la Grèce, ni l'Europe fassent une bonne affaire en récupérant Papandréou. Entre autres traits alléchants, il a partie liée avec le Serbe Milosevic et déploie un nationalisme furibond. Selon les mauvaises langues, il n'est plus capable de travailler plus de deux heures par jour. C'est suffisant pour faire des dégâts.

Il va présider la Communauté européenne pendant six mois. Et chacun s'attend à des incidents graves.

Chez nous, accroc dans la popularité de Balladur. Il perd 10 points d'un coup dans le plus récent sondage... Et une certaine agitation sociale se manifeste. C'est la première alerte sérieuse pour le Premier ministre. Commentaire de Blanche, ma servante : « C'était mieux de rester comme on était avant... Y nous prenaient moins de sous. » La voix du peuple.

Mardi 12 octobre. Télévision : voilà que tout recommence. Le gouvernement veut se débarrasser d'Hervé Bourges, président de France 2 et 3. Motif : pas sûr politiquement. Rien d'autre à lui reprocher ? Rien, au contraire. Il a relativement bien réussi. Comme on ne peut pas invoquer ce motif ouvertement, on exerce des pressions sur lui pour qu'il ne sollicite pas le renouvellement de son mandat à la fin de l'année. Mais il résiste, le traître ! Il n'aurait pas refusé une ambassade. Mais le Quai a renâclé... Et si, au lieu de se retirer, il lui prenait l'idée de postuler officiellement un second mandat ? Le CSA, à qui revient théoriquement la tâche de nommer son successeur, en a des sueurs froides. Comment pourrait-il l'écarter ? Sous quel prétexte ?

En attendant, ils sont quelques-uns qui piaffent à la porte du CSA et qui auraient la bénédiction du pouvoir... Cela ne les disqualifie pas forcément. Simplement, il y a, dans ce mode de désignation par membres du CSA interposés, une source empoisonnée d'hypocrisie et de fausses manœuvres. Pour ne rien dire des épisodes comiques.

Horrible nouvelle : l'éditeur norvégien de Salman Rushdie a été attaqué à son domicile et grièvement blessé de trois balles, dont une dans le dos. Son état serait alarmant. William Nygaard est la troisième victime du délire meurtrier des ayatollahs : le traducteur japonais des *Versets sataniques* a été tué d'un coup de couteau, le traducteur italien grièvement blessé, également à coups de couteau.

Que le monde civilisé ne se mobilise pas pour exiger des représailles contre l'Iran donne la mesure de sa décadence. La liberté d'esprit ? De quoi parlez-vous ? Ça se vend, ça ?

Mercredi 13 octobre. Jérémie, jeune photographe, rentre de Roumanie, où il est allé travailler sur un film de Pintilic. Il en revient épouvanté. Misère, tristesse, peuple honteux de lui-même… Là où il se trouvait, les gens circulaient à cheval parce qu'ils n'ont pas d'autres moyens de transport. La seule chose que l'on trouve à foison : du caviar. Il s'est gobergé.

Privé de bains à Paris, où il ne dispose que d'une douche, il a vu avec des yeux gourmands une baignoire majestueuse à l'hôtel. Mais la bonde avait disparu. Personne n'a été capable de lui en trouver une autre.

Nouvelle affaire de foulard, dans un collège de Nantua, cette fois. Depuis la rentrée, quatre élèves musulmanes se présentent la tête couverte. Les enseignants ont fermé les yeux, sauf un, le professeur de gymnastique, qui a refusé la présence de l'une d'elles à son cours. Le proviseur a tenté d'arranger les choses, mais la majorité des enseignants se sont mis en grève, pour exprimer leur solidarité avec le professeur de gymnastique. Ils dénoncent « le caractère discriminatoire du port du foulard », qui porte atteinte « aux valeurs fondamentales de la République, notamment la laïcité ».

Le respect de ces valeurs n'a pas empêché la cantine du collège de modifier ses menus pour que les élèves de confession musulmane puissent la fréquenter, mais le foulard, symbolique, enflamme décidément les esprits.

Jeudi 14 octobre. Le Gatt devient le gros souci. Les socialistes ont refilé cette patate chaude au gouvernement et Balladur risque de s'y brûler sévèrement les doigts.

Quelqu'un qui connaît bien le négociateur américain Mickey Cantor me dit que c'est un rustre renommé pour sa grossièreté. (A-t-on idée de s'appeler Mickey !) Mais serait-il d'une exquise courtoisie, cela ne changerait rien aux instructions qu'il a reçues : les Etats-Unis refuseront jusqu'au bout de discuter au sujet du fameux accord dit de Blair House, dommageable pour les gros céréaliers français en particulier. Et ils ont opposé une fin de non-recevoir à la proposition française de mettre entre parenthèses agriculture et culture.

Kohl s'est proposé comme médiateur entre « la rigidité américaine et la raideur française ». Mais on a le sentiment que, après avoir monté les esprits au maximum, du temps qu'elle était dans l'opposition, au lieu de les calmer, la majorité se trouve maintenant dans une seringue, chaque député ou presque ayant son contingent d'agriculteurs dans sa circonscription.

Comment sort-on d'une seringue ? En la cassant. Mais si la France oppose, en dernière analyse, son veto aux accords du Gatt, bonjour les dégâts. Ce sont toutes nos exportations qui seront sacrifiées à un point d'honneur. Ce que le rapport d'un député RPR, Patrick Devedjian, démontre clairement. Si clairement que le RPR lui a interdit de rendre ce rapport public.

A croire que tout le Parlement tremble devant les agriculteurs, qui sont eux-mêmes manipulés par les plus riches d'entre eux, qui ont eux-mêmes partie liée avec Chirac. Qui attend maintenant Balladur au coin du bois…

S'il se tire de là, Balladur, il est fort.

Dans cette conjoncture délicate, son intervention, dimanche à *7 sur 7*, est attendue avec intérêt. Sa seule arme – et elle n'est pas nulle –, c'est l'opinion publique. Il lui faut, une fois de plus, la saisir.

Réunion pour l'attribution d'une bourse de la Fondation Hachette accordée à un journaliste qui doit proposer un sujet de reportage. La bourse est importante. Après une présélection, un petit groupe de journalistes, dont je suis, doit désigner l'élu.

Les candidats présentent leur projet, morts de trac, émouvants. C'est une jeune femme, vive et déterminée, qui l'emportera. Elle s'intéresse à un département qui se meurt doucement, le Gers.

L'une des postulantes se proposait d'allait enquêter sur les Lapons. Appris à cette occasion que les Lapons, qui sont environ 150 000, sont les Irlandais de la Scandinavie et qu'un jour leur révolte pourrait être violente. Ils mettent déjà le feu aux boîtes à lettres. Que veulent-ils ? Etre considérés, reconnus, respectés. Appris aussi qu'au moment de Tchernobyl le tiers du cheptel de rennes, en Norvège, a été contaminé. Les indemnités prévues ont été divisées par dix quand on s'est aperçu que seuls les Lapons mangeaient du renne.

Les Scandinaves, qui sont toujours les premiers à faire la leçon au monde quand il s'agit de droits de l'homme, feraient bien, semble-t-il, de s'apercevoir qu'ils ont des Lapons chez eux.

Manifestation à Paris pour la dignité des handicapés... Ils étaient très nombreux, réunis au Champ-de-Mars, quelques-uns portant sur leur pauvre visage les stigmates caractéristiques de la trisomie. La télévision les a largement photographiés, et c'est bien ainsi. Il faut apprendre à les aimer, ces enfants du malheur, et non à les craindre. Eux ne sont qu'amour.

Vendredi 15 octobre. On conçoit que les footballeurs français n'aient pas le moral. Mais tout de même, se faire battre par l'équipe d'Israël, 3 à 2 ! Et cela s'est passé à Paris, au Parc des Princes, sous les lazzis antisémites de quelques excités.

Il reste à l'équipe de France une faible chance d'être qualifiée pour disputer la Coupe du monde aux Etats-Unis, l'année prochaine. Il faut qu'elle batte la Bulgarie. Piètre consolation : la Grande-Bretagne est mal barrée, elle aussi. A Rotterdam, où elle venait jouer sa qualification contre la Hollande, les échauffourées provoquées par ses supporters ont été telles que la ville a été, pendant vingt-quatre heures, un véritable champ de bataille. Et elle a perdu son match.

Tout cela est bien triste pour les amants du ballon rond.

Le manuscrit d'un livre diffamatoire pour le président de la République est depuis quelques jours entre les mains d'un grand éditeur. Pour l'heure, celui-ci en a été si choqué qu'il l'a enfermé dans son coffre, auquel nul n'a accès. J'ai cru comprendre que l'auteur était inspiré par l'un de ces juges d'instruction qui se prennent pour Robespierre.

Frederik de Klerk et Nelson Mandela ont reçu conjointement le prix Nobel de la paix. Cette fois, l'honorable institution a visé juste. Deux hommes de foi et de courage réunis par la raison.

Samedi 16 ctobre. Cioran est malade. Maladie d'Alzheimer, me dit-on. Un tel esprit… Quelle pitié !

L'homme est délicieux de surcroît, bourré d'humour mélancolique… J'ai souvenir d'un dîner avec lui chez le peintre Matta, où il m'avait fait rire. Oui, Cioran, rire.

Pensant à lui, quelques sentences me reviennent en mémoire : « Ce n'est pas la peine de se tuer puisqu'on se tue toujours trop tard »… Et ceci : « Le moyen le plus sûr de ne pas se tromper est de miner certitude après certitude. Il n'en demeure pas moins que tout ce qui compte fut fait en dehors du doute. » Et ceci encore : « Si quelqu'un doit quelque chose à Bach, c'est Dieu. »

En fouillant dans ma bibliothèque à la recherche de ses livres, je tombe sur cette phrase, dans *De l'inconvénient d'être né* : « Toutes les fois que j'ai un trou de mémoire, je pense à l'angoisse que doivent ressentir ceux qui savent qu'ils ne se souviennent plus de rien. Mais quelque chose me dit qu'au bout d'un certain temps une joie secrète les possède, qu'ils n'accepteraient d'échanger contre aucun de leurs souvenirs, même le plus exaltant »… Puisse-t-il éprouver cette joie secrète maintenant que la mémoire le déserte…

Dimanche 17 octobre. On attendait Balladur sur l'obstacle. Il l'a sauté. Ce n'est que le premier du calvaire que lui inflige l'affaire du Gatt. Mais il s'agissait de réunir l'opinion derrière lui, en s'adressant à elle via *7 sur 7*.

L'opinion, c'est sa seule force, faute de résultats concrets dans la conduite de sa politique. Même si son adhésion vacille, elle est encore puissante. Il a eu l'habileté de la mettre, en quelque sorte, dans la confidence de ses difficultés en disant : « Je suis piégé. » C'était très bien fait.

Ce sont deux jeunes femmes qui s'occupent à Matignon de sa communication... Elles sont futées, les bougresses.

Pas sûr que les gens comprennent bien de quoi il s'agit, quand on leur parle de « l'exception culturelle » que revendique la France. Il ne s'agit pas d'interdire l'invasion du petit écran par les séries et les films américains, mais de la contenir dans des limites raisonnables. D'autre part, il s'agit de conserver notre système de soutien à la production, système que les Américains veulent abroger, ce qui asphyxierait définitivement le cinéma français, le seul qui demeure en Europe, grâce à ce système précisément.

Les raisons des Etats-Unis sont excellentes. L'audiovisuel est la seconde industrie exportatrice américaine après l'aéronautique. Le marché intérieur est en régression. Il s'agit donc de balayer tout ce qui reste d'obstacles à la colonisation de l'Europe par les produits américains. Pourquoi se plierait-on à cette volonté commerciale agressive ?

Ceci étant, il ne faut pas se dissimuler que la situation du cinéma français est fragile. Autrefois, les producteurs de films étaient de grands aventuriers qui risquaient leur chemise. Aujourd'hui, entre les soutiens divers dont un film peut bénéficier, n'importe quelle petite production peut se monter peu ou prou sans que personne prenne le moindre risque financier.

Si bien que nous produisons une flopée de films à bas prix, dont on sait par avance qu'ils ne trouveront pas de public, hors celui, captif, de la télévision, et qui sont, en tout cas, hors d'état de soutenir la concurrence avec les films américains dans les salles.

Le principe du soutien qui devait, à l'origine, faciliter la réalisation d'œuvres originales, difficiles, ou ambitieuses, a été dévoyé. Il encourage maintenant une production courante pauvre.

Rien n'est simple…

Lundi 18 octobre. Vu un document déchirant sur ce qu'est la vie quotidienne à Sarajevo. Sans cri, sans lyrisme, juste les contraintes de tous les jours : traverser un pont sous les balles des francs-tireurs pour aller chercher de l'eau, récupérer du bois dans des décombres… Présence obsédante du bruit des balles qui sifflent, des obus qui éclatent. Coupures incessantes d'électricité… Hommes et femmes prostrés, aux gestes comme ralentis par une immense fatigue. Jeune fille accablée quand elle apprend que sa meilleure amie gagne sa vie comme franc-tireur – à raison de 500 dollars le cadavre. Chirurgien submergé disant : « Personne n'expliquera jamais qu'on puisse tirer avec de l'artillerie sur une maternité. » Et pourtant, quelquefois on rit, on plaisante.

Le tout était commenté d'une voix neutre, sans effet. Que faire ? On est las de la Bosnie, las de ces négociations interminables, de ces hostilités qui reprennent à peine suspendues. Et on a honte d'être las.

Mardi 19 octobre. Mobilisation générale anti-Gatt. La cour et la ville ont été convoquées à Matignon – personnalités du monde politique, syndical, intellectuel, artistique – pour entendre la bonne parole tomber des lèvres du Premier ministre, et manifester leur adhésion à sa position. Habile mise en scène d'un accord de façade, d'Isabelle Huppert à Jacques Chirac. *Libération* a calculé qu'Edouard Balladur avait, pour la circonstance, serré quarante-deux mains. Apparemment, il n'a pas perdu son temps.

Sauf que, tout seul dans son coin, ou plutôt au micro d'Europe 1, Raymond Barre s'est fâché : « Il faut arrêter ce délire. » Le problème du Gatt a été abordé de « manière erronée et dangereuse, à la fois pour notre intérêt et notre image ». Et il a dénoncé l'activité déployée « par un lobby agricole puissant, relayé par des organisations politiques sensibles aux pressions, voire aux menaces qui sont exercées par ce lobby »…

« On ne voit pas, a-t-il ajouté, que les intérêts des industries et des services sont incommensurablement plus importants que l'agriculture. »

En attendant, comme dit Jacques Delors, la France se fait son cinéma.

Un septième journaliste, Smari Yelsah, 31 ans, a été assassiné en Algérie. Sinistre routine, que le gouvernement est incapable d'interrompre. Smari Yelsah venait d'être nommé assistant du directeur de l'information sur la chaîne de télévision algérienne. Dix intellectuels, universitaires et médecins ont été assassinés depuis mars dernier.

Lady Thatcher fait des vagues. Elle publie ses *Mémoires* et, ce faisant, règle des comptes de tous les côtés, en bonne épicière qu'elle est. Et la classe, madame Thatcher, et la classe ? Ce n'est pas son problème. Elle a perdu le pouvoir, elle se venge. A domicile, d'abord, où son successeur en prend pour son grade. A l'extérieur ensuite.

Déchaînée contre la réunification allemande qui conduit à « une Allemagne bien trop grande et bien trop puissante », elle tance vertement ceux qui ont refusé de l'approuver quand elle s'y est opposée. Gorbatchev, Bush, et surtout François Mitterrand, qui, « dans un accès de schizophrénie », s'est obstinément refusé à suivre « les instincts français » qui commandaient une résistance énergique aux ambitions allemandes.

L'axe Paris-Bonn la chatouille désagréablement.

Celle dont François Mitterrand disait qu'elle avait l'œil de Staline et la voix de Marilyn Monroe continue à prôner de préférence un axe franco-britannique et « la présence des Etats-Unis » en Europe.

En Grande-Bretagne, son livre se vend comme des petits pains chauds. Très chauds.

Federico Fellini est dans le coma. Un chêne qui s'abat.

Mercredi 20 octobre. Assisté, au palais de justice, à une corrida d'un genre particulier. Cela se nomme conférence Berryer.

Là, une poignée de jeunes avocats, qui ont fait l'objet d'une sélection sévère, soumettent à leur tour leurs jeunes confrères à la même sélection. Objectif : devenir secrétaire de la Conférence – il y en a douze chaque année –, ce qui confère automatiquement prestige et privilèges.

Or l'épreuve s'apparente à une séance de bizutage mental. Les malheureux candidats font leur discours sur un sujet imposé. Après quoi, les douze juges les passent au crible avec une violence inouïe. Ils les dévorent, les déchiquettent, les mettent en pièces. Le tout en public, devant une salle amoureuse de rhétorique, qui s'amuse fort de ces exécutions fleuries…

C'est d'une cruauté à peine soutenable si l'on a un peu de respect humain.

Il paraît qu'il s'agit là d'une longue tradition. Je ne soupçonnais pas, chez les avocats, ces mœurs barbares…

Un ami arrivant de New York a atterri, furieux, à Lille… Air France est en grève depuis trois jours, paralysée par ses agents au sol. Roissy bloqué, tout le trafic national et international désorganisé. Le personnel gréviste a envahi les pistes pour que les compagnies étrangères ne puissent pas assurer leur service, acte sans précédent dans l'histoire de l'aviation civile. La piste, c'était sacré. Conséquences : un pur désastre économique, et la crédibilité de Paris comme porte aéronautique de l'Europe atteinte. Mais comment ne pas comprendre la colère de ces centaines d'hommes et de femmes enragés parce que leur – mince – salaire va être amputé tandis que les autres restent intouchés ? Ils sont devenus incontrôlables.

Jeudi 21 octobre. Les négociations ont été laborieuses, mais, pour finir, François Mitterrand et Edouard Balladur sont tombés d'accord sur la rédaction révisée de l'article de la Constitution relatif au droit d'asile.

Il évoquera « le droit de donner asile à tout étranger persécuté en raison de son action en faveur de la liberté ou qui sollicite la protection de la France pour un autre motif ».

Un droit n'est pas un devoir. Encore moins une obligation. Ainsi est écorné un principe fondateur de la Constitution française. Et pourquoi faire ?

Au bruit que cette affaire a provoqué, on pourrait croire que des flots d'étrangers se jettent sur la France pour tenter d'y rester par le biais du droit d'asile. En vérité, ils ont été 27 000 l'an dernier à solliciter ce droit. Soit une goutte d'eau dans la mer de l'immigration.

Mais tel est le nouveau message de la France, qu'a souhaité lancer M. Pasqua : « Persécutés du monde entier, restez chez vous. » Un message auquel souscrit en gros, il faut bien le dire, l'opinion publique. Et il le sait.

Vendredi 22 octobre. Est-ce un homme, est-ce une femme ? C'est l'un puis l'autre, c'est *Orlando*, l'énigmatique et délicieux personnage dont Virginia Woolf a raconté, dans un bref récit, la métamorphose.

Porté au théâtre, *Orlando* est devenu prétexte à une éblouissante performance d'actrice : Isabelle Huppert, seule en scène pendant deux heures, aiguë comme une flèche…

Vue hier soir, dans une salle comble captivée par la trajectoire d'Orlando, traversant cinq siècles de l'histoire d'Angleterre, gentilhomme à pourpoint d'abord, puis femme divine dans ses atours modernes, mi-ange mi-fée.

Texte ravissant, extravagant, vif, charnu, que l'actrice débite à la cadence d'une mitrailleuse, avec une vélocité aérienne, parcourant une scène où des nappes de lumière mouvante forment le décor. C'est mis en scène par Bob Wilson, au mieux de son invention.

Attendrissante Virginia Woolf, qui écrit dans son Journal : « Si je n'avais pas une si mauvaise plume, j'essayerais d'établir un programme de travail… »

Le congrès du PS s'est ouvert ce matin. Il faut un cœur de socialiste bien accroché pour s'intéresser à la question. Nul doute que Michel Rocard en sortira premier secrétaire.

Mais pour la première fois, innovation remarquable, le chef des socialistes sera élu par l'ensemble du congrès, à bulletins secrets, et non par suite d'un arbitrage entre différents chefs de courant.

Ainsi, doucement, trop doucement au gré de certains, le vieux parti change de peau.

Yasser Arafat est à Paris. Résultat pratique : la circulation a été quasiment impossible pendant toute la journée d'hier dans le cœur de la ville, tant les mesures de sécurité sont sévères.

Sans doute n'en prendra-t-on jamais trop. A peine débarqué, un Arafat très pâle apprenait que l'un de ses proches, Assaad Saftaoui, ami de longue date, partisan connu de l'accord avec Israël, venait d'être assassiné à Gaza. Abattu à bout portant.

Arafat est à Paris pour solliciter une aide financière, bien sûr, mais aussi pour consolider sa légitimité. La France, qui n'a pas eu sa part dans l'aboutissement de l'accord avec Israël, touche néanmoins la rente morale des égards constants de ses gouvernements successifs à l'endroit des Palestiniens. C'est elle qui installera la télévision dans les territoires occupés. Télévision : premier attribut, désormais, de la souveraineté.

La Cour de cassation a rejeté le pourvoi de Paul Touvier. L'ancien chef de la milice lyonnaise sera donc jugé par une cour d'assises pour crimes contre l'humanité. Ce n'est rien, Touvier. Une ordure. Il n'est jamais trop tard pour s'en purger.

Samedi 23 octobre. Une bande de jeunes gens fait irruption chez moi pour me parler d'un projet de journal. Je ne suis pas jeuniste. Souvent, je trouve les jeunes benêts et péremptoires. Et alors, je ne me prive pas de le leur dire.

Mais ce qu'il y a chez eux d'irremplaçable, c'est l'élan vital, la gaieté, l'appétit, la jeunesse quoi ! On l'observe chez les garçons, surtout. Les filles sont plus réservées, plus réalistes aussi.

Cette petite bande-là, si je puis l'aider, je le ferai. En souvenir d'un après-midi tout gris qu'ils ont éclairé de leur flamme.

La BNP a été nationalisée à grand bruit. J'ai acheté une action – 240 francs –, pour voir. Pour voir ce qui allait lui arriver. Mon action vaut aujourd'hui 290 francs. Je trouve cela dégoûtant. « Vous avez des rapports névrotiques avec l'argent », me dit C. P. en riant.

Lui est agent de marchés interbancaires.

Cela consiste à placer au jour le jour la trésorerie des entreprises. Il ne décide pas de ces placements, il conseille mais il exécute les ordres reçus. Et quel que soit le résultat, positif ou négatif, il touche sa commission. Epatant. Il lui arrive de manier ainsi 5 milliards par jour. Il ne les voit jamais. Tout se passe par téléphone. Il y a soixante agents de ce genre en France.

« Vous me trouvez dégoûtant ? »

Je vois bien qu'il serait sot de lui répondre oui. Qu'il fait de l'argent comme d'autres font de la musique. Mais quels drôles de métiers que les métiers d'argent…

« Or, Dieu visible qui parle toutes les langues… »

Nous en bavardons en même temps que de l'affaire Michel Noir. Objet d'une nouvelle information judiciaire pour financement électoral illégal (j'abrège), le maire de Lyon a fait une déclaration qui a provoqué quelque émoi en s'écriant : « Mettons les pieds dans le plat… » En engageant de nouvelles poursuites, « le garde des Sceaux a fait preuve d'une imprudence folle ». Car, si l'on tire sur le fil, il va se dérouler et conduire « à d'autres hommes politiques de A à Z », dont les campagnes ont été financées par les mêmes entreprises qui ont soutenu Noir.

Quels hommes ? Quelles entreprises ? Les noms sont sur toutes les lèvres et dans le dossier du juge qui instruit le dossier Botton… S'ils sortent – il s'agirait de trois ministres en exercice –, cela fera quelque bruit. Mais sortiront-ils ?

Une chose paraît sûre à ceux qui le connaissent : Michel Noir n'est pas homme à se laisser noyer en silence.

Dimanche 24 octobre. Dîner dans un restaurant de Saint-Germain-des-Prés. Le patron cuisinier me raconte qu'il est un « compagnon », et que, des compagnons, il y en avait déjà avant notre ère. Ils ont creusé les mines du roi Salomon.

Il parle avec beaucoup d'émotion de ces jeunes gens qui se forment lentement à un métier, en apprennent tous les tours, toutes les finesses, et se font de leur travail une si haute idée qu'ils l'ennoblissent, dit-il. La religion du travail bien fait, cela existe encore, mais oui.

Encore un aphorisme de Cioran, extrait de son nouveau livre, *Bréviaire des vaincus* : « Sans la fausseté absolue du sexe faible, je ne me serais pas humilié à chercher le ciel. »

L'a-t-il trouvé ? « Les astres sont les vers luisants de la décomposition de Dieu. »

Un homme est entré dans le grand hall blanc de Canal +. Il a tendu à l'hôtesse une lettre à l'adresse de l'une des journalistes de la station. Il a sorti un revolver et il a tiré deux fois. Sur lui. Mort. Il était amoureux de la jeune femme qu'il n'avait jamais vue que sur l'écran, il lui avait téléphoné en vain, il s'est tué.

La télévision rend fou. Ceux qui la font et ceux qui la regardent.

Un mot de Jean Boissonnat, au sujet de Margaret Thatcher, dite la Dame de fer : « Elle ne vieillit pas, elle rouille. »

Lundi 25 octobre. Air France : la grève continue. Le gouvernement a annoncé le retrait du « plan de retour à l'équilibre » qui a mis le feu aux poudres, le PDG de la compagnie, Bernard Attali, a démissionné, rien n'y a fait. Le mouvement s'est radicalisé, le personnel navigant l'a rejoint. C'est une vraie bombe qui est, là, allumée. Certains y voient déjà les prémices d'un grand coup de torchon social.

Trois fonctionnaires du consulat de France à Alger ont été enlevés. En un mois, deux géomètres français, deux officiers et trois techniciens italiens ont été assassinés, victimes de l'affrontement entre des groupes islamistes et le gouvernement. Deux Japonais ont échappé à une tentative d'enlèvement à Blida. Il s'agit, semble-t-il, de montrer que le pouvoir est à bout de souffle et serait déjà tombé s'il n'était soutenu par les Occidentaux. qui ne peuvent pas éternellement se boucher les oreilles si l'on massacre leurs ressortissants.

Ainsi prise en otage, la communauté étrangère d'Algérie – 70 000 personnes environ, parmi lesquelles 25 000 Français – est sérieusement secouée. Le pays n'est plus qu'un tissu de violence qu'aucune répression ne parvient à maîtriser.

François Mitterrand doit intervenir ce soir à la télévision. Il y a longtemps qu'il n'a pas parlé, quatre mois. Apparemment, cela lui a réussi. Selon un sondage publié aujourd'hui par *Le Figaro*, son image s'est améliorée. Le quotidien constate, non sans tristesse, que 45 % des Français contre 52 % éprouvent pour lui « de la sympathie ».

Nul doute qu'on lui posera quelques questions au sujet de Michel Rocard, triomphalement élu premier secrétaire du PS, avec 80 % des suffrages. Et que ses réponses ne seront pas improvisées.

Mardi 26 octobre. Miracle : François Mitterrand a adoubé Rocard. Il a prononcé son nom cinq fois et n'a eu, à son égard, que gracieusetés, même s'il a laissé entendre que, du Congrès à l'Elysée, la route se compterait en années et que le PS a une fameuse pente à remonter avant de retrouver le pouvoir.

Pour le reste, ce fut une belle performance.

Tout y était, la maîtrise du verbe, la maîtrise du fond, la bienveillance œcuménique du père de la Nation, le clin d'œil appuyé aux petites gens, le respect de la majorité parlementaire, l'hommage à la valeur de ses successeurs potentiels, Chirac et Balladur, tout cela énoncé avec la sérénité d'un homme de 77 ans qui n'est plus dans l'arène électorale. « Je suis de moins en moins partisan… L'âge peut-être… La sagesse… », a-t-il dit.

Comédie ? On est toujours tenté, avec François Mitterrand, de chercher la ruse derrière sa démarche, et les commentateurs n'y manquent pas, ce matin.

Pour ma part, j'ai cru voir surtout un homme soucieux de

la trace qu'il laissera dans l'histoire, qui voudrait aujourd'hui être aimé des Français et se retirer, quand il le faudra, la tête haute, sous les fleurs.

Une expérience vertigineuse vient d'avoir lieu aux Etats-Unis. Un embryon a été coupé en deux pour servir à un clonage, c'est-à-dire la répétition à l'identique d'un être humain.

Le clonage est déjà largement en usage sur les animaux et les végétaux.

L'expérience américaine n'a pas été conduite à terme parce que les embryons étaient défectueux, nous a-t-on dit, et choisis comme tels, mais dans son principe elle était réussie.

On ne parvient même pas à maîtriser intellectuellement ce que signifierait le clonage humain s'il entrait dans la pratique, le défi qu'il représente à l'unicité de chacun de nous, le sacrilège que représente une telle manipulation de structures humaines vivantes.

Un jour prochain, on coupera peut-être un embryon en deux, on fera porter chacune des parties par deux femmes différentes, on obtiendra deux enfants identiques, on les élèvera dans des conditions matérielles et psychologiques différentes, et on connaîtra la part de l'inné et de l'acquis dans chaque individu. Ou bien chacun aura son double, son clone congelé, prêt à être développé à la demande et à se substituer à lui après sa mort. Ou bien ce clone lui servira, en cas de besoin, de banque d'organes. Ou bien…

Vertigineux, vous dis-je.

Mercredi 27 octobre. Coups de téléphone amusés ou pincés à la suite du petit coup de théâtre provoqué par le jury du prix Femina, auquel j'appartiens.

Son prix devait être décerné le 15 novembre, soit après le Goncourt, le Renaudot, etc.

Or, depuis sa fondation, fort ancienne, le Femina ouvrait le feu des prix de novembre, les seuls – parmi huit cents ! – qui entraînent une forte vente des livres couronnés. On les offre à Maman pour Noël.

Et puis, il y a quelques années, les Goncourt sont froidement passés en tête. A l'époque, les dames du Femina n'ont pas protesté. Cette année, le vent de la révolte a soufflé. Et elles ont décidé de choisir leur lauréat les premières, c'est-à-dire le 5 novembre. D'avoir en quelque sorte le premier choix, parmi les romans de la saison.

Ce faisant, elles ont brouillé tous les jeux, toutes les cartes, tous les fils savamment tissés par les éditeurs pour soutenir tel ou tel. Le petit monde littéraire en est tout retourné. Les pronostics s'effondrent. Les candidats s'affolent. C'est amusant.

Maintenant, il reste à faire le bon choix. Il y va du prestige du Femina.

Jeudi 28 octobre. Air France : non seulement ça n'en finit pas, mais on peut penser que la torpeur résignée où l'ampleur du chômage plonge les salariés est en passe de se dissiper, au moins dans le secteur public, et que nous allons vers de grandes turbulences.

Qu'a-t-on vu en effet ? Un plan de suppression d'emplois et de réduction des salaires approuvé par un ministre le déclarant « irrévocable », et le même ministre, M. Bosson, se coucher deux jours après devant les grévistes, annuler son plan et faire des concessions avant même qu'elles ne soient discutées. Spectacle lamentable.

Comme le dit un homme habitué aux grandes responsabilités : un dur peut se faire passer pour un mou, mais un mou ne peut pas se faire passer pour un dur.

A vouloir se faire passer pour un dur, M. Bosson, par ailleurs un brave homme, a rapidement montré qu'il était mou, et l'Etat avec lui.

Appris une jolie histoire de fripon… Un ambassadeur en poste dans un pays d'Asie – ne disons pas lequel – remarque la qualité exceptionnelle du mobilier qui orne sa demeure. Le pays est riche en artisans particulièrement habiles. Il les charge de copier les meilleures pièces de ce mobilier. Et, rentrant en France, il les emporte, laissant derrière lui les copies. Ingénieux, l'ambassadeur, non ?

Bosnie : la paix que l'on a crue à portée de la main s'éloigne de nouveau, et la question se pose maintenant de savoir comment vont être ravitaillés les habitants de Sarajevo, qui sont menacés de famine, de typhus, de scorbut. François Mitterrand a suggéré la création d'un couloir humanitaire, qui irait de la mer à la ville assiégée et qui, sous contrôle militaire, permettrait l'acheminement des mille tonnes quotidiennes indispensables à la survie de la population. On a cru comprendre que le gouvernement français adhérait à cette proposition, qui sera soumise la semaine prochaine à la Communauté européenne.

Mais la décision sera-t-elle prise ? appliquée ? On a parlé d'intervention aérienne : il n'y a pas eu d'intervention. On a parlé de zones protégées : il n'y a pas eu de zones protégées. Il faudrait un miracle pour que, cette fois, ce couloir humanitaire sorte des limbes diplomatiques. Mais y a-t-il des miracles ?

En attendant, Sarajevo agonise sous nos yeux. Froids.

Silvia Monfort, la belle actrice morte l'année dernière, avait depuis trente ans le même compagnon. Pendant ces trente ans, elle lui a écrit tous les jours une lettre d'amour. N'est-ce pas beau ?

Ces lettres vont probablement être publiées.

Vendredi 29 octobre. Dîner chez les Orban avec Catherine Clément, heureuse du succès que lui vaut *Pour l'amour de l'Inde*, histoire des amours entre Nehru et Lady Mountbatten. Elle a plus d'abattage que jamais, sait tout de tout, et narre avec brio des histoires d'Inde et d'Autriche, où son mari est ambassadeur.

Il l'écoute, ravi apparemment. Nous aussi.

Elle raconte, en particulier, quelque chose que j'ignorais : l'idée que les Indiens se font du Christ. Ils n'admettent pas une seconde la théorie de l'Incarnation, évidemment. Pour eux, Jésus est un homme qui, entre 12 ans et 33 ans, a passé sa vie en Inde où il a appris les pratiques yoga. Puis il est rentré en Palestine. Crucifié, il n'est pas mort sur la croix. Le cri suprême qu'il a lancé, c'est le cri par lequel le yogi s'évade de la douleur. Il n'est donc pas ressuscité, quoi que les siens aient pensé ; il n'a jamais cessé de vivre. Il a guéri de ses plaies. Et, un jour, il est reparti en Inde, où, mort de sa belle mort, il est enterré, à côté de sa mère, qu'il avait emmenée avec lui. Ainsi y a-t-il en Inde un tombeau de Jésus et de Marie.

Disons tout de suite que 16 millions d'Indiens chrétiens ont avec l'image du Christ une relation plus conforme à l'orthodoxie.

De là on en vint à parler de l'encyclique, dont Olivier Orban, son heureux éditeur, nous dit qu'elle se vendait par milliers. « Qui touche les droits d'auteur ? » demanda un mauvais esprit.

Personne. Il n'y a pas de droits d'auteur.

La loi sur l'audiovisuel sera, pour finir, courte et peu consistante. Deux de ses dispositions sont essentiellement favorables aux intérêts de la Une, ce qui ne va pas sans intriguer. Pourquoi ces faveurs ? En est-on déjà à la craindre ?

On a rejeté à la session de printemps le point de savoir s'il faut un président pour coiffer les deux chaînes publiques, et de quelle longueur sera son mandat. Ainsi les choses restent-elles, pour le moment, en l'état. Saine prudence.

Le cas Bourges paraît réglé. Il l'aura, son ambassade, du moins à ce qu'on dit. Le CSA se démène pour lui trouver un successeur qui obtienne la majorité en son sein et qui ne provoque pas d'allergie du côté du gouvernement.

Deux écoles s'affrontent : ceux qui préconisent la désignation d'un fonctionnaire, et ceux qui préféreraient un saltimbanque.

Les choses devraient se jouer fin novembre.

Samedi 30 octobre. Révélé par *L'Evénement*, un petit scandale secoue la FEMIS, prestigieuse école du cinéma présidée par Jean-Claude Carrière.

On y entre par concours, au terme d'une sélection sévère, puisque, en 1993, trente et un candidats ont été admis sur huit cent seize postulants…

Or trois examinateurs se sont étonnés de trouver, parmi les reçus, des élèves affligés cependant de notes éliminatoires. Enquête : ces notes ont été falsifiées en faveur de deux élèves. L'un, ou plutôt l'une, étant la fille d'un conseiller à la Cour des Comptes, l'autre le fils d'une personnalité du monde culturel. La pratique ne serait pas nouvelle, mais constante.

Défense du délégué général de la FEMIS, Jack Gajos, qui a d'autre part une excellente réputation : il s'est attribué, de son propre chef, un droit personnel de repêchage en faveur de candidats malheureux mais intéressants. Et il revendique hautement ce droit, qui n'a que le tort de n'être pas prévu dans le règlement de l'école. Dommage que ce ne soit pas tombé sur des candidats lambdas.

Le traité de Maastricht entre en vigueur lundi, jour de la Toussaint. Il aurait été fâcheux que ce fût le Jour des morts… Kohl et Mitterrand ont voulu que l'événement soit salué par un Conseil extraordinaire des Douze, qui se tient à Bruxelles.

« Baptême maussade », titre *Libération*. Français désabusés, Anglais sceptiques, Allemands méfiants, le climat n'est certes pas aux réjouissances devant le nouveau-né.

Il reste que, chaotique, difficile, entravée, combattue, dénigrée, l'union de l'Europe est sur les rails, si flou qu'apparaisse aujourd'hui son avenir.

Dimanche 31 octobre. Une femme géniale – je pèse mes mots –, Gisèle Gelbert, neurologue de formation, a découvert pourquoi certains enfants ne parviennent pas à apprendre à lire et à écrire correctement. Rien à voir avec l'origine sociale… Cela se passe ailleurs.

En associant sa formation médicale, la linguistique, et sa pratique personnelle des rééducations des troubles de la parole et de l'écriture, Gisèle Gelbert a construit un schéma des fonctions linguistiques.

Ce schéma permet de comprendre comment un individu normal parle, écoute, comprend, lit ou écrit. Ce qui n'est déjà pas rien. Mieux : en décortiquant chaque acte linguistique, Gisèle Gelbert peut localiser très précisément chaque trouble observé dans l'expression écrite, orale, et dans l'écriture. Après quoi, elle élabore des exercices rééducatifs adaptés à chaque localisation de l'anomalie observée cliniquement.

Les résultats sont foudroyants. J'en suis l'un des témoins émerveillés…

Novembre

Lundi 1er novembre. Toussaint grise avec son cortège de chrysanthèmes raides et bouclés.

On annonce une nouvelle hausse du chômage.

Et une poussée de fièvre parmi les étudiants qui appellent à une journée d'action le 2 novembre.

Contagion d'Air France, où le premier contact entre le nouveau PDG, Christian Blanc, et le personnel a été houleux ? Ou écume à la surface d'un pays atone ? On verra bien.

Il se peut que les énergies affaissées se tendent à nouveau, mais vers quoi ? La guérilla sociale ? Peut-être.

Rarement la France a été plus dépourvue d'ambition collective, de projet propre à saisir les imaginations.

Ce que les Français ont en commun, c'est d'être contre. Contre l'Europe, contre les Etats-Unis, le Gatt, le Japon, Bruxelles, les séries américaines, les chemises coréennes, les immigrés, les demandeurs d'asile, et quoi encore ? Il faut se protéger, se défendre, se barricader... Où sont la volonté d'action, la mentalité offensive ? C'est d'esprit tonique que nous aurions besoin pour nous ressaisir.

On sait qu'Edouard Balladur, obsédé par la fragilité du tissu français, tient pour essentiel de ne pas le brutaliser et de gouverner, donc, en douceur, un pas en avant, un pas en arrière. C'est peut-être une bonne méthode, en termes de popularité. Mais elle achève d'énerver les Français, au sens propre du terme.

Les trois agents consulaires enlevés en Algérie ont été libérés sains et saufs. On ne sait rien des commanditaires de l'enlèvement. Islamistes, cela veut tout dire et rien dire.

La mort de Fellini, plongé depuis deux semaines dans le coma, est un grand malheur. Personne n'est irremplaçable ? Si. Les artistes. On se console mal à l'idée que son œuvre est close à jamais, alors qu'il était encore, à 73 ans, débordant de passion créatrice.

L'idée de devenir un monument l'affligeait. « Un monument, c'est immobile, et les pigeons se posent dessus… » Hélas, c'est fait. Le voilà figé dans sa gloire, qu'il ne partageait avec personne.

Si fécond en d'autres temps, le cinéma italien a dépéri, rongé par la télévision, que Fellini haïssait. Danièle Heymann rapporte, dans *Le Monde*, ce qu'il lui en disait : « La réalité, la tragédie, la vie n'apparaissent plus qu'à travers le petit écran, n'existent plus hors du petit écran. Désormais, nous ne pouvons plus attendre de nous, au maximum, qu'une réaction de spectateurs, annihilant toute velléité de réflexion et presque d'émotion. La télévision a mutilé notre capacité de solitude, a violé notre dimension la plus intime, la plus privée, la plus secrète. Enchaînés par un rituel envahissant, nous fixons un cadre lumineux qui vomit des milliards de choses s'annulant les unes les autres dans une spirale vertigineuse. La paix ne revient que lorsqu'on éteint. A 11 heures, à minuit, pèse sur nos épaules une grande fatigue obligatoire. Nous allons vers notre lit chargés d'une vague mauvaise conscience et, dans le noir, les yeux fermés, nous tentons de renouer, comme un fil cassé, le silence intérieur qui nous appartenait. »

Son langage à lui était celui du cinéma, donc du rêve… Il disait encore : « Plus que des personnages rêvés, j'ai pu mettre dans certains de mes films une lumière, une perspective… »

Orson Welles doutait que le cinéma soit un art. Les films de Fellini en font la preuve. Il peut être un art. Et ce ne sont pas les spectateurs qui lui manquent. Ce sont les artistes.

Mardi 2 novembre. Mon ordinateur a avalé deux articles et refuse de me les restituer, le traître. J'ai fait une fausse manœuvre, évidemment, comme il arrive quand on est fatigué.

Voilà toute une journée de travail détruite. Exaspérant, et au-delà.

Mais l'exercice qui consiste à reconstituer dix pages envolées est intéressant. D'où viennent les mots ? Pourquoi ne retrouve-t-on jamais exactement les mêmes pour dire la même chose ? Pourquoi la mémoire évacue-t-elle ceci, conserve-t-elle cela, écrit au même moment, dans la même foulée ?... Cela me fascine.

Dans une autre vie, j'espère que je me réincarnerai dans un spécialiste des fonctions du cerveau. puisqu'il est trop tard pour cette vie.

C'est une théorie qui me plaît, la réincarnation. Non que j'y croie vraiment, mais souvent je caresse le projet de devenir chat dans une bonne maison, ou encore danseuse étoile, ou cosmonaute, je ne sais...

On fait si peu de chose dans une vie, serait-elle bien remplie, on apprend si peu, on voit si peu, on renonce à tant de rêves, tant de portes se ferment avant qu'on les ait poussées... Cela m'indigne. Il faudrait vingt vies pour faire une vie digne de ce nom, et pas ce misérable bout de chemin accompli entre des barricades...

Mercredi 3 novembre. Reçu un visiteur porteur d'un dossier explosif. Si explosif qu'il n'explosera probablement jamais.

Il s'agit d'une vieille histoire : la mort de Robert Boulin, ministre de Valéry Giscard d'Estaing, retrouvé dans un étang de Rambouillet, un jour de 1979, et donné pour suicidé. Dans soixante centimètres d'eau. Suicide contesté par sa famille, qui a fait procès, mais sans succès.

Or, quand on lit l'enquête réalisée par un groupe de curieux, on est ahuri. Sang coulant du nez, visage tuméfié, corps embaumé à l'insu de la justice et de la famille, acte de décès truqué, disparition des bocaux contenant les viscères du mort, dossiers volatilisés, confidences d'un mercenaire un soir d'ébriété, etc. Si ce n'est pas d'un assassinat qu'il s'agit, cela y ressemble énormément.

Un livre sort d'ailleurs cette semaine, où un médecin légiste, le docteur Garat, chargé de l'affaire, explique pourquoi seul l'examen du contenu des bocaux disparus aurait pu établir de façon irréfutable que Boulin s'était ou non noyé. Entrave majeure, donc, à la manifestation de la vérité, avec la bénédiction du juge d'instruction.

Tout cela est troublant. Comme les cadenas qui verrouillent toutes les bouches qui pourraient parler, les fonctionnaires témoins de tel ou tel indice qui sont déplacés, le véritable édredon qui étouffe cette affaire depuis des années. Même *Le Canard enchaîné* s'accroche à la thèse du suicide, si fragile.

Mais si Robert Boulin a bien été assassiné par des hommes de main, pour le compte de qui et pourquoi ? Que savait le ministre ? Qui cela gênait-il ? C'est ce que mon visiteur, intrépide, et ses amis sont décidés à découvrir.

Je n'ai su lui donner qu'un conseil : prendre une bonne assurance sur la vie.

Un fantôme surgit : celui d'un enfant de 4 ans assassiné en 1984, le petit Grégory. Assassiné par qui, cela n'a jamais été formellement établi, mais possiblement par un cousin, Bernard Laroche. Celui-ci l'aurait noyé dans la Vologne, étouffé par sa haine contre le père de l'enfant, Jean-Marie Villemin. Fou de douleur, Villemin a saisi son fusil, et tué le cousin. Le voilà qui, après tant d'années et une instruction chaotique, passe en jugement devant les jurés de la Côte-d'Or.

Rarement une affaire judiciaire aura autant passionné l'opinion, où, jusque dans les salons, on s'interpellait sur le point de savoir qui avait tué le petit Grégory. Sa mère, Christine Villemin, fut longtemps l'accusée préférée du public. Ainsi, le crime serait un peu plus horrible. La jeune femme, plutôt jolie, devint une star des médias, le village du drame un lieu d'excursion.

Et Marguerite Duras crut devoir donner son avis : Christine avait tué son fils, et elle était « sublime, forcément sublime ».

L'expression a, depuis, fait fortune.

Aujourd'hui, les passions sont retombées… Christine Villemin a été innocentée, son mari invoquera la conviction où il était d'abattre le meurtrier de son fils et, sans doute, les jurés l'entendront. Mais les journaux font grand cas de ce procès, et lui consacrent des pages entières. C'est que l'énigme demeure, dont on aurait fait, en d'autres temps, une complainte populaire : qui, mais qui donc a tué le petit Grégory ?

Jeudi 4 novembre. Des menaces ont été lancées à la communauté étrangère d'Algérie : on lui donne un mois pour quitter définitivement le territoire.

Les circonstances précises de l'enlèvement des trois Français et de leur libération restent confuses, et dissimulées. Les versions les plus folles circulent, y compris celle selon laquelle l'enlèvement aurait été organisé par les services secrets algériens dans le but de prouver que les autorités d'Alger étaient capables de retrouver les otages vivants !

Le sûr est que la situation est de plus en plus alarmante et, de toutes les manières, désolante.

Interrogés par *Globe* sur le point de savoir s'ils seraient disposés à accueillir les Algériens qui chercheraient refuge en France si les islamistes arrivent au pouvoir, 72 % des Français répondent non.

En quelques jours, le débat sur la semaine de 32 heures s'est développé entre adversaires et partisans également ardents…

Je n'arrive pas à me faire une opinion sur la question. Un tel aménagement du temps de travail serait-il catastrophique, comme le soutiennent par exemple Barre et Giscard ? Offrirait-il au contraire des perspectives sérieuses de créations d'emplois ? Peut-on l'adopter sans danger dans un seul pays, ou faudrait-il, comme le dit Antoine Riboud, que nos voisins s'y mettent aussi pour qu'il soit inoffensif ? S'agit-il d'une illusion lyrique ou du remède moderne au chômage ?

Le problème a tant de paramètres qu'il est extraordinairement difficile à maîtriser dans tous ses aspects. Je lis tout ce qui me tombe sous les yeux à ce sujet, et chaque ligne me rend plus perplexe…

Déjeuner exploratoire pour le prix Mumm, qui récompense chaque année quatre journalistes. Roger Thérond, le directeur de *Match*, me raconte que l'une des couvertures de son journal dont il est le plus fier, à juste titre, a fait l'une des plus mauvaises ventes. C'était la main de Rabin dans la main d'Arafat. Comment lui reprocher son inclination pour la famille Grimaldi ! C'est le public qui fait la presse. Et la télévision, donc !

Réunion du jury Femina, décisive celle-là. Discussion courtoise mais vive. A la fin, c'est Marc Lambron qui l'emporte pour *L'Œil du silence*, par six voix contre quatre, qui se sont éparpillées. Un bon choix, me semble-t-il, destiné au succès, ce qui n'est pas négligeable.

Pendant les délibérations, l'une des dames du jury dit tout à coup : « Et puis je m'en fiche... » Interloquée, je lui réponds un peu sèchement. Et puis j'apprends que sa petite-fille, de 25 ans, est en train de mourir du sida. Transmis par Cyril Collard au cours d'une brève liaison. L'horreur. Que dire en face de cette tragédie et que pèse un prix littéraire... ? Ce soir, je ne peux plus penser à autre chose...

Vendredi 5 novembre. Déjeuner traditionnel du Femina pour l'annonce du lauréat. Pour nous amuser, quelques-unes d'entre nous ont mis des chapeaux et ce sont les photographes qui s'amusent. Bof ! L'important est que le prix fasse parler. Mais que de bêtises on aura lues cette année à ce sujet, alors que rarement l'indépendance d'un jury aura été plus manifeste !

Les pronostics pour le Goncourt sont plus qu'incertains. Les choses sont toujours moins simples, moins organisées qu'on ne le raconte généralement. Il suffit d'une mauvaise tête pour que les stratégies échouent.

Logiquement, la partie devrait se jouer entre Michel Braudeau et Amin Maalouf. L'un des deux verra, le 9 novembre, la fortune lui passer sous le nez.

Samedi 6 novembre. Vu le dernier Woody Allen, *Meurtre mystérieux à Manhattan*. Une comédie sans importance, mais comme c'est tourné, comme c'est joué ! On ne cesse de s'amuser.

Le ciel est si bas, sur Paris, qu'on a peur de se cogner.

Crédit lyonnais : c'est fait. Peyrelevade a fini par accepter. Sa nomination sera rendue officielle mercredi. Je ne sais pas s'il faut en être contente pour lui.

Les dernières statistiques ont inspiré à Edouard Balladur ce commentaire : « Il semble qu'un certain nombre d'indices d'amélioration commencent à apparaître dans le secteur du logement, de la consommation, dans les perspectives d'investissement des entreprises. »

Le Premier ministre « envisage raisonnablement la reprise pour l'an prochain, à un rythme sans doute encore lent, mais la reprise tout de même ».

Selon le baromètre du *Figaro-Magazine*, sa cote a baissé de 7 points par rapport à octobre. Mais elle reste élevée.

Dimanche 7 novembre. L'Obs m'a fait porter une tonne de courrier. Il y a de tout, comme d'habitude, des lettres simplement gentilles, d'autres où les lecteurs expriment leur indignation à propos de telle ou telle émission et veulent la faire partager, et puis le lot inépuisable de détresses que l'on m'expose comme si j'avais quelque moyen d'y remédier... La femme à laquelle son mari, étranger, a volé ses enfants et qui crie sa douleur... L'homme blessé qui s'épuise à solliciter une pension d'invalidité... La veuve qui me demande de l'aider à supporter sa souffrance... Ceux qui s'acharnent dans des procès plus ou moins compliqués contre l'administration... Mais que puis-je faire, que puis-je faire... Il y a aussi, avec chaque courrier, un ou deux manuscrits, écrivains du dimanche qui attendent je ne sais quoi, un encouragement, un jugement favorable, un miracle. Hélas, je ne sais pas faire des miracles.

La journée du dimanche ne sera pas trop longue pour écluser cette petite centaine de lettres qui me laissent triste devant mon impuissance.

Lundi 8 novembre. Reçu hier soir quelques amis pour célébrer le cent cinquante millième exemplaire des *Hommes et les Femmes*. Ils étaient gais, charmants, diserts, heureux, je crois, de se retrouver… Une soirée douce et joyeuse, qui a effacé un dimanche de corvée. Et Bernard Pivot m'a appris ce qu'il faudra faire pour empêcher mon chat de vieillir ! Il est docteur ès chat.

Pierre Méhaignerie a fait voter une loi qui rend incompressible la peine de prison à perpétuité, appliquée à des meurtriers de mineurs… Mise à part la grâce présidentielle, aucune réduction de peine ne pourra jamais être prononcée. Parade contre la récidive.

Ceux qui subiront cet enfermement à vie ne sont certes pas des objets de compassion. Ce sont des hommes qui ont commis des crimes affreux… Il ne s'agit donc pas de s'attendrir sur leur sort. Simplement, a-t-on le droit de priver un être humain de toute espérance ? A tout jamais ? Que le chef de la démocratie chrétienne en France ait pris l'initiative d'une telle loi laisse songeur…

Lu la correspondance de Flaubert avec Maupassant. Un régal, comme toujours, les lettres de Flaubert, qui s'adresse à Maupassant en l'appelant « mon chéri », « mon fils », « mon bonhomme ». Et aussi : « jeune lubrique ».

L'un était-il le fils de l'autre, comme on l'a beaucoup dit ? Il semble bien que non. Maupassant était le neveu d'un ami très cher de Flaubert, mort prématurément, et celui-ci l'a en quelque sorte adopté.

Le beau, dans ces lettres, c'est la tendresse de l'homme âgé pour le plus jeune, la façon dont il le stimule, les critiques qu'il ne lui ménage pas, la joie qui éclate quand Maupassant écrit *Boule-de-Suif*. Un chef-d'œuvre, dit Flaubert immédiatement.

Longtemps, Maupassant se morfond au ministère de la Marine, où il est gratte-papier. Il supplie qu'on le tire de là. Il veut entrer au ministère de l'Education publique. Flaubert fera jouer la vieille amitié qui le lie au ministre pour obtenir satisfaction. Alors, discrètement, dans sa nouvelle fonction, Maupassant s'emploiera à ce que l'on accorde à Flaubert une pension dont celui-ci a bien besoin.

Ce qui fascine Flaubert, c'est la sexualité, la virilité exubérante de Maupassant, lui si austère, si chaste. Yvan Clerc, qui a établi le texte du livre en l'assortissant d'un monceau de notes et d'annexes, donne à ce sujet des détails piquants. Mais c'est tout l'ouvrage qui est savoureux, et qui donne la mesure de ce que l'histoire littéraire perd chaque jour avec l'usage du téléphone.

Mardi 9 novembre. Qui s'intéresse à Haïti ? Pas moi, j'en conviens. Du moins, je le croyais, jusqu'à la lecture d'un article du *Monde*, impressionnant. On y comprend la situation. Haïti a voté librement pour la première fois de son histoire. Un putsch militaire a renversé le président élu, Aristide, et les putschistes tiennent maintenant le pays, où ils font régner la terreur au mépris des représentations de la communauté internationale en général, et des Etats-Unis en particulier. Les sanctions économiques sont inopérantes. Les évêques se taisent. Le colonel qui a la haute main sur l'état-major est impliqué dans le trafic de drogue, qui rapporterait plus de 100 millions de dollars chaque année aux militaires haïtiens. Une démocratie est assassinée… Les putschistes comptent que, bientôt, on aura *oublié* Haïti.

Les Goncourt ont couronné Amin Maalouf pour *Le Rocher de Tanios*. Ce n'est pas le meilleur ouvrage de l'auteur, mais il est sympathique, ce Libanais qui écrit en français. A suivre maintenant, la course au tirage entre le Goncourt et le Femina.

François Mitterrand a renoncé, cette année, à faire fleurir, le 11 novembre, la tombe de Pétain à l'île d'Yeu. Hommage symbolique insupportable à ceux qui n'ont oublié ni leurs morts ni celui qui eut leur sang sur les mains.

Le Manifeste pour la parité entre hommes et femmes dans les assemblées élues est publié par *Le Monde*, avec 577 signatures. Utopie ? Il y a en de plus folles qui se sont réalisées. Et celle-ci ne peut être qu'encouragée par la décision de Michel Rocard, qui, sur la liste qu'il présentera aux élections européennes, fera alterner un nom d'homme, un nom de femme. Un sondage lui a révélé qu'il ferait ainsi 5 points de mieux !

Mercredi 10 novembre. Rafle en France dans les milieux islamistes, parmi les militants présumés ou avoués du FIS. 88 personnes interpellées, 13 retenues, qui constitueraient le noyau actif et dur des intégristes. Opération politique en direction d'Alger, évidemment, et puis ? Prévention pour éviter que la France ne devienne la base arrière des islamistes algériens ? Intimidation pure et simple ? Soutien déclaré à un pouvoir algérien exténué ? Tout cela ensemble, sans doute.

Comment ce coup d'éclat monté par Charles Pasqua sera-t-il ressenti de l'autre côté de la Méditerranée ? Trop tôt pour le savoir, mais la sécurité des ressortissants français n'en sera sans doute pas améliorée.

Selon un bon spécialiste de l'islam, Bruno Etienne, interrogé par *Libération* : « 95 % des musulmans de France veulent vivre tranquilles et sont pour l'intégration. Mais il y a un danger réel parce que des groupuscules incontrôlés peuvent faire n'importe quoi. La nébuleuse des mouvements est très compliquée. Il y a des mouvements missionnaires qui ne font que du prosélytisme, et des dizaines de groupuscules plus ou moins manipulés par divers commanditaires. Ces groupes sont d'autant plus dangereux qu'ils sont dans la nature ou autonomes. N'importe quel imbécile peut déposer une bombe dans un supermarché. Ça n'a rien à voir avec l'islam, ça a à voir avec le fascisme ordinaire. Qui croit dans ce pays que l'islam est ontologiquement terroriste ? »

Ontologiquement non, certes. Mais épisodiquement… La situation désastreuse qui s'est créée en Algérie, les progrès du fondamentalisme en France autorisent la méfiance…

Une petite équipe de *Match* vient me photographier. Et fait sauter les plombs de la pièce où elle opère avec force projecteurs. Trouver le panneau où sont encastrés les fusibles, une échelle pour les atteindre, une lampe électrique pour y voir clair, un fusible neuf… Ouf ! c'est fini ? Nullement.

La coupure de courant a effacé le programme de l'ordinateur et affolé le magnétoscope, qui clignote comme un fou… Trouver la notice explicative d'utilisation, cafouiller pendant dix minutes pour le remettre en état d'enregistrer… J'ai eu l'impression de vivre une heure à l'intérieur d'un dessin de Sempé.

Jeudi 11 novembre. Vu et entendu, hier soir, Barbara. Divine... Elle se déplace sur scène comme une autruche noire, rapide et droite sur ses pattes grêles, volte, virevolte, ouvre ses ailes, occupe l'espace avec de grands gestes brusques, une énergie farouche, elle dit à la salle : « Je veux vous remercier de pouvoir encore chanter à 63 ans... », et mille personnes se lèvent, transportées, pour lui faire ovation...

Ce qui lui reste de voix, elle s'en sert avec une science qui la rend plus émouvante encore, elle chante sur le souffle et c'est parfait. Un spectacle parfait.

Déjeuner avec Jacques Attali, dans son pigeonnier de Neuilly. Détendu. Imperturbable. Même pas l'air d'un homme qui aurait eu un accident d'auto. Il a été l'auteur d'un carambolage formidable entre un livre jugé par certains scandaleux et la gestion, fantaisiste selon d'autres, de la banque qu'il présidait. A-t-il des regrets, des remords, a-t-il procédé à son examen de conscience ? « Je n'aurais pas dû démissionner », dit-il. Et puis ? Et puis quoi ? C'est tout.

Mais que fait-il toute la journée ? Il a réintégré le Conseil d'Etat, son corps d'origine, où il va deux fois par semaine ; il mène quatre livres de front, dont un roman et le second tome de *Verbatim*, qui sortira en 1995 ; plusieurs pays étrangers l'utilisent comme consultant, sa tête tourne toujours à dix mille tours/minute, sur tous les sujets, sauf un : la part de responsabilité de Jacques Attali dans les malheurs qui se sont abattus sur lui.

Il me recommande un livre qu'il me tend, annoté, *L'Homme qui venait de Dieu*. De quoi s'agit-il ? C'est l'histoire de Jésus, racontée par un père jésuite.

Nous parlons de l'Europe. Pour lui, la construction européenne est morte. La France devrait se rappeler qu'elle est une puissance méditerranéenne et se tourner, avec l'Espagne et l'Italie, vers les pays du Maghreb. La Russie ? Il faut se hâter de l'amarrer à l'Europe.

Nous épiloguons sur les affaires intérieures, la rivalité Balladur-Chirac – « Chirac ne se retirera jamais » –, l'absence de projet collectif dont souffre la société française par opposition à la société allemande, qui sait, elle, pourquoi, en ce moment, elle peine, le désarroi de la jeunesse… Dans la promotion 92 de HEC, un diplômé sur deux est sans travail.

Un petit garçon entre dans la pièce, charmant, le fils d'Attali, 12 ans. « Je suis heureux, dit-il, qu'il n'ait pas 20 ans aujourd'hui. »

Avoir 20 ans aujourd'hui, en France, dur, dur…

Et en avoir 50 et passer du Capitole à la roche Tarpéienne, comment est-ce ?

L'effervescence étudiante contre les conditions de travail se poursuit un peu partout. Une manifestation est prévue pour le 15 novembre.

L'imam turc qui faisait de l'agitation à Nantua, incitant en particulier les fillettes à porter le foulard, a été expulsé pour « appel à la délinquance civique ». Il avait déclaré : « La loi d'Allah doit être suivie avant la loi française. »

Vendredi 12 novembre. Dérision : Bill Clinton menace les Serbes d'un recours à des frappes aériennes.

Pourquoi agite-t-il tout à coup son sabre de bois ? Parce que les zones théoriquement protégées par l'ONU, loin d'être démilitarisées, comme le recommandait une résolution des Nations unies, sont le théâtre de nouveaux combats.

Mais personne ne prend au sérieux l'agitation verbale de Clinton. Surtout pas les belligérants. Les Etats-Unis s'inquiètent d'une conflagration généralisée dans les Balkans, mais il y a longtemps qu'ils ont passé la Bosnie par pertes et profits.

Les Européens accusent Washington de mollesse parce que les Etats-Unis n'ont déployé aucun soldat en Bosnie. Les Américains estiment que la présence des Européens empêche l'aviation américaine d'infliger une punition aux Serbes qui assiègent Sarajevo. Et personne ne bouge.

Selon les prévisions du Département d'Etat rendues publiques avant-hier, un peu plus de 4 millions de personnes risquent de mourir au cours de l'hiver en raison de la guerre, des maladies, de la malnutrition ou du froid.

Héroïques, fous, insensés, les Bosniaques continuent à se battre, quasiment les mains nues. Et voilà maintenant qu'ils se battent entre eux...

Samedi 13 novembre. C'était un colloque entre intellectuels d'un bon niveau, qui dénonçaient les scandales de l'heure, le siège de Sarajevo, l'assassinat des intellectuels algériens, et s'interrogeaient sur l'apathie de la conscience mondiale. Et puis soudain surgit de l'ombre, impromptu, Salman Rushdie en personne, et ils furent du même coup éclipsés. Car toutes les paroles que prononce cet homme, si malicieux, si drôle même par instant, sont lestées d'un poids de sang et de mort.

Ses gardes scrutaient la salle, à la recherche du point d'ombre d'où pouvait surgir le danger. On tremblait. Si un poignard allait jaillir de la salle et le frapper ? Lui parlait, pour dire qu'il n'avait jamais été candidat à l'héroïsme, qu'il se serait bien passé de devenir un symbole. Mais, les choses étant ce qu'elles sont, il les assume. Cet homme qui a une meute de tueurs à ses trousses a choisi de ne pas avoir peur. C'était beau à voir, comme toujours le courage...

C'était à Strasbourg. C'était sur Arte, cette chaîne qu'une certaine droite voudrait voir disparaître...

Avec une obstination dont on lui saura gré, le chancelier Kohl a réaffirmé devant le Bundestag l'attachement de l'Allemagne à la construction européenne. « L'Allemagne est notre patrie, l'Europe est notre avenir... Il faut maintenir le rythme et le cap, l'Allemagne a besoin d'une union politique. »

S'il ne devait rester qu'un Européen, ce serait Helmut Kohl...

Volkswagen a adopté le principe de la semaine de quatre jours ou 28,8 heures de travail par semaine. L'accord n'est pas encore atteint, entre direction et syndicat, sur les modalités et réductions de salaires. Il ne s'agit pas de créer de nouveaux emplois mais d'éviter le licenciement de 30000 personnes.

Dans le *Fig-Mag*, Giscard tire argument de l'exemple Volkswagen pour montrer que la réduction du temps de travail, à laquelle il est violemment opposé, n'est pas créatrice d'emplois.

Malheureusement, les remèdes qu'il propose au chômage – relancer la croissance économique, augmenter le nombre des PMI – semblent des vœux pieux.

Euro Disney s'est cassé la figure. Le parc de Marne-la-Vallée affiche des pertes colossales : 5,34 milliards de francs pour un chiffre d'affaires équivalent. L'action est en chute libre sur toutes les places.

Les visiteurs n'ont pas manqué, cependant. 11 millions la première année, 17 millions en un an et demi d'exploitation… Mais, sur place, ils n'ont rien dépensé, déjouant toutes les prévisions basées sur le fonctionnement des parcs étrangers.

Si ce désastre ne s'accompagnait pas de licenciements, donc de chômage, on se consolerait. Mais ce Mickey boudeur qui devait apporter de la joie n'apporte que de l'amertume.

Dimanche 14 novembre. Rififi chez les Verts. Antoine Waechter a été mis en minorité parmi les siens, Dominique Voynet, la jeune femme blonde devenue brune, a emporté le congrès. La formule « ni droite ni gauche » est du même coup périmée… Si les Verts penchent, ce sera à gauche.

Petit concert matinal au Théâtre des Champs-Elysées, plein à craquer. Du Dvorak, du Brahms, bien joués. Ces concerts du dimanche donnés avant midi – il y en a plusieurs à Paris – réunissent une audience nombreuse que ni la radio, ni les disques compacts ne détournent de se déranger et de payer sa place. Cela rend optimiste sur ce qu'on appelle le public. Il n'a pas que la face affligeante des gens vissés devant la télé.

Lundi 15 novembre. Un prix Médicis bien mérité : Emmanuèle Bernheim, pour *Sa femme*. Un petit livre tranchant, dérangeant, excellent...

A 16 heures 30, il y a 5000 étudiants dans la rue à Paris, entre la Sorbonne et l'Assemblée nationale. Ce n'est pas énorme. Pas d'incident pour le moment. Cortèges dans plusieurs villes de province.

Mardi 16 novembre. La mobilisation étudiante a été mollement suivie. 5000 à 7000 jeunes gens dans la rue à Paris, des cortèges dans les villes universitaires, rien de fracassant. Sans doute certains avaient-ils renâclé devant un mot d'ordre lancé par les syndicats de gauche, l'UNEF et l'UNEF ID.

Défilé rageur, sans gaieté.

« Du pognon pour l'éducation ! » criaient les manifestants. Ce n'était pas précisément une revendication révolutionnaire. Plutôt un cri de détresse devant l'absence de locaux, l'absence de maîtres, les filières surchargées... Ils ont envie de travailler, ces enfants, aujourd'hui et demain.

Les écoutera-t-on ? Pour être entendu, en France, aujourd'hui, il vaut mieux être agriculteur et mettre le feu aux préfectures. La jeunesse, tant qu'elle ne casse pas, on la laisse braire.

La semaine de 32 heures, c'est fini. Son caractère « expérimental », qui devait entrer dans la loi à travers un vote du Sénat, a été rejeté par l'Assemblée nationale.

Mais on pourra expérimenter « la réduction du temps de travail annualisé d'au moins 15 %, accompagnée d'une réduction de salaire ».

Rien de comparable.

Sommes-nous condamnés à rester impuissants devant la dégradation de l'emploi, les bras ballants ? Le chef de file des économistes français, Edmond Malinvaud, donne au *Monde* une interview intéressante, où il expose les propositions d'un groupe de douze spécialistes.

Outre une baisse massive – et difficile à obtenir – des taux d'intérêt, les Douze suggèrent que les emplois rémunérés au salaire minimal soient exonérés de toutes charges patronales, afin que baisse le coût du travail, mesure qui agirait sur l'emploi non qualifié de façon appréciable, selon eux. Deuxième proposition : lancer à l'échelle de l'Europe des programmes d'investissements ambitieux, de l'ordre de 250 milliards d'écus (environ 1 700 milliards de francs), visant à couvrir des besoins collectifs non satisfaits, logements, rénovation urbaine, transports, etc.

Idée qui rejoint celle lancée par Michel Rocard.

« Notre ambition, dit M. Malinvaud, serait de retrouver un taux de croissance de 3 %, s'accompagnant d'une augmentation de l'emploi de 1 % l'an, qui devrait provoquer une baisse du chômage, au rythme de 0,5 %. »

Bref, nous ne sommes pas sortis de l'auberge. mais, à condition que « l'on agisse plus vite et avec plus d'esprit de décision qu'il est habituel », on pourrait en sortir. Lentement. « A mon âge et jusqu'à ma mort, dit Edmond Malinvaud, je resterai fidèle à l'idée que les économistes peuvent influencer l'emploi. » Les mânes de Keynes ont dû tressaillir d'aise.

Mercredi 17 novembre. Déjeuner avec BHL et Jean-Claude Fasquelle, le patron de Grasset, toujours flegmatique mais heureux de son Goncourt tout neuf qui flambe.

De plus en plus nombreux sont les livres qui ne trouvent pas un acheteur. Pas un. Ils tombent comme des pierres dans un puits. Mais que l'un d'eux donne simplement le plaisir de lire, et il trouve immédiatement son public. Ce ne sont pas les lecteurs qui manquent, ce sont les auteurs capables de donner ce plaisir.

Nous rions ensemble des sottises que la rivalité Goncourt/Femina a inspirées à des journalistes aussi péremptoires que mal informés. Il y a une griserie de la malveillance qui biaise les meilleures plumes. Peu importe. Les deux lauréats se vendent on ne peut mieux, et c'est très bien ainsi.

Nous taquinons Bernard sur sa passion perverse pour le téléphone. J.-C. Fasquelle me raconte cette chose inouïe : en Italie, le téléphone portatif s'est tellement répandu que les autorités religieuses ont dû diffuser une circulaire pour en interdire l'usage dans les églises !

La France va-t-elle rétablir la peine de mort ? Les parlementaires de la majorité – pas tous, mais un bon nombre – s'en lèchent déjà les babines.

Le comble est que Pierre Méhaignerie, garde des Sceaux, en serait responsable, lui qui en est un adversaire résolu. Mais en voulant faire voter une disposition, contestable et contestée, rendant la détention perpétuelle pour les assassins de mineurs, il a ressuscité des passions mortifères.

Renonçant à la prison à vie, qui soulevait de vives objections, y compris parmi les gardiens de prison, il se propose maintenant de soumettre au Parlement un amendement aux termes duquel le cas d'un condamé pourra être réexaminé après trente ans de détention. Mais il a réveillé les démons qui ne dormaient que d'un œil. Et on craint maintenant que le débat ne dégénère et tourne au rétablissement de la peine de mort.

Une affaire difficile à maîtriser pour le pauvre Méhaignerie, qui s'est, comme on dit, emmêlé les pinceaux.

Le clown Zavatta s'est tué, à 78 ans, d'une balle dans la tête. Cancer. Il souffrait. C'était si beau, le cirque, autrefois. Le bruit, l'odeur, les paillettes, les exploits… Et puis la télévision est arrivée, avec la *Piste aux étoiles* de Gilles Margaritis, où les spectateurs ont pu voir soudain une sélection des numéros les plus extraordinaires. Gâtés, blasés, ils n'ont plus eu d'yeux pour le travail ordinaire des cirques ordinaires, qui ont perdu peu à peu leur public. Ainsi s'est éteint doucement le cirque, où ne vont plus que les enfants… Adieu, le clown…

Jeudi 18 novembre. Participé hier soir à une conférence donnée par l'Association culturelle de l'Eglise réformée. Les protestants, en somme, avec lesquels je me sens toujours des atomes crochus.

A 13 ans, j'ai fait des pieds et des mains pour devenir protestante. Sans succès. Mais quelque chose m'en est resté.

Thème de la conférence : l'indifférence. Jonglant avec le

Bien et le Mal, un professeur de philosophie, un pasteur, un théologien en ont traité avec une virtuosité dialectique remarquable. Incapable de les suivre sur ce terrain, j'ai dit, brièvement, ce que je pensais : que l'indifférence est une infirmité de l'esprit et du cœur. Que c'est une exaspération de l'individualisme qui me rebute… Qu'elle est souvent le fait de personnes très âgées qui ont besoin de toutes leurs forces pour retenir leur souffle, et alors on peut la comprendre. Mais n'est-ce pas justement le signe que l'indifférence est synonyme de mort ? D'une certaine mort au monde, à ses splendeurs comme à ses horreurs ? Qu'elle accompagne toujours la dépression profonde, et alors elle mérite compassion. Enfin, quelques petites choses…

C'était difficile d'intervenir après trois orateurs entraînés, moi qui tremble toujours quand il me faut parler en public. Et puis on grelottait dans ce temple… J'espère que les auditeurs, habitués aux joutes de l'esprit, n'ont pas été trop déçus.

Battue par la Bulgarie, la France n'ira pas aux Etats-Unis disputer la Coupe du monde de football. Grosse tristesse pour les amateurs. Le football français est cassé. Il faut dire qu'il a de quoi.

Vacarme sous mes fenêtres. Des manifestants de quinze entreprises publiques défilent aujourd'hui dans Paris pour protester contre les suppressions d'emplois. Ils seraient plus de 10000… Il y a comme une urticaire qui se développe ces temps-ci sur la peau de la France.

Clinton est sauvé : il a fini par arracher le vote qu'il demandait sur la création de l'ALENA, soit un marché de 360 millions de consommateurs unissant les Etats-Unis, le Mexique et le Canada. Un échec lui aurait été fatal. C'était son Maastricht à lui, même si les deux entreprises, l'européenne et l'américaine, ne sont pas exactement comparables. Du même coup, les négociations sur le Gatt paraissent débloquées.

Vendredi 19 novembre. D'abord, on échangea des invectives. On était pour ou contre la pyramide du Louvre, avant même qu'elle ne fût édifiée, la droite criait au sacrilège, la gauche ripostait.

Et puis la pyramide lança dans le ciel sa pointe de verre au milieu des jets d'eau, et il fallut bien se rendre à l'évidence : c'était superbe. Cette esplanade, encombrée jusque-là de voitures en stationnement, de cars et de baraques à souvenirs, était devenue un lieu de beauté.

Et puis les travaux suivants commencèrent et de sa fenêtre, au ministère des Finances, Edouard Balladur les contempla avec horreur. Il n'eut pas la douleur d'émigrer à Bercy : le ministère avait changé de titulaire.

Aujourd'hui, voici dévoilé dans toute sa majesté le Grand Louvre, celui qui a récupéré l'aile Richelieu occupée depuis la nuit des temps par les Finances. Et il faut encore une fois se rendre à l'évidence : c'est un éblouissement.

J'avais eu l'occasion de visiter le chantier en cours de travaux, de courir à travers les échafaudages, c'était hallucinant. Seuls les murs de façade étaient debout. A l'intérieur, tout avait été détruit, les plafonds, les cloisons… Un décor fou et grandiose.

La folie a disparu. Le grandiose est demeuré, ordonné en volumes admirables, en espaces harmonieux étagés sur trois niveaux, doucement éclairés par la lumière naturelle venue de toits transparents, partout des fenêtres ouvertes sur la Seine, les jardins, le ciel, et partout des merveilles que l'on n'avait jamais si bien vues. Elles ne sont pas exposées, elles sont mises en scène, des célèbres Chevaux de Marly aux vingt-quatre Rubens exécutés pour Marie de Médicis, de l'épée de Charlemagne à la somptueuse série de Poussin, des taureaux ailés à tête d'homme hauts de quatre mètres aux camées du trésor de Saint-Denis.

Derrière cette réussite, un petit Chinois rieur de 76 ans, Pei le magicien, qui a conçu l'ensemble.

D'un maquis de pièces sombres décourageant le plus hardi explorateur, d'une vieille bâtisse sinistre où l'on se perdait pour se casser le nez sur des salles fermées, il a fait, avec la collaboration d'artisans inspirés, un palais enchanté ouvert sur la ville, le contraire d'un coffre-fort…

Les grands travaux par quoi François Mitterrand entendait laisser son empreinte sur le siècle n'ont pas tous été aussi heureux. L'Opéra-Bastille est raté. La Grande Arche est belle, mais l'intérieur peu logeable… La Très Grande Bibliothèque, on ne sait pas encore. Sa dimension inhumaine effraye. Mais le Louvre est devenu le plus beau musée du monde, on peut le dire. Par le fait du Prince. Quelquefois, il a du bon.

Samedi 20 novembre. Le procès Villemin, qui se poursuit depuis bientôt deux semaines, laisse une impression accablante.

C'est ça la justice ? Que le Ciel nous garde de tomber entre ses mains. Juges nuls et vaniteux, plus préoccupés de leur publicité que de leur instruction, rapports d'experts annulés, scellés trafiqués… C'est effarant. C'est le procès de la justice qui se fait ici.

Le fera-t-on aussi à propos de Bernard Tapie ? Quoi qu'on pense de l'homme, il semble qu'une coalition de juges d'instruction se soit formée pour le mettre à genoux.

Le voilà maintenant au point de perdre son immunité parlementaire et d'être inculpé dans plusieurs affaires. Ce qui hérisse, ce n'est point qu'il soit poursuivi s'il est coupable. C'est qu'il soit donné pour coupable avant que ces affaires soient instruites.

Le Point le voit déjà risquer la prison. Il se peut. Mais Tapie a droit, comme tout le monde, à la présomption d'innocence, même si on ne l'aime pas, même si le personnage et ce qu'il véhicule n'encouragent pas la complaisance.

Me voilà en train de défendre Tapie ?

Non. C'est un principe qu'il faut défendre. On ne détruit pas un homme sur des soupçons.

Joli temps sec, et froid de loup. On s'en réjouirait si tant de sans-abri…

Dimanche 21 novembre. En ce jour glacial, il y a eu 100 000 personnes pour sortir de chez elles et aller former des files d'attente devant le nouveau Louvre, si bien qu'il a fallu fermer le musée plus tôt que prévu.

100 000 personnes. Qu'allaient-elles faire en ces lieux ? Voir de la peinture et de la sculpture ? Improbable. Elles allaient se donner le plaisir d'être fières. Fières du Louvre, qui leur appartient. C'est bon d'être fier, de temps en temps.

Vente de livres au bénéfice du Pen Club. La foule habituelle, les dédicaces habituelles. Je ne sais jamais quoi écrire. Avec ma sympathie ? En hommage ? C'est bien plat. Certains auteurs ont plus de talent. Moi, l'exercice paralyse mon imagination. Je signe, je signe… Merci madame, merci monsieur… Quand le stock de livres qui a été préparé est épuisé, je m'en vais avec mauvaise conscience. J'ai écrit et souri comme une mécanique.

Intervention de Balladur à la télévision : « Il est temps que les Français entendent un message d'espoir. Les choses commencent à aller mieux… » Voilà qui fait plaisir à entendre, même si ces choses sont dites « avec prudence et modestie ». Une prudence qui s'impose. Au mieux, on peut penser que la récession s'est stabilisée. La reprise, elle, n'est pas pour demain, ni le reflux du chômage, au contraire. Mais personne ne reprochera à Edouard Balladur de mettre une touche de rose dans un climat si noir. 55 % des Français croient qu'ils sont menacés de faire un jour partie des exclus…

Lundi 22 novembre. Premier tour des élections municipales en Italie. La démocratie chrétienne et les socialistes s'effondrent, au bénéfice de l'extrême droite et de l'ancien Parti communiste, le PDS. Autrement dit, les électeurs ont renvoyé dans leurs foyers ceux qui les ont gouvernés pendant quarante années. Ils ont voté noir ou rouge.

On ne sait pas encore précisément qui emportera, au second tour, les grandes villes, mais on admirera qu'à Palerme, en Sicile, ait triomphé le chef de file du mouvement anti-Mafia, Leoluca Orlando. Et on ne pleurera pas l'échec, probable, à Naples, de la petite-fille de Mussolini qui a… comment dire poliment ? mauvais genre.

Aspect intéressant de cette consultation : c'est l'ancien Parti communiste qui se trouve en position d'être au centre du dispositif de recomposition de la vie politique du pays. Achille Ochetto, qui a assuré il y a quelques années la transformation de son parti, peut être heureux.

Mardi 23 novembre. « Suuur la mer calméeee » flottait hier soir, à l'Opéra, un parfum de curiosité. On allait voir ce que Bob Wilson, toujours lui, avait fait de *Madame Butterfly*, la lugubre histoire de la petite Japonaise séduite et abandonnée par un méchant officier de l'escadre américaine.

L'opéra date de 1904. Et la musique a des rides. Ce n'est pas le meilleur Puccini, celui qui orientalise, avec de brusques poussées d'artillerie émotionnelle. Aussi bien n'était-ce pas pour lui que l'on se dérangeait mais pour Wilson.

On fut comblé. Foin des japonaiseries d'usage, mise en scène d'une austérité spartiate, exotisme ascétique, costumes silencieux, gestes contenus, grandes plages nues où les chanteurs, hiératiques, évoluent comme des cygnes sur des fonds laiteux.

Magnifique ! Presque trop beau pour la partition.

L'interprète du vilain Américain était malheureusement lourdaud, avec une voix grasse… Mais Diana Soviero est une Butterfly de rêve. Une excellente soirée, donc, au milieu d'un public propre sur lui. Ce qui n'est plus toujours le cas à l'Opéra.

Relu, pour le *JDD*, une bonne partie des *Mémoires* de Casanova, dont la première édition enfin conforme à l'original vient de paraître, après des tribulations dignes de celles de l'auteur.

Derrière sa légende de séducteur professionnel, le personnage apparaît dans toute sa stature. Charlatan, aventurier, joueur, escroc de haut vol, espion de Louis XV, mais aussi docteur en droit, traducteur d'Homère, auteur d'une *Histoire des troubles de la Pologne* en sept volumes, fréquentant les cours et les bouges, les princes et les cachots, fabuleux Casanova.

Qu'avait-il donc, ce fripon vénitien, pour que les femmes tombent dans ses bras ? Glouton du sexe ? Don Juan au cœur de pierre ? Nullement. Il les aimait, tout simplement. Il était amoureux. Simplement, ça lui arrivait souvent. Ensuite, il fallait rompre, ce qu'il faisait avec délicatesse. Mais il en fut épris, à chaque fois, de ces belles qu'il couvrait de bijoux et qui, le voyant revenir, dix ou vingt ans plus tard, impécunieux, lui ouvraient leur bourse tant elles avaient gardé tendre souvenir du meilleur des amants.

Ce n'est pas un comédien, un stratège de la séduction. Sa technique, c'est d'être naturel, d'obéir aux mouvements impérieux de son cœur. Il met aussi une remarquable promptitude à exploiter les situations. Enfin, arme suprême, il a la parole, une langue d'or, des connaissances infinies, l'art de captiver l'esprit pour que la chair succombe. Les femmes ne s'ennuyaient jamais avec lui, ni avant, ni après. Et on ne s'ennuie pas une minute à lire cette *Histoire de ma vie* écrite au fond d'un château de Bohême « pour ne pas devenir fou ou mourir de chagrin » dans le triste emploi de bibliothécaire où allait s'achever la vie tumultueuse de Casanova le superbe. Il n'y en a jamais que quatre mille pages !

Jeudi 25 novembre. Petit dîner intime, hier soir, à Madrid, où je suis pour quarante-huit heures, avec le ministre des Affaires sociales, Cristina Alberdi. Une jeune femme juriste de formation, gaie et tout à fait sympathique.

Féministe calme mais ferme, elle est hautement optimiste sur l'évolution de la situation des femmes dans la société espagnole et me donne des exemples.

Lucide, elle est moins optimiste sur l'avenir du continent européen entre le bloc américain et le bloc asiatique. Si on ne réagit pas vigoureusement, dit-elle, c'est la décadence qui nous guette. Tous. Topo connu, hélas. Mais pourquoi ne réagirait-on pas ? Tout n'est pas encore perdu.

L'Espagne compte de 17 à 20 % de chômeurs dans la population active. Felipe Gonzalez est toujours très apprécié par l'establishment, mais sa popularité s'effrite dans le pays, en particulier parmi les jeunes. Son parti est empoisonné par des affaires de corruption. Il a échappé par miracle à la lessive qui a liquidé le PS français et le PS italien. Mais il est, me dit Cristina Alberdi, très affaibli.

Venue pour soutenir le lancement d'un livre fraîchement

traduit en espagnol, j'ai obtenu une heure de vacances, entre dix interviews données à la chaîne, pour aller faire un tour au Prado. Il est toujours aussi mal éclairé. Repartie avec des Goya et des Velasquez plein les yeux. Si le chien de Goya, cette petite toile toute simple, sur fond jaune, disparaît un jour, c'est moi qui l'aurai dérobée…

Essayé de convaincre BHL de m'accompagner, mais il avait un article à finir. Et puis les lieux et les choses ne l'intéressent pas. Il n'a de regard que pour les êtres humains.

Dans l'avion du retour, je tombe sur une information inouïe : Silvio Berlusconi soutient, pour le second tour des municipales à Rome, le candidat néo-fasciste !

Berlusconi, avec son empire financier, ses journaux, ses télévisions obscènes, c'est une puissance. Qu'il la mette au service des néo-fascistes – alors qu'il était, de surcroît, le plus ferme soutien des socialistes ! – achève de rendre l'homme peu recommandable…

Les Italiens ont-ils fait leur révolution pour se donner à des Berlusconi ? Ce serait un beau gâchis.

Vendredi 26 novembre. Houphouët-Boigny, le président de la Côte-d'Ivoire, n'en finit pas de mourir. En fait, on ne sait pas s'il est encore en vie ou si les médecins le prolongent artificiellement, façon Franco, tandis que se manigance sa succession.

Pendant que Franco agonisait, ses ministres étaient réunis en un conseil qui siégeait sans désemparer. De temps en temps, quelqu'un se levait pour aller aux nouvelles. Enfin, l'un d'eux revint pour dire : « C'est fini. » Il y eut un long silence. Puis une voix demanda : « Qui va le lui annoncer ? » *Si non e vero…*

Anthony Burgess disparaît, à 76 ans. Cet Anglais de souche irlandaise, fonctionnaire colonial, s'était mis à écrire à 40 ans, après que son médecin lui eut annoncé qu'il était condamné. Tumeur au cerveau. Prolifique, tumultueux, bouillant, provocant, péremptoire, catholique effervescent hanté par les forces du mal, il laisse plus de cinquante romans, essais, biographies, compositions musicales, et en particulier le célèbre *Orange mécanique* qui lui fut inspiré par la mort atroce de sa femme, violée par trois GI déserteurs alors qu'elle était enceinte.

La critique de son pays lui a souvent reproché d'écrire trop et trop vite. Son commentaire, ironique : « Si l'on écrit beaucoup, la loi des grands nombres garantit que parfois l'on écrira quelque chose de bon. » Et, en effet, parfois cela lui est arrivé.

Samedi 27 novembre. Jacques Médecin est arrêté en Uruguay, où il est réfugié depuis trois ans, tranquille et prospère. La France aurait demandé son extradition… Petit malfrat ? Grande fripouille ? La justice en décidera. Si elle met la main sur lui.

Trois enfants de 8 à 10 ans ont tué un clochard à coups de pied et de bâton, et l'ont jeté dans un puits, sous les yeux d'un autre clochard, qui les encourageait. Cela ne s'est pas passé à Brooklyn mais à Vitry-sur-Seine. On ne sait pas de combien de meurtres ces enfants ont été témoins à la télévision. En France, on n'incarcère pas des enfants. En Grande-Bretagne, les deux garçons de 11 ans qui ont battu un petit de 2 ans à coups de brique, avant de le laisser sans vie sur une voie ferrée, ont été condamnés à l'enfermement perpétuel. Une façon radicale d'évacuer la réalité quand elle dérange.

Le procès Villemin prend une étrange tournure. Alors que la jeune mère, Christine, a fait l'objet d'un non-lieu, la voilà, soudain, rudement mise en accusation par des graphologues et des témoins. Tout cela dans les larmes, les cris et les sanglots. Et on ne sait plus que penser. Se peut-il que cette jeune femme ait tué son petit garçon ? Mais pourquoi ? Pourquoi ? Et si on ne découvre jamais le meurtrier du petit Grégory, portera-t-elle toute sa vie cette abominable suspicion ? Elle est pathétique. Son mari, digne, aussi. Ce que ce couple endure…

Incroyable histoire dont il est impossible de se désintéresser.

Dimanche 28 novembre. Vente aux enchères de peinture contemporaine demain soir à Drouot-Montaigne. Les pièces sont exposées… Estimations très basses. Un petit Alechinsky rose me tape dans l'œil. S'il reste dans mes prix, je vais succomber. L'épatant, avec la peinture, c'est que le désir n'est jamais exténué. A peine satisfait, il renaît pour un autre objet. Et c'est le désir qui vous tient vivant.

Lundi 29 novembre. Arte a créé un prix Cyril-Collard qui a un sens, puisqu'il ne s'agit pas de récompenser une œuvre mais de donner à l'auteur d'un premier film intéressant de quoi lui permettre d'en mettre un deuxième en chantier. Soit 200 000 francs. Depardieu plaide avec chaleur pour son candidat. Il est si grand, si gros, si fort qu'il faut se contraindre pour parler derrière lui, autrement que lui. J'essaye, timidement.

Pour finir, dans un élan de générosité, la dotation a été portée à 300 000 francs et partagée entre deux bénéficiaires, une fille et un garçon. Jeunes, avec un tempérament certain, qui a besoin de mûrir sans doute, mais que l'on est heureux de pouvoir soutenir.

Vu, en prévision de ce prix, une dizaine de premiers films. La plupart justifie notre prétention à « l'exception culturelle » pour permettre au cinéma français de survivre. Il y a du talent là-dedans…

Les Anglais font un tapage d'enfer parce que leur gouvernement a été surpris en flagrant délit de mensonge : contrairement aux déclarations de John Major, des contacts ont été pris avec l'IRA après que celle-ci eut signalé son intention de cesser ses actes de violence.

On voit bien ce qui les choque. Et l'affaire irlandaise, sans doute, n'est pas simple. Mais, dans une guerre, avec qui négocie-t-on, sinon avec son adversaire ?

Voilà le pauvre Major accusé « au mieux de stupidité, au pire de duplicité ».

Dans une bonne émission, *Les Brûlures de l'histoire*, un historien, M. Jacques Marseille, est venu nous expliquer pourquoi la crise que nous traversons n'est pas comparable à celle qui, en 1929, ravagea l'économie mondiale. Il fut parfaitement convaincant, mais il ajouta : « D'ailleurs, nous ne sommes pas en crise. Il n'y a pas de crise en Asie. Nous sommes en dépression. On a connu cela dans les années 1870/1890. Ça dure en général une génération. On en a donc encore pour une dizaine d'années… »

Dix ans ! Putain ! comme dirait Chirac…

Mardi 30 novembre. Il n'est de bruit, depuis vingt-quatre heures, que de football. A voir la télévision, on croirait que le Premier ministre a démissionné, pour le moins. Mais non. Il ne s'agit que du président de la Fédération française de football, Jean Fournet-Fayard. Après neuf ans de règne, où il fut souvent contesté, cet aimable pharmacien lyonnais paye les récents échecs de la France dans les rencontres internationales.

J'aime bien ce sport et j'aime bien que la France gagne. Mais la place qu'il a pris dans la vie nationale donne le sentiment désagréable de vivre dans un pays arriéré, là où les motifs de divertissement et d'orgueil sont si rares que le ballon rond les contient tous. Mais peut-être cette arriération est-elle en train de devenir universelle, entretenue par l'ampleur des intérêts en jeu…

Si j'ai bien compris, de grands chambardements se préparent pour substituer le foot-business au foot amateur, dont Fournet-Fayard aura été le dernier et malheureux représentant.

Il se plaint d'avoir fait l'objet d'un lynchage médiatique. C'est le dernier terme à la mode pour désigner l'acharnement mis par les médias à répercuter les fautes et manquements d'un homme qui se juge innocent de ce dont on l'accuse… Lynchage médiatique, c'est plus court et cela fait moderne. C'est très ancien.

Le gouvernement britannique tient bon dans la tempête. Il s'est déclaré prêt à donner son accord à un dialogue en bonne et due forme avec le Sinn Fein – la branche politique de l'IRA – dès janvier prochain, à condition que la violence ait cessé depuis au moins deux mois et demi. Les remous sont énormes, mais un processus de paix semble néanmoins engagé.

Décembre

Mercredi 1er décembre. Décembre. Journées courtes, ciel bas, verglas, chômage en hausse, climat chagrin, guirlandes de Noël, pouah ! Que faire ?

Se secouer. Prendre des vitamines. Fermer la télévision à l'heure du journal. Recenser les raisons que l'on aurait d'être heureux. Puiser au fond de soi ce que l'on recèle de joie de vivre pour essayer de la communiquer. Ré-a-gir ! C'est le seul programme possible.

Déjeuner avec François Erval, qui revient de Sarajevo épouvanté. « Nous sommes tous des criminels, me dit-il, tous, les Français, les Anglais, les Allemands et naturellement les Américains. Mais eux ont au moins l'excuse de ne pas connaître l'histoire. » Cela s'apprend, l'histoire, que diable, même celle des Balkans.

J'admire que cet homme rompu d'expérience ait encore la fraîcheur de s'indigner devant l'impuissance de dirigeants à la fois cyniques et pusillanimes. Moi je n'ai même plus le goût de consigner ici les méandres des négociations où s'agitent les belligérants et les Douze tandis que, dans les rues de Sarajevo, les bombes de mortier fracassent le crâne des enfants qui jouent…

Gatt : ça barde. On est tout près maintenant de la date butoir où il faut que ça passe ou que ça casse. « Surtout, ne pas casser ! » se sont écriés de concert Raymond Barre et Valéry Giscard d'Estaing. Mais les Français ont peur, c'est clair, de la mondialisation de l'économie, et ils sont encore nombreux à croire obscurément qu'ils peuvent se replier, isolés, sur leur pré carré. Vivre en autarcie, pourquoi pas !

Il y a évidemment une bonne part d'intoxication dans les informations que l'on diffuse ici et là sur l'état des négociations relatives au Gatt, un pessimisme tactique chez Balladur, une attitude habile pour faire porter un échec éventuel des négociations à l'Europe et non à la France seule, mais, pour l'heure, le ton n'est pas au compromis.

Jeudi 2 décembre. En passant place de la Concorde, que vois-je ? L'Obélisque habillé d'un préservatif rose fuschia. Il fallait y penser. Ainsi fut marquée à Paris, d'un sceau géant, la Journée mondiale du sida. Avec 32 000 cas recensés, la France détient un sinistre record, en Europe. Insouciance ? Inconscience ? Irresponsabilité ? Sûr que si l'on mettait au point un préservatif dont les femmes auraient la maîtrise, elles feraient, elles, le geste qui sauve.

Après une période d'indifférence, l'affaire Villemin est rentrée dans les conversations. C'est que chacun a de nouveau son opinion sur la question, au fur et à mesure que le procès se déroule, toile d'araignée de mensonges que le président ne parvient pas à déchirer. Est venue témoigner la nommée Murielle, celle qui a accusé Laroche, son beau-frère, d'avoir enlevé le petit Grégory, puis qui s'est rétractée, après une nuit passée chez ses parents. C'est la pièce majeure de l'affaire. Visage porcin, bouffi, buté, sous une crinière rousse, elle affirme que les gendarmes lui ont extorqué de faux aveux. « Chez nous, on avait peur des gendarmes. » Ceux-ci démentent, indignés. Témoignages, contre-témoignages, il s'agit maintenant de la faire craquer. Alors, enfin, tout deviendrait clair dans cette obscure tragédie. Mais craquera-t-elle ? De nouveau, on se passionne à la lecture des journaux.

Hervé Bazin vient déjeuner à la maison. Il s'est trompé d'adresse, il arrive à 14 heures, tout confus. Etonnant pour ses 82 ans. Droit, vif, l'oreille fine, amusant, pointu, curieux de tout, plein d'anecdotes… Vieillir de la sorte, c'est épatant. Il est traduit en quarante-trois langues. Bagatelle.

Vendredi 3 décembre. Eclaircies du côté du Gatt. Les petites phrases optimistes tombent ici et là. Un compromis devrait être atteint lundi 6 décembre entre le négociateur américain et celui des Douze. Les Français restent circonspects.

Pablo Escobar, le chef du cartel de Medellin, l'un des grands trafiquants mondiaux de cocaïne, a été découvert dans son refuge et abattu par l'armée… Voilà une bonne chose de faite, même si elle ne règle rien. Ces grands assassins de la drogue sont coupables de crimes contre l'humanité.

Renault et Volvo étaient fiancés de longue date. Les deux firmes ont décidé de se marier. Les noces étaient annoncées. Renault et Volvo allaient constituer ensemble le dix-neuvième groupe mondial de construction automobile. Leur complémentarité était parfaite. Crac : la fiancée suédoise a repris sa parole. Méfiance à l'égard de la France, dite « nationaliste et protectionniste », rébellion des petits actionnaires de Volvo parlant de « sauver la mère patrie suédoise », le président de Volvo, mis en minorité, a démissionné. Tout est gelé… C'est un mauvais coup pour Renault, un très mauvais coup pour Volvo.

On va mettre des lunettes à Hubble. Hubble, c'est ce géant – 12 tonnes – qui circule sur orbite dans le ciel depuis trois ans, ce télescope spatial grand comme un autobus auquel il est arrivé un ennui : il est devenu myope et envoie des photos floues.

Un équipage est parti, à bord d'une navette, qui va tenter de lui fixer un verre correcteur. Extraordinaire entreprise qui fait rêver…

Samedi 4 décembre. Première opération réussie : Hubble a été capturé et amarré à la navette. On a commencé à l'ausculter et à le soigner. Quelle drôle d'espèce, les hommes, si ingénieuse, si inventive, et en même temps si désarmée quand les problèmes qui lui sont posés cessent d'être techniques…

C'est un chauffeur de taxi tout jeune, charmant, timide. Il en est à sa première sortie et il ne connaît pas Paris. Mais alors pas du tout !

Comment est-ce possible ? La formation est trop courte, me dit-il, autrefois elle durait trois mois, maintenant elle est réduite à six semaines. C'est insuffisant. On connaît à peu près l'emplacement des rues. Mais comment aller d'un point à un autre ?

Son angoisse m'attendrit. Je lui laisse un pourboire royal. Mais, s'il tombe sur des clients japonais, il va avoir quelques problèmes, mon petit chauffeur. Dure, dure la vie…

Encore une vente de livres, à Sciences Po, cette fois. Un public jeune et gai, qui achète beaucoup. Une dame passe, prend *Les Hommes et les Femmes*, retourne le livre, voit la photo de BHL, le rejette et s'écrie : « Ah ! non, cet homme-là, je ne peux pas le voir ! » Et elle s'en va, furieuse.

Plus tard, il y aura celle qui, au contraire, demandera, impérieuse : « Où est-il ? Où est-il ? C'est SA dédicace que je veux ! » La mienne ne l'intéresse pas. Drôle, la vivacité des réactions qu'il provoque. On l'abhorre ou on l'adore.

Le Monde annonce à la une : « La reprise économique se confirme aux Etats-Unis », et développe le sujet. Il y a de profonds remue-ménage dans l'économie américaine, des suppressions massives d'emplois d'un côté, dans les grands groupes, mais de nouveaux emplois dans les petites entreprises, surtout dans les services. Bref, en gros, ça va mieux. Et nous pouvons seulement en bénéficier.

C'est la première fois depuis longtemps qu'il y a une information encourageante à la une du *Monde*.

Dimanche 5 décembre. Lu dans Flaubert : « Que nous sommes sots, de toujours nous plaindre ! Et puis d'ailleurs, c'est si commun que ceux qui se piquent de quelque distinction devraient s'en abstenir. »

Vu Guy Bedos dans *La Résistible Ascension d'Arturo Ui*, fameuse pièce de Brecht, sorte de farce tragique sur le fascisme. Il réussit une belle performance, inattendue de la part d'un amuseur. Bedos sous les traits de Hitler…

La pièce, grinçante, a gardé sa force, depuis le temps où Jean Vilar la jouait, même si elle a perdu en actualité. Mais « le ventre est toujours fécond d'où est sortie la bête immonde… ».

On rit quelquefois. Jaune.

Les radios devront désormais diffuser obligatoirement 40 % de chansons françaises. Est-ce bien, est-ce mal, je ne sais… Ces combats en défense sont toujours tristes. Il y a bien longtemps queje n'ai pas écrit de chanson. La dernière était pour Yves Montand. L'animal en a changé les dernières lignes sans même me prévenir avant d'enregistrer. Je n'ai pas aimé. Cela nous a brouillés.

Les assassinats ont repris en Algérie. Infernal chapelet d'infamies.

Lundi 6 décembre. Elections italiennes : les néo-fascistes sont battus, dans toutes les grandes villes, par la coalition de gauche, et d'abord à Rome. Mais aussi à Naples, Venise, Trieste, Gênes. Ils atteignent néanmoins des scores consistants. En bonne position aussi, dans le nord du pays, la Ligue lombarde, qui n'a pas fini de faire parler d'elle…

Résultats à observer avec précaution. Il n'y a pas tout soudain 45 % de fascistes en Italie. Mais, les partis aux mains sales désertés, la démocratie chrétienne balayée, la droite traditionnelle s'est trouvée non représentée. Un vide où s'est engouffrée l'extrême droite.

Tout cela va encore bouger d'ici les prochaines élections, législatives celles-là, qui devraient avoir lieu en février.

Cela ne nous concerne pas directement, mais rien qu'à voir la tête – jolie au demeurant – d'Alessandra Mussolini, on se sentait comme des envies d'aller voter à Naples. Contre elle.

Lu un livre mal ficelé mais intéressant sur la sœur de Nietzsche, Elisabeth, antisémite pathologique qui s'en était allée fonder une colonie « aryenne » au Paraguay, la Nueva

Germania. Lamentable échec. Comment elle a pris ensuite sous tutelle son frère devenu fou et du même coup célèbre, comment elle a manipulé son œuvre, triturant les textes, les dénaturant au point de faire de Nietzsche le chantre du national-socialisme, tout cela est bien raconté. Il y a plusieurs années que Nietzsche a été réhabilité et rendu à son intégrité. Mais les détails de cette imposture méritent d'être connus.

« Que pensez-vous de Nietzsche ? » demanda-t-on un jour à Jules Renard. « Je trouve qu'il y a trop de lettres dans son nom. » Le fait est...

Le Téléthon, cette gigantesque kermesse télévisée annuelle, destinée à récolter des fonds pour la recherche médicale, a fonctionné encore une fois avec un succès remarquable : plus de 350 millions ont été collectés.

Pourquoi ? Parce que c'est génial, comme système. L'invention est américaine. Elle s'est parfaitement adaptée en France selon la même technique. Rien de tel pour vous extraire de l'argent en douceur. C'est quasiment irrésistible.

La cause est bonne, les fonds recueillis sont bien utilisés, des résultats concrets parfois spectaculaires ont été obtenus par les chercheurs bénéficiaires du Téléthon, les Français sont contents de se montrer généreux tout en se préoccupant de leur santé, rien à objecter, donc. Quoi qu'on pense de la télévision – et je la tiens pour le fléau du siècle –, quand elle utilise ainsi sa puissance, elle se rachète.

Mardi 7 décembre. Gatt : des deux côtés, on dramatise et on tire sur la corde le plus que l'on peut, tout en espérant qu'elle ne cassera pas. C'est le fait de tout marchandage, et tout se marchande au Gatt, pas seulement dans les secteurs dits sensibles. Ce sont les dernières heures qui compteront.

Alors il y aura un accord convenable, qu'Edouard Balladur pourra vendre aux Français.

Ou il n'y aura pas d'accord du tout.

Cela paraît, aujourd'hui, improbable.

L'Assemblée doit statuer cet après-midi sur la levée d'immunité parlementaire de Bernard Tapie. C'est-à-dire sur la possibilité, pour le juge d'instruction qui instruit l'affaire Testut, de mettre le député des Bouches-du-Rhône en examen, de l'inculper, voire de l'incarcérer.

De toute façon, la session parlementaire s'achevant le 20 décembre, il ne jouirait plus, au-delà de cette date, de l'immunité. Fallait-il donc tellement se presser pour l'en priver et lui infliger, en quelque sorte, une condamnation anticipée ? Que voilà donc de mauvaises manières…

Gilles Hertzog a rapporté de Sarajevo un texte du président de l'association des écrivains de Bosnie, Nedzad Idrysimovic, publié par *Libération*, qui s'achève ainsi : « Récemment, à Sarajevo, des individus qui se disaient serbes ont tué à coups d'obus plusieurs gamins qui jouaient dans leur cour. Un des enfants a survécu. Le soir même, à travers ses larmes, il a demandé à sa mère : "Maman, est-ce de ma faute si je suis resté vivant ?" Je suppose que nos amis comprennent la symbolique de cette triste histoire vraie. »

Le corridor culturel qui devait être mis en place pour permettre aux écrivains et aux artistes de sortir, ne fût-ce que quelques jours, de chez eux est toujours à l'état de vœu pieux.

Mercredi 8 décembre. Vu Tapie, hier, à l'Assemblée, plaidant sa cause à la tribune de l'hémicycle.

Jamais la métaphore du taureau dans l'arène n'a paru mieux appropriée. Petit taureau blême, lisant mal un mauvais texte, tout son talent soudain évaporé, spectateurs mal à l'aise, ricanant, lançant des quolibets… Indignes. Ce n'était pas une mise à mort, plutôt une mauvaise façon qu'on lui faisait sans raison valable, mais visiblement l'homme souffrait, rage contenue, orgueil blessé. Aurait-il pu trouver les accents qui retournent une assemblée ? Non, il n'était pas à sa main dans cette cuve, devant ce public. Il s'est planté.

Ce qui s'est joué là n'a fait honneur à personne…

Pour la première fois dans l'histoire des Etats-Unis, un président a eu le courage de s'opposer aux marchands d'armes de son pays, érigés en puissants groupes de pression appuyés par les conservateurs. Bill Clinton a fait passer une loi qui réglemente la vente libre d'armes à feu. Le Brady Gun Control Bill. Après le vote de son budget et celui de l'ALENA, qui n'étaient pas de petites affaires, son étoile remonte. Qui a dit que Bill Clinton était indécis ?

Gatt : L'agriculture, on dirait que c'est réglé avec les Américains et en voie de règlement avec les Allemands. C'est sur l'aéronautique, maintenant, et surtout sur l'audiovisuel que l'on s'accroche, et rudement. Si les Français se sortent de là honorablement, on pourra tirer un coup de chapeau aux négociateurs. On les voit de temps en temps traverser le petit écran, les traits tirés, les joues creusées, avec cet air de gens qui ont passé des nuits blêmes en buvant beaucoup de café...

Alain Juppé devient transparent. Quelqu'un qui participe aux négociations me dit qu'il est remarquable. Maîtrisant dans le détail chaque dossier avec ce qu'il faut de raideur et de souplesse. Il est en train de se tailler une stature personnelle, dans cette affaire.

Allez courage, ce sera bientôt fini.

Jeudi 9 décembre. Hier soir, conseil d'administration de l'AICF. La situation de l'association est satisfaisante.

Il y a dix ans, quand l'AICF a été fondée, c'était un petit groupe de gens inexpérimentés et un peu brouillons lancés dans l'aventure de l'humanitaire avec, comme seule force, une volonté éperdue d'agir. Elle a eu du mal à trouver son souffle, son assise. Quand j'observe, maintenant, son développement, où je n'ai eu aucun mérite particulier sinon la persévérance, j'en ai de la fierté.

L'AICF aura investi, en 93, 100 millions de francs en actions diverses, toutes efficaces, en quinze points du monde. Elle a aujourd'hui 170 personnes sur le terrain, personnel médical, agronomes, hydrauliciens, techniciens de toutes sortes. De nouveaux programmes sont en cours, en particulier en Bosnie, où la situation alimentaire et sanitaire est critique. La difficulté n'est pas de réunir des vivres, c'est de les faire passer. A chaque fois, c'est un exploit. Un camion a été détruit au mortier.

A Sarajevo, 38 000 personnes âgées, recensées une à une,

reçoivent désormais 2 kilos de lait en poudre et 1,5 kilo de biscuits vitaminés par semaine. Un programme de réhabilitation est en cours pour réparer quatre cents canalisations et protéger les points d'eau. Des plombiers sont au travail. La Lyonnaise des eaux apporte le savoir-faire de techniciens très spécialisés.

La petite équipe permanente qui est sur place, menée par une femme, Maria, vit dans des conditions dures, celles de tous les habitants de la ville. Froid, dehors et dedans, il n'y a aucune source de chauffage et toutes les vitres sont brisées, bombardements incessants, obscurité dès 5 heures du soir, pas d'eau au robinet.

On ne vit pas à Sarajevo, on survit, avec une dignité extraordinaire. Les gens se tiennent. L'aide les maintient en vie mais les humilie.

Voilà ce que nous ont raconté Nathalie Duhamel et Jacques Julliard, qui en reviennent. Ce matin, Julliard écrit dans *L'Obs* : « Savez-vous quel est l'argument massue de Milosevic dans la campagne électorale qui se déroule en ce moment en Serbie ? “Faites confiance à l'homme qui a la confiance des Occidentaux !” Hélas, pour une fois, il a raison, Milosevic ! N'imaginons pas un instant qu'en enterrant la Bosnie nous allons enterrer la guerre et que nous recueillerons le salaire de notre bassesse. N'imaginons pas que nous allons nous en tirer avec des missions de bons offices et des biscuits protéinés… » Et il décrit comment la guerre serbo-croate va continuer au centre du continent, dès l'affaire bosniaque liquidée, barbare et véhiculant comme un incendie une forme moderne de fascisme au cœur de l'Europe.

Non. Nous ne sauverons pas notre âme avec des biscuits protéinés. Personne ne le sait mieux que les humanitaires, qui sont en première ligne.

Le Monde va avoir 50 ans. Le grand âge pour un journal. Déjeuner avec deux de ses responsables, Jean-Marie Colombani et Danièle Heymann, qui me demandent de leur dire franchement ce que j'en pense. Je le leur dis sans fard, passant en revue ce qui reste excellent et ce qui me paraît moins bon sinon mauvais dans ce cher quotidien, dont je ne saurais d'ailleurs me passer. Les critiques, c'est toujours facile…

Vendredi 12 décembre. L'élection de Jack Lang, député de Loir-et-Cher, est invalidée par le Conseil constitutionnel. Ses dépenses de campagne ont dépassé de 90 000 francs le plafond des 500 000 francs autorisés. Le voilà inéligible pendant un an. Il reste maire de Blois.

La sentence est dure mais enfin, cette loi de moralisation, qu'il a lui-même votée, c'est la loi. Pour tout le monde. Et l'exemple servira de salutaire garde-fou à tous ceux qui seraient dans l'avenir tentés de la tourner.

Lang enrage, on le comprend. Il le clame un peu trop fort, attaquant le président du Conseil constitutionnel, Robert Badinter, « homme de gauche qui trahit son idéal », après l'avoir menacé de se suicider. Ses amis s'insurgent, crient à l'injustice.

On peut, c'est mon cas, se désoler qu'un homme de sa dimension et de son talent se trouve ainsi brutalement exclu de la scène politique, au moins pour un temps... On peut enrager avec lui. On ne peut pas, me semble-t-il, reprocher à ceux dont c'est la fonction de faire respecter la loi, même quand elle frappe leurs amis. Ou alors, disons que nous sommes dans une république d'Amérique du Sud.

Mais Lang, qui est professeur de droit et hors de lui, contre-attaque. Il conteste la décision du Conseil constitutionnel au nom de l'article 6 de la Déclaration des droits de l'homme, qui stipule : les procès doivent se dérouler publiquement et les accusés entendus. Et il porte l'affaire devant les vingt-huit juges de la Cour européenne. Ceux-ci vont donc avoir à trancher dans les prochaines semaines entre un ancien ministre et l'administration française. Belle séance en perspective. Le résultat est loin d'être acquis.

Les choses vont mal du côté du Gatt. Les Américains sont irréductibles en ce qui concerne l'audiovisuel. Cela devrait faire mesurer, par ceux qui ont pris cette affaire comme une prétention cocardière de la France, l'ampleur des intérêts en jeu.

C'est l'Amérique impériale qui parle, celle qui a réussi à éradiquer à travers le monde quasiment tous les cinémas nationaux, de la Turquie à la Grande-Bretagne, du Brésil à l'Italie, à étouffer la production télévisuelle locale jusqu'à l'asphyxie pour lui substituer sa production propre.

Comment pourrait-on souscrire à cette abdication ?

Samedi 11 décembre. Accueil froid, à Bruxelles, pour le programme d'investissements publics de 20 à 30 milliards d'écus (1 écu = 6,70 francs) préconisé par Jacques Delors afin de mettre en place des réseaux d'infrastructures transeuropéens et de créer ainsi des emplois. Le Premier ministre britannique est le plus hostile. L'Allemagne est tiède.

Un jeune homme vient me voir qui écrit une biographie de Marc Allégret. Il veut des renseignements, des anecdotes, des souvenirs.

J'ai l'impression qu'il me parle du siècle de Louis XV. Non que tout cela ait disparu de ma mémoire, mais il s'agit d'un passé si lointain, recouvert par tant de poussière, qu'il m'est devenu comme étranger.

En parlant avec lui, des petites scènes me reviennent à l'esprit, la silhouette de ce jeune homme si beau dont j'étais amoureuse comme on ne l'est qu'à 15 ans, son rire, ses belles voitures... Mais mon interlocuteur veut des informations sur son œuvre, ses films, ses méthodes de travail... Il m'ennuie un peu et repart, me laissant avec un fantôme, celui de ma jeunesse.

Le procès Villemin en est aux plaidoiries. Le mystère restera donc entier. Etrange affaire, médiévale sous certains aspects, avec son insaisissable corbeau, où aucun des instruments dont dispose la justice moderne n'a été utilisé pour détecter le ou les coupables, où, aujourd'hui, on voit que la peur bâillonne toujours ceux qui détiennent un bout de vérité...

Qui, mais qui donc a tué le petit Grégory ? Le cousin haineux ? La mère égarée ? La question reste ouverte.

Dimanche 12 décembre. Heureuse nouvelle : le programme proposé par Jacques Delors dans son Livre blanc a été, pour finir, adopté dans son principe par les douze Européens, les Anglais traînant les pieds, naturellement.

Tout n'est pas réglé pour autant, mais la Communauté semble avoir retrouvé sa cohésion.

Un train a circulé entre la France et la Grande-Bretagne, couvrant le trajet en vingt-sept minutes. Techniquement, c'est remarquable. Et puis voilà.

Un ami m'apprend la mort de Maroun Bagdadi, Libanais de Paris. Un choc. Il était jeune, 43 ans, il était beau, il avait du talent dans son métier, la mise en scène, il était gai, charmant… Il s'est tué de la façon la plus absurde : en tombant dans un escalier. Il laisse deux enfants et une jeune femme enceinte… Sinistre imbécillité de la vie.

Tous les ans, je m'applique à faire la dictée de Pivot avec l'espoir fou de réussir un sans-faute. J'aime l'orthographe comme on aime l'horticulture, pour ses fleurs les plus rares comme les plus communes. J'aime les mots, même et surtout lorsqu'ils sont hérissés de difficultés, et je voudrais tous les posséder.

Mais, j'ai beau m'appliquer, tous les ans je fais, dans cette dictée, trois ou quatre fautes. Me voilà, encore une fois, vexée et jurant qu'on ne m'y reprendra plus. Mais je sais bien que, l'année prochaine, j'écouterai Pivot dicter doctement son texte et je recommencerai. Têtue comme un âne…

Un joli mot du joueur de football Eric Cantona, entendu à la télévision : « Platini, j'ai plus de respect pour lui que pour moi-même. C'est rare. J'ai beaucoup de respect pour moi-même. »

Lundi 13 décembre. Il ne leur manquait plus que ça, aux Russes. Un fasciste, un pur, un vrai, sortant gagnant des élections à la tête d'un parti d'extrême droite. Cet inquiétant personnage, avocat de profession, bateleur de talent, dit-on, se nomme Vladimir Jirinovski et se déclare « l'élu du destin pour sauver la Russie ».

Raciste frénétique, dans un ancien empire où toutes les

races se mêlent, il exige, entre autres choses, que les journalistes de la télévision soient tous des blonds aux yeux bleus ! Mais c'est le moindre aspect de son programme, d'un nationalisme exacerbé, qui vise à rien moins qu'à « obtenir la restitution de l'Alaska » et à « récupérer la Finlande », par exemple. Il menace l'Allemagne et le Japon d'une frappe nucléaire « s'ils se mêlent des affaires russes ». L'important, certes, n'est pas ce qu'il dit. C'est qu'il est écouté, particulièrement dans l'armée.

Avec 23 à 24 % des suffrages, son parti va être le plus nombreux dans le nouveau Parlement. Si les Russes ne sont pas guéris des dictateurs, ils vont en avoir un nouveau à couver...

En face, le pouvoir est toujours entre les mains d'Eltsine, consolidé par les résultats du vote sur la nouvelle Constitution. Mais ces résultats, qui ne sont pas encore définitivement connus, seraient maigres : 52 % des suffrages exprimés. Partout, dans le monde, on s'inquiète...

Au Moyen-Orient, la première étape est manquée. Celle qui devait voir, le 13 décembre, les Palestiniens prendre les pouvoirs civils à Jéricho et à Gaza.

A cette date, « sacrée », disait Arafat, devait débuter le retrait militaire israélien. Il n'a pas eu lieu.

Itzhak Rabin et Arafat se sont donné dix jours de délai pour parvenir à un accord sur quelques questions litigieuses essentielles... « Dix jours, disent-ils l'un et l'autre, au regard de cent ans de conflit entre Juifs et Palestiniens, ce n'est pas long. » Sans doute. Mais ce sursis, s'agissant d'une date symbolique, montre combien le processus de paix est fragile, tandis que les oppositions radicales continuent à se manifester.

Jacques Delors, à *7 sur 7* hier : « « Ce qui m'intéresse, c'est d'être utile. Se dire : je suis le meilleur, ça ne m'arrivera jamais. » Vrai ? Alors, il ne sera jamais président de la République.

Mardi 14 décembre. Cavada ? Elkabbach ? Le poste était disputé. C'est le second qui l'a obtenu. Le voici donc président de France Télévision.

Peu importe les conditions de cette nomination, bien qu'elles soient drôles : c'est grâce à l'escadron de François Mitterrand au sein du CSA qu'il a été nommé alors qu'en 1981 il se faisait conspuer, place de la Bastille, par des socialistes exaltés…

Mais le temps passe… Mis sur la touche, interdit d'antenne, il a remonté la pente, lentement, à travers la radio, avec courage, dignité, et un irréprochable professionnalisme. Mitterrand l'a pris à la bonne… Et le voilà chef… Preuve qu'il ne faut jamais se décourager.

Le poste dont il hérite est lourd, plein d'embûches, exposé. A-t-il le tempérament d'un patron ? Réponse très vite.

A midi, la nouvelle éclate, alors qu'on ne l'attendait pas encore : le Gatt, c'est fini. Ouf ! L'audiovisuel en est exclu, la fameuse « exception culturelle » demandée par la France a joué : les Américains ne seront pas maîtres ici plus qu'ils ne le sont déjà, c'est un succès, même s'il est provisoire. C'est Clinton lui-même qui a donné l'ordre à ses négociateurs de céder sur ce point.

Sur les autres points de l'accord, autant que j'en puisse juger, les résultats sont plutôt positifs. Il reste à en persuader les représentants de tous les secteurs concernés, sans qu'ils hurlent à la trahison. Si le Premier ministre boit cet obstacle, il aura passé son agrégation !

Mercredi 15 décembre. Déluge de commentaires sur la conclusion du Gatt. A l'extrême droite de la majorité, on est déchaîné. A l'UDF, on maugrée. Chez les socialistes, on boude.

Tout cela n'empêchera pas le Premier ministre d'obtenir tout à l'heure un large vote de confiance sur sa politique générale.

Aura-t-il aussi celle du pays ? Les prochains sondages le diront. Pour l'heure, les gens en ont par-dessus les oreilles, du Gatt. Mais peut-être ont-ils l'intuition de la vérité : l'accord ne relancera pas, au moins à court terme, l'emploi, mais l'échec aurait été désastreux.

A Moscou, Jirinovski a donné sa première conférence de presse… en smoking. Sa percée foudroyante est confirmée. (Ainsi que ses origines juives, par son père.)

Se pose la question de savoir s'il va tenter maintenant d'imposer une élection présidentielle anticipée et de la gagner ou si, comme un trop illustre prédécesseur, il va chercher à précipiter dans la rue la chute de Boris Eltsine.

Il se baptise lui-même *Führer*. En russe : *vochjd*. Un mot qu'il va falloir apprendre.

Malheureuse Russie…

Une jeune femme de Moscou me dit : « Vous voulez voir des Russes heureux ? Allez au Plaza, allez au Crillon… Dans les palaces parisiens, il n'y a plus d'Arabes, il y a des capitalistes russes… Pendant que nous crevons, ces messieurs font leurs affaires. »

Elle n'aime pas Eltsine mais, depuis hier, elle pleure.

Jeudi 16 décembre. Passé hier l'après-midi à regarder la séance de l'Assemblée nationale, où Balladur a fait sa déclaration de politique générale, tout frémissant de satisfaction contenue. Il n'a pas de force, il n'a pas de charme, il n'a pas de talent, qu'est-ce qu'il a ? L'onction des sondages qui l'ont fait roi. Un air d'honnêteté obstinée, de décence…

Il a dit « je » toutes les trois phrases, discrète poussée d'un ego qui s'épanouissait.

En réponse, un Chirac, tout benoît, l'a couvert de fleurs, tandis qu'un Giscard, déconfit, mêlait aux fleurs un bouquet d'orties. Mais quoi ! Balladur les a mis dans sa gibecière, tous les deux…

Devant lui, la route présidentielle paraît dégagée. Mais on a vite fait de glisser sur une plaque de verglas… La bonne opinion qu'une majorité de Français a d'Edouard Balladur se double en effet d'un chiffre troublant : 65 % se jugent mal gouvernés.

La carte physique du génome humain est publiée par les trois chercheurs français qui l'ont établie, le professeur Cohen, les docteurs Chumakov et Weissenbach. Je lis et relis les articles qui sont consacrés à cet événement scientifique sans vraiment les comprendre. Mais il est clair que c'est important, très important, que nous avons pris une sérieuse avance dans ce domaine grâce aux fonds recueillis par les Téléthons, que, pour poursuivre les programmes de recherches, des sommes beaucoup plus considérables seront nécessaires, que des intérêts industriels formidables sont en jeu et pas seulement l'objet même de ces recherches, c'est-à-dire l'identification des gènes porteurs de maladies et leur traitement.

Pour l'heure, on en est aux hommages, y compris de la part des Américains.

Vendredi 17 décembre. Jean-Marie Villemin a été condamné à cinq ans de prison dont un avec sursis. Il devrait donc être bientôt libre. Le petit couple trop fameux sera réuni. Mais, close en justice, l'affaire reste non élucidée.

Alain Decaux me dit qu'il a eu l'occasion de voir, chez un expert graphologue, des agrandissements comparés de l'écriture du corbeau et de celle de Christine Villemin. Il est convaincu qu'il s'agit de la même écriture.

L'abrogation de la fameuse loi Falloux, qui doit permettre aux communes de financer les investissements nécessaires aux écoles libres, était en suspens devant le Sénat. La Haute Assemblée l'a votée à la sauvette. Emotion. Jusqu'où ira-t-elle ?

La gauche voit rouge, considérant que ce qui ira à l'école libre sera soustrait à l'école publique. Les communes ne sont pas toutes riches et même, souvent, exsangues. Les enseignants sont, dans leur majorité, hors d'eux. Grèves aujourd'hui. Manifestation massive prévue pour le 16 janvier.

A souffler sur des braises mal éteintes, le gouvernement prépare une flambée de rogne.

Passé trois heures à faire des foies gras avec ma complice en cuisine, Micheline.

C'est un travail minutieux, long. Mais j'en ai promis quelques-uns.

Parfois je pense que, si, un jour, je ne peux plus écrire, il me restera à m'embaucher comme cuisinière. J'aime cette idée. Elle me sécurise.

Autrefois, je me disais qu'en cas de catastrophe, d'exil, que sais-je, je serais toujours capable de tenir un piano dans un bar. Mais, de ce côté-là, je suis rouillée…

J'ai toujours eu la peur irraisonnée de connaître l'exil. Peut-être parce que, bien avant ma naissance, mon père fut proscrit et notait sur ses carnets les vers de Dante : « Tu laisseras tout ce que tu aimes le plus chèrement ; et c'est la flèche que l'arc de l'exil décoche pour commencer. Tu sentiras comme a saveur de sel le pain d'autrui, et comme est dur à descendre et monter l'escalier d'autrui… »

Exil, malheur sourd qui déchire tant d'hommes et de femmes aujourd'hui…

Dîner, dans un restaurant italien trop bruyant, avec un ami américain, avocat, qui me fait sortir de mes gonds. Il veut me persuader que Clinton n'attachait aucun intérêt au Gatt et que de toute façon il aurait cédé sur les points où la France a obtenu satisfaction, en particulier sur l'audiovisuel. « Vous avez fait toute une histoire de ce qui n'intéressait personne aux Etats-Unis », me dit-il, supérieur.

Je persiste à lui démontrer que, tout au contraire, Clinton a une politique extrêmement agressive de développement des exportations américaines vers tous les marchés et qu'il a d'ailleurs obtenu une bonne part de ce qu'il cherchait… « Vous ne savez pas que les Etats-Unis importent plus qu'ils n'exportent ? Et que les exportations, ce sont des emplois ? »

Nous nous disputons comme des chiffonniers. Comme toujours. Il a une certaine arrogance joyeuse du plus fort qui me hérisse… A part ça, je l'aime bien, mon Américain. Il m'achète une rose pour se faire pardonner.

Samedi 18 décembre. Les manifestations contre la loi Falloux ont été substantielles dans plusieurs grandes villes. Plus de la moitié des enseignants ont fait grève. François Mitterrand s'est déclaré « surpris, offusqué » par le coup de force du gouvernement.

Ainsi a été provoqué le premier accroc sérieux dans le velours de la cohabitation. Pourquoi ? Sans doute était-ce l'occasion pour Balladur de flatter sa droite, que la gestion pacifique de la cohabitation irrite.

Mais le calcul vaut si tout se passe en douceur. « Il faut faire extrêmement attention à ne pas faire des réformes mal comprises et brutales, disait-il le 9 décembre. Il s'agit de ne pas déterminer des choses en retour qui risqueraient de nous mener en deçà du point de départ. »

Nul doute que la réforme de la loi Falloux a été brutale, et mal comprise, au moins par le camp laïc. Reste à voir jusqu'où celui-ci aura la capacité de mobiliser pour défendre l'école de la République. Rendez-vous dans trois semaines.

Dimanche 19 décembre. Vu à la télévision, sur Arte, un document impressionnant. Sujet : un détachement de la 35e brigade des FTP-MOI (Francs-tireurs partisans-Main-d'œuvre immigrée), celui qui opérait pendant la guerre à Toulouse. Soit une poignée d'hommes et de femmes, pour la plupart étrangers, souvent juifs, souvent communistes, engagés dans un combat clandestin incessant contre l'occupant, sabotages, exécutions, attentats.

Avec de faibles moyens, ils furent héroïques, convaincus qu'ils étaient de la noblesse de leur combat et de la nature de leur devoir : harceler les Allemands à l'arrière pour les affaiblir à l'avant.

Quand l'un d'eux, Marcel Léger, fut arrêté, le procureur général de Vichy, Lespinasse, lui déclara : « Vous êtes juif, polonais, communiste, trois motifs pour moi de demander votre tête. » Il l'eut. Marcel Léger fut guillotiné et mourut en criant : « Vive la France ! »

Or vint le moment où le PCF désavoua les MOI de Toulouse, leur coupant toutes ressources. A la Libération, il les renia, escamotant leurs noms – trop étrangers ! –, attribuant à d'autres formations leurs actions d'éclat. Pire encore : ils devinrent suspects.

Arrêtés, déportés, la plupart sont morts aujourd'hui, mais il reste quelques survivants. Ce sont eux que Mosco a fait parler. Eux qui évoquent une histoire « belle, tragique, triste et violente », selon les termes de celui qui les a réunis.

Sur les MOI, Mosco avait déjà réalisé *L'Affiche rouge*,

déclenchant une violente polémique avec la direction du PC, qui réfutait la thèse selon laquelle le groupe Manouchian avait été sacrifié « dans l'intérêt supérieur du Parti ».

Pugnace, Mosco récidive, persiste et signe. A l'encre rouge du sang des martyrs.

Lundi 20 décembre. Les consciences malheureuses ne sont jamais si nombreuses à s'émouvoir qu'à la veille de Noël. On ouvre son cœur à une détresse, sa bourse aux Restos du cœur ou aux sans-abri, et puis, clac, on referme. Ces jours-ci, on se révolte, en France, contre le sort fait aux 60000 enfants pris au piège de Sarajevo. Et on manifeste ici et là, sous des banderoles.

Au cours d'un duplex organisé par Arte pour instituer un « corridor de la parole » avec la capitale assiégée, les Bosniaques ont eu l'occasion de nous faire savoir ce qu'ils pensaient de nous, Européens. Cela ne pouvait pas être pire que ce que nous en pensons nous-mêmes.

Beaming, comme disent les Anglais, rayonnante, radieuse, extasiée, Simone Veil a lancé la campagne présidentielle en faveur d'Edouard Balladur : « Il ferait un formidable président de la République. » François Léotard a dit la même chose, plus sobrement... Du côté de Chirac et de Giscard, on n'a pas aimé.

Gaffes ? Déclarations concertées avec l'accord du principal intéressé ? Empressement à faire sa cour ?

Quand on pense qu'on en a maintenant pour dix-sept mois de petites phrases sur lesquelles chacun va gloser, on en est fatigué d'avance...

Mardi 21 décembre. Déroute économique, hyperinflation – on a dû imprimer des billets de 50 milliards –, difficultés de ravitaillement en tout genre sous le poids des sanctions : rien n'y a fait. Les Serbes, persuadés, par une intense propagande, qu'ils sont victimes d'un complot international, ont voté une fois de plus pour Milosevic. Son parti (les anciens communistes rebaptisés socialistes) arrive largement en tête de la consultation électorale. Le peuple l'a cru quand il a promis pour bientôt la paix et donc la levée des sanctions.

Il arrive ainsi renforcé à Bruxelles, où, une fois de plus, belligérants et représentants des Douze sont réunis à l'initiative de l'Union européenne pour de nouveaux marchandages sur le découpage de la Bosnie. Un découpage obscène que le malheureux pays repousse avec tout ce qui lui reste de forces.

Les Américains préfèrent ignorer l'affaire. Depuis que les Européens ont refusé leur proposition de lever l'embargo sur les armes à destination de la Bosnie, assortie de frappes aériennes sélectives, ils sont sortis du jeu diplomatique.

Le sang et les larmes n'ont pas fini de couler.

Joyeuses fêtes.

Libération accroche un grelot aux basques d'un banquier français, membre éminent de l'establishment et proche du RPR, Jean-Marc Vernes.

Qu'a-t-il donc fait ? C'est justement ce que la justice italienne voudrait savoir. J.-M. Vernes aurait bénéficié de transactions compliquées accompagnées de pots-de-vin, menées par son ami Raul Gardini, le financier suicidé en juillet dernier, pour racheter le groupe Enimont.

La justice italienne a adressé aux autorités françaises une commission rogatoire pour pouvoir interroger J.-M. Vernes. Lancée le 14 octobre dernier, cette demande est restée sans effet. Mais voilà que son texte est publié ce matin par la presse italienne. Et que *Libé* en reproduit l'essentiel. Disons seulement que l'affaire roule sur des sommes considérables.

Commentaire de M. Vernes : « Tout cela est inexact. » Il se peut bien. Mais, comme on connaît la justice italienne aujourd'hui, cette déclaration risque de lui paraître insuffisante. Obtiendra-t-elle d'interroger directement M. Vernes ? Ou celui-ci a-t-il en France des protections qui le rendent intouchable ?

Rue Cler, au marché, c'est la désolation. Les oies, les foies gras et les gigots s'amoncellent sans trouver d'amateurs. Pas de commandes, pas de clients. Le désert.

J'essaye de réconforter mon boucher. « Les gens feront leurs achats au dernier moment… » Mais il n'en croit rien. Il aperçoit Simone Veil qui entre, un peu plus loin, chez son coiffeur. « Celle-là, me dit-il, qu'elle ne vienne pas ici ou elle aura son paquet ! »

Elle n'en peut mais, la pauvrette, mais, dans le quartier, on ne l'a pas à la bonne… Elle incarne le gouvernement.

Mercredi 22 décembre. Eh bien, il s'en passait de belles derrière les murs de la Cité interdite !

La BBC a diffusé lundi un documentaire intitulé *Mao ou le dernier empereur*, où le grand homme apparaît comme un tyran obsédé sexuel, qui préférait la lecture des revues pornographiques à celle de Marx, et se livrait à une débauche d'aphrodisiaques. On y apprend qu'il était un consommateur effréné de chair fraîche, qu'il lui fallait des filles « très jeunes, avec un bas niveau d'éducation, des femmes qui ne savaient pas grand-chose, comme les membres de la Troupe des Arts, des serveuses, des secrétaires »… Ainsi parle le docteur Zhisui, qui fut le médecin personnel de Mao, de 1954 à 1976.

Mao se serait targué en outre d'avoir fait exécuter 46000 intellectuels, ce qui est plus fâcheux, on en conviendra, que de trop aimer les jeunes filles.

Outrés, les Chinois ont exigé que la diffusion du document soit interdite. Les Anglais n'ont pas cédé, bien qu'ils soient déjà en délicatesse avec les Chinois au sujet de Hong Kong. Liberté de la presse.

Le correspondant du *Monde* à Londres, qui relate ces faits, rapporte ce commentaire de l'un des témoins interrogés : « C'était un révolutionnaire, un visionnaire, un dogmatique, c'était un tyran et finalement c'était un monstre. »

Voilà Mao habillé pour l'hiver. Il aurait eu 100 ans le 26 décembre. La célébration de ce centenaire, à laquelle Pékin s'apprête, risque d'être quelque peu ternie.

Au même moment, les adversaires de Bill Clinton relancent une campagne pour dénoncer d'anciennes frasques du président, et tout Washington ne bruit que de cela. La presse la plus respectable s'en goberge ignominieusement, infectée qu'elle est par le puritanisme national et son double, le voyeurisme. Celui qui se repaît aussi des mésaventures de Michael Jackson…

Le chanteur, probablement la plus grande vedette mondiale aujourd'hui, inculpé d'attentat à la pudeur sur des garçons, a plaidé sa cause pendant une heure devant les caméras de CNN.

La voix étranglée, les faux cils battants, l'étonnant androgyne, pathétique, a supplié ses fans « d'attendre de connaître la vérité ». Ils attendent, mais, pour l'heure, même son avocat l'a lâché.

Jeudi 23 décembre. Vladimir Jirinovski a fait hier une entrée fracassante sur la scène internationale en menaçant l'Occident « d'armes Elipton, plus dangereuses que les armes atomiques et capables d'anéantir le monde entier ». Rodomontades ?

Selon les spécialistes, il pourrait s'agir de l'arme du vingt et unième siècle, que Russes et Américains tentent de développer. Cette arme sans munition fonctionnerait grâce à un faisceau d'électrons et serait capable d'anéantir son objectif en en détruisant la structure moléculaire. Un progrès, quoi !

Les négociations sur la Bosnie ont échoué, une fois de plus. Une trêve des armes a été convenue. Elle n'est pas respectée. Dans leurs sabots, les enfants de Sarajevo trouveront des obus.

Ils ne le feront plus, c'est promis. Quand on demandera aux ministres de M. Balladur s'ils verraient bien leur patron à l'Elysée, ils pourront rouler des yeux, lui faire des cadeaux pour manifester leur attachement, mais, pour le reste, motus et bouche cousue. Une ferme consigne leur en a été donnée.

Celui qui doit s'amuser de ces spéculations frénétiques sur l'avenir, c'est François Mitterrand. Il ne veut pas voir Chirac président. Giscard pas davantage. Rocard, n'en parlons pas. Il est clair que Balladur est son homme. Et, dans le concert général, il joue comme un chef sa partition.

Entendu la *Grande Messe* de Beethoven dirigée par Solti. Concert magnifique. Beethoven exalté dans toute sa gloire.

Si l'on veut prendre la température spirituelle d'un individu ou d'une société, enseigne Platon, il faut « noter sa musique ».

La musique de notre société, c'est le rock, dont le rythme est celui du rapport sexuel. Ce n'est pas un hasard.

La fille unique de Fidel Castro, Mme Fernandez Revuelta, retenue dans son pays contre son gré, a été enfin autorisée à quitter Cuba. Elle s'est rendue aux Etats-Unis. Cela est pris comme une tentative d'assouplissement du dictateur cubain vis-à-vis de Bill Clinton, qui ne paraît pas d'humeur à se laisser attendrir et à lever l'embargo commercial qui frappe Cuba… L'île souffre terriblement. C'était si beau, Cuba, au début… Le socialisme plus la gaieté. Il ne reste ni l'un ni l'autre.

Vendredi 24 décembre. Les derniers sondages, commentés par Jérôme Jaffré pour *Le Monde*, indiquent un léger retournement d'humeur de la part des Français. Ils sont toujours 68 % qui font confiance à Edouard Balladur. Ils sont toujours 65 % mécontents de la façon dont le pays est gouverné. Mais ils ne sont plus que 37 % à penser que, dans l'année qui vient, la situation de l'économie va se détériorer (contre 54 % à la fin de 1992). Autrement dit, ils anticipent un meilleur avenir. Reste à savoir si ce chiffre traduit de l'impatience, ou de l'espérance.

Trêve des confiseurs. J'en profite pour aller travailler tranquillement à la campagne pendant deux ou trois jours. « Encore travailler, me dit Eliane, moqueuse. Arrêtez donc un peu, la terre ne cessera pas de tourner ! » Assurément. Mais j'ai vérifié depuis longtemps qu'à travailler on s'ennuie moins qu'à s'amuser.

Samedi 25 décembre. Réveillon familial délicieux au fond de la Normandie noyée de pluie, relativement épargnée cependant par rapport au Nord et à l'Est, ravagés par les inondations…

L'arbre était glorieux, les cadeaux somptueux, le chapon fameux, la bûche onctueuse, la bande de garçons joyeuse...

Me revient l'apostrophe de François Mauriac dans un *Bloc-Notes* : « Cette nuit, l'Occident s'empiffre. En l'honneur de qui et de quoi tous ces bouchons qui sautent ? »

Je cherche la suite : « Vous buvez et vous mangez autour de votre espérance morte – que vous croyez morte. Pourtant, elle respire encore... Les millions de bouchons de champagne qui sautent dans tous les cabarets de l'Occident, en l'honneur d'un petit pauvre né en Galilée il y a mil neuf cent cinquante sept ans, ce malentendu résume toute l'histoire chrétienne », etc.

Ni cabaret, ni goinfrerie, ni champagne, ni espérance morte ou vive, nous fêtions simplement, comme tant d'autres familles, le bonheur d'être ensemble et de nous aimer. J'ai quelque peine, aujourd'hui comme hier, à voir le scandale dans ce Noël païen.

Dimanche 26 décembre. Enquête intéressante de *Télé Ciné Indice*. Il en ressort que le cinéma devance, en termes d'audience, tous les programmes de la télévision. Mais aussi que les spectateurs préfèrent les films américains. Rien d'étonnant puisque ceux-ci sont triés sur le volet, alors que passe, en face, la majorité de la production française. Il serait temps cependant, pour les Français de s'interroger sur cette production.

Depuis Homère, les gens veulent qu'on leur raconte – bien – des histoires. Est-il exagéré de dire que le cinéma français a perdu ce secret-là ? Enfin, pas tout à fait. Le dernier Resnais, *Smoking, No Smoking*, est très joli.

Lundi 27 décembre. Une bombe ? Pas encore. Mais une série de mines capables d'exploser, assurément.

Le juge Jean-Pierre, appelé à de nouvelles fonctions, a soigné sa sortie en laissant derrière lui un rapport de synthèse, récapitulant le fruit de ses enquêtes sur les activités de Roger-Patrice Pelat, cet homme d'affaires intimement lié avec le président de la République, prêteur gracieux de Pierre

Bérégovoy, et compromis, en particulier, dans l'affaire Pechiney. Mais pas seulement.

Nul doute que ce n'était pas un enfant de chœur.

Mais si, aujourd'hui, chacun va chuchotant à propos de ce rapport, aimablement communiqué par le juge à la presse (*Le Point* en publie de larges extraits), c'est qu'il met en cause François Mitterrand.

Entre 1976 et 1981, celui-ci aurait bénéficié, en effet, d'émoluments versés par R.-P. Pelat. Commentaire bref de l'Elysée : avant 1981, M. Mitterrand était avocat, fondé à toucher des honoraires.

Plus fâcheux : la vente de la société Vibrachoc, appartenant à R.-P. Pelat, à une entreprise nationalisée Alsthom, pour des sommes astronomiques (35 millons de trop par rapport aux évaluations). Vente qui n'a pu être réalisée dans ces conditions, selon le rapport, que sur instructions de l'Elysée. Mais cela, déjà, était connu.

Plus fâcheux encore, les mensualités de 7000 à 8000 francs touchées par Gilbert Mitterrand, fils du président, après 1981 et jusqu'en 1989, pour des prestations fictives, selon le rapport.

Enfin, R.-P. Pelat aurait acquis une maison dans le Vaucluse au bénéfice d'une amie de M. Mitterrand.

Quant aux affaires financières de R.-P. Pelat, entre le Liechtenstein, Panama, et Zurich, on s'y perd un peu. D'ailleurs, il est mort. L'action contre lui est éteinte. Et il est clair que si ses activités ont si vivement intéressé le juge Jean-Pierre, c'est parce qu'il cherchait un plus gros poisson.

Ce qu'il a trouvé concernant François Mitterrand est... fâcheux, il n'y a pas d'autre mot. Si l'amitié de R.-P. Pelat fut toujours généreuse et pas seulement avec lui, chacun en témoigne, la voilà soudain bien encombrante.

Reste à savoir si ce rapport restera une source de bavardages plus ou moins venimeux ou s'il ouvrira la porte à ce qui pourrait être le scandale de 1994.

En Grande-Bretagne, une femme d'affaires de 59 ans, riche personne dont l'identité est tenue secrète, vient de donner le jour à une paire de jumeaux. Elle a bénéficié des ovules d'une jeune Italienne, fécondés ensuite par le sperme de son compagnon.

C'est un médecin italien qui joue à ça. Miracle ? folie ? ou horreur ?

Mardi 28 décembre. Des détonateurs, des bidons d'acétone, des pesticides, du lait en poudre, des cigarettes, des couches-culottes… Cet inventaire à la Prévert, c'est celui des conteneurs éclatés qui jonchent le littoral atlantique après avoir été lâchés en mer par des cargos.

Quelque chose intrigue. Il y a toujours eu des bateaux sur la mer, ils ont toujours transporté des chargements divers, des tempêtes les ont toujours assaillis… Jamais, jusqu'à nos jours, on n'a entendu parler de pareilles marées. Parce qu'on n'était pas au courant ? Probablement. Maintenant, rien ne nous échappe, de la moindre catastrophe, ici ou ailleurs. C'est l'une des faces noires du progrès.

Mercredi 29 décembre. Rentrant de Rome, Caroline me raconte la dernière invention des Italiens. Ils déambulent avec des téléphones portatifs factices, en laiton. Le téléphone portatif est un signe extérieur de richesse, tout le monde ne peut pas s'en offrir. Alors, pour bluffer, on fait semblant…

Dîner d'anniversaire chez des amis. « Comment chantez-vous ? me demande-t-on. – Mal, pourquoi ? – Vous allez voir… »

On m'entraîne devant un micro. Je me débats. Soudain tout s'éclaire : c'est un *karaoké*. Il ne s'agit pas d'un perroquet mais de cet appareil japonais très astucieux qui permet de chanter n'importe quelle chanson d'un répertoire fort étendu, avec l'accompagnement sonore adéquat. Les paroles défilent sur une bande vidéo.

Le plaisir de chanter, si puissant, est tel dans ces conditions que l'on se dispute le micro. C'est irrésistible. Depuis que le *karaoké* se loue pour une soirée, il fait fureur.

Je parcours les journaux. Les inondations ont gagné la région parisienne… La CIA annonce que la Corée du Nord aurait deux armes nucléaires… Un dix-huitième intellectuel, Youssef Sefti, a été assassiné à Alger… Les Allemands ont refusé un visa d'entrée à Jirinovski… Le plus vieux contentieux de l'histoire est en voie d'être réglé : Israël et le Vatican échangeront des ambassadeurs l'année prochaine… Inlassable, la terre continue, en tournant, à moudre son grain.

Jeudi 30 décembre. Me suis accordé deux heures dans l'après-midi pour aller voir le dernier film de Stephen Frears, *The Snapper.* Une humble famille anglaise, une fille qui se fait faire un enfant, rien, mais une verve, une drôlerie gaillarde, une sensibilité dans l'observation qui enchantent. Du Pagnol anglais. C'est le même Frears qui a si magnifiquement réussi *Les Liaisons dangereuses.* Quoi qu'il touche, il a des doigts d'or.

Je ne sais pas ce que signifie *snapper.* Mon dictionnaire non plus. C'est devenu la mode de sortir des films anglais ou américains sans traduire leur titre. Ça fait chic. Où le snobisme va-t-il se fourrer…

Le *JDD* me demande un article sur le *Bloc-Notes* de Mauriac, qui vient d'être réédité en poche. Je vais le faire, bien sûr, mais cette plongée dans le passé me rend nostalgique de je ne sais quel âge d'or – qui fut en vérité un âge de fer et de sang, celui de la guerre d'Algérie…

Me voilà en train de ramasser les feuilles mortes à la pelle.

Le secret de Mauriac, c'est qu'il n'a jamais tenu le journalisme pour un genre mineur. Dès qu'il l'aborda, pour arrondir ses fins de mois, disait-il, il saisit très vite que le journalisme n'est pas l'enfant bâtard de la littérature et de la nécessité, mais un mode d'expression qui a ses lois propres. Tension, concision, distance et périodicité imposées, consonance évidente ou subtile avec l'actualité. Dès qu'il s'y consacra, « je me gardai d'imiter ceux de mes confrères qui ne donnent au journal que leurs scories. Je décidai que je serais tout entier dans le moindre article, comme Picasso dans un seul dessin… ». Il y fut – « Mort, la seule de mes aventures que je ne commenterai pas » –, conjuguant le cri et le murmure, la colère et le soupir, l'actualité qui brûle et l'éternel qui apaise, le chuchotement et l'apostrophe. On pourrait ajouter : le mendésisme ardent et le gaullisme effusif.

Même si ce qui passionne une génération, en politique, devient très vite inintelligible, on se délectera en lisant ce *Bloc-Notes* tout truffé de perles.

Il me reste à ordonner ces remarques et à les étoffer pour en faire un article. Ce sera le dernier de l'année.

Vendredi 31 décembre. Deux terroristes iraniens suspects d'avoir trempé, en Suisse, dans l'assassinat d'un opposant au régime de Téhéran ont été poliment renvoyés dans leur pays, au lieu d'être extradés vers la Suisse, comme ce pays le demandait. Ainsi ne fera-t-on nulle peine, même légère, aux autorités iraniennes. Motif officiel : défense de l'intérêt national. Intérêts économiques ? Trouille bleue ? Rien qui soit digne d'un Etat, en tout cas. Ainsi s'achève 1993. Sur une lâcheté.

Sur les Champs-Elysées vierges de voitures, 500 000 personnes, jeunes, joyeuses, sont venues dire en chantant qu'on en avait assez de cette année gluante, qu'elle fait bien de s'en aller, celle-là, qu'on attend l'autre avec confiance... Rude année, oui, même si elle m'a été clémente, et j'en sais le privilège. Rude pour nombre de Français, dont il est impossible de se dissocier, le voudrait-on. Et combien cruelle hors de nos frontières...

Quand j'ai entamé ce journal, nous paraissions au point d'intervenir militairement dans l'ancienne Yougoslavie, Pierre Bérégovoy gouvernait et Giscard d'Estaing annonçait, fringant : « Le 21 mars (jour des élections) sera la fin de l'hiver. » Mais un Premier ministre ne fait pas le printemps, serait-il dévoué. Et les saisons des hommes ne sont pas celles de la terre.

Le printemps reverdira, cependant. Il reverdira, et reviendront le droit à l'espoir, le goût des projets, l'esprit d'entreprise, la joie de vivre.

Simplement, on se dit parfois, comme ce personnage de Montherlant : « Je voudrais changer de contemporains... » Repeupler le monde à mes couleurs.

Mais voilà le ciel qui pisse encore, gonflant les rivières en crue.

Chronologie

Janvier

1er Entrée en vigueur du « grand marché unique » de l'Europe des Douze. Abolition des frontières intérieures entre pays membres, libre circulation des marchandises, capitaux et services.
Dissoute le 31 décembre 1992, la Fédération tchécoslovaque est remplacée par deux Etats distincts : la République tchèque (Bohême et Moravie) et la Slovaquie.

2 En Bosnie, rejet du plan de paix Vance-Owen par les Serbes et les musulmans. Interruption des négociations de Genève.

3 Signature des accords START sur la réduction des armements stratégiques par les présidents George Bush et Boris Eltsine au Kremlin.

4 Mort de quinze sans-abri lors de la vague de froid en France.

5 Reprise de la guerre civile en Angola après le refus de l'UNITA d'accepter le résultat des élections de septembre 1992.

6 Mort du danseur Rudolf Noureev et du trompettiste de jazz Dizzy Gillespie.

8 Assassinat du vice-Premier ministre bosniaque H. Turajlic par un milicien serbe.

13 Morts de René Pleven et de Charles Tillon.

15 Accord de cessez-le-feu en Somalie entre les quatorze factions, conclu à Addis-Abeba (Ethiopie).
Signature, à Paris, par cent trente pays, d'un traité sur

les armements chimiques, interdisant leur production et leur utilisation.
Arrestation à Palerme (Sicile) du numéro un de la Mafia, Salvatore Riina, recherché depuis vingt-trois ans.

17 Bombardement américain d'un complexe industriel au sud de Bagdad, à la suite du refus de Saddam Hussein d'appliquer les résolutions de l'ONU (deux morts).

20 Entrée en fonctions du démocrate Bill Clinton, élu le 3 novembre 1992, quarante-deuxième président des Etats-Unis.

26 Election de Vaclav Havel à la présidence de la République tchèque.

Février

1er Le juge Jean-Pierre établit qu'un prêt sans intérêt d'1 million de francs a été consenti par Roger-Patrice Pelat à Pierre Bérégovoy, alors ministre des Finances.

3 Dans l'affaire Grégory Villemin, non-lieu en faveur de Christine Villemin.

3-11 Dixième voyage du pape en Afrique.

5 La Haute Cour conclut à la prescription de l'action publique à l'encontre de Laurent Fabius, Edmond Hervé et Georgina Dufoix, dans l'affaire du sang contaminé.

7 En Algérie, prorogation de l'état d'urgence par le Haut Comité d'Etat, pour une durée indéterminée.

9-12 Visite de François Mitterrand au Vietnam et au Cambodge.

10 Les Etats-Unis se rallient au plan Vance-Owen pour la Bosnie.

11 En Italie, l'enquête « Mains propres » (sur la corruption) entraîne la démission du secrétaire du Parti socialiste italien, Bettino Craxi, de celui du Parti républicain, Giorgio La Malfa, et de plusieurs ministres.

12 Accord entre le pouvoir sud-africain et l'ANC pour relancer le dialogue en vue de la formation d'un gouvernement d'unité nationale.

13 Débat sur le thème du partage du temps de travail, lancé par Martine Aubry.

19 Adoption par le Conseil de sécurité de l'ONU de la résolution 807 : prorogation du mandat des Casques bleus en Bosnie jusqu'au 31 mars.

20 Entrée en fonctions de trois ministres « non blancs » en Afrique du Sud.

22 Adoption par le Conseil de sécurité de l'ONU de la résolution 808 : création d'un tribunal international pour juger les crimes de guerre en ex-Yougoslavie. Disparition de l'ancien ministre et fondateur du CDS Jean Lecanuet.

23 Violentes manifestations anti-occidentales à Mogadiscio.

26 La prise en charge à 100 % par la Sécurité sociale des personnes contaminées par le virus du sida est annoncée par B. Kouchner.

Mars

1er Entrée en application du nouveau Code de procédure pénale. La mise en examen remplace l'inculpation.

5 Cyril Collard, écrivain et cinéaste, meurt du sida. Son film, *Les Nuits fauves*, reçoit quatre Césars le 8 mars.

9 En Egypte, durcissement de la lutte antiterroriste face à la recrudescence des attentats contre les touristes.

10-13 Refus du VIIIe Congrès des députés du peuple de prolonger les pouvoirs exceptionnels du président Eltsine et d'organiser le référendum réclamé par ce dernier.

11-20 Le général Philippe Morillon, commandant en chef de la FORPRONU, enfermé durant neuf jours dans Srebrenica assiégée par les Serbes, obtient le passage de l'aide humanitaire et l'évacuation des blessés.

12 Série d'attentats terroristes à Bombay (plus de 300 morts et plus de 1 000 blessés).

17 Journée nationale de manifestations des pêcheurs contre les importations extracommunautaires.
20 Boris Eltsine établit un système de gouvernement par décret jusqu'au 25 avril, date du référendum.
21 Le Parlement russe déclare que l'attitude d'Eltsine est « un attentat aux fondements de la Constitution ». La Grande-Bretagne, l'Allemagne, la CEE et Bill Clinton assurent Eltsine de leur soutien.
Premier tour des élections législatives. Victoire de la droite (44 % des suffrages) et défaite du PS (17,4 %). L'Entente des écologistes (7,6 %) est dépassée par le PC (9,2 %). Le Front national obtient 12,4 % des voix.
22 A Alger, manifestation de 10000 personnes après une série d'attentats islamistes.
25 Signature du plan Vance-Owen par le président bosniaque Alija Izetbegovic. Les Serbes bosniaques y restent opposés.
28 Au second tour des élections législatives, le RPR remporte 245 sièges, l'UDF 213, les socialistes 57, et les communistes 24. Les écologistes n'entrent pas à l'Assemblée.
29 Après la démission de Pierre Bérégovoy, Edouard Balladur est chargé par François Mitterrand de former le nouveau gouvernement.

Avril
3 Michel Rocard devient le président provisoire d'un PS en crise après la défaite de mars.
3-4 Premier sommet Eltsine-Clinton, à Vancouver.
5 Molière de la mise en scène attribué à Laurent Terzieff.
7 John Major propose la reprise des pourparlers en Irlande du Nord.
Réouverture par la Comédie-Française du théâtre du Vieux-Colombier, fondé par Jacques Copeau.
8 Déclaration de politique générale d'Edouard Balladur, prévoyant la révision du Code de procédure pénale et celle du Code de la nationalité ; la pré-

sentation d'un collectif budgétaire comportant au moins 20 milliards de francs d'économies ; l'autonomie de la Banque de France, la privatisation des entreprises publiques du secteur concurrentiel.
Admission aux Nations unies de la Macédoine, sous le nom provisoire d'ex-République yougoslave de Macédoine (FYROM).

10 Flambée de violence dans les townships sud-africains après l'assassinat du leader noir Chris Hani.
Affrontements de rues à Paris entre jeunes et CRS après trois bavures policières qui ont tué deux jeunes gens et grièvement blessé un troisième en quelques jours.

14 La décision du Vatican de transférer le carmel d'Auschwitz est rendue publique.

15 Octroi d'une aide de 240 milliards de francs à la Russie par les sept pays les plus industrialisés.

16 Adoption au Conseil de sécurité de l'ONU de la résolution 819, exigeant la fin de l'état de siège de Srebrenica, déclarée « zone de sécurité ».

17 Les quatre policiers ayant passé à tabac un Noir, Rodney King, à Los Angeles en 1991, sont déclarés coupables.

18-19 Référendum en Italie sur l'élection des sénateurs et le financement public des partis qui ouvre la voie à la réforme du système politique.

19 Prise d'assaut de la forteresse de Waco (Texas), où 86 membres d'une secte périssent avec leur gourou après cinquante et un jours de siège.

25 Référendum en Russie (58 % des votes favorables à Eltsine).

27-28 Débat d'orientation sur la Ville à l'Assemblée nationale.

28 Mort de Dominique Bozo, président du Centre Georges-Pompidou.

29 Le projet de Constitution d'Eltsine, qui renforce le pouvoir présidentiel, est rendu public.

Mai

1er Suicide de Pierre Bérégovoy à Nevers, dont il est le maire.

2 Acceptation par Israël de la participation des habitants de Jérusalem-Est à des élections dans les territoires occupés.

4 Aux obsèques de Pierre Bérégovoy, François Mitterrand dénonce « ceux qui ont pu livrer aux chiens l'honneur d'un homme ».

6 Résolution 824 du Conseil de sécurité créant cinq nouvelles « zones de sécurité » en Bosnie-Herzégovine (dont Sarajevo).

10 Présentation au Conseil des ministres du plan de redressement économique d'Edouard Balladur.

13 Abandon du programme IDS (initiative de défense stratégique), dit « guerre des étoiles », par la nouvelle administration américaine.
Vote de la levée de l'immunité parlementaire de Giulio Andreotti, ancien président du Conseil italien.

15-16 Référendum serbe en Bosnie : rejet du plan Vance-Owen.

18 « Oui » danois au référendum pour la ratification du traité de Maastricht.

24 L'Erythrée accède officiellement à l'indépendance après le référendum du 27 avril.

26 Première coupe d'Europe en football pour un club français : l'Olympique de Marseille bat le Milan AC en finale de la Coupe d'Europe des clubs champions (1-0).

27 Attentat à la voiture piégée à Florence (cinq morts). La Galerie des Offices est endommagée.

29 Incendie criminel en Allemagne (Solingen), où trois femmes et deux fillettes turques périssent. Manifestations antiracistes dans plusieurs villes allemandes.

Juin

1er Destitution du président de la nouvelle Yougoslavie, Dobrica Cosic, par les partisans de Milosevic.

2 Adoption en Conseil des ministres du projet de loi

Pasqua sur les « conditions d'entrée et de séjour des étrangers », qui vise à « tendre vers une immigration zéro ».

4 Résolution 836 du Conseil de sécurité de l'ONU autorisant l'usage de la force contre les attaques des « zones de sécurité » en Bosnie.

5 En Somalie, affrontements entre bandes armées et forces de l'ONU (58 morts).

6 Résolution 837 (sur la Somalie) du Conseil de sécurité de l'ONU, qui demande l'arrestation des responsables de l'attaque, dont le général Aïdid.

8 Assassinat de René Bousquet, ancien secrétaire général de la police de Vichy, par Christian Didier.

13 Ouverture de la 45e Biennale des Arts de Venise.

14 Tansu Ciller, Premier ministre de Turquie.
Harmonisation de la législation européenne sur les droits d'auteur. Le délai de protection d'une œuvre après la mort de l'auteur est porté à soixante-dix ans.

15-16 A Genève, les présidents croate et serbe Trudjman et Milosevic se déclarent favorables au découpage de la Bosnie en trois entités ethniques. Rejet du plan Vance-Owen par le président bosniaque Izetbegovic.

16 Philippe Séguin dénonce un « véritable Munich social ».

19 Mort de Jean Cau, écrivain et journaliste.

21-22 49e sommet des Douze à Copenhague : la récession et l'emploi sont à l'ordre du jour (taux de chômage moyen dans la CEE : 10,2 % de la population active).

24 Adoption définitive de la réforme du Code de la nationalité.

25 Démission de Jacques Attali de la présidence de la BERD, où sa gestion est mise en cause.

26 Début d'une polémique estivale sur la « tentation nationale-communiste ».

Juillet

2 Offensive des séparatistes abkhazes en Géorgie.

2-4 Etats généraux du PS. Michel Rocard renforce son pouvoir.

5 Fermeture définitive du carmel d'Auschwitz.

6 Mise en examen de Jean-Pierre Bernès, directeur général de l'OM, pour « corruption active » après le match OM-Valenciennes du 20 mai 1993.

10 Adoption définitive par le Parlement du projet de loi de Pierre Méhaignerie sur les contrôles d'identité.

12 Reprise des négociations du GATT à Genève.

13 Confirmation par la 13e chambre de la cour d'appel de Paris des condamnations prononcées dans l'affaire du sang contaminé.

Adoption par le Parlement du projet de loi sur la maîtrise de l'immigration, les conditions d'entrée et de séjour des étrangers en France.

14 Mort de Léo Ferré.

16 Reprise du débat sur les concentrations dans la presse à l'occasion de la prise de contrôle des *Dernières Nouvelles d'Alsace* par le groupe de Robert Hersant.

Le 16 juillet, date de la rafle du Vél' d'Hiv' de 1942, devient une « journée nationale » de commémoration des persécutions racistes et antisémites commises sous Vichy entre 1940 et 1944.

20 En Italie, suicide de Gabriele Cagliari, l'ex-patron de l'ENI, la société d'hydrocarbures d'Etat, incarcéré dans le cadre de l'enquête « Mains propres ».

24 Mort de l'industriel Francis Bouygues, ancien PDG de TF1.

25 OM : démission de Jean-Pierre Bernès.

29 En Israël, acquittement au bénéfice du doute de John Demjanjuk, soupçonné d'être le bourreau de Treblinka.

Août

1er A la suite du massacre de 35 personnes dans une cité noire près de Johannesbourg, recrudescence des meurtres dans les townships de la ville.

1er-2 « Compromis de Bruxelles » : fin de la crise la plus grave du SME depuis sa création, marquée par des attaques spéculatives contre le franc et la chute des monnaies face au mark.

2 Ratification du traité de Maastricht en Grande-Bretagne.

4 Nomination de Jean-Pierre Miquel en remplacement de Jacques Lassalle à la tête de la Comédie-Française et de François Barré à la présidence du Centre Georges-Pompidou.

13 Annulation par le Conseil constitutionnel de huit des cinquante et un articles de la loi sur la maîtrise de l'immigration, pour « atteintes excessives » aux droits fondamentaux.

17 Disparition de Pierre Desgraupes, ancien directeur de l'information de la Première Chaîne (1969-1972) et ancien PDG d'Antenne 2 (1981-1984).

20 A Genève, proposition par les médiateurs d'un plan de découpage de la Bosnie-Herzégovine en trois Républiques autonomes, Sarajevo et Mostar étant placées sous mandat de l'ONU et de la CEE pour deux ans.

23 Charles Pasqua se prononce pour une révision de la Constitution à propos du droit d'asile, afin de la rendre compatible avec les accords de Schengen.

28 Affrontements au Parc des Princes (dix policiers blessés). Charles Pasqua nomme un « Monsieur Sécurité » dans les stades.

31 Départ définitif des troupes russes de Lituanie.

Septembre

1er A. Routskoï et V. Choumeïko suspendus de leurs fonctions par Boris Eltsine.

8 Exposition de quatre-vingts toiles impressionnistes et postimpressionnistes de la fondation Barnes au Musée d'Orsay.

9 En Somalie, combats entre les partisans du général Aïdid et les forces de l'ONU.

9-10 Reconnaissance mutuelle entre l'OLP et Israël.

13 Poignée de main historique entre Yasser Arafat et Itzhak Rabin à Washington. Signature de la déclaration de principe sur l'autogouvernement des territoires occupés (« Gaza et Jéricho d'abord »).

14 Libération du plus célèbre dissident chinois, Wei Jingsheng, en prison depuis 1979.

20 Au conseil des Douze à Bruxelles, adoption d'un « relevé de conclusions » pour une nouvelle discussion de l'accord agricole de Blair House. Une clause d'« exception culturelle » est réclamée par la France.
Mise en examen de l'ancien trésorier national du PS, Henri Emmanuelli, dans le cadre de l'instruction de l'affaire Urba.

21 Dissolution du Parlement russe par décret, et convocation d'élections législatives pour le 12 décembre. Le Parlement destitue Eltsine en retour, le remplaçant par Routskoï.

22 Ouverture du Festival d'Automne avec *Orlando* de Robert Wilson à l'Odéon-Théâtre de l'Europe.

24 Blocus total de la « Maison-Blanche » organisé par les troupes fidèles à Eltsine.

25 En Vendée, lors de la célébration du bicentenaire de l'insurrection, Alexandre Soljenitsyne critique la devise républicaine « Liberté, Egalité, Fraternité ».

26 Mort de la romancière russe Nina Berberova.

28 Affrontements à Moscou entre manifestants procommunistes et forces de l'ordre.
Débat sur le thème de la semaine de quatre jours comme solution au chômage, à l'occasion de la discussion du projet de loi quinquennale de Michel Giraud sur le travail, l'emploi et la formation professionnelle.

29 Georges Marchais déclare qu'il quittera ses fonctions de premier secrétaire du PC lors du prochain congrès (janvier 1994).
Dans le cadre du procès des initiés de l'affaire Pechiney-Triangle, Alain Boublil, ancien directeur de cabinet de Pierre Bérégovoy, est relaxé.

Octobre

3 Proclamation de l'état d'urgence à Moscou.

4 Attaque de la « Maison-Blanche » après une nuit d'affrontements (150 morts, bilan officiel). Routskoï et Khasboulatov emprisonnés.

Succès de la privatisation de la BNP, qui rapporte 28 milliards de francs.

8 Le prix Nobel de littérature est attribué à la romancière noire américaine Toni Morrison.

12 Ratification du traité de Maastricht en Allemagne.

13 Controverse d'ordre éthique après la publication des travaux sur le clonage d'embryons humains d'une équipe de chercheurs américains.

14 Interdiction des journaux d'opposition en Russie.

19 Saint-Denis est choisi par le gouvernement pour l'implantation du Grand Stade destiné à accueillir la Coupe du monde de football en 1998.

22-24 Michel Rocard est élu premier secrétaire du PS.

23 Entrée de la Géorgie dans la CEI.

Attentat meurtrier revendiqué par l'IRA à Belfast.

24-31 Enlèvement de trois agents consulaires français à Alger.

25 A *L'Heure de vérité*, François Mitterrand estime qu'Edouard Balladur est *« un homme d'Etat »* et qu'il faudrait *« un miracle »* pour voir Michel Rocard remporter la prochaine élection présidentielle.

31 Mort du cinéaste italien Federico Fellini.

Novembre

1er La CEE devient « Union européenne » (UE)

Ultimatum du Groupe islamique armé, qui donne un délai d'un mois à la communauté française pour quitter l'Algérie.

3 La Cour de cassation confirme que Paul Touvier sera jugé à Versailles pour crimes contre l'humanité, pour l'assassinat par la Milice à Rillieux-la-Pape de sept otages juifs.

4-8 5e carrefour des littératures à Strasbourg, projet de création d'un Parlement international des écrivains pour lutter contre les persécutions d'intellectuels.

7 Pas de commémoration de la Révolution d'octobre en Russie pour la première fois depuis soixante-quinze ans.

9 En France, opération policière dans les milieux islamistes (interpellation de 88 personnes).

11 Aggravation des sanctions de l'ONU contre la Libye.

16 Décision des seize pays membres du COCOM de dissoudre l'organisation le 31 mars 1994.

17-18 Adoption d'une Constitution intérimaire par les partis politiques sud-africains, en attendant les premières élections multiraciales d'avril 1994.

18 Inauguration de l'aile Richelieu du Grand Louvre.

19 Sept personnes « sans domicile fixe » meurent de froid. Le nombre de SDF est évalué à 400000 en France.

Adoption de la réforme du droit d'asile. Edouard Balladur et Charles Pasqua mettent en cause le Conseil constitutionnel.

25 Arrestation en Uruguay de l'ancien maire de Nice, Jacques Médecin, à la suite d'une demande d'extradition.

Décembre

3 Echec des pourparlers de Genève sur le découpage territorial de la Bosnie-Herzégovine.

5 En Italie, déroute de la démocratie chrétienne aux élections municipales.

7 Mort du chef de l'Etat ivoirien Félix Houphouët-Boigny.

10 Attribution du prix Nobel de la paix 1993 à Nelson Mandela et Frederik De Klerk.

10-11 Au sommet des Douze, à Bruxelles, approbation du Livre blanc *Croissance, compétitivité et emploi* préconisant la création de 15 millions d'emplois d'ici à l'an 2000, grâce à un programme d'infrastructures.

12 Adoption du projet de Constitution présidentielle en Russie. Elections au Parlement, victoire de l'extrême droite (le Parti libéral-démocrate de l'ultranationaliste Jirinovski en deuxième position à la Douma).

13 Nomination de Jean-Pierre Elkabbach à la présidence de France Télévision.

14 Accord global entre la CEE et les Etats-Unis sur les

négociations du GATT (à l'exclusion de l'audiovisuel).
En Algérie, multiplication des assassinats de ressortissants étrangers.

15 En Irlande du Nord, appel historique des Premiers ministres irlandais et britannique, Albert Reynolds et John Major. La Grande-Bretagne accepte de négocier avec le Sinn Fein si l'IRA renonce à la violence.
Adoption à Genève par cent dix-sept pays de l'acte final du GATT instituant l'organisation mondiale du commerce (OMC).

16 Publication de la première carte physique du génome humain dans la revue *Nature* et les *Comptes rendus de l'Académie des sciences*.

18-27 Interdiction de l'accès aux plages atlantiques à la suite de la découverte d'engins explosifs, de fûts d'hydrocarbures et de pesticides sur le littoral.

19 En Serbie, victoire du Parti socialiste du président Milosevic aux élections législatives.

20 Adoption de la révision de la loi Falloux sur les aides publiques à l'enseignement privé.

21 Mort du romancier populaire Guy des Cars.

22 Mise en examen de Bernard Tapie pour abus de biens sociaux dans le cadre de l'enquête sur l'affaire Testut.
Naissance de la Bibliothèque nationale de France, de la fusion entre la Bibliothèque nationale et l'Etablissement public de la Bibliothèque de France.
Ratification de la Constitution intérimaire de l'Afrique du Sud : fin de l'apartheid.

23 A Bruxelles, dans le cadre des négociations sur la guerre dans l'ex-Yougoslavie, une trêve de Noël est décrétée par les belligérants, qui n'est pas respectée.

24-27 Inondations qui affectent une centaine de communes, notamment dans l'Est et le Nord.

30 Refus de la France d'extrader vers la Suisse deux Iraniens soupçonnés d'assassinat, au nom de l'intérêt national.
Signature d'un accord entre Israël et le Vatican, qui établit leurs relations diplomatiques.

[illegible]

[illegible]

[illegible] quelques-unes des [illegible]

[illegible]

[illegible] Pretoria [illegible]

[illegible]

[illegible] l'Afrique du Sud [illegible]

[illegible]

Table

RÉALISATION : PAO ÉDITIONS DU SEUIL
IMPRESSION : BRODARD ET TAUPIN
DÉPÔT LÉGAL : OCTOBRE 1995. N° 26157. (6206M-5)

DU MÊME AUTEUR

Le Tout-Paris
Gallimard, 1952

Nouveaux Portraits
Gallimard, 1954

La Nouvelle Vague
Gallimard, 1958

Si je mens...
Stock, 1972
LGF/Le Livre de Poche, 1973

Une poignée d'eau
Robert Laffont, 1973

La Comédie du pouvoir
Fayard, 1977
LGF/Le Livre de Poche, 1979

Ce que je crois
Grasset, 1978
LGF/Le Livre de Poche, 1979

Une femme honorable
Fayard, 1981
LGF/Le Livre de Poche, 1982

Le Bon Plaisir
Mazarine, 1983
LGF/Le Livre de Poche, 1984

Christian Dior
Editions du Regard, 1987

Alma Mahler ou l'art d'être aimée
Robert Laffont, 1988
Presses-Pocket, 1989

Ecoutez-moi...

(avec Günter Grass)
Maren Sell, 1988,
Presses-Pocket, 1990

Leçons particulières

Fayard, 1990
LGF/Le Livre de Poche, 1992

Jenny Marx ou la femme du Diable

Laffont, 1992 ; Feryane, 1992
Presses-Pocket, 1993

Les Hommes et les Femmes

(avec Bernard-Henri Lévy)
Orban, 1993

Mon très cher amour

Grasset, 1994

Collection Points

DERNIERS TITRES PARUS

R230. Récits d'un jeune médecin, *par Mikhaïl Boulgakov*
R231. La Maison des prophètes, *par Nicolas Saudray*
R232. Trois Heures du matin à New York
par Herbert Lieberman
R234. Adrienne Mesurat, *par Julien Green*
R235. Jusqu'à la mort, *par Amos Oz*
R236. Les Envoûtés, *par Witold Gombrowicz*
R237. Frontière des ténèbres, *par Eric Ambler*
R238. Les Deux Sacrements, *par Heinrich Böll*
R239. Cherchant qui dévorer, *par Luc Estang*
R240. Le Tournant, *par Klaus Mann*
R241. Aurélia, *par France Huser*
R242. Le Sixième Hiver
par Douglas Orgill et John Gribbin
R243. Naissance d'un spectre, *par Frédérick Tristan*
R244. Lorelei, *par Maurice Genevoix*
R245. Le Bois de la nuit, *par Djuna Barnes*
R246. La Caverne céleste, *par Patrick Grainville*
R249. Juliette, chemin des Cerisiers, *par Marie Chaix*
R250. Le Baiser de la femme-araignée, *par Manuel Puig*
R251. Le Vésuve, *par Emmanuel Roblès*
R253. Palomar, *par Italo Calvino*
R254. Le Visionnaire, *par Julien Green*
R255. La Revanche, *par Henry James*
R256. Les Années-lumière, *par Rezvani*
R257. La Crypte des capucins, *par Joseph Roth*
R258. La Femme publique, *par Dominique Garnier*
R259. Maggie Cassidy, *par Jack Kerouac*
R260. Mélancolie Nord, *par Michel Rio*
R261. Énergie du désespoir, *par Eric Ambler*
R262. L'Aube, *par Elie Wiesel*
R264. L'Ouverture des bras de l'homme
par Raphaële Billetdoux
R265. Méchant, *par Jean-Marc Roberts*
R266. Un policeman, *par Didier Decoin*
R267. Les Corps étrangers, *par Jean Cayrol*
R269. Dara, *par Patrick Besson*
R270. Parias, *par Pascal Bruckner*
R271. Le Soleil et la Roue, *par Rose Vincent*
R272. Le Malfaiteur, *par Julien Green*
R273. Scarlett si possible, *par Katherine Pancol*
R274. Journal d'une fille de Harlem, *par Julius Horwitz*

R276. La Chasse à la licorne, *par Emmanuel Roblès*
R277. Red Fox, *par Anthony Hyde*
R278. Minuit, *par Julien Green*
R279. L'Enfer, *par René Belletto*
R280. Et si on parlait d'amour, *par Claire Gallois*
R281. Pologne, *par James A. Michener*
R283. La Nuit du solstice, *par Herbert Lieberman*
R284. Place de Sienne, côté ombre
par Carlo Fruttero et Franco Lucentini
R285. Meurtre au comité central
par Manuel Vázquez Montalbán
R286. L'Isolé soleil, *par Daniel Maximin*
R287. Samedi soir, dimanche matin, *par Alan Sillitoe*
R288. Petit Louis, dit XIV, *par Claude Duneton*
R289. Le Perchoir du perroquet, *par Michel Rio*
R290. L'Enfant pain, *par Agustin Gomez-Arcos*
R291. Les Années Lula, *par Rezvani*
R292. Michael K, sa vie, son temps, *par J. M. Coetzee*
R293. La Connaissance de la douleur
par Carlo Emilio Gadda
R294. Complot à Genève, *par Eric Ambler*
R295. Serena, *par Giovanni Arpino*
R297. Le Premier Regard, *par Marie Susini*
R299. La Vie fantôme, *par Danièle Sallenave*
R300. L'Enchanteur, *par Vladimir Nabokov*
R301. L'Ile atlantique, *par Tony Duvert*
R303. Le Manège espagnol, *par Michel del Castillo*
R304. Le Berceau du chat, *par Kurt Vonnegut*
R306. Les Fontaines du grand abîme, *par Luc Estang*
R307. Le Mauvais Lieu, *par Julien Green*
R308. Aventures dans le commerce des peaux en Alaska
par John Hawkes
R309. La Vie et demie, *par Sony Labou Tansi*
R310. Jeune Fille en silence, *par Raphaële Billetdoux*
R311. La Maison près du marais, *par Herbert Lieberman*
R312. Godelureaux, *par Eric Ollivier*
R313. La Chambre ouverte, *par France Huser*
R315. Les Silences ou la vie d'une femme
par Marie Chaix
R317. Le Levantin, *par Eric Ambler*
R318. Beno s'en va-t-en guerre, *par Jean-Luc Benoziglio*
R319. Miss Lonelyhearts, *par Nathanaël West*
R320. Cosmicomics, *par Italo Calvino*
R321. Un été à Jérusalem, *par Chochana Boukhobza*
R323. L'Amazone, *par Michel Braudeau*
R324. Le Mystère de la crypte ensorcelée
par Eduardo Mendoza

R325. Le Cri, *par Chochana Boukhobza*
R326. Femmes devant un paysage fluvial, *par Heinrich Böll*
R327. La Grotte, *par Georges Buis*
R328. Bar des flots noirs, *par Olivier Rolin*
R329. Le Stade de Wimbledon, *par Daniele Del Giudice*
R330. Le Bruit du temps, *par Ossip E. Mandelstam*
R331. La Diane rousse, *par Patrick Grainville*
R332. Les Éblouissements, *par Pierre Mertens*
R333. Talgo, *par Vassilis Alexakis*
R334. La Vie trop brève d'Edwin Mullhouse
par Steven Millhauser
R335. Les Enfants pillards, *par Jean Cayrol*
R336. Les Mystères de Buenos Aires, *par Manuel Puig*
R337. Le Démon de l'oubli, *par Michel del Castillo*
R338. Christophe Colomb, *par Stephen Marlowe*
R339. Le Chevalier et la Reine, *par Christopher Frank*
R340. Autobiographie de tout le monde, *par Gertrude Stein*
R341. Archipel, *par Michel Rio*
R342. Texas, tome 1, *par James A. Michener*
R343. Texas, tome 2, *par James A. Michener*
R344. Loyola's blues, *par Erik Orsenna*
R345. L'Arbre aux trésors, *par Henri Gougaud*
R346. Les Enfants des morts, *par Henrich Böll*
R347. Les Cent Premières Années de Niño Cochise
par A. Kinney Griffith et Niño Cochise
R348. Vente à la criée du lot 49, *par Thomas Pynchon*
R349. Confessions d'un enfant gâté
par Jacques-Pierre Amette
R350. Boulevard des trahisons, *par Thomas Sanchez*
R351. L'Incendie, *par Mohammed Dib*
R352. Le Centaure, *par John Updike*
R353. Une fille cousue de fil blanc, *par Claire Gallois*
R354. L'Adieu aux champs, *par Rose Vincent*
R355. La Ratte, *par Günter Grass*
R356. Le Monde hallucinant, *par Reinaldo Arenas*
R357. L'Anniversaire, *par Mouloud Feraoun*
R358. Le Premier Jardin, *par Anne Hébert*
R359. L'Amant sans domicile fixe
par Carlo Fruttero et Franco Lucentini
R360. L'Atelier du peintre, *par Patrick Grainville*
R361. Le Train vert, *par Herbert Lieberman*
R362. Autopsie d'une étoile, *par Didier Decoin*
R363. Un joli coup de lune, *par Chester Himes*
R364. La Nuit sacrée, *par Tahar Ben Jelloun*
R365. Le Chasseur, *par Carlo Cassola*
R366. Mon père américain, *par Jean-Marc Roberts*
R367. Remise de peine, *par Patrick Modiano*

R368. Le Rêve du singe fou, *par Christopher Frank*
R369. Angelica, *par Bertrand Visage*
R370. Le Grand Homme, *par Claude Delarue*
R371. La Vie comme à Lausanne, *par Erik Orsenna*
R372. Une amie d'Angleterre, *par Anita Brookner*
R373. Norma ou l'exil infini, *par Emmanuel Roblès*
R374. Les Jungles pensives, *par Michel Rio*
R375. Les Plumes du pigeon, *par John Updike*
R376. L'Héritage Schirmer, *par Eric Ambler*
R377. Les Flamboyants, *par Patrick Grainville*
R378. L'Objet perdu de l'amour, *par Michel Braudeau*
R380. Le Labyrinthe aux olives, *par Eduardo Mendoza*
R381. Les Pays lointains, *par Julien Green*
R383. L'Écrivain public, *par Tahar Ben Jelloun*
R385. Les Lèvres nues, *par France Huser*
R386. La Famille de Pascal Duarte, *par Camilo José Cela*
R387. Une enfance à l'eau bénite, *par Denise Bombardier*
R389. Tarabas, *par Joseph Roth*
R390. Replay, *par Ken Grimwood*
R391. Rabbit Boss, *par Thomas Sanchez*
R392. Aden Arabie, *par Paul Nizan*
R393. La Ferme, *par John Updike*
R394. L'Obscène Oiseau de la nuit, *par José Donoso*
R395. Un printemps d'Italie, *par Emmanuel Roblès*
R396. L'Année des méduses, *par Christopher Frank*
R397. Miss Missouri, *par Michel Boujut*
R398. Le Figuier, *par François Maspero*
R399. La Solitude du coureur de fond, *par Alan Sillitoe*
R402. La Croyance des voleurs, *par Michel Chaillou*
R403. Rock Springs, *par Richard Ford*
R405. Tara, *par Michel del Castillo*
R406. L'Homme à la vie inexplicable, *par Henri Gougaud*
R407. Le Beau Rôle, *par Louis Gardel*
R408. Le Messie de Stockholm, *par Cynthia Ozick*
R409. Les Exagérés, *par Jean- François Vilar*
R410. L'Objet du scandale, *par Robertson Davies*
R411. Berlin mercredi, *par François Weyergans*
R412. L'Inondation, *par Evguéni Zamiatine*
R413. Rentrez chez vous Bogner !, *par Heinrich Böll*
R414. Les Herbes amères, *par Chochana Boukhobza*
R415. Le Pianiste, *par Manuel Vázquez Montalbán*
R416. Une mort secrète, *par Richard Ford*
R417. La Journée d'un scrutateur, *par Italo Calvino*
R418. Collection de sable, *par Italo Calvino*
R420. Lacenaire (un film de Francis Girod)
par Georges Conchon
R421. Œuvres pré-posthumes, *par Robert Musil*

R422. Merlin, *par Michel Rio*
R423. Charité, *par Éric Jourdan*
R424. Le Visiteur, *par György Konrad*
R425. Monsieur Adrien, *par Franz-Olivier Giesbert*
R426. Palinure de Mexico, *par Fernando Del Paso*
R427. L'Amour du prochain, *par Hugo Claus*
R428. L'Oublié, *par Elie Wiesel*
R429. Temps zéro, *par Italo Calvino*
R430. Les Comptoirs du Sud, *par Philippe Doumenc*
R431. Le Jeu des décapitations, *par Jose Lezama Lima*
R432. Tableaux d'une ex, *par Jean-Luc Benoziglio*
R433. Les Effrois de la glace et des ténèbres *par Christoph Ransmayr*
R434. Paris-Athènes, *par Vassilis Alexakis*
R435. La Porte de Brandebourg, *par Anita Brookner*
R436. Le Jardin à la dérive, *par Ida Fink*
R437. Malina, *par Ingeborg Bachmann*
R438. Moi, laminaire, *par Aimé Césaire*
R439. Histoire d'un idiot racontée par lui-même *par Félix de Azúa*
R440. La Résurrection des morts, *par Scott Spencer*
R441. La Caverne, *par Eugène Zamiatine*
R442. Le Manticore, *par Robertson Davies*
R443. Perdre, *par Pierre Mertens*
R444. La Rébellion, *par Joseph Roth*
R445. D'amour P. Q., *par Jacques Godbout*
R446. Un oiseau brûlé vif, *par Agustin Gomez-Arcos*
R447. Le Blues de Buddy Bolden, *par Michael Ondaatje*
R448. Étrange séduction (Un bonheur de rencontre) *par Ian McEwan*
R449. La Diable, *par Fay Weldon*
R450. L'Envie, *par Iouri Olecha*
R451. La Maison du Mesnil, *par Maurice Genevoix*
R452. La Joyeuse Bande d'Atzavara *par Manuel Vázquez Montalbán*
R453. Le Photographe et ses Modèles, *par John Hawkes*
R454. Rendez-vous sur la terre, *par Bertrand Visage*
R455. Les Aventures singulières du soldat Ivan Tchonkine *par Vladimir Voïnovitch*
R456. Départements et Territoires d'outre-mort *par Henri Gougaud*
R457. Vendredi des douleurs, *par Miguel Angel Asturias*
R458. L'Avortement, *par Richard Brautigan*
R459. Histoire du ciel, *par Jean Cayrol*
R461. L'Orgie, la Neige, *par Patrick Grainville*
R462. Le Tueur et son ombre, *par Herbert Lieberman*
R463. Les Grosses Rêveuses, *par Paul Fournel*

R465. Les Marches du palais, *par David Shahar*
R466. Les hommes cruels ne courent pas les rues
par Katherine Pancol
R467. La Vie exagérée de Martín Romaña
par Alfredo Bryce-Echenique
R468. Les Étoiles du Sud, *par Julien Green*
R469. Aventures, *par Italo Calvino*
R471. Sous le soleil jaguar, *par Italo Calvino*
R472. Les cyprès meurent en Italie, *par Michel del Castillo*
R473. Kilomètre zéro, *par Thomas Sanchez*
R474. Singulières Jeunes Filles, *par Henry James*
R475. Franny et Zooey, *par J. D. Salinger*
R476. Vaulascar, *par Michel Braudeau*
R477. La Vérité sur l'affaire Savolta, *par Eduardo Mendoza*
R478. Les Visiteurs du crépuscule, *par Eric Ambler*
R479. L'Ancienne Comédie, *par Jean-Claude Guillebaud*
R480. La Chasse au lézard, *par William Boyd*
R481. Les Yaquils, *suivi de* Ile déserte, *par Emmanuel Roblès*
R482. Proses éparses, *par Robert Musil*
R483. Le Loum, *par René-Victor Pilhes*
R484. La Fascination de l'étang, *par Virginia Woolf*
R485. Journaux de jeunesse, *par Rainer Maria Rilke*
R486. Tirano Banderas, *par Ramón del Valle-Inclán*
R487. Une trop bruyante solitude, *par Bohumil Hrabal*
R488. En attendant les barbares, *par J. M. Coetzee*
R489. Les Hauts-Quartiers, *par Paul Gadenne*
R490. Je lègue mon âme au diable, *par Germán Castro Caycedo*
R491. Le Monde des merveilles, *par Robertson Davies*
R492. Louve basse, *par Denis Roche*
R493. La Couleur du destin
par Carlo Fruttero et Franco Lucentini
R494. Poupée blonde
par Patrick Modiano, dessins de Pierre Le-Tan
R495. La Mort de Lohengrin, *par Heinrich Böll*
R496. L'Aïeul, *par Aris Fakinos*
R497. Le Héros des femmes, *par Adolfo Bioy Casares*
R498. 1492. Les Aventures de Juan Cabezón de Castille
par Homero Aridjis
R499. L'Angoisse du tigre, *par Jean-Marc Roberts*
R500. Les Yeux baissés, *par Tahar Ben Jelloun*
R501. L'Innocent, *par Ian McEwan*
R502. Les Passagers du Roissy-Express
par François Maspero
R503. Adieu à Berlin, *par Christopher Isherwood*
R504. Remèdes désespérés, *par Thomas Hardy*
R505. Le Larron qui ne croyait pas au ciel
par Miguel Angel Asturias

R506. Madame de Mauves, *par Henry James*
R507. L'Année de la mort de Ricardo Reis, *par José Saramago*
R508. Abattoir 5, *par Kurt Vonnegut*
R509. Comme je l'entends, *par John Cowper Powys*
R510. Madrapour, *par Robert Merle*
R511. Ménage à quatre, *par Manuel Vázquez Montalbán*
R512. Tremblement de cœur, *par Denise Bombardier*
R513. Monnè, Outrages et Défis, *par Ahmadou Kourouma*
R514. L'Ultime Alliance, *par Pierre Billon*
R515. Le Café des fous, *par Felipe Alfau*
R516. Morphine, *par Mikhaïl Boulgakov*
R517. Le Fou du tzar, *par Jaan Kross*
R518. Wolf et Doris, *par Martin Walser*
R519. La Course au mouton sauvage, *par Haruki Murakami*
R520. Adios Schéhérazade, *par Donald Westlake*
R521. Les Feux du Bengale, *par Amitav Ghosh*
R522. La Spéculation immobilière, *par Italo Calvino*
R523. L'homme qui parlait d'Octavia de Cadix
par Alfredo Bryce-Echenique
R524. V., *par Thomas Pynchon*
R525. Les Anges rebelles, *par Robertson Davies*
R526. Nouveaux Contes de Bustos Domecq
par Jorge Luis Borges et Adolfo Bioy Casares
R527. Josepha, *par Christopher Frank*
R528. L'Amour sorcier, *par Louise Erdrich*
R529. L'Europe mordue par un chien, *par Christophe Donner*
R530. Les hommes qui ont aimé Evelyn Cotton
par Frank Ronan
R531. Agadir, *par Mohammed Khaïr-Eddine*
R532. Brigitta, *par Adalbert Stifter*
R533. Lune de miel et d'or, *par David Shahar*
R534. Histoires de vertige, *par Julien Green*
R535. Voyage en France, *par Henry James*
R536. La Femme de chambre du Titanic, *par Didier Decoin*
R537. Le Grand Partir, *par Henri Gougaud*
R538. La Boîte noire, *par Jean-Luc Benoziglio*
R539. Le Prochain sur la liste, *par Dan Greenburg*
R540. Topkapi, *par Eric Ambler*
R541. Hôtel du lac, *par Anita Brookner*
R542. L'Aimé, *par Axel Gauvin*
R543. Vends maison, où je ne veux plus vivre
par Bohumil Hrabal
R544. Enquête sous la neige, *par Michael Malone*
R545. Sérénissime, *par Frédéric Vitoux*
R547. Les Girls du City-Boum-Boum, *par Vassilis Alexakis*
R548. Les Rives du fleuve Bleu, *par Emmanuel Roblès*
R549. Le Complexe polonais, *par Tadeusz Konwicki*

R550. La Patte du scarabée, *par John Hawkes*
R551. Sale Histoire, *par Eric Ambler*
R552. Le Silence des pierres, *par Michel del Castillo*
R553. Une rencontre en Westphalie, *par Günter Grass*
R554. Ludo & Compagnie, *par Patrick Lapeyre*
R555. Les Calendes grecques, *par Dan Franck*
R556. Chaque homme dans sa nuit, *par Julien Green*
R557. Nous sommes au regret de..., *par Dino Buzzati*
R559. Nouvelles démesurées, *par Adolfo Bioy Casares*
R560. Sylvie et Bruno, *par Lewis Carroll*
R561. L'Homme de Kiev, *par Bernard Malamud*
R562. Le Brochet, *par Eric Ambler*
R563. Mon valet et moi, *par Hervé Guibert*
R564. Les Européens, *par Henry James*
R565. Le Royaume enchanté de l'amour, *par Max Brod*
R566. Le Fou noir *suivi de* Le Poing fermé, *par Arrigo Boito*
R567. La Fin d'une époque, *par Evelyn Waugh*
R568. Franza, *par Ingeborg Bachmann*
R569. Les Noces dans la maison, *par Bohumil Hrabal*
R570. Journal, *par Jean-René Huguenin*
R571. Une saison ardente, *par Richard Ford*
R572. Le Dernier Été des Indiens, *par Robert Lalonde*
R573. Beatus Ille, *par Antonio Muñoz Molina*
R574. Les Révoltés de la « Bounty »
par Charles Nordhoff et James Norman Hall
R575. L'Expédition, *par Henri Gougaud*
R576. La Loi du capitaine, *par Mike Nicol*
R577. La Séparation, *par Dan Franck*
R578. Voyage autour de mon crâne, *par Frigyes Karinthy*
R579. Monsieur Pinocchio, *par Jean-Marc Roberts*
R580. Les Feux, *par Raymond Carver*
R581. Mémoires d'un vieux crocodile, *par Tennessee Williams*
R582. Patty Diphusa, la Vénus des lavabos
par Pedro Almodóvar
R583. Le Voyage de Hölderlin en France
par Jacques-Pierre Amette
R584. Les Noms, *par Don DeLillo*
R585. Le Châle, *par Cynthia Ozick*
R587. Liberté pour les ours !, *par John Irving*
R588. Mr. Stone, *par V. S. Naipaul*
R589. Loin de la troupe, *par Heinrich Böll*
R590. Dieu et nous seuls pouvons, *par Michel Folco*
R591. La Route de San Giovanni, *par Italo Calvino*
R592. En la forêt de longue attente, *par Hella S. Haasse*
R593. Lewis Percy, *par Anita Brookner*
R594. L'Affaire D., *par Charles Dickens*
Carlo Fruttero et Franco Lucentini

R595. La Pianiste, *par Elfriede Jelinek*
R596. Un air de famille, *par Michael Ondaatje*
R597. L'Ile enchantée, *par Eduardo Mendoza*
R598. Vineland, *par Thomas Pynchon*
R599. Jolie, la fille !, *par André Dubus*
R602. Le Déménagement, *par Jean Cayrol*
R603. Arrêt de jeu, *par Dan Kavanagh*
R605. La Belle Affaire, *par T. C. Boyle*
R609. Une femme en soi, *par Michel del Castillo*
R610. Le Parapluie jaune, *par Elsa Lewin*
R611. L'Amateur, *par André Balland*
R612. Le Suspect, *par L. R. Wright*
R613. Le Tueur des abattoirs, *par Manuel Vázquez Montalbán*
R614. Mémoires du Capitán Alonso de Contreras
par Alonso de Contreras
R615. Colère, *par Patrick Grainville*
R616. Le Livre de John, *par Michel Braudeau*
R617. Faux Pas, *par Michel Rio*
R618. Quelqu'unbis est mort, *par Jean-Luc Benoziglio*
R619. La Vie, quelque part, *par Anita Brookner*
R620. Iblis ou la Défroque du serpent, *par Armande Gobry-Valle*
R621. Fin de mission, *par Heinrich Böll*
R622. Les Mains vides, *par Maurice Genevoix*
R623. Un amour de chat, *par Frédéric Vitoux*
R624. Johnny s'en va-t-en guerre, *par Dalton Trumbo*
R625. La Remontée des cendres, *par Tahar Ben Jelloun*
R626. L'Enfant chargé de songes, *par Anne Hébert*
R628. La Terre et le Sang, *par Mouloud Feraoun*
R629. Le Cimetière des fous, *par Dan Franck*
R630. Cytomégalovirus, *par Hervé Guibert*
R631. La Maison Pouchkine, *par Andreï Bitov*
R632. La Mémoire brûlée, *par Jean-Noël Pancrazi*
R633. Le taxi mène l'enquête, *par Sam Reaves*
R634. Les Sept Fous, *par Roberto Arlt*
R635. La Colline rouge, *par France Huser*
R636. Les Athlètes dans leur tête, *par Paul Fournel*
R637. San Camilo 1936, *par Camilo José Cela*
R638. Galíndez, *par Manuel Vázquez Montalbán*
R639. China Lake, *par Anthony Hyde*
R640. Tlacuilo, *par Michel Rio*
R641. L'Élève, *par Henry James*
R642. Aden, *par Anne-Marie Garat*
R644. Dis-moi qui tuer, *par V. S. Naipaul*
R645. L'Arbre d'amour et de sagesse, *par Henri Gougaud*
R646. L'Étrange Histoire de Sir Hugo et de son valet Fledge
par Patrick McGrath
R647. L'Herbe des ruines, *par Emmanuel Roblès*

R648. La Première Femme, *par Nedim Gürsel*
R649. Les Exclus, *par Elfriede Jelinek*
R650. Providence, *par Anita Brookner*
R651. Les Nouvelles Mille et Une Nuits, vol. 1 *par Robert Louis Stevenson*
R652. Les Nouvelles Mille et Une Nuits, vol. 2 *par Robert Louis Stevenson*
R653. Les Nouvelles Mille et Une Nuits, vol. 3 *par Robert Louis Stevenson*
R654. 1492. Mémoires du Nouveau Monde, *par Homero Aridjis*
R655. Lettres à Doubenka, *par Bohumil Hrabal*
R657. Cassandra, *par John Hawkes*
R658. La Fin des temps, *par Haruki Murakami*
R659. Mémoires d'un nomade, *par Paul Bowles*
R660. La Femme du boucher, *par Li Ang*
R661. Anaconda, *par Horacio Quiroga*
R662. Le Polygone étoilé, *par Kateb Yacine*
R663. Je ferai comme si je n'étais pas là, *par Christopher Frank*
R665. Un homme remarquable, *par Robertson Davies*
R666. Une sécheresse à Paris, *par Alain Chany*
R667. Charles et Camille, *par Frédéric Vitoux*
R668. Les Quatre Fils du Dr March, *par Brigitte Aubert*
R669. 33 Jours, *par Léon Werth*
R670. La Mort à Veracruz, *par Héctor Aguilar Camín*
R671. Le Bâtard de Palerme, *par Luigi Natoli*
R672. L'Ile du lézard vert, *par Eduardo Manet*
R673. Juges et Assassins, *par Michael Malone*
R674. L'Enfant de Port-Royal, *par Rose Vincent*
R675. Amour et Ordures, *par Ivan Klíma*
R676. Rue de la Cloche, *par Serge Quadruppani*
R677. Les Dunes de Tottori, *par Kyotaro Nishimura*
R678. Lucioles, *par Shiva Naipaul*
R679. Tout fout le camp !, *par Dan Kavanagh*
R680. Les Sept Solitudes de Lorsa Lopez, *par Sony Labou Tansi*
R681. Le Bout du rouleau, *par Richard Ford*
R682. Hygiène de l'assassin, *par Amélie Nothomb*
R683. Le Crime des pères, *par Michel del Castillo*
R684. Les Adieux, *par Dan Franck*
R686. Annam, *par Christophe Bataille*
R687. L'Homme de la passerelle, *par Isabelle Jarry*
R688. Bambini, *par Bertrand Visage*
R689. Nom de code : Siro, *par David Ignatius*
R690. Paradis, *par Philippe Sollers*
R693. Rituels, *par Cees Nooteboom*
R694. Félidés, *par Akif Pirinçci*
R695. Le Trouveur de feu, *par Henri Gougaud*
R696. Dumala, *par Eduard von Keyserling*

P1. Cent Ans de solitude, *par Gabriel García Márquez*
P2. Le Chevalier inexistant, *par Italo Calvino*
P3. L'Homme sans qualités, tome 1, *par Robert Musil*
P4. L'Homme sans qualités, tome 2, *par Robert Musil*
P5. Le Monde selon Garp, *par John Irving*
P6. Les Désarrois de l'élève Törless, *par Robert Musil*
P7. L'Enfant de sable, *par Tahar Ben Jelloun*
P8. La Marche de Radetzky, *par Joseph Roth*
P9. Trois Femmes *suivi de* Noces, *par Robert Musil*
P10. Un Anglais sous les tropiques, *par William Boyd*
P11. Grand Amour, *par Erik Orsenna*
P12. L'Invention du monde, *par Olivier Rolin*
P13. Rastelli raconte..., *par Walter Benjamin*
P14. Ce qu'a vu le vent d'ouest, *par Fruttero & Lucentini*
P15. L'Appel du crapaud, *par Günter Grass*
P16. L'Appât, *par Morgan Sportès*
P17. L'Honneur de Saint-Arnaud, *par François Maspero*
P18. L'Héritage empoisonné, *par Paul Levine*
P19. Les Égouts de Los Angeles, *par Michael Connelly*
P20. L'Anglais saugrenu, *par Jean-Loup Chiflet*
P21. Jacques Chirac, *par Franz-Olivier Giesbert*
P22. Questions d'adolescents, *par Christian Spitz*
P23. Les Progrès du progrès, *par Philippe Meyer*
P24. Le Paradis des orages, *par Patrick Grainville*
P25. La Rage au cœur, *par Gérard Guégan*
P26. L'Homme flambé, *par Michael Ondaatje*
P27. Ça n'est pas pour me vanter, *par Philippe Meyer*
P28. Notre homme, *par Louis Gardel*
P29. Mort en hiver, *par L. R. Wright*
P30. L'Exposition coloniale, *par Erik Orsenna*
P31. La Dame du soir, *par Dan Franck*
P32. Le Monde du bout du monde, *par Luis Sepúlveda*
P33. Brazzaville Plage, *par William Boyd*
P34. Les Nouvelles Confessions, *par William Boyd*
P35. Comme neige au soleil, *par William Boyd*
P36. Hautes Trahisons, *par Félix de Azúa*
P37. Dans la cage, *par Henry James*
P38. L'Année du déluge, *par Eduardo Mendoza*
P39. Pluie et Vent sur Télumée Miracle
par Simone Schwarz-Bart
P40. Paroles malvenues, *par Paul Bowles*
P41. Le Grand Cahier, *par Agota Kristof*
P42. La Preuve, *par Agota Kristof*
P43. La Petite Ville où le temps s'arrêta, *par Bohumil Hrabal*
P44. Le Tunnel, *par Ernesto Sabato*
P45. La Galère : jeunes en survie, *par François Dubet*
P46. La Ville des prodiges, *par Eduardo Mendoza*

P47. Le Principe d'incertitude, *par Michel Rio*
P48. Tapie, l'homme d'affaires, *par Christophe Bouchet*
P49. L'Homme Freud, *par Lydia Flem*
P50. La Décennie Mitterrand
1. Les ruptures
par Pierre Favier et Michel Martin-Roland
P51. La Décennie Mitterrand
2. Les épreuves
par Pierre Favier et Michel Martin-Roland
P52. Dar Baroud, *par Louis Gardel*
P53. Vu de l'extérieur, *par Katherine Pancol*
P54. Les Rêves des autres, *par John Irving*
P55. Les Habits neufs de Margaret
par Alice Thomas Ellis
P56. Les Confessions de Victoria Plum, *par Anne Fine*
P57. Histoires de faire de beaux rêves, *par Kaye Gibbons*
P58. C'est la curiosité qui tue les chats, *par Lesley Glaister*
P59. Une vie bouleversée, *par Etty Hillesum*
P60. L'Air de la guerre, *par Jean Hatzfeld*
P61. Piaf, *par Pierre Duclos et Georges Martin*
P62. Lettres ouvertes, *par Jean Guitton*
P63. Trois Kilos de café, *par Manu Dibango*
en collaboration avec Danielle Rouard
P64. L'Ange aveugle, *par Tahar Ben Jelloun*
P65. La Lézarde, *par Édouard Glissant*
P66. L'Inquisiteur, *par Henri Gougaud*
P67. L'Étrusque, *par Mika Waltari*
P68. Leurs mains sont bleues, *par Paul Bowles*
P69. Contes d'amour, de folie et de mort, *par Horacio Quiroga*
P70. Le vieux qui lisait des romans d'amour, *par Luis Sepúlveda*
P71. Rumeurs, *par Jean-Noël Kapferer*
P72. Julia et Moi, *par Anita Brookner*
P73. Déportée à Ravensbruck
par Margaret Buber-Neumann
P74. Meurtre dans la cathédrale, *par T. S. Eliot*
P75. Chien de printemps, *par Patrick Modiano*
P76. Pour la plus grande gloire de Dieu, *par Morgan Sportès*
P77. La Dogaresse, *par Henri Sacchi*
P78. La Bible du hibou, *par Henri Gougaud*
P79. Les Ivresses de Madame Monro, *par Alice Thomas Ellis*
P80. Hello, Plum !, *par Pelham Grenville Wodehouse*
P81. Le Maître de Frazé, *par Herbert Lieberman*
P82. Dans la peau d'un intouchable, *par Marc Boulet*
P83. Entre le ciel et la terre, *par Le Ly Hayslip*
(avec la collaboration de Charles Jay Wurts)
P84. Sur la route des croisades, *par Jean-Claude Guillebaud*
P85. L'Homme sans postérité, *par Adalbert Stifter*

P86. Le Nez de Mazarin, *par Anny Duperey*
P87. L'Alliance, tome 1, *par James A. Michener*
P88. L'Alliance, tome 2, *par James A. Michener*
P89. Regardez-moi, *par Anita Brookner*
P90. Si par une nuit d'hiver un voyageur, *par Italo Calvino*
P91. Les Grands Cimetières sous la lune, *par Georges Bernanos*
P92. Salut Galarneau !, *par Jacques Godbout*
P93. La Barbare, *par Katherine Pancol*
P94. American Psycho, *par Bret Easton Ellis*
P95. Vingt Ans et des poussières, *par Didier van Cauwelaert*
P96. Un week-end dans le Michigan, *par Richard Ford*
P97. Jules et Jim, *par François Truffaut*
P98. L'Hôtel New Hampshire, *par John Irving*
P99. Liberté pour les ours !, *par John Irving*
P100. Heureux Habitants de l'Aveyron et des autres départements français, *par Philippe Meyer*
P101. Les Égarements de Lili, *par Alice Thomas Ellis*
P102. Le Maître d'escrime, *par Arturo Pérez-Reverte*
P103. Cadavres incompatibles, *par Paul Levine*
P104. La Rose de fer, *par Brigitte Aubert*
P105. La Balade entre les tombes, *par Lawrence Block*
P106. La Villa des ombres, *par David Laing Dawson*
P107. La Traque, *par Herbert Lieberman*
P108. Meurtres à cinq mains, *par Jack Hitt avec Lawrence Block, Sarah Caudwell, Tony Hillerman, Peter Lovesey, Donald E. Westlake*
P109. Hygiène de l'assassin, *par Amélie Nothomb*
P110. L'Amant sans domicile fixe *par Carlo Fruttero et Franco Lucentini*
P111. La Femme du dimanche *par Carlo Fruttero et Franco Lucentini*
P112. L'Affaire D., *par Charles Dickens, Carlo Fruttero et Franco Lucentini*
P113. La Nuit sacrée, *par Tahar Ben Jelloun*
P114. Sky my wife ! Ciel ma femme !, *par Jean-Loup Chiflet*
P115. Liaisons étrangères, *par Alison Lurie*
P116. L'Homme rompu, *par Tahar Ben Jelloun*
P117. Le Tarbouche, *par Robert Solé*
P118. Tous les matins je me lève, *par Jean-Paul Dubois*
P119. La Côte sauvage, *par Jean-René Huguenin*
P120. Dans le huis clos des salles de bains, *par Philippe Meyer*
P121. Un mariage poids moyen, *par John Irving*
P122. L'Épopée du buveur d'eau, *par John Irving*
P123. L'Œuvre de Dieu, la Part du Diable, *par John Irving*
P124. Une prière pour Owen, *par John Irving*
P125. Un homme regarde une femme, *par Paul Fournel*
P126. Le Troisième Mensonge, *par Agota Kristof*

P127. Absinthe, *par Christophe Bataille*
P128. Le Quinconce, vol. 1, *par Charles Palliser*
P129. Le Quinconce, vol. 2, *par Charles Palliser*
P130. Comme ton père, *par Guillaume Le Touze*
P131. Naissance d'une passion, *par Michel Braudeau*
P132. Mon ami Pierrot, *par Michel Braudeau*
P133. La Rivière du sixième jour (Et au milieu coule une rivière) *par Norman Maclean*
P134. Mémoires de Melle, *par Michel Chaillou*
P135. Le Testament d'un poète juif assassiné, *par Elie Wiesel*
P136. Jésuites, 1. Les conquérants *par Jean Lacouture*
P137. Jésuites, 2. Les revenants *par Jean Lacouture*
P138. Soufrières, *par Daniel Maximin*
P139. Les Vacances du fantôme, *par Didier van Cauwelaert*
P140. Absolu, *par l'abbé Pierre et Albert Jacquard*
P141. En attendant la guerre, *par Claude Delarue*
P142. Trésors sanglants, *par Paul Levine*
P143. Le Livre, *par Les Nuls*
P144. Malicorne, *par Hubert Reeves*
P145. Le Boucher, *par Alina Reyes*
P146. Le Voile noir, *par Anny Duperey*
P147. Je vous écris, *par Anny Duperey*
P148. Tierra del fuego, *par Francisco Coloane*
P149. Trente Ans et des poussières, *par Jay McInerney*
P150. Jernigan, *par David Gates*
P151. Lust, *par Elfriede Jelinek*
P152. Voir ci-dessous : Amour, *par David Grossman*
P153. L'Anniversaire, *par Juan José Saer*
P154. Le Maître d'escrime, *par Arturo Pérez-Reverte*
P155. Pas de sang dans la clairière, *par L. R. Wright*
P156. Une si belle image, *par Katherine Pancol*
P157. L'Affaire Ben Barka, *par Bernard Violet*
P158. L'Orange amère, *par Didier Van Cauwelaert*
P159. Une histoire américaine, *par Jacques Godbout*
P160. Jour de silence à Tanger, *par Tahar Ben Jelloun*
P161. La Réclusion solitaire, *par Tahar Ben Jelloun*
P162. Fleurs de ruine, *par Patrick Modiano*
P163. La Mère du printemps (L'Oum-er-Bia), *par Driss Chraïbi*
P164. Portrait de groupe avec dame, *par Heinrich Böll*
P165. Nécropolis, *par Herbert Lieberman*
P166. Les Soleils des indépendances, *par Ahmadou Kourouma*
P167. La Bête dans la jungle, *par Henry James*
P168. Journal d'une parisienne, *par Françoise Giroud*
P169. Ils partiront dans l'ivresse, *par Lucie Aubrac*
P170. Le Divin Enfant, *par Pascal Bruckner*